高等院校经济学管理学系列教材

市场营销学

现代生意经

Marketing: Modern Business Sense

钟旭东 编著

图书在版编目(CIP)数据

市场营销学:现代生意经/钟旭东编著. —北京:北京大学出版社,2022.9
高等院校经济学管理学系列教材
ISBN 978-7-301-33221-4

Ⅰ. ①市… Ⅱ. ①钟… Ⅲ. ①市场营销学—高等学校—教材 Ⅳ. ①F713.50

中国版本图书馆 CIP 数据核字(2022)第 142866 号

书　　　名	市场营销学：现代生意经 SHICHANG YINGXIAOXUE: XIANDAI SHENGYIJING
著作责任者	钟旭东　编著
责 任 编 辑	杨丽明
标 准 书 号	ISBN 978-7-301-33221-4
出 版 发 行	北京大学出版社
地　　　址	北京市海淀区成府路 205 号　100871
网　　　址	http://www.pup.cn
电 子 邮 箱	zpup@pup.cn
新 浪 微 博	@北京大学出版社
电　　　话	邮购部 010-62752015　发行部 010-62750672　编辑部 021-62071998
印 刷 者	河北文福旺印刷有限公司
经 销 者	新华书店
	787 毫米×1092 毫米　16 开本　27.5 印张　619 千字 2022 年 9 月第 1 版　2024 年 6 月第 2 次印刷
定　　　价	78.00 元

未经许可，不得以任何方式复制或抄袭本书之部分或全部内容。
版权所有，侵权必究
举报电话：010-62752024　电子邮箱：fd@pup.cn
图书如有印装质量问题，请与出版部联系，电话：010-62756370

内 容 简 介

市场营销学就是现代生意经。营销策略中不但有战术,更有战略,不但要为企业解决如何销售的问题,更要为企业解决如何经营的问题,而所有这些问题的解决都要基于市场,以市场为中心,为顾客创造价值。本书从现实和实用的角度出发,通过对市场与营销之间相互价值的认识和分析,全面、系统地阐述市场营销的真谛所在。

本书以最著名的营销理论和定位理论为基本依据,结合笔者长年的理论研究、企业咨询和培训经验写作而成,着重强调市场营销的系统性、本质性、感悟性、现代性和实用性,既可作为大专院校相关专业本科生、研究生教材,也可作为企业管理人员全面提高营销理论与实务能力的学习、参考及培训用书。

1. 系统性

市场营销学是系统的现代生意经,是以市场为中心,为顾客创造价值的经营之道和销售之道。市场、经营和销售构成了系统的现代生意经的三要素。市场营销学不仅要解决生意中的战术问题,更要解决生意中的战略问题,最终目的是达成可持续交换。系统致胜。

2. 本质性

所有的现象背后都有本质的存在,在一切事物的深处都隐藏着普遍的真理。发现和认识到万变不离其宗的本质与真理,就上升到了哲学的高度,市场营销学也可以称为交换哲学。本书对市场营销的本质有独创的思维导图以及20个关键词的总结与分析。大道至简。

3. 现代性

本书以经典营销理论和定位理论为基础,结合当前最新的营销理论与实践,进一步丰富和补充了互联网时代营销在理论与实务中出现的新变化,主要包括以互联网为特征的营销对策及网络传播等新内容,力求全面体现最新的现代市场营销理念和策略。与时俱进。

4. 感悟性

感悟是能把普遍的真理与具体的实践相结合。解决问题的关键在于,一方面要把握本质(普遍性、共性),另一方面要具体问题具体分析(特殊性、个性),两者结合在一起才能真正解决问题。市场营销思维是商业思维,也是生活思维。触类旁通。

5. 实用性

本书结合当今市场的发展和变化,用丰富形象的营销案例帮助读者进一步认识市场营销的真谛。本书努力做到博采众长、化繁就简、体系完整、逻辑清晰、讲求实用、启发性强,不仅阐述了系统的市场营销理论,同时还介绍了实用的营销战略战术。学以致用。

前　言

市场营销学即交换哲学

　　这是一个交换的世界，交替、交流、交易、交情、交往等交换活动时刻在发生和进行。任何个人都是因交换而来，又为交换而去。个人如此，组织（不管是营利性组织还是非营利性组织、政府组织）也是如此。组织和个人在社会和生活中期待实现的基本交换就是去换得钱和情，即达成交易和交情，实现了就满足，实现不了则苦恼。生意的基本目的是达成交易和交情，生活的基本目的也是达成交易和交情。以交易为第一去实现交情，现实但势利；以交情为第一去实现交易，现实且智慧。生意与生活都是如此。生活不是生意，但生意一定是生活，生活成就了生意。

　　对营利性组织而言，认识市场营销就是认识生意的目的和意义，也就是认识生活的目的和意义。营销即生意，营销即生活，生意即生活的意义。生意的意义是去发现、引导和满足生活的意义，为生活提供物质和精神方案。生活的意义就是幸福生活。幸福的意义来自人们的认知，包括感性意义认知和理性意义认知，可以是物质意义，也可以是精神意义，或者两者兼而有之。成功的市场营销就是去发现、引导和满足人们对美好幸福生活的向往，并将其植入顾客的心中。懂生意一定懂生活，生意经即生活经。

　　市场营销的最终目的是达成交换，营销即交换。对营利性组织而言，市场营销学就是现代生意经，是现代商道。商道的核心是市场与交换，商道等同于交道。现代管理学之父彼得·德鲁克对企业与市场营销的关系有深刻的认识。他指出：由于企业的目的就是创造顾客，任何企业都有两个基本功能，而且也只有这两个基本功能：营销和创新。

　　学习市场营销学是帮助组织或个人解决交换问题，交换问题是商业及生活的基本问题。解决问题就要认识到问题都具有两面性：特殊性（个性）和普遍性（共性）。特殊性指的是具体的现象和事情，普遍性指的是抽象的事物、本质和根源。具体问题具体分析说的是解决问题要把握特殊性。透过现象看本质说的是解决问题要把握普遍性。认知的初级层次是感性认识，中级层次是理性认识，高级层次是把理性认识上升到哲学，即认知到事物的本质。解决问题就是要把事物的普遍性真理与特殊性现象相结合，把理论与实践相结合。形有不同，质无差异。认识到市场营销的本质就成了哲学，市场营销学即交换哲学。交换哲学的基本内容包括市场（顾客）哲学、经营哲学和销售（沟通）哲学。现代市场营销学之父菲利普·科特勒说：营销远不止是一个孤立的商务功能，而是一种指引整个组织的哲学。日本企业家稻盛和夫说：在一切事物的深处，都隐藏着普遍的真理。成功的经营者，首先要善于探究事物的本质，所谓哲学家就是指具有深刻思想，善于探索事物本质的人。对本质、规律的认知是人的核心竞争力之一，也是真正解决问题的首要因素。若不能把握本质，只被现象或经验所左右，往往是治标不治本。有记者曾问中国企业家张瑞敏："一位企业家首先应懂哪些知识?"张瑞敏想了想说："首先要懂哲学吧!"

营销之道即交换之道，简称"交道"，市场营销也可以称为"交道营销"。这里的交道是指广义的交换之道，而不是指狭义的沟通之道，交流及沟通最终也是为了实现交换。商道、政道、艺道、学道及人道等皆为交道，皆要营销。市场营销基本原理适用于所有组织和个人的工作及生活，具有普适价值。德鲁克说：所有忽略营销或将其置于次要地位的组织，最终都会蒙受损失，这一点也适用于职业生涯和专业领域的发展。

市场营销的内容充满"战略""策略"等用词，面对现代的市场与环境，市场营销不仅是战术，更是战略，经典的4P营销组合策略就包含了战略与战术。做好市场营销的关键是面对市场的整体战略布局，高屋建瓴，体现出"上兵伐谋"的特点。战略营销大师艾·里斯在《董事会里的战争》一书中指出，企业大脑包括左脑思维（管理思维）和右脑思维（营销思维），营销思维即右脑思维，是直觉、创新，是全局性思维，全局性的右脑思维者会在全局中看到重点。企业家一般应擅长右脑思维。真正的市场营销专家是谋略家，是组织的"头脑"或"军师"。

心中有纲，纲举目张，系统思维，直指本质。在近30年的市场营销教学和实践中，笔者对市场营销学有自己独特的认识和感悟，提炼出12个基本结论，全书即围绕这12个基本结论展开。

1. 做营销即做交换，生意生活皆为交换。
2. 我方要实现交换就要为对方创造价值。
3. 做管理就是明理管人，管人理事，达成交换。
4. 知彼知己，胜乃不殆；知天知地，胜乃可全。
5. 明心见性——人心即文化。
6. 相由心生——人文显和谐。
7. 赢在经营——运筹帷幄，选配定结果。
8. 创立名牌——慕名而来，名利双丰收。
9. 身价之谜——对方认知价值决定价格。
10. 渠道成链——我不是一个组织在战斗。
11. 攻心为上——有的放矢，整合聚力量。
12. 得道多助——大道至简，万象道中来。

根据以上12个基本结论，笔者独创了市场营销思维导图（见书末附录一）和市场营销20个关键词（见书末附录二），尝试从本质上总结市场营销学的精髓，供读者参考指正。

林烨为本书提供了各章的开篇与文中案例，张苏珍对本书的文字内容进行了仔细的校对和润色。本书在出版过程中得到了北京大学出版社，特别是姚文海编辑的大力支持和帮助，如果没有姚编辑等人对笔者的信任和指导，就不会有本书的顺利出版。在此向对于本书出版提供过帮助的人表示最诚挚的谢意。同时，还要向对笔者提供过资料帮助和理念启迪的所有专家、学者表示最诚挚的谢意。

　　由于笔者水平所限，错误之处在所难免，真诚地期望所有看到本书的读者给予中肯的批评和指正。

钟旭东

2021年9月于苏州大学

第一篇　认知营销价值

第1章　市场营销导论 ··· 3
1.1　市场营销实质 ··· 4
1.2　市场营销道德 ·· 31
本章总结 ·· 37
本章关键词 ··· 37
思考题 ·· 38

第二篇　识别营销价值

第2章　以市场为中心：洞察市场 ·· 41
2.1　市场营销环境 ·· 42
2.2　市场微观环境 ·· 45
2.3　市场宏观环境 ·· 47
2.4　管理营销信息 ·· 58
本章总结 ·· 66
本章关键词 ··· 67
思考题 ·· 67

第3章　以市场为中心：洞察买者 ·· 68
3.1　消费者购买行为 ·· 70

3.2　组织者购买行为 ·· 89
　　本章总结 ·· 95
　　本章关键词 ·· 96
　　思考题 ··· 96

第4章　创造顾客价值 ·· 97
　　4.1　创造顾客价值 ·· 99
　　4.2　培育顾客关系 ··· 103
　　本章总结 ··· 110
　　本章关键词 ·· 110
　　思考题 ·· 110

第三篇　选择营销价值

第5章　企业战略选择 ·· 113
　　5.1　市场环境分析 ··· 115
　　5.2　确定使命陈述 ··· 118
　　5.3　确定业务组合 ··· 120
　　5.4　确定商业模式 ··· 124
　　本章总结 ··· 130
　　本章关键词 ·· 131
　　思考题 ·· 131

第6章　竞争战略选择 ·· 132
　　6.1　创造竞争优势 ··· 134
　　6.2　竞争地位战略 ··· 141
　　本章总结 ··· 149
　　本章关键词 ·· 149
　　思考题 ·· 149

第7章　目标战略选择 ·· 150
　　7.1　市场细分化 ·· 151
　　7.2　市场目标化 ·· 158
　　本章总结 ··· 165
　　本章关键词 ·· 165
　　思考题 ·· 166

第 8 章　定位战略选择 ········· 167
8.1　定位内涵 ········· 168
8.2　定位战略 ········· 175
本章总结 ········· 179
本章关键词 ········· 180
思考题 ········· 180

第 9 章　品牌战略选择 ········· 181
9.1　创建品牌资产 ········· 182
9.2　品牌化战略 ········· 189
9.3　打造强势品牌 ········· 206
本章总结 ········· 211
本章关键词 ········· 211
思考题 ········· 212

第四篇　配置营销价值

第 10 章　产品策略 ········· 215
10.1　产品整体策略 ········· 216
10.2　服务营销策略 ········· 224
10.3　产品组合策略 ········· 228
10.4　产品生命周期 ········· 230
10.5　新产品开发 ········· 235
本章总结 ········· 239
本章关键词 ········· 239
思考题 ········· 240

第 11 章　定价策略 ········· 241
11.1　价格因素 ········· 242
11.2　定价方法 ········· 246
11.3　定价策略 ········· 251
本章总结 ········· 258
本章关键词 ········· 258
思考题 ········· 258

第 12 章　渠道策略 ········· 260
12.1　渠道概述 ········· 262
12.2　渠道策略与渠道管理 ········· 266

12.3 渠道成员 272
本章总结 281
本章关键词 281
思考题 282

第13章 物流策略 283
13.1 物流概述 284
13.2 物流策略 287
本章总结 293
本章关键词 294
思考题 294

第五篇 传播营销价值

第14章 人员销售 297
14.1 人员销售概述 298
14.2 人员销售策略 303
本章总结 310
本章关键词 310
思考题 310

第15章 广告传播 311
15.1 广告传播概述 312
15.2 广告策略实施 315
本章总结 322
本章关键词 322
思考题 322

第16章 销售促进 323
16.1 销售促进概述 324
16.2 销售促进策略 327
本章总结 336
本章关键词 336
思考题 336

第17章 直复营销 337
17.1 直复营销概述 338
17.2 直复营销策略 340

本章总结 ········· 344
　　本章关键词 ········ 345
　　思考题 ·········· 345

第18章　网络传播 ······ 346
　18.1　网络传播概述 ····· 347
　18.2　网络传播策略 ····· 356
　　本章总结 ········· 365
　　本章关键词 ········ 366
　　思考题 ·········· 366

第19章　公共关系 ······ 367
　19.1　公共关系概述 ····· 368
　19.2　公共关系策略 ····· 371
　　本章总结 ········· 377
　　本章关键词 ········ 377
　　思考题 ·········· 377

第六篇　管理营销价值

第20章　市场营销管理 ···· 381
　20.1　市场营销管理 ····· 382
　20.2　市场营销管理者 ···· 393
　　本章总结 ········· 396
　　本章关键词 ········ 396
　　思考题 ·········· 396

延伸阅读一　非营利组织营销 · 397
　一、非营利组织概述 ····· 398
　二、非营利组织营销 ····· 401

延伸阅读二　个人营销 ···· 406
　一、个人营销概述 ······ 407
　二、个人营销哲学 ······ 410

附录一　市场营销思维导图 · 416

附录二　市场营销20个关键词 · 417

参考文献 ··········· 423

第一篇

认知营销价值

道生之，德畜之，物形之，势成之。

——（春秋）老子

物有本末，事有终始。知所先后，则近道矣。

——（春秋）曾子

做营销即做交换，生意生活皆为交换。交换的本质是利益交换。因为利他，从而利己，要想获利，就要给利和让利。商业的本质就是通过利他的方式达成利己的目的。获利和利他都应该建立在符合社会道德和社会利益的基础上。市场营销的最终目的是达成可持续的交换，这个可持续既是指生意的可持续发展，也是指社会的可持续发展。德鲁克说：企业本质上是利他的，本质上就是要承担社会责任。

科特勒说：营销无处不在，无论是有意识的还是无意识的，任何组织与个人都在从事着各种各样的营销活动。在当今的环境中，好的市场营销已经成为企业成功的必备条件。企业的营销能力是企业盈利的根本保证。如果对产品和服务的需求不足，那财务、运营、会计和其他方面的努力也只不过是虚无缥缈的东西，因为只有通过足够的需求，企业才能真正获得利润。

德鲁克说：有人可能会想，销售总是需要的。但是，市场营销的目标正是要使这种销售变得不再必要。市场营销是最基本的职能，所以不能将其看成企业中隔离出来的职能，不能将其与制造或人事等职能相提并论。市场营销需要单独的工作和一套不同的活动，但首先，它是整个企业的核心方面。从其最终成果来看，即从顾客的观点来看，市场营销就是整个企业。因此，企业的所有领域都必须充满着对市场营销的关心和责任。

市场营销最基本的三个词就是：交换、我方、对方。所有市场营销的内容都是这三个词的"纲举目张"。市场营销从字面上可以理解为由三个部分的内容构成：市场、经营、销售。市场营销体现出有勇有谋的特征。有勇体现为主动性、行动性、坚持性等特征；有谋体现为全面性、长远性、系统性等特征。有勇有谋的市场营销是"三懂两交"的系统思维和行动。"三懂"是指懂市场、懂经营、懂销售；"两交"是指达成交情和交易。懂市场才能做好经营，懂经营才能做好管理。

市场营销道德是企业伦理的基本内容，其核心是为人处世的价值观，是企业负责任地进行营销活动以取得持续发展和成功的底线。

人文营销是指管理者或营销者自身具有人文情怀，对他人具有人文关怀。用人文精神做营销，真正满足人们对美好生活及幸福的向往和追寻，得到的一定是真善美的结果。

三值营销指的组织或个人为对方创造出颜值、慧值和链值等价值，以期达成交换的营销。颜值反映外在价值，慧值反映内在价值，链值反映和谁（组织或个人）在一起的价值。

三点营销指的是企业围绕价值发现、创造、传递与实现去找到焦点、亮点、爆点的营销。首先做焦点营销，聚焦市场，找到市场的焦点，最好找到焦点里的"痛点"；其次做亮点营销，根据焦点来确定经营的亮点；最后做爆点营销，根据焦点和亮点来确定销售的爆点，引爆市场，达成最终的交换。三点营销是发现、创造和满足顾客需求的营销，是市场营销从目标到定位再到沟通的系统过程。

什么是成功？《现代汉语词典》中的解释是："获得预期的结果"。市场营销的努力就是为了达到某种预期的结果。市场营销学探讨交换，探讨理性本质的成功之道。学习市场营销学不论是对生意还是对生活都具有普适的价值和意义。

第1章
市场营销导论

开篇案例 第二个海尔

"物联网生态品牌"是通过与用户、合作伙伴联合共创，不断提供无界且持续迭代的整体价值体验，最终实现终身用户及生态各方共赢共生、为社会创造价值循环的新品牌范式。2021年6月21日，全球知名咨询机构凯度发布"2021年BrandZ最具价值全球品牌"榜单，18个中国品牌进入百强。在BrandZ于2019年开始设立的"物联网生态"类目下，只有中国海尔连续三年上榜。在新商业模式容易被快速复制、模仿的今天，这个唯一显得有些特别。

生态品牌是产品品牌、平台品牌的持续升级，不同的是，在物联网的时代背景下，生态品牌需要实现行业、企业的零壁垒。理论与实践往往需要交叉验证。2020年年初，海尔智家收到一个用户需求：希望在家吃烤鸭。海尔智家厨电部门的创客张瑜当即找到国宴大师张伟利、雁栖福帮养殖场老板丁宜帮，寻求"烤鸭的变革"。在烤鸭店，一只烤鸭从制鸭胚到上桌要经过40道工序。对于中国人而言，烤鸭是北京的名片，想尝鲜的人，首选去烤鸭店，也有人选择在家制作烤鸭。知乎网上，有人分享在家中制作烤鸭的过程，包括清洗、去味、腌制4至6小时、缝补、吹鸭、烫鸭皮、包浆、填充、风干等，需要至少一天的时间。如何让新鲜出炉的烤鸭摆上寻常人家的餐桌？张瑜、张伟利、丁宜帮试验半年后，找到了关键数字：在零下18℃的环境下配送的烤鸭，无须解冻即可直接送进烤箱。

于是，张瑜针对烤箱增加了一种智能设定模式——"烤鸭模式"，即保持温度200℃、湿度70%。同时，采用顺丰冷链配送服务，以满足最佳配送标准。半年的试验后，海尔烤箱用100分钟烤出了堂食口感的"海尔烤鸭"，两天就在线上售出一万只。来自不同行业的三个人，因"烤鸭革命"组成团队，直到现在，他们依旧在根据客户反馈不断迭代，已经开始研发片鸭机，想让用户体验的丰富性得到满足。在此过程中，会有更多生态伙伴加入，联合共创，实现价值共享。可见，生态品牌以"人的价值"为导向，围绕用户需求进行共创，而创造价值的每个人均是核心，包括提出需求的人以及满足需求的人。

"烤鸭革命"是海尔打造全场景解决方案的缩影。物联网生态品牌打通行业间壁垒的目的，是价值共创与共享，也是为用户提供涵盖衣食住娱康养医教等各领域的无界产品和服务。以冰箱为例，当下人们的需求已非只是一台保鲜、节能、美观的冰箱，而是通过一台冰箱，能够延伸出针对儿童、老人、孕妇、健身爱好者等群体，健康且合适的饮食生态场景。在衣联网领域，海尔甚至通过一台洗衣机，打造了7大类50多种智慧阳台场景解决方案——健身阳台、洗护阳台、收纳阳台、休闲阳台、萌宠阳台、绿植阳台等。在健身阳台场景中，不仅包含用于告别晾晒的洗干组合、收纳杂物的定制阳台柜，还自带智能健身车等健身设备的空间设计。这些都是生态各方联合共创的结果。

正是这种生态的思维和实践让海尔不再是人们传统认知中的海尔，表现在现在的海尔身上，则是工业互联网平台品牌卡奥斯、场景品牌三翼鸟、创业孵化加速平台品牌海创汇、场景物流品牌日日顺、大健康生态品牌盈康一生等在海尔的生态里自发涌现。

资料来源：根据海尔官网相关资料整理而成。

营销即生活。任何组织和个人都需要基于营销活动来争取资源，从而达成交换。不论什么样的组织和个人，都应该充分认识到市场营销的重要性及其所具有的普适价值。对企业而言，市场营销理念就是指企业面对市场的买卖理念。买卖理念和市场背景密切相关，如果市场是卖方市场背景，那买卖关系就显得简单，因为市场被卖方决定；而如果市场是买方市场背景，那买卖关系就会显得复杂多变，因为市场被买方决定。现代的市场营销理念是在买方市场背景下企业所形成的经营销售理念，是在认识和分析市场的基础上，去发现、引导和满足市场需求而采取的一系列营销对策和管理活动。

1.1 市场营销实质

如果组织和个人现在还把市场营销理解为解决销售问题，则是对市场营销理解得不够全面和深入。市场营销要解决销售问题，但更关键的是要解决经营问题，有生意头脑的核心是懂经营。生意中许多问题看似销售问题，其实是经营问题。有市场营销的头脑是指有市场头脑、经营头脑和销售头脑，并构成系统思维，最终达成交换。

1.1.1 市场营销内涵

1. 市场营销概念

市场营销研究起源于企业。市场营销（marketing）是企业整体活动的中心环节，又是评判企业生产经营活动成功与失败的决定要素。

市场营销的含义，可以从管理和社会两个方面来理解。从管理方面来看，现代营销大师、美国西北大学教授菲利浦·科特勒（Philip Kotler）说：我们可以把营销管理看成选择目标市场，并通过创造、传递和传播卓越顾客价值，来获得、维持和增加顾客的艺术和科学。从社会方面来看，科特勒说：市场营销是个人和团体通过创造、提供和与他人自由交换有价值的产品与服务来获得他们的所需所求。

科特勒认为，市场营销就是辨别并满足人类和社会的需求，通过市场变潜在交换为现实交换的一系列活动和过程。对市场营销最简洁的定义是"有利可图地满足需求"。从企业的角度看，营销就是管理有价值的客户关系。营销的双重目的在于，一方面通过提供优质的顾客价值来吸引新的顾客；另一方面通过传递顾客满意来保持和发展当前的顾客。所以，杰出的企业都知道，要想成功，就必须为它们的顾客创造价值。企业如果为顾客创造了价值，将会从顾客那里获得长期的忠诚和利润回报。

美国市场营销协会（AMA）在1960年给市场营销下的定义是：市场营销是引导货物和劳务从生产者流转到消费者或用户所进行的一切企业活动。AMA给出的最新定义是：市场营销是创造、传播、交付和交换那些对顾客、客户、合作伙伴乃至整个社会有价值的东西的一项活动、一套体系和一系列过程。

优秀的市场营销对每一个组织或者个人的成功都至关重要。不但对营利性组织重要，对学校、医院、博物馆、交响乐团甚至教堂等非营利性组织与政府组织同样重要。

市场营销与销售的含义不同。市场营销包括市场研究、产品开发、服务、定价、分销、促销等一系列战略和战术，而销售仅是企业营销活动的一个环节或部分，是市场营销的职能之一，而且不是最重要的职能。市场营销的内涵随社会经济的发展而不断变化和扩充，二战前的营销强调推销和销售，今天的市场营销已发展为系统化的经营销售理念，其内涵随着企业营销实践的发展还在不断丰富。

市场营销的基本要素是本企业（company）、顾客（customer）和竞争（competition）。企业市场营销战略就是基于这三个C，从有利于本企业的视角来构筑、设计和展开的。为此，就必须对本企业的能力、顾客的需求以及需求的特点有准确的把握，对竞争企业的战略有全面的探索。

美国密歇根大学教授杰罗姆·麦卡锡（E. Jerome McCarthy）于1960年在其《基础营销》一书中，第一次将企业的营销要素概括为四类：产品（product）、价格（price）、渠道（place）、促销（promotion）。由于这四个英文单词的首字母都是P，所以简称为4P组合策略，它们是企业的可控因素。随后科特勒又发展出了STP战略，即市场细分（segmentation）、选定目标市场（targeting）和市场定位（positioning），现代营销的基本对策就此形成。在对策作出之前需要分析5C，即顾客（customer）、企业（company）、环境（context）、合作者（collaborator）和竞争者（competitor），通过对5C的分析，有助于企业识别整个经营形势下的机遇和潜在威胁，顾客和企业是市场交换关系中的主要角色。

1986年，科特勒进一步提出了"大营销"这一概念，提出了公司如何打进被保护市场的问题，并认为战略营销必须先于战术营销。科特勒认为在4P组合策略里要再加入政治（politics）和公共关系（public relations）这两个P。战略营销也是一个4P过程，即探查（probing）、划分（partitioning）、优先（prioritizing）和定位（positioning）。战略营销是一系列导致保持连续竞争优势的整体行动，只有在搞好战略营销的基础上，战术营销才能顺利进行。无论怎样营销，还有一个P是至关重要的，那就是人（people）。不管是做生意的人还是生意对象，营销都是以人为中心来展开具体的活动。根据以上分析，可以认为市场营销的主要活动是"10P"或"11P"活动。

面对如今激荡变化的商业世界和层出不穷的营销理念，科特勒在其最新出版的自传《菲利普·科特勒传：世界皆营销》一书中说，要做好营销需要深刻理解营销的变与不变。当今，营销的变化主要包括三个方面：技术和顾客需求、数字化时代的营销特征、营销创新和营销的长期主义。营销不变的则是其核心架构，即：

$$R \to STP \to 4P \to I \to C$$

R(research)：市场营销始于对市场的调研和洞察。

STP(segmentation, targeting, positioning)：市场研究导致产生STP战略。

4P(product, price, place, promotion)：为目标市场制订单独的4P计划。

I(implement)：实施该计划。

C(control)：反馈和控制计划。

可以营销的东西很多，除产品和服务外，事件、经验、人员、地点、财产、各类组织机构、信息、思想和事业等都可以营销。市场营销及影响营销的主要因素如图1-1所示。

图1-1 市场营销及影响营销的主要因素

总之，市场营销可以理解为：我方通过满足对方利益以获取自己利益的过程，本质上是双方的利益交换。对企业而言，市场营销是指组织为满足顾客需求而采取的营销战略战术与管理活动,其目的是达成交换,并努力获取对方的满意和忠诚。因为利他,从而利己,要想获利,就要给利和让利。商业的本质就是通过利他的方式达成利己的目的。

市场营销是价值的发现、创造及传递、传播过程。其实现流程是:识别营销价值→选择营销价值→提供营销价值→传递(交付)营销价值→传播(沟通)营销价值。识别营销价值构成市场之识,选择、提供及传递营销价值构成企业的经营之道,传播营销价值构成企业的销售之道。广义上来说,销售之道也是企业经营之道的组成部分。市场营销价值实现过程始于产品以前,行于产品开发和销售之中,在产品销售之后还要延续。

选择价值是企业经营对策的开端,它基于对市场的认识和理解,然后确定企业的方向性选择和主动权选择。方向性选择包括企业要"成什么""做什么""做给谁"和"凭什么"的选择;主动权选择包括商业模式和竞争优势的选择。提供价值是围绕选择所作的有效提供,体现在产品、价格上。传递价值是围绕选择所采取的交付方式,体现在渠道和物流上,提供和传递价值可以统称为配置价值。传播价值是通过采取人员推销、商业广告、销售促进、直接营销和公共关系等整合营销传播手段和策略,最终达成营销的目的。企业市场营销三要素具体见表1-1。

表1-1 企业市场营销三要素

市场之识(market)——知己知彼(环境、信息、全局)
狭义的市场(对方):顾客
一般的市场(对方):顾客、竞争者
广义的市场(双方):微观、宏观环境
经营之道(operation)——赢在经营(战略、策略、布局)
选择价值:方向性选择:成什么?做什么?做给谁?凭什么?
主动权选择:商业模式是什么?竞争优势是什么?
提供价值:产品、价格
传递价值:渠道、物流
销售之道(sales)——攻心为上(策略、手段、结局)
传播价值:人员推销、商业广告、销售促进、直接营销、公共关系

市场营销既有规律性、科学性的一面,也有灵活性、艺术性的一面,所以西方营销学者认为市场营销是一门科学(science)、一种行为(behavior)、一项艺术(art)。科特勒说:成功的市场营销绝非偶然,而是科学规划和有效实施的必然结果。就其实质而言,市场营销既是一门科学,又是一门艺术,是惯例化模式和创新的有机体。

市场营销通过创新把一种新的生活标准或生活方式传递给社会和个人。这种新的生活标准或生活方式是生活意义的表现。所谓创新就是将远见、知识和冒险精神转化为财富的能力。任何时代都需要创新。德鲁克说:创新就是创造变化。营销创新最根本的是需求创新,是对生活标准及生活方式的创新,以引导和满足人们对美好生活的向往和追求。

市场营销不是雪中送炭,而是锦上添花。雪中送炭的"炭"是解决短期、紧急问题,这样是把市场营销着眼于销售上面,其结果往往是做成了功利性推销。锦上添花的"锦"是解决企业经营战略问题,"花"是销售,是在"锦"基础上的销售。企业的营销对策首先是"织锦",即做经营和布局,然后才是"添花",即做销售和传播。企业要想获得锦绣前程,首先要胸有全局,建立全面的市场意识,去充分认识和理解市场;其次要运筹布局,形成体现系统战略的经营意识;最后要落实结局,通过整合营销传播与沟通,达成交换的目的。

市场营销学是关于如何实现交换的思维方式。思维方式是人们大脑活动的内在程式,是看待事物的角度、方式和方法,是思考问题的根本方法,它对人的言行起决定性作用。良好的思维方式体现出正面思维(善意、积极)、全面思维、深层思维、系统思维的特征,让人觉悟和充满智慧;不良的思维方式体现出负面思维(恶意、消极)、片面思维、表面思维、碎片思维的特征,让人困惑和变得偏激。思维决定行为,思路决定出路,脑袋决定口袋,格局决定结局。

日本经营大师稻盛和夫对思维方式的作用有着深刻的认识。他认为,思维方式是指人的心态与生活态度、为人处世及处事的基本原则和方法,包括哲学、理念及思想。思维方式改变了,人生就会有大转变。他提出人生及工作的方程式:

$$人生/工作的结果 = 思维方式 \times 热情 \times 能力$$

稻盛和夫认为,热情和能力的取分是 $0 \sim 100$ 分,唯有思维方式的取分是 $-100 \sim 100$ 分,思维方式在三个要素中最重要,它决定了最终的效果即结果是有益还是有害。

市场营销者是指希望从别人那里取得资源,并愿意以某种有价之物作为交换的人。在交换双方中,如果有一方比另一方更主动、更积极地寻求交换,则前者称为市场营销者,后者称为潜在顾客。市场营销者体现出其行为的主动性,可以是卖方,也可以是买方。当买卖双方都积极时,双方都是市场营销者,这种情况称为相互市场营销。

科特勒说:由于市场营销是一切活动的基础,因此许多企业都设立了首席营销官(CMO),其地位相当于首席执行官(CEO)和首席财务官(CFO)等。首席营销官不是简单的市场总监,只是去策划和管理有关市场推广和销售前后的事情,而是面对市场统筹规划企业的战略布局及战术,是组织的大谋士和整体策划者。

2. 国际市场营销概念

国际市场营销(international marketing)是指企业以满足国外顾客需求为目标而采取的营销战略战术与管理活动,其目的是达成交换,并努力实现顾客满意和忠诚。

在全球市场上销售产品和服务的企业往往面临更多的选择和挑战。企业要面临以下基本决策:考察全球营销环境(宏观环境、微观环境),决定是否进行国际化,决定进入哪些市场,决定如何进入这些市场(出口、契约、直接投资等),决定全球化的营销组合(产品、价格、渠道、促销等),决定全球化的营销组织。

与国内营销相比较,国际市场营销具有如下一些特点:

(1) 国际市场营销面临的环境更加复杂。世界各国在地理位置、自然条件、资源状况、经济发展水平、传统文化、社会制度、政策法规等方面千差万别，因而企业的国际市场营销活动会遇到各种意想不到的困难。所以，国际营销中对具体环境的认识和适应非常重要，国际营销首先要分析具体的国际营销环境。

（2）国际市场营销面临更大的风险性和不确定性。经营风险是指由于地理距离和文化方面的原因，企业对国外市场需求、营销渠道等方面的了解和对竞争者相关情报的掌握都比较困难而产生的风险。非经营风险包括信用风险、外汇风险、税收风险、政治风险等。

（3）国际市场竞争更加激烈。企业开展国际市场营销时，将面临实力雄厚的国际大企业的竞争，政府、政党等政治力量介入营销活动，这些都让企业面临更加复杂、困难的境况。

全球营销是将整个世界视为一个大的市场，进行全球统一规划和协调，通过全球分销获得区位优势的一种营销方式，是国际营销的最高形式。一般认为，全球营销始于20世纪70年代。世界经济一体化的发展趋势为全球营销提供了环境的可能。跨国公司更注重在全球范围内实现资源的最佳配置，逐步向"以全球为市场，以全球为厂家，以各国为车间"的全球企业转变。全球企业是一种打破国与国界限的联合企业，它要求领导层国际化，领导成员和经理人员可以由不同国家的人担任。

全球标准化营销是指在全球采用统一的标准化营销策略，其应用前提是各国市场具有相似性，具有规模经济性等优点。地方化营销则是指针对各个地方市场的不同需求量身定制相适应的营销策略，在各市场存在较大差异的前提下使用，其优点是营销效果好，但成本昂贵。企业在营销实践中发现将以上两者结合起来的全球地方化营销模式能综合两者的优点，它是一种"全球化思考、地方化行动"的战略。要想获得全球地方化营销的成功，第一步是要仔细研究各个市场，找出不同市场的共性与差别，但在不同国家实施时作适当调整，从而满足各个市场的不同要求以占领更多市场。信息技术的飞速发展使世界变得越来越小，也大大推进了全球一体化的进程，一体化与多元化决定了全球地方化营销战略的生逢其时。

1.1.2 市场营销要素

市场营销作为一种复杂、连续、综合的社会和管理过程，基于下列要素概念的运用：交换、价值、需要与需求、提供物和品牌、供应链与营销渠道、市场等，其中，交换、价值、需要与需求是市场营销的核心概念。只有准确把握和运用市场营销的要素概念，才能深刻认识市场营销的本质。

1. 交换

交换（exchange）是市场营销的核心概念之一。交换是双方各自期待的满足和达成，是出于自利目的而进行的活动，一般需要通过利他来实现自利，不需要任何一方牺牲自己的利益。科特勒认为，交换是指通过提供某物作为回报，从别人那里获得所需之物的行为。从广义上看，交换是试图创造一种响应，不仅仅是购买响应。例如，一个政治候选人需要选票，一座教堂需要会员，一支交响乐队需要观众，一个社会组织需要其观念被人接受。交换产生双方，即一方（我方）和另一方（对方）各自期待的达成。社会中组织和个人期待的基本交换就是交情和交易关系的达成。

交换的发生，一般要满足五个条件：至少有两方参与；参与方都拥有一些对方认为有价值的东西；参与方都有能力沟通和运送彼此所需的东西；参与方都可以自由接受或拒绝对方所提供的东西；参与方认为同另一方交换是合适的或者有希望的。

交易发生的基本条件是：交易双方有互相满意的有价值的物品及交换条件（价格、地点、时间、运输及结算方式等）。

（1）交换的组成。交换由我方和对方组成。我方和对方既可以是组织，也可以是个人。组织包括营利性组织、非营利性组织和政府组织；个人可以指在某组织里的个人，也可以指生活里的个人。

我不是一个人（组织）在战斗。一个组织或者个人要想实现自己的交换，就应该非常清楚地明白自己的交换与"我方"目前的组成状况有关联。一个组织或者个人的交换如果没有"链""网""圈""脉"为前提，交换实现的可能性就会大大降低。反过来，如果一个组织或者个人在交换中有多方的组织和个人支持，就意味着这个组织或者个人不是在单打独斗，而是形成了一个产业链、利益链和关系链等，这样就大大提高了我方的实力，为实现交换打下多方共同组成我方的基础。在我方链的形成过程中，一方面，需要组织或者个人善于团结其他组织或者个人构成一条链；另一方面，这条链里的我方成员可能一开始是我方的对方，但最后由对方变为了我方的组成部分。

对方也是由组织或者个人组成，对方也不是一个人（组织）在战斗。所以我方要善于找到对方的关键组织或者关键人物，这样往往就可以取得事半功倍的效果。因为知道对方不是一个组织或者个人在战斗，所以就不能轻易得罪对方任何一个组织或者个人。美国著名推销员乔·吉拉德提出过一个营销中的"250定律"，他说：你只要赶走一个顾客，就等于赶走了潜在的250个顾客。

我方若是企业，面对的对方即交换对象可以是组织或个人。如果对方是组织，企业营销活动面对的就是组织市场；如果对方是个人，企业营销活动面对的就是消费者市场。当然，企业可以同时面对组织市场和消费者市场展开营销活动。

（2）交换的基本目的。所有组织和个人交换的基本目的都是达成交易和交情。交易是指与钱财有关的交换，一般是买卖关系。达成交易是指我方期望得到对方的钱财等。交情是指人们在交流中建立起来的情感。达成交情是指我方期望得到对方的认可、喜欢、尊敬、信任和爱等。

总之，交换的基本目的是任何组织和个人生存与发展的目的；交易和交情的目的可以兼得；若先达成交易，应该再进一步达成交情；现在的市场往往是先达成交情，进而才能达成交易；成功的交换营销是最终能达成交情；交情可以是与人达成，也可以是与产品或服务达成；交情第一，交易第二；营利性组织要用交换的理念实现交易。

科特勒说：如果公司的目的是追求更高的目标而不只是盈利，那么公司将会更加成功，这一目标激励着它的所有者、员工、中间商和客户。管理层的任务是为公司提出一个鼓舞人心的更高目标。更高的目标体现出生活的意义，可以是幸福的生活或是社会责任。比如，一家农业公司的目标是帮助世界消除饥饿，一家食品公司的目标是提高人们的营养和生活质量。

交换创造价值。以交换的理念做营销更能体现出组织和个人在营销中重视交换的全面性和长远性，它不但需要我方懂市场，懂战略和战术，还需要有真情和道义。

（3）组织交换。组织交换的过程其实也是个人交换的过程。我方的组织交换需要我方个人的支持。人与人之间的交换是交换活动的基础。组织由不同的个人构成，首先，我方的个人要和我方的组织实现交换，取得组织的信任和任用。其次，我方这个组织需要个人帮助组织实现交换。对方组织也是由不同个人构成，所以和对方组织打交道的过程也是和对方的个人打交道的过程。

组织交换中的个人价值观影响组织交换。个人的影响力，特别是名人的影响力也会对组织交换的成功起决定性的作用。影响组织的个人可以是内部人，也可以是外部人。外部人往往是指有社会影响力的名人或者某方面的专家等。

（4）个人交换。个人交换的过程不仅仅是个人的行为，个人交换同样需要组织的支持。比如，个人是在什么组织里工作或者学习的，个人曾经在什么组织里工作和学习过，这些组织都会对个人和对方交换提供有利或者不利的因素，甚至起决定性的作用。所以，个人的交换不仅包含个人，还包含组织。

为达成交换，个人在行动中可以体现出高尚的一面，即作为谦谦君子，这样的行为称为"君子之交"；个人在行动中也可以体现出不高尚的一面，以"小人"之心来面对对方，用"厚黑"的方式来处理人和事，其核心就是看人下单、见风使舵，为达目的不择手段。有些人还会把自己的交换目的表面上包装得很高尚，这样的人即为"伪君子"。

（5）交换的实力。交换双方的实际需求状况及实力状况体现出交换的主动权在哪一方。如果我方"牛"（因为短缺、垄断、技术、品牌、金钱、自然资源、权力、权威、关系、背景、外观、长相等原因），我方在交换中就把握了主动权。"我牛"分为"真牛"和"假牛"。"真牛"一般可分为"垄断牛"和"非垄断牛"两类。真正的"我牛"是通过非垄断的竞争，由对方自由选择形成的结果，是民主的结果。"垄断牛"则是让对方没有选择情况下的"牛"，是一种强迫、强权和专制。"假牛"主要靠吹牛而成，也有一种"假牛"是"疯牛"，自以为是，孤芳自赏，但却得不到对方的认可。

如果我方"熊"（因为竞争者多、实力不足、供应量多、对方选择多等原因），交换中就处于被动地位，没有主动权。这就要求我方更应该主动出击，才可能产生更多的交换机会。西门子家电全球营销总监博西德说：推销是我去找顾客，营销是让顾客来找我。"我熊"也可以分为"真熊"和"假熊"。"真熊"的组织或个人要想交换成功，就要在思想上认识到交换的本质，完整地建立起为实现交换必须具备的市场意识、经营意识和销售意识。"假熊"的组织或个人应该采取措施进一步有效地和对方沟通，寻找或者等待合适的时机，设法得到"贵人"相助，来改变"假熊"的状况。

（6）交换的本质。交换的本质是利益交换。利益也就是好处，从交换对象来看，包括给对方的营利之利和非营利之利。正所谓"天下熙熙皆为利来，天下攘攘皆为利往"，只不过组织或个人获得的利益不同而已。

（7）交换的实现。不管是"我牛"还是"我熊"，我方要实现交换，就要为对方创造价值。德鲁克说：赚钱只是你为顾客创造价值之后的一个副产品，它是结果而不是目的。创造价值的过程换一种表达就是做好"三点营销"：发现市场的焦点，确定营销的亮点，找准销售的爆点，最后实现交换。三点营销是对市场、经营和销售三个方面内容的关键点的提炼。

2. 价值

价值（value）即有用，有无价值由对方决定。在企业经营中，价值是指消费者或者客户对产品满足各种需要的能力的评价。任何企业的任务都是向顾客交付价值并从中获取相应的利润，价值意味着双方都能从交换中获利。

三值营销指的组织或个人为对方创造出颜值、慧值和链值等价值，以期达成交换的营销。颜值反映外在价值，慧值反映内在价值，链值反映与谁（组织或个人）在一起的价值。颜值从个人来说，是指人的外貌、身材、打扮等；从产品或服务来说，是指外观、造型、包装等的有形状况。慧值从个人来说，是指才华、才能和智慧等；从产品或服务来说，既可以表现为功能、效果、质量等理性意义，又可以表现为情感、个性及象征等感性意义。链值从个人来说，是指与哪些组织和他人在一起，关系状况如何；从产品或服务来说，是指与哪些组织和他人结成了链的状况和其他关系状况。链可以是认证、同盟、合作和亲密关系等，甚至可以是朋友圈，为交换的对方提供链值的现状和事实。

虚实相间的企业营销是指营销中既有理性诉求，又有感性意义，既有事实，又有象征，从而满足对方心理需要的营销策略。理性营销主要体现"实"的特征，包括诉求实用、功能、效果、事实等特征；感性营销主要体现"虚"的特征，这里的虚指的是故事、情感、个性、象征、格调、审美等心理感受。虚实相间的企业营销就是影响顾客的认知，发现、引导和满足顾客对生活意义的价值认知与认定。

如今，产品和服务的价值既承载着质量、功能效用，也承载着心理、精神效用。如今的消费不再是纯物质的消费，人们所需要的是通过消费来满足精神的追求。市场上涌现出的许多具有精神含量的产品和服务足以说明这个现象。观察市场不难发现，成功的产品都要和顾客的内心产生共鸣。消费者要通过产品消费达到价值认同，最常见的做法就是在功能之外提供精神上的愉悦。

丹麦未来学家罗尔夫·詹森（Rolf Jensen）认为：可以这样说，1999 年是个临界点，人类即将进入新纪元：一个以故事为主导的年代。我们将从重视信息过渡到追求想象！他列举了鸡蛋的故事来说明这一点。在 1990 年，几乎所有丹麦人都购买在工业化农场生产的鸡蛋，只有少数人选择天然农场的鸡蛋，毕竟自然生产的鸡蛋的价格是"工业"鸡蛋的两倍。但是到了 1999 年,丹麦超市里的鸡蛋竟有一半来自自由放养的鸡群。产品一样,味道也一样,甚至实验室通过实验都找不出两者之间的差别。顾客就是渴望天然、有乡村情怀和动物福利的浪漫,他们宁愿为此付出代价。詹森的结论是:当我们购物时,事实上我们在商品内寻找故事、友情、关怀、生活方式和品性。我们是在购买感情。一个产品如果不能够附着人们的想象力和向往,这个产品就无法存活下来。也许我们可以用"情感""精神""梦想"等一系列的概念来诠释它,但是这一切都在描述着一个根本的事实,那就是,它是一个具有灵魂的产品,而不是一个简单的功能和结构。人们消费的产品,已经不再是产品本身,而是消费者的情感和期望,消费者把自己的想法、期望甚至梦想折射到产品上,希望借助于产品来寄托、感受,甚至宣泄自己。

效用(utility)是价值的表现。在诸多产品的购买选择中,消费者总是根据多项标准去选择提供最大效用的产品作为购买目标。效用最大化是消费者选择产品的首要原则。效用的评价,既取决于厂商所提供的产品使用的实际效用,也取决于消费者进行的效用对比评价。消费者的购买决策建立在效用与费用满足的基础之上,基本原则是选择用最少的货币支出换取最大效用的产品或服务。消费者对产品满足其需要的整体能力的评价就是效用,顾客只会购买他们认为有价值的东西。消费者效用包括:

(1)形式、功能效用,是以消费者真正喜欢的物化形式,向消费者传递价值的物质载体。包括产品的质量、功能、外观、品牌、包装和服务等。

(2)心理效用,是指一种心理感受,往往是个性、象征、幻想、寄托等体现,可以与理性有关,也可以与理性无关。

(3)地理效用,是指产品或服务所处的地理位置带给消费者的价值,如就近地点购物、在线购物等。

(4)时间效用,是指能否在消费者需要时及时提供产品或服务,如产品交货迅速、维修快速等。

(5)购买效用,是与定价、促销、付款及保质期有关的效用。

3. 需要与需求

需要(need)是人类生存和发展的最基本出发点。需求(demand)是有支付能力和意愿购买具体的产品和服务来满足人们生理或心理的需要,发现、引导和满足需求是市场营销的出发点。消费者需求是指人们对某个产品有购买欲望且有支付能力。营销者只能通过营销活动对人的需求施加影响和引导,而不能凭主观臆想加以创造。人的需求是有限的,而人的需要是无限的,强烈的需要和需求能激励人们的主动购买行为。

要了解人们的需要和需求并不是一件容易的事情,许多人其实并不知道自己真正的需求是什么,这时企业应该更多地主动挖掘出人们的需求。顾客不知不觉,企业要先知先觉,通过对顾客潜意识的分析和把握,创造需求,引导消费。如果营销的结果是让对方产生共鸣,这是满足需求;如果营销的结果是让对方产生意想不到的惊喜,这是引导需求、创造需求。

需求是人们的期待、心动和目的。人有多种期待、心动和目的，最基本的是期待名利，不管是我方或者对方，都在期待名利的获取和满足。从企业来说，做营销希望得到名利双收的结果，从对方（顾客、供应商、中间商等）来说，也是为了名利的获取和满足。

人人都有一颗名心，包括名气与名声。读什么学校，获什么奖励，进什么工作单位，参加过什么组织等都涉及名气、名声的影响。许多人想出名，因为出名可能带来更大的利益和好处。也有人不想出名，但会关注自己的名声、名誉。顾客在消费中希望购买名牌产品、奢侈品，看重企业的名声、名誉等都是常见的消费心理表现。

人人都有一颗利心，都想获取利益。利进一步可以分为营利之利和非营利之利。营利之利是指获取钱财，非营利之利是指获取欲望满足与情爱、健康与美丽、权力与地位、认可与尊重、信任与幸福等。名的获取和满足本身是一种利，名可能带来更大的利。

需要特别指出的是，平时人们所说的利一般是指营利之利，是狭义的利，广义的利包括营利之利，还包括非营利之利。本书中所说的利是指广义的利。人可以不注重营利之利，但一定会注重一些非营利之利，所以人人都有利心，只不过侧重点不一样而已。营利之利与非营利之利之间存在着交换关系。

企业通过给对方营利的利益来吸引对方。现实生活中钱财不可或缺，从供应方来说是为了赚钱，从需求方来说也希望在购买中得到赚钱或省钱的感受。企业应该深刻地意识到这一点，让合作方和顾客有赚钱或省钱的感受。合作方愿意合作的重要原因是为了能赚到钱，对于顾客也可以让他们有赚到钱的感受。比如，对组织市场上购买了机器、设备、原材料等的顾客，可以让他们感受到成本与收益计算后的赚钱结果；对消费者市场上的顾客，可以让他们对买的东西有增值预期，如购买房子、名人字画、古董、品牌限量款等产品，买到即赚到。

做不到使合作方和顾客赚钱时可以给予其省钱的感受。比如，告知组织市场上的顾客他购买的机器、设备能帮助其省钱；在消费者市场上通过促销策略，如打折、赠送购物券等方式让顾客产生买到即省到的心理感受。

企业最重要的是给对方非营利的利益。比如，给对方情感的满足、健康的承诺、美好的向往、幸福的生活等，这些才是达成交换的最重要因素。

我方实现交易和交情的关键是满足对方的需求（期待），对方需求的社会化内涵是名与利的满足和获得。从这个意义上来说，市场营销学也可以称为"名利学"。

4. 提供物与品牌

提供物（offering）泛指满足人的特定需要和欲望的产品和服务，包括产品实物、服务和体验，即有形和无形的产品。企业往往需要通过提出某种价值主张来满足顾客的需要，人们在选择购买产品的同时，实际上也在满足着某种价值需要。

品牌（brand）是具有明确供应来源的提供物的一种标志。例如，一提到麦当劳品牌，人们头脑里往往就会联想到汉堡、快乐、快餐、金色拱门等，它们构成了品牌形象。

品牌战略是营销战略的终极目标。品牌战略的目的是建立起企业的强势品牌,强势品牌的特征在于品牌代表了某一品类,并进入顾客的心智。

5. 供应链与营销渠道

供应链(supply chain)包括从原材料和零部件的供应到把成品交付给最终顾客的整个过程。例如,一个成品皮包的供应链开始于选择皮革原料,中间经过染色、修剪和制造等环节,最终把产品送到顾客手中。实际上,在整个供应链的价值交付系统中,每家企业都只占全部价值中很小的一部分比重。当一家企业收购另外一家企业,向上游或下游扩展时,其目标是在供应链总价值中占有更大的比重。

营销者往往可以利用三种营销渠道。一是营销者可以通过沟通渠道(如传统媒体、新媒体等)发送信息,并从目标顾客那里获得信息。二是营销者利用分销渠道(线下渠道、线上渠道)向购买者和使用者展现、销售或交付有形产品或服务。分销渠道可能包括经销商、批发商、零售商和代理商。三是营销者可以通过服务渠道与顾客进行交易。服务渠道包括仓库、运输公司等物流支持和银行、保险公司等服务支持。

6. 市场

市场(market)以交换活动为核心,没有交换就没有市场。市场营销中,市场被视为与卖者相对应的买者的总和。买方构成市场,卖方构成行业。简单的市场营销系统模型如图1-2所示。以市场为中心就是以买方为中心,以顾客为中心。狭义的市场是指具有特定需要和欲望,而且愿意并能够通过交换来满足这种需要和欲望的全部现实和潜在顾客。市场构成的三要素为人口、购买欲望和购买力。

图1-2 简单的市场营销系统模型

完整的市场概念可以从三个方面去理解。其一,市场可以是广义的市场,它包含着影响企业生存和发展的一切环境因素,包括宏观环境(间接环境)和微观环境(直接环境)的现状,既包括对方因素,也包括我方因素。其二,市场也可以是一般意义上的市场,它包括买者和卖者,是买卖的双方。企业在营销时既要以买者为导向,也要以竞争为导向。其三,市场也可以是狭义的市场,就是指买者或者直接利益者。

有市场意识一般是指要有对方意识,以市场为中心就是以对方为中心。在绝大多数商业领域,对方(顾客)已经具有了自由的选择权、监督权与决定权,企业必须以对方为中心才可能获得对方的认可和最终购买。

市场从要素来看一般包括五个基本市场,即资源市场、制造商市场、中间商市场、政府市场和顾客市场。其中,制造商到资源市场上(原材料市场、劳动力市场和金融市场)购买各种资源,然后把它们加工成各种产品和服务,再把它们卖给中间商，中间商则把它们卖给最终顾客。从企业面对的交换对象来看，其主要的顾客市场包括消费者市场、组织市场和全球市场。

（1）消费者市场，是指个人或家庭需要和进行消费的市场。这是现代营销学研究的基本对象。企业奉行的原则是：把争取消费者作为企业的最高目标；爱自己的消费者而非爱自己的产品；不追求企业生产方面的特权而发展市场方面的优势；生产消费者愿意购买的产品而非容易生产的产品；从消费者的立场来检验和确定企业的经营战略；等等。

（2）组织市场，是指企事业单位、政府机构和非营利组织为生产、服务、转售或办公需要而购买商品或劳务的市场。它主要包括生产者市场、中间商市场、政府市场和非营利组织市场。其特点和消费者市场有较大的不同。

（3）全球市场。在全球市场上销售产品和服务的企业往往面临更多的抉择和挑战。它们必须决定应该进入哪个国家或地区的市场，如何进入该市场，如何使产品和服务更好地适应该国市场，如何在不同的国家为产品定价，如何使自己的营销沟通更好地适应不同国家的具体情况等。

买方市场是指一种产品的供应超出了所有买方对它的需求，使买方在交换过程中的力量大于卖方的力量，买方在交换过程中处于主动地位。卖方市场是指一种产品的供应小于所有买方对它的需求，使卖方在交换过程中的力量大于买方的力量，卖方在交换过程中处于主动地位。

买方市场的形成是市场营销理论和实践产生和发展的基本前提。买方市场的外在表现形式都是供大于求，但供应和需求都不是静态的、无条件的，随着条件的变化，供求关系可能发生逆转。

中国学者张维迎在其《市场的逻辑》一书中说，在市场经济中，每一个人都在追求自己的利益，包括追求自己的财富，也包括追求自己的名声、地位、情感、幸福等。但人们应该意识到，要想自己的利益得以实现，关键是能为别人创造价值。市场的基本逻辑是：通过让别人幸福使自己变得幸福。因为利他，从而利己。这一逻辑把个人对财富和幸福的追求，转化为创造社会财富和推动社会进步的动力。同时，市场制度就是"好坏由别人说了算，不由自己说了算"的制度。市场竞争是更好地为他人创造价值。而强盗的逻辑是：通过让别人不幸福而使自己幸福。这种逻辑在市场经济中是行不通，也走不远的。市场不要求人们变为损己利人的"圣人"，但会惩罚损人利己的"小人"。

1.1.3 市场营销学

市场营销学是研究如何有效提供价值和实现交换的学说。随着市场的不断变化、竞争的不断加剧，市场营销学有了越来越丰富的内容和方法，今天的市场营销学是战略与战术的结合，是面对变化多端的市场需要做的经营与销售活动。

1. 市场营销学的含义

市场营销学是以经济科学、行为科学和现代管理理论为基础，研究以满足顾客需求为中心的企业市场营销活动及其规律性的综合性应用科学。市场营销学以其独特而系统的理论和方法，向组织和个人展示了通往成功之路的生存智慧、发展智慧和竞争智慧，它提升了营销者思维的前瞻性，帮助营销者从全面、系统、动态的高度考虑、审视自己的经营销售决策。

在中国，对于市场营销学这门学科，许多人有很大的误解，认为它只是企业销售部门要学习的课程，但其实市场营销学是企业所有管理者都应必备的知识。企业领导者是市场营销的第一人，也是最需要懂市场营销的人，因为市场营销意识是商业意识的核心内容。商业意识主要包括经营意识和投资意识，市场营销意识的核心就是经营意识。商道即交道，交道的系统意识包括市场意识、经营意识和沟通意识，这是企业所有管理者都需要建立起的商业意识。

对市场营销学的全面理解包括以下方面：

（1）市场营销学是一门科学。市场营销学是否是一门科学？它是什么性质的科学？对此，国内外学术界持有不同的见解。概括起来，大致分为三种观点：第一种观点认为，市场营销学不是一门科学，而是一门艺术。他们认为，工商管理（包括市场营销学在内）不是科学，而是一种教会人们如何作营销决策的艺术。第二种观点认为，市场营销学既是一门科学，又是一门艺术。这种观点认为，管理（包括市场营销学）不完全是科学，也不完全是艺术，有时偏向科学，有时偏向艺术。当收集和分析资料时，尽量用科学方法收集和分析，这时科学的分量比较大。当资料取得以后，要作最后决定时，艺术的分量就大一点，因为这时主要是依据企业领导者的经验和主观判断，这便是艺术。第三种观点认为，市场营销学是一门科学。这是因为，市场营销学是对现代化大生产及商品经济条件下工商企业营销活动经验的总结和概括，它阐明了一系列概念、原理和方法，市场营销理论与方法一直指导着国内外企业营销活动的发展。

（2）市场营销学是一门应用科学。市场营销学是一门经济科学，还是一门应用科学？学术界对此存在两种观点：一种观点认为，市场营销学是一门经济科学，是研究商品流通、供求关系及价值规律的科学，持这种观点的学者占少数。另一种观点认为，市场营销学是一门应用科学。无疑，市场营销学是于20世纪初从经济学的"母体"中脱胎出来的，但经过几十年的演变，它已不是经济科学，而是建立在多种学科基础上的应用科学。

（3）市场营销学包括宏观营销学和微观营销学。美国著名营销专家麦卡锡在其代表作《基础营销》一书中明确指出，任何市场经济社会的市场营销均包括两个方面：一个是宏观市场营销；另一个是微观市场营销。宏观市场营销是把市场营销活动与社会联系起来，着重阐述市场营销与满足社会需要、提高社会经济福利的关系，它是一种重要的社会过程。微观市场营销是指企业活动，是研究如何从顾客需求出发，将产品或服务从生产者转移到顾客手中，以实现企业的交换目的。

（4）市场营销学的运用领域越来越广泛。市场营销学从广义上来说可以称为交换学；从狭义上来说，也就是从营利性、商业化来说，可以称为买卖学或者通俗地称为生意经。市场营销学的基本原理同样适用于解决非营利性组织、政府组织或个人交换的达成。

企业需要与顾客进行交换，以实现获利的目的；国家需要与国家进行交换，以实现交往互利的目的；政府需要与人民进行交换，以使人民能拥护政府，实现统治的目的；学校需要与学生进行交换，以实现教育的目的；医院需要与患者进行交换，以实现医治病人和取得患者信任的目的；个人需要与组织和其他个人进行交换，以实现自己归属和发展的目的。

2. 市场营销学的产生与发展

市场营销学始于20世纪初，至今已有百年历史。

(1) 形成阶段。19世纪末到20世纪初，随着垄断资本主义的出现，以及"科学管理"的实施，企业的生产效率大大提高，生产能力大大增强，一些产品的销售遇到了困难。为了解决产品的销售问题，一些经济学家和企业就根据企业销售活动的需要，开始研究销售的技巧，研究各种推销方法。20世纪初，美国一些大学的学者相继开设有关市场营销学方面的课程。1910年，拉尔夫·斯达·巴特勒（Ralph Starr Butler）在威斯康星大学开设了一门名为"市场营销方法"的课程，首先使用"Marketing"作为学科名称。但这时的市场营销学主要研究有关分销及广告等方面的问题，并未引起社会的重视，也未应用于企业管理活动中。

(2) 应用阶段。从20世纪30年代到二战结束，是市场营销学逐步应用于社会实践的阶段。在1929年至1933年，资本主义国家爆发了严重的经济危机，生产过剩，产品大量积压，因而，如何将企业产品转移到消费者手中就很自然地成为企业和学者们认真思考和研究的课题，市场营销学也因此从课堂走向社会实践，并初步形成体系。这期间，美国相继成立全国市场营销学和广告学教师协会（1926年）、美国市场营销协会（1937年）。理论与实践的结合促进了企业营销活动的发展，同时也促进了市场营销学的发展。但这一阶段的市场营销研究仍局限于产品的分销、定价、广告宣传等方面。

(3) 变革阶段。这是从传统的市场营销学转变为现代市场营销学的阶段。20世纪50年代后，随着第三次科技革命的发展，劳动生产率空前提高，社会产品数量剧增，花色品种不断翻新，市场供过于求的矛盾进一步激化，原来的只研究在产品生产出来后如何推销的市场营销学，显然不能适应新形势的需求。许多市场营销学者纷纷提出生产者的产品或服务要适合消费者的需求与欲望，以及营销活动的实质就是企业对于动态环境的创造性适应的观点。他们认为，当企业的经营观点从"以生产为中心"转为"以消费者为中心"，市场也就成了生产过程的起点而不是终点，营销也就突破了流通领域，延伸到生产过程及售后过程。这个阶段的标志就是市场细分理论和4P组合策略的提出。市场细分理论于20世纪50年代由美国市场营销学教授温德尔·史密斯（Wendell R. Smith）提出，被称为"市场营销革命"。

(4) 发展阶段。20世纪70年代，市场营销学更紧密地结合经济学、哲学、心理学、社会学、数学及统计学等学科，成为一门综合性应用科学，并且出现了许多分支，例如，消费者行为学、工业企业市场营销学、商业企业市场营销学等。这一时期最著名的代表人物就是科特勒与提出著名定位理论的艾·里斯（AI Ries）和杰克·特劳特（Jack Trout）。

（5）成熟阶段。20世纪80年代至90年代，生态环境和社会环境对市场营销提出了新的挑战，新的营销理念也层出不穷，诸如关系营销、绿色营销、社会营销等。

（6）互联网阶段。到了21世纪，市场营销学发展出更多新的概念和分支，数字营销、大数据营销、网络营销、移动营销、社交媒体营销等新理念、新方法层出不穷。

3. 市场营销学的研究对象

"marketing"一词在英文中既可作市场营销解释，也可作市场营销学解释，但这是两个既有联系又有区别的不同概念。市场营销一般是指企业的经营、销售活动，它的研究对象是企业在动态市场上如何有效地管理其市场营销活动，以提高企业的经济效益，求得生存和发展，实现企业的交换目标。

市场营销学是研究市场营销活动及其规律的科学，其研究对象是市场营销活动及其规律，即研究企业如何识别、分析评价、选择和利用市场机会，从满足目标市场需求出发，有计划地组织企业的整体活动，通过交换，将产品从经营者手中转移到顾客手中，以实现企业的营销目标。

4. 市场营销学在中国的发展

中华人民共和国成立之前，我国学者虽然曾对市场营销学有过一些研究，但也仅限于几所设有商业或管理专业的高等院校的老师。1949—1978年，在这长达30年的时间里，国内学术界对国外市场营销学的发展情况知之甚少。1978年，北京、上海、广州的部分学者和专家开始着手市场营销学的引进与研究工作。从整个发展过程来看，大致经历以下几个阶段：

（1）引进时期（1978—1982年）。在此期间，通过对国外市场营销学著作、杂志和学者讲课的内容进行翻译介绍，选派学者、专家到国外考察和学习，邀请国外专家和学者来国内讲学等方式，系统介绍和引进了国外市场营销理论。因为当时该学科的研究还局限于部分大专院校和研究机构，从事该学科引进和研究工作的人数还很有限，所以对于西方市场营销理论的许多基本观点的认识也比较肤浅，大多数企业对于该学科还比较陌生。但这一时期的努力毕竟为我国市场营销学的进一步发展打下了基础。

（2）传播时期（1983—1985年）。经过前一时期的努力，全国各地从事市场营销学研究、教学的专家和学者开始意识到，要使市场营销学在我国得到进一步的应用和发展，必须在各地成立市场营销学研究团体，以便相互交流和切磋研究成果，并利用团体的力量扩大市场营销学的影响，推进市场营销学研究的进一步发展。1984年1月，中国高等院校市场学研究会成立。在以后的几年时间里，全国各地、各种类型的市场营销学研究团体纷纷成立。各团体在做好学术研究和学术交流的同时，还做了大量的传播工作。

（3）应用时期（1986—1988年）。1986年以后，我国经济体制改革的步伐进一步加快，市场环境的改善为企业应用现代市场营销原理指导经营管理实践提供了有利条件。但各地区、各行业的应用情况又不尽相同，市场经济发展较快地区（尤其是深圳、珠海等经济特区）的企业应用市场营销原理的自觉性较高，应用得也比较好。

（4）扩展时期（1989—1994年）。在此期间，无论是市场营销教学研究队伍，还是市场营销教学、研究和应用的内容，都有了极大的扩展。全国各地的市场营销学学术团体，改变了过去只有学术界、教育界人士参加的状况，开始吸收企业界人士参加，其研究重点也由过去的单纯教学研究改为结合企业的市场营销实践进行研究。在此期间，市场营销理论的国际研讨活动进一步发展，这极大地开阔了学者们的眼界。1991年3月，中国市场学会在北京成立。

（5）国际化时期（1995—2000年）。1995年6月，由中国人民大学、加拿大麦吉尔大学和康克迪亚大学联合举办的第五届市场营销与社会发展国际会议在北京召开。中国高等院校市场学研究会等学术组织作为协办单位，为会议的召开做出了重要的贡献。来自46个国家和地区的135名外国学者和142名国内学者出席了会议，25名国内学者的论文被收入《第五届市场营销与社会发展国际会议论文集》（英文版），从此，中国市场营销学者开始登上国际舞台，与国际学术界、企业界的合作进一步加强。

（6）互联网时期（21世纪初至今）。随着互联网和全球化时代的到来，网络营销、新媒体营销、数字化营销等成为当今市场营销的新理念。市场营销学在当今的世界和现实中已经产生了更为丰富的变化，有三大变革力量使营销学发生了更多的变化，它们是科技、全球化和社会责任。

科技进步的规模是空前的，全球科技已经从机械化时代进入数字化时代。大数据、移动化、社会化媒体成为新的时代背景，影响着消费者心理与行为。2012年，"大数据"（big data）一词越来越多地被提及，人们用它来描述和定义信息爆炸时代产生的海量数据，并命名与之相关的技术发展与创新。随着电子商务、人工智能、互联网科技、移动网络和新媒体的不断出现和运用，营销人员现在可以获取几乎一切的信息和数据。分享信息、移动购买、电子支付、众筹经营和消费已经扑面而来，更多的消费者参与和协同营销，这样就产生了更智能的定制营销、移动营销和新媒体营销等。移动化趋势已成为不可逆转的时代潮流，在移动化趋势下，消费者获取信息更加便捷，消费者的行为也受到了一定的影响，在这种情况下，移动营销越来越受到重视。

全球化让世界变为地球村，各国的许多产品和服务都可以在不同地区、不同人群中得到消费方面的满足。互联网营销彻底解决了过去的信息不畅、信息滞后等问题，让企业的营销机会和市场大大增加。

由于市场营销的影响会扩展到整个社会，营销人员必须考虑活动的道德、环境、法律和社会联系等因素。随着消费者变得更加具有社会意识，越来越多的企业把社会责任看作一种使自己与竞争对手不同的方式，进行更有效的关注社会责任的可持续营销。

"marketing"最初被翻译为市场学,后来逐渐统一翻译为市场营销学,我国台湾地区学者将其翻译为行销学。有些学者认为这样的翻译容易让人将其误解为销售学或者只是战术层面上的课程,也有些学者提出将其翻译为市场经营学,这样更能体现出现代 marketing 的战略性和高度。

1.1.4 市场营销观念

市场营销观念本质上属于经营(商业)哲学。企业用什么样的营销观念来指导企业的活动?一般认为,生产观念、产品观念、推销观念、市场营销观念、社会市场营销观念是具有代表性的不同阶段的市场买卖观念。传统市场营销观念指的是生产观念、产品观念和推销观念,现代市场营销观念指的是市场营销观念和社会市场营销观念。

1. 生产观念

生产观念(production concept)产生于19世纪末20世纪初。由于当时社会生产力水平还比较低,商品供不应求,市场经济呈卖方市场状态。正是这种市场状态,导致了生产观念的流行,表现为企业生产什么产品,市场上就销售什么产品。在这种观念指导下,企业的管理重点是努力提高生产效率,增加产量,降低成本,生产出让消费者买得到和买得起的产品。因此,生产观念也称为"生产中心论",其特征就是大量生产,以量取胜。生产观念是指导企业营销活动最古老的观念,消费者关心的是能否得到产品,而不是关心产品的细小特征。产品短缺是生产观念存在的根本原因,是在卖方市场(seller market)背景下的买卖观念。如美国汽车大王亨利·福特当时为了千方百计地增加 T 型车的生产,采取流水线的作业方式,以扩大市场占有率,至于消费者对汽车款式、颜色等的主观偏好,可以全然不顾,车的颜色一律是黑色。这是企业只关心生产而不关心市场的典型体现。

2. 产品观念

产品观念(product concept)认为,产品销售情况不好是因为产品不好,消费者喜欢质量优、性能好和有特色的产品,只要企业致力于制造出好的产品,就不用担心挣不到钱。"酒香不怕巷子深"是这种观念的形象表达。产品观念认为,消费者关心的是产品的质量,质量就是企业唯一的标准。产品观念是"营销近视症"(marketing myopia)的体现。1961年,西奥多·莱维特发表了著名的"营销近视症"观点,指出有些行业在困难期间衰退的原因在于它们所重视的是"产品",而不是"顾客需要"。

企业生产只以产品质量为中心,想以质取胜,但却常出现顾客"不识货"的情况,进而导致企业失败,就是因为这种产品观念仍是从自我出发,孤芳自赏,处于"闭门造车"状态。以前,我国自行车行业的王牌是永久和凤凰自行车,质量的确不错,但就是因为没有及时根据顾客的需要作出改进,增加品种,患了"营销近视症",导致销售急剧下降。

3. 推销观念

二战后,资本主义工业化大发展,社会产品日益增多,市场上许多产品开始供过于求。企业为了在竞争中立于不败之地,纷纷重视推销工作,如组建推销组织,培训推销人员,研究推销术,大力进行广告宣传等,以诱导消费者购买产品。这种观念是"我们会做什么,就努力去推销什么"。推销观念(selling concept)认为,消费者有购买惰性和被动性,消费者有"非渴求产品",而通过推销就可以有效地推动购买,达成交易。推销观念仍然是以生产者为中心来进行推销,注重推销手段和技巧的运用。推销观念往往因为注重短期利益的得失,容易变成"骗销",这会对企业的长远发展产生不利的影响。

买卖关系由生产观念、产品观念转变为推销观念,是企业经营指导思想上的一大变化。但这种变化没有摆脱"以生产为中心""以产定销"的范畴。前两者强调生产产品,后者强调推销产品。所不同的是,生产观念、产品观念是等顾客上门,而推销观念是加强对产品的宣传,体现了企业一定的主动性。

4. 市场营销观念

市场营销观念(marketing concept)是买方市场(buyer market)条件下以顾客为中心的营销观念。这种观念认为:实现企业目标的关键是切实掌握目标顾客的需要,并以顾客需求为中心,集中企业的一切资源和力量,设计、生产适销对路的产品,安排适当的市场营销组合,采取比竞争者更有效的策略,以满足顾客的需求,取得利润。

市场营销观念与推销观念的根本不同是:推销观念以现有产品(卖者)为中心,以推销和销售促进为手段,刺激销售,从而达到扩大销售、取得利润的目的;市场营销观念是以企业的目标顾客为中心,并且以集中企业的一切资源和力量,确定有效的目标市场,安排适合目标市场的营销组合策略,从而达到满足目标顾客的需要、扩大销售、实现企业经营目标的目的,注重营销的整体性。从本质上说,市场营销观念是一种以顾客需求为导向的经营哲学,是消费者主权论在企业经营管理中的体现。市场营销观念的四个支柱是:以市场为中心、顾客导向、协调的市场营销、利润。推销观念的四个支柱是:工厂、产品导向、推销、盈利。

市场营销观念把推销观念的逻辑彻底颠倒过来了,不是生产出什么就卖什么,而是首先发现和了解顾客的需求,顾客需要什么就生产什么、销售什么。企业真正成为市场驱动型企业,顾客需求在整个市场营销中始终处于中心地位。但企业往往是在自己销售额下降、竞争激烈、形成买方市场、营销费用增加时,才领悟和接受了市场营销观念。特劳特说:以自我为中心是成功营销的头号杀手。

5. 社会市场营销观念

社会市场营销观念(societal marketing concept)是对市场营销观念的重要补充和完善。它强调要将企业利润、顾客需要、社会利益三个方面统一起来;强调用户至上、环境保护和社会责任;以顾客和社会为中心,注重营销的公益性和道德性。

1971年，杰拉尔德·查特曼和科特勒提出了"社会营销"的概念，让人们注意到营销学在传播重大的社会目标方面可能产生的作用，如环境保护、计划生育等。社会市场营销观念认为，单纯的市场营销观念使人们对需求的满足更加期待和敏感，导致产生满足眼前消费需求与长远社会福利之间的矛盾，同时使环境污染更加严重，也损害和浪费了一部分物质资源，而且导致产生一些过度的物质主义和文化污染，企业也因此产生不少欺骗性的行为。正是基于这样的背景，社会市场营销观念应运而生。

社会市场营销观念体现为社会责任营销和可持续营销。社会责任营销体现为企业承担一定的社会责任，如为慈善机构捐款、保护环境、建立希望小学等，因此社会责任营销的核心就是信任营销，社会责任营销的目的实质上就是与客户建立信任的纽带，取得客户的信赖，最终得到"基业长青"的回报，达到企业和社会"双赢"的目的。在营销界，公认的社会责任营销的创始者是美国运通公司（American Express），它是全球在营销活动中利用与公益事业相结合的市场营销将信用卡的使用与公司捐赠相结合的第一家公司。

可持续营销是20世纪90年代才提出来的一个概念，是指可持续性经济发展中的，支持可持续性经济发展的营销。可持续性（sustainability）意味着满足当代人需求的同时又不对后代产生危害，它不仅是要保护现有的环境，更是要放眼未来，做好资源和环境的保护工作。

案例 1-1　　腾讯的快与慢

品牌评估机构BrandZ发布了2021年全球品牌价值100强榜单。其中前10强中，中国的腾讯和阿里巴巴分别占据了第5和第7两个席位。

2018—2021年这三年可以说是腾讯战略变革最密集的时间段：2018年9月30日，启动第三次战略升级，提出"拥抱产业互联网"，转向被人称为腾讯最不擅长的to B领域；2019年11月，提出新愿景使命"用户为本，科技向善"；2021年，启动第四次战略升级，把"可持续社会价值创新"纳入核心战略。

从2011年到2018年，再到2021年，腾讯每次"快"的变革之路背后，都有一个"慢"的、始终如一的思路，那就是：商业价值和社会价值并行并重。

作为中国首个互联网公益日"99公益日"的首倡者，腾讯早在2015年就提出要借助产品、技术和创意，唤起人们对公益事业的关注。从2015年起，腾讯发起"99公益日"，这个项目在2017年9月7日到9月9日不到三天的时间里，就获得用户超过7亿元人民币的捐赠，捐赠人数过千万。马化腾在这次"99公益日"项目中写了一封致腾讯全体员工的信，提出设立"腾讯CSR（企业社会责任）奖"，旨在通过这种奖项激励，让公司更多的团队运用技术、产品、创意手段，为公益献一份爱心，为社会尽一份责任，用科技驱动人心向善。

> 在业务融合的同时，腾讯的品牌也以"创造社会价值"为核心，不同于一贯的"讲述"品牌故事，而是结合不同的社会痛点，创造具有公共属性的社会产品和服务。事实上，从2020年开始，腾讯就推出了云游敦煌、数字故宫、国宝全球数字博物馆等小程序，以及让青少年爱上科学与艺术的青少周等产品和服务。
>
> 腾讯成立了"可持续社会价值"事业部，整合了企业社会责任部与腾讯公益平台，又新设了向善实验室群，碳中和、乡村振兴、教育创新、科技创新等领域将在此孵化，待成熟后再分拆出来成立细分领域的工作室。
>
> 资料来源：邓勇兵：《腾讯的快与慢》，载"哈佛商业评论"微信公众号，2021年6月23日访问。

科特勒认为，当今最好的营销者已经意识到必须超越传统的营销观念，必须采用一种富有整体性、更富有关联性的方法来展开自己的营销活动。他在《营销管理》（第13版）一书中提出了全方位市场营销观念。全方位市场营销（holistic marketing）观念认为，市场营销中所有的细节都是至关重要的。全方位营销观念试图充分认识并努力协调市场营销活动的范围和复杂性，因此要从广义的视角，基于整合的观点来看待市场营销。它主要涉及四个方面：内部营销、整合营销、绩效营销和关系营销。

（1）内部营销（internal marketing）。内部营销的实质是在企业能够成功达到外部市场的目标之前，必须有效地运作企业和员工之间的内部交换，使员工认同企业的文化，并使员工能努力为企业服务。在全面营销中，内部营销的成功可以确保组织中的所有成员都坚持适当的营销准则，尤其是高层管理人员。

（2）整合营销（integrated marketing）。营销者的任务就是设计营销活动和全面整合营销计划，以便为顾客选择、提供、传递和传播价值。当企业的所有部门都能为顾客利益服务时，其结果就是整合营销。

（3）绩效营销（performance marketing）。绩效营销关注的是营销活动和营销计划对企业收益的影响，同时也会从更广泛的角度考虑问题，如法律、道德、社会和环境因素的影响。高层管理人员不仅要重视销售收入，而且还应该关注市场占有率、顾客流失率、顾客满意度、产品质量和其他绩效指标的具体水平。另外，绩效营销强调对社会的责任，在多变的环境中，重视社会的可持续性已经成为企业关心的重要因素之一。

（4）关系营销（relationship marketing）。关系营销是要与关键的利益相关者建立起彼此满意的长期关系，以便赢得和维持商业业务。关系营销的最终结果就是要建立起独特的公司资产——营销网络（marketing network），由企业及其利益相关者（顾客、职员、供应商、分销商、代理商及其他建立互利共赢关系的合作伙伴）组成。关系营销的另一个目标，就是挽留顾客。

1.1.5 市场营销新观念

随着市场的不断发展和变化，新的市场营销观念层出不穷，这种新观念更深入和全面地反映了市场营销内容的丰富性和变化性。这里对一些市场营销新观念进行简单的介绍,以帮助人们对市场营销有更全面、深入的认识和理解。

1. 绿色营销

绿色营销(green marketing)的兴起源自生态环境的不断恶化与消费者环保意识的增强。企业开展绿色营销,使产品从生产到消费的全过程实现无污染,不仅会因承担社会责任而树立起良好的社会形象,而且能取得价格上的相对竞争优势。20世纪90年代,绿色营销在全球兴起。

绿色营销是指企业在绿色消费的驱动下,从保护环境、资源的角度出发,向消费者提供科学的、无污染的,有利于节约资源和维护社会生态的产品或服务的营销观念。企业在营销活动中,要顺应可持续发展的要求,注重地球生态环境保护,促进经济与生态环境协调发展,以实现企业利益、消费者利益、社会利益及生态环境利益的协调统一。绿色营销是社会市场营销观念的重要体现,企业通过研制开发绿色产品、保护自然、变废为宝等措施,满足消费者和社会的绿色需求,以实现营销目标的全过程。绿色营销的全过程就是从产品的绿色生产,到中间商的绿色流通,再到消费者绿色消费的全过程。

绿色组织的建立开始于20世纪70年代的英国,此后在世界各地广为普及,仅在美国就有18000个这样的团体。这些绿色组织为了宣传绿色意识,广泛开展各种绿色活动,我国也于1993年年初成立"中国绿色食品发展中心"。目前,我国已在30多个省、自治区、直辖市建立自己的绿色团体。

在国际市场营销中,企业往往会面临绿色贸易壁垒。所谓绿色贸易壁垒,是指进口国以保护生态环境、自然资源、人类和动植物的健康为由限制进口而采取的各种措施,是一种非关税壁垒。这些措施对世界各国产品或服务的出口构成了绿色贸易壁垒,如国际环境公约、WTO协议中的环境条款、国际环境管理体系列标准(ISO14000)、绿色标志制度、进口国国内环境与贸易法规、进口国环境与技术标准等。它们一方面有利于环境保护和可持续发展,另一方面又可能成为各国开展贸易战的重要砝码。

绿色贸易壁垒种类繁多,主要包括绿色关税和市场准则、绿色技术标准、绿色标志制度、绿色包装制度、绿色卫生检疫制度等。

2. 关系营销

关系营销(relationship marketing)是以系统论为基本思想,将企业置于社会经济大环境中来考察企业的市场营销活动,认为营销是一个与消费者、竞争者、供应者、分销商、政府机构和社会组织发生互动作用的过程,建立与发展和这些利益相关者之间的关系是企业营销的关键。其中,和消费者的关系是关系营销中最基本的关系。关系营销最早由美国学者伦纳德·贝利(Leonard L. Berry)于1983年提出,他认为关系营销就是保持顾客。

关系营销与交易营销的区别主要表现为:关系营销以长期关系为导向,注重保留老顾客,着力提高顾客的忠诚度以获取持久的竞争优势;交易营销看重短期利益,以获取新顾客为主，关注一次性交易，目的就是获利。

关系营销有两个显著的特征：一是把企业的市场营销活动置于整个社会经济的大环境之中，而不是仅仅局限于产品交易市场。市场营销是企业与一系列公众发生互动作用的过程，企业正是在与这些环境因素的实体或信息的交换中得以生存和发展。二是把公共关系当成企业营销成败的关键。企业不但要与许多利益方达成营利性交换，更要与许多利益方达成非营利性交换。交换的实现绝非只是营销部门或专职营销人员的事，它有赖于企业的所有部门和人员都把各自岗位上的工作与市场营销联系起来，通过全体人员共同努力、协调一致地完成整个市场营销过程。

关系营销的实质是建立和加深交情。利益是根本，满意和信任是保证。

3. 定制营销

营销方式的变化从根本上看是由生产方式决定的，考察营销方式的演进，首先要回顾生产模式的变革过程。

大规模标准化生产模式于19世纪后半叶萌芽，亨利·福特和他的生产工程师们使其"开花结果"；于20世纪二三十年代在美国工业中广泛传播；二战后成为世界工业的主导生产模式，对美国20世纪经济的迅猛发展具有巨大的推动作用。

定制营销（customized marketing）是指企业在大规模生产的基础上，将每一位顾客都视为一个单独的细分市场，根据个人的特定需求进行市场营销组合，以满足每位顾客的特定需求。它是制造业、信息业迅速发展所带来的新的营销机会。现代科技为定制营销创造了良好的硬件基础。计算机辅助设计、人工智能、网络技术的出现，使现代企业具备了进行较低成本、多品种、小批量生产的能力，这使定制营销的产品在成本与价格上能够与规模化生产的产品相比。

定制营销的核心是以"客户占有率"为中心，通过与每个客户互动对话，与客户逐一建立持久、长远的"双赢"关系，为客户提供定制化的产品。目标是在同一时间向一位客户推销最多的产品，而不是将一种产品同时推销给最多的客户。企业应该思考如何增加每一位客户的营业额，而不是竭力追求增加市场占有率。

定制营销的典型形式是"一对一营销"。其过程是：识别顾客（需要了解顾客的详细资料）——对顾客实行差异化管理（由产品差异化转化为顾客差异化）——建立企业与顾客的双向沟通——企业实行定制。

柔性生产系统（FMS）是指由计算机控制的生产系统，它可以实现低成本、小批量生产不同的产品。FMS能有效消除传统生产中固有的低成本和产品多样化之间的矛盾，帮助企业在保持低成本优势和高质量的同时，对顾客需求的变化作出更灵活的反应，对顾客的多样化需求给予个性化的满足。FMS既是个性化的，也是规模化的。

以定制营销为基础的客户关系管理（CRM）也正成为领导全球经济潮流的力量。无论是新经济的代表如戴尔公司，还是传统企业如UPS、宝洁，都已斥巨资引入CRM工程，重新设计产品，重建组织流程，使之成为创新顾客价值的核心。

4. 整合营销

整合营销是一种对各种营销工具和手段的系统化结合，根据环境进行即时性的动态修正，以使交换双方在交互中实现价值增值的营销理念与方法。整合就是把各个独立的营销综合成一个整体，以产生协同效应。这些独立的营销包括广告、直接营销、销售促进、人员推销、包装、事件、赞助和客户服务等。企业应战略性地审视整合营销体系、行业、产品及客户，从而制定出符合企业实际情况的整合营销策略。

整合营销发生在两个层面，一是不同的营销功能，包括销售、广告、产品管理、市场研究等必须共同工作；二是营销部门必须和企业的其他部门相协调。

整合营销观念改变了把营销活动作为企业经营管理的一项职能的观点，而是要求所有活动都整合和协调起来，努力为顾客和利益服务。同时，强调企业与市场之间互动的关系和影响，努力发现潜在市场和创造新市场。以注重企业、顾客、社会三方共同利益为中心的整合营销，具有整体性与动态性特征。

组合营销概念强调将市场营销中各种要素组合起来的重要性，整合营销与之一脉相承，但更为强调各种要素之间的关联性，要求它们成为统一的有机体。在此基础上，整合营销更要求各种营销要素的作用力统一方向，形成合力，共同为企业的营销目标服务。

资料1-1　4C营销理论

4C营销理论由美国市场营销学教授劳特朋（R. F. Lauterborn）在1990年首先提出，它以消费者需求为导向，重新设定了市场营销组合的四个基本要素，即消费者（consumer）、成本（cost）、便利（convenience）和沟通（communication）。强调企业首先应该把追求顾客满意放在第一位，其次是努力降低顾客的购买成本，再次要充分注意到顾客购买过程中的便利性，而不是从企业的角度来决定销售渠道策略，最后还应以消费者为中心实施有效的营销沟通。

（1）消费者，即顾客。企业要把顾客的利益放在第一位，强调创造顾客比创造产品更重要；不能仅仅卖企业想制造的产品，而是要提供顾客需要的解决方案。

（2）成本，指顾客获得满足的成本。企业要了解顾客为满足需要和欲望愿意付出多少成本，包括企业的生产成本（生产满足顾客需要的产品的成本）和顾客购物成本（货币成本和耗费的时间、体力和精力以及可能的风险）。

（3）便利，指购买的方便性，强调让顾客既购买到产品，也购买到便利。为此，企业要深入了解各类顾客的购买方式和偏好，把便利原则贯穿于营销活动的全过程。

（4）沟通，指与顾客沟通，强调企业与顾客进行双向沟通，促进相互理解，培养忠诚顾客。

用4P组合策略做营销是企业导向，用4C营销理论做营销则是顾客导向，4P应围绕4C来实施。

资料 1-2 4R 营销理论

美国营销专家艾略特·艾登伯格（Elliott Ettenberg）2001 年在其《4R 营销》一书中提出 4R 营销理论，认为未来需要用"4R"及八种核心能力来指导企业的营销行为，具体内容如下：

（1）关系（relationship）。关系营销越来越重要，企业的服务和顾客的经历（是否愉快、独特、难忘）是建立良好关系的关键。核心能力体现在服务和经历上。

（2）节省（retrenchment）。技术的发展和为顾客提供更多的便利将为顾客和企业节省相关的成本。核心能力体现在技术和便利上。

（3）报酬（reward），即向顾客酬谢。核心能力体现在品位和时间上。品位意味着企业要了解顾客最看重什么，是声望还是时尚、简单等，然后尽力把品牌与以上品位联系到一起。时间是指顾客使用你的产品或服务所需要的时间，时间战略最简单的形式就是给顾客节省时间的报酬。

（4）关联（relevancy），是把品牌与顾客的购买动机相关联。核心能力体现在专业和商品上。专业就是让企业成为所在行业最重要的信息来源，树立专家形象。相关联的另一个方法就是使用独特的商品组合，使商品与顾客的需求吻合。

美国营销专家唐·舒尔茨（Don E. Schuhz）在 4C 营销理论的基础上也提出了 4R 营销理论，主要内容是：

（1）关联（relevancy），即与顾客建立紧密的关联，形成互助、互求的关系，减少顾客的流失。

（2）反应（reaction），即提高企业对市场的反应速度，倾听顾客的希望并及时作出反应。

（3）关系（relationship），即建立与顾客的互动关系。

（4）回报（reward），即一切营销活动必须以为顾客和企业创造价值为目的。

企业用 4R 理论做营销更注重关系的建立，共享价值。

资料 1-3 4A 营销理论

心理学家杰格迪什·谢思（Jagdish Sheth）和拉詹德拉·西索迪亚（Rajendra Sisodia）认为，营销失败的很大一部分原因是不知道消费者背后的真正驱动而造成的管理不善，指出消费者的认知是通往成功的更为可靠的路径。他们提出的以顾客为中心的营销管理框架强调最重要的顾客价值——可接受性、支付能力、可达性和知晓度，称之为 4A。

（1）可接受性（acceptability）。可接受性是企业所提供的产品超出消费者期望的程度。可接受性在整个框架中处于支配地位，整个框架的设计是以可接受性为根基的。功能部分的设计是由提升核心利益和增加产品可靠性推动的。心理可接受性可以通过品牌形象、包装和设计以及定位来提升。

（2）支付能力（affordability）。支付能力是目标市场消费者有能力并愿意购买产品的程度。它有两个维度：经济维度（有能力支付）和心理维度（愿意支付）。可接受性与支付能力决定了产品的价值主张。

（3）可达性（acceptability）。可达性是消费者能够方便地获取产品的程度。它有两个维度：可得性和便利性。成功的公司可以满足这两个维度。

（4）知晓度（awareness）。知晓度是消费者了解产品特征并能被说服去购买及被提醒再次购买的程度。它的两个维度是品牌知晓度和产品知识。品牌知晓度是最亟待完善的部分，因为大部分公司目前都处于低效或者无效开发的状态。

谢思和西索迪亚将4A框架构建在消费者市场中所扮演的四个独特角色，即寻求者、购买者、支付者和使用者上。另外，还有消费者扮演的第五个角色——传道者，这是基于消费者通常会向别人推荐产品，并且他们在互联网和社交媒体平台上越来越重要的事实。

5. 体验营销

伯德·施密特（Bernd Schmitt）是第一个提出体验营销概念的美国学者。1999年，他将体验营销界定为"一种为体验所驱动的营销和管理模式"，认为体验营销"将完全取代将功能价值置于核心地位的传统的特色与功效营销"。2004年，他又提出，体验营销具有四大主要特征：关注消费者体验，考察消费场景，消费者是理性和感性相结合的动物，方法和工具都比较折中。

体验营销（experience marketing）是企业从感官、情感、思考、行动、联想等方面影响消费者在消费前后感受的营销策略。体验营销是通过看（see）、听（hear）、用（use）、参与（participate）的手段，充分刺激和调动消费者的感官（sense）、情感（feel）、思考（think）、行动（act）、联想（relate）等感性因素和理性因素，重新定义、设计一种思考方式的营销方法。企业注重消费者的参与和体验，并认为这是企业促使消费者产生购买动机的最重要因素。体验的产品既可以是精神产品，如音乐，消费者花钱购买的就是一种精神体验；也可以是物质产品。微软公司的"Windows XP"就是一项体验产品，XP来自于"experience"，其中文意思是体验。比尔·盖茨宣称，Windows XP操作系统为人们重新定义了人、软件和网络之间的体验关系。

互联网所形成的网络有很多可以让商家直接与消费者对接的体验接触点。这种对接主要体现在：浏览体验、感官体验、交互体验、信任体验。通过上述体验活动给消费者充分的想象空间，最大限度地提升用户参与和分享的兴趣，提高消费者对品牌的认同。具体而言，浏览体验，是指消费者通过网络直接进行品牌信息接触并保证其顺畅。这种浏览体验主要表现在网络内容设计的方便性、排版的美观、网站与消费者沟通的互动程度等方面，让消费者通过自身对于网络的情感体验，从而对品牌产生感性认识。感官体验，即充分利用互联网可以传递多媒体信息的特点，让消费者通过视觉、听觉等实现对品牌的感性认识，使其易于区分不同公司及产品，达到激发兴趣和增加品牌价值的目的。

所谓交互体验就是网上互动。交互是网络的重要特点，能够促进消费者与品牌之间的双向传播，通常通过论坛、留言板等方式实现。消费者将自身对网络品牌体验的感受再以网络这个媒介反馈给品牌，不仅提高了品牌对于消费者的适应性，也提高了消费者的积极性。信任体验，即借助网站的权威性、信息内容的准确性以及在搜索引擎中的排名等，构成了消费者对于品牌信任的体验。

企业把"体验"作为产品整体概念中的一个新分子加以营销是一种有益的尝试。体验营销就是要创造精神主题，选择适合的表达精神主题的载体，为消费者提供创造条件，消费者在对某项兴趣和爱好的交流过程中，加深体验的强度。体验首先是感性的体验，其次是乐于接受的体验。企业让消费者体验到一种心情、一种价值、一种惊险，甚至可以是一种接近死亡的刺激。

生产运动产品的耐克公司在纽约建立了一个66000平方米的体验城，给消费者运动方面的体验，运动就是体验城的灵魂。在这里，消费者既可以获得最新的体育赛事的结果，也可以了解许多体育人物的信息和体育项目的发展历史，消费者购买某种运动产品，马上可以了解有关这种运动的历史，当然也可以马上亲自体验一番这种运动的乐趣。

6. 数字营销

市场营销正在经历数字革命，其核心是生活场景的数字化。科特勒说：生活场景数字化之后，公司收集大量消费者的个人信息，导致公司对消费者的理解加深并带来了全新的市场细分战略。生活场景的数字化和数据分析技术使企业可以实时地对消费者的行为和态度进行全数据分析，从而实现归纳法的市场细分，而且可以精确到具体顾客，可以实现4P组合策略的有效对接。

数字营销（digital marketing）是指借助于互联网、电脑通信技术和数字交互式媒体来实现营销目标的一种营销方式。数字营销将尽可能地利用先进的计算机网络技术，以最有效、最省钱的方式谋求新市场的开拓和新消费者的挖掘。数字营销基于明确的数据库对象，通过数字化多媒体渠道，如电话、微信、短信、邮件、电子传真、网络平台等数字化媒体通道，实现营销精准化，营销效果的可量化、数据化。

数字营销不仅仅是一种技术手段的革命，而且包含更深层的观念革命。它是目标营销、直接营销、分散营销、客户导向营销、双向互动营销、远程或全球营销、虚拟营销、无纸化交易、客户参与式营销的综合。数字营销赋予营销组合新的内涵，其功能主要有信息交换、网上购买、网上出版、电子货币、网上广告、企业公关等，是数字经济时代企业的主要营销方式和发展趋势。

数字营销具有许多前所未有的竞争优势：能够将产品说明、促销、客户意见调查、广告、公共关系、客户服务等各种营销活动整合在一起，进行一对一的沟通，真正达到营销组合所追求的综合效果。这些营销活动不受时间与地域的限制，综合文字、声音、影像、网片及视听，用动态或静态的方式展现，并能轻易迅速地更新资料，同时消费者也可重复地上线浏览查询。综合这些功能，相当于创造了无数的经销商与业务代表。

如何描述目标客户画像，可以从不同维度去分析。从零售业角度，一般可以从七个维度去描述客户画像：

（1）地域，也就是用户所在的地区。在市场营销策略中，不同的地区有不同的文化习俗、不同的语言和思维模式，这些都会产生不同的影响。

（2）性别。性别不同，消费需求肯定有差别。比如，小红书APP里86%的用户是女生，这对于通过该平台宣传其产品或服务的品牌具有重要参考价值，有助于选择更适合的内容进行营销。

（3）收入。企业在制定或修改市场营销策略之前，必须明确目标用户的收入水平，否则即使再好的产品，如果远远超过用户期望的价格或与用户收入水平不符合，也不能将产品售出。

（4）年龄。不同年龄的人接受新鲜事物的能力不同，需求的痛点不同，对产品或服务的兴趣不同，找出不同年龄层消费者感兴趣的东西，将会提高营销成功率。

（5）教育程度。受教育程度不同的人，生活态度不同，关心的事物不同，受教育程度越高的用户，就越会在营销细节上找毛病。

（6）行业特征。不同行业的消费者，对产品或服务的关注点也是不同的，了解各行业人们的需求和痛点，可以开展精准营销。

（7）使用场景。确定产品或服务的使用场景是非常关键的一环，首先要明确几个关键信息，即时间、地点、出现了何种情况、对象用户、用户需求、通过何种手段达到目的。

数字营销产生连接的力量，连接大于拥有。数字营销模式下，企业组织的价值重构一定要考虑外部环境，企业与组织间、企业与顾客间将是一种协同和共生的关系，合作共赢、价值共生将成为未来营销的必然。

1.2 市场营销道德

市场营销道德关系到企业的价值观基础，关系到企业的长期生存和发展。道德价值观关乎企业的可持续发展，是企业文化的核心，也是企业价值的基础依据。

1.2.1 企业文化

1. 企业文化内涵

企业文化（corporate culture）是一个组织的价值观、信念、仪式、符号、处事方式等组成的特有的文化形象。企业文化是企业在经营实践中逐步形成，为全体员工所认同并遵守，有本组织特点的使命、愿景、价值观和经营理念，以及这些理念在生产实践、管理制度、员工行为方式与企业对外形象上体现的总和。

企业文化是企业的灵魂，是推动企业发展的不竭动力，包含非常丰富的内容，其核心是企业价值观。这里的价值观不是泛指企业管理中的各种文化现象,而是企业管理者和员工在从事生产与经营中所持有的价值观念。企业价值观是指企业内成员对某个事件或某种行为好与坏、善与恶、正确与错误、是否值得效仿的一致认识,企业价值观决定着企业行为的取向。

2. 价值观类型

价值观是人认定事物、辨别是非、区分好坏的一种心理倾向体系,体现人、事、物一定的价值或作用。价值观具有稳定性、选择性、主观性的特点,是驱动人们产生行为的基础理念。管理者持什么样的价值观,直接影响企业的营销对策及其结果。

价值观的基础是道德价值观。儒家文化从道德伦理方面把成年人分为君子和小人两类。作利害判断的往往是小人,作是非判断的往往是君子。从善恶来分,可以分为两类:一类是君子,从善如流,君子爱财取之有道、爱人、助人、利人,称为人文价值观或利人价值观;一类是小人,唯利是图,趋炎附势,为达目的可以不择手段,称为势利价值观或利己价值观。

人文价值观是对欲望的限制和约束;势利价值观是对欲望的满足和激发。这两种价值观的演化结果往往是这样的:

　　人文→限欲→不争→柔和→心静→智慧→真诚→利人→博爱→善念→和谐
　　势利→扬欲→争夺→坚硬→浮躁→迷惑→虚伪→利己→自私→恶念→毁灭

历史的价值观是指过去形成的认定事物及人的心理倾向体系。中国传统文化被认为是儒、道、佛共同作用的文化体系。儒家文化是中国文化最广泛的体现,其价值观念主要体现在仁、义、礼、智、信及父义、母慈、兄友、弟恭、子孝上。中国传统文化共同的特征是劝人要少私寡欲、重义轻利、与人为善、谦虚谨慎、低调不张扬等。

当今的价值观是指现今社会人们形成的认定事物及人的心理倾向体系。在当今的全球化时代,一定要有全球共同遵守的规则,承认人类共同价值是可能的,如果不承认,那中国文化永远不能走向世界。

1.2.2 市场营销道德

企业利益与顾客利益、社会利益的冲突会带来道德伦理上的矛盾。直接的、巨大的竞争压力使营销这一环节常常比企业活动中的其他环节要面临更多的道德与利润的两难选择,而消费者市场上的信息不对称又使企业有可能通过伤害消费者利益的方式获取自身利益,为不道德营销行为提供机会。

1. 道德内涵

道德(ethics)是一种社会意识形态,是人们共同生活及其行为的准则与规范,具有认识、调节、教育、评价以及平衡五个功能。道德是对事物负责,不伤害他人的一种准则。道德存在的目的直接关系到人们了解并掌握基本的为人处世之道,在此基础上形成完善的正常人格,树立高尚的道德情操和理想。

道德包含两方面内容:道与德。道是指本源、本质、规律、自然,德是指对这种本源、本质、规律、自然认识后的规范和限定,并在信仰的基础上形成稳定的和一贯的行为。道是德的前提,德是道的归宿。道德不是天生的,人类的道德观念是受到后天的教育及社会舆论的长期影响而逐渐形成的。不懂道,往往无德,懂了道,自然有德。

道德的研究在我国已有几千年的历史。早在原始社会末期,我国原始部落就开始重视"德治",并用淳朴的道德规范在部落中传播推广。我国古典名著《菜根谭》里就说:"德者事业之基,未有基不固而栋宇坚久者。"法治作为强制性的惩罚手段是对道德约束的补充,但最终目的还是要实现道德约束人的作用。道德能使人们主动去遵守行为规范,是对人心的管理;法律只能是使人们被动地接受,是对人身的管理。道德在规范人们行为和实现社会和谐中的作用不可取代。

市场经济需要道德基础。经济学和宗教伦理的基本假设是:人是以自我为中心的。宗教逻辑和市场逻辑最大的区别是,宗教试图改变人心,而市场是改变行为,即以利人之行为,实现利己之心。交换本身受自利动机驱动,这是正常的心理。但如果仅仅是自私自利就产生不道德的行为,这时就需要有市场规则和道德的约束。一个成熟的市场体制最根本的特征是自利动机与道德约束协同作用,真正的道德是实现自利与利他的最优解。

2. 信仰内涵

信仰(firm belief)是指相信及敬畏某种力量,是贯穿在人的世界观之中的一种意识规范。信仰与崇拜经常联系在一起,但是有区别。

信仰的实质就是对"道"的信仰,而不是对德的信仰,所以真正的信仰建立在认识"道"、敬畏"道"的基础上,德是在信仰支配下的行为。社会产生各种各样的矛盾,其根本原因就是因为信仰不一样或者没有信仰而产生的。如果人们都有信仰,有一个共同的信仰,都遵循共同的伦理,那么这个世界必然会是一个和谐的世界。

宗教信仰的根本是相信因果律。相信看得见的因果律只是浅信,比如种瓜得瓜,种豆得豆,而相信看不见的因果律才是深信。相信善恶之因果则是一种深信,深信善有善报,恶有恶报,不是不报,时间未到,时间一到,一切报到。若深信这样的因果,就不敢胡作非为,才会"勿以善小而不为,勿以恶小而为之"。宗教非常重要的意义和功能是让人们深信善恶因果,并由此产生敬畏心理。

3. 市场营销道德

市场营销道德(marketing ethics)是用来判定市场营销活动正确与否的道德标准,即判断企业营销活动是否符合消费者及社会的利益,能否给广大消费者及社会带来最大幸福。市场营销道德是调整企业与所有利益相关者之间关系的行为规范的总和,是客观经济规律及法制以外制约企业行为的另一要素。

市场营销活动的每个环节都可能存在营销道德问题:

(1)营销调研中的道德问题。对于调研人员来讲,要为客户保守业务秘密,要保证调研工作质量,如问卷设计要认真,访问次数不要偷工减料,调研人员要经过严格培训,收集的资料要真实可靠,要尊重受访者的尊严和隐私权,并对其身份进行保密,未经许可,不能随意公布受访者提供的资料。对委托调研一方来说,要依约支付调研费,要公正全面地发表调研成果,不能断章取义等。如果违背以上原则,就属于道德问题。

(2) 产品策略中的道德问题。第一,将假冒伪劣商品充当优质商品出售给消费者。第二,过分刺激消费者的欲望,并刺激社会成本的增加。第三,产品的包装及标签未提供真实的商品信息。第四,产品在生产过程中给员工带来身心上的伤害,给社会造成环境污染和危及居民的正常生活。第五,产品在使用过程中给消费者带来人身和财产安全方面的危害,以及产品废弃物给环境造成污染。违反以上任何一项都属于道德有问题。

(3) 价格策略中的道德问题。第一,存在欺诈性定价。如故意抬高标价,然后声称酬宾大减价或对无货的商品故意定低价,以造成廉价的错觉,行高价之实;或低价引进门,然后漫天要价。第二,制定掠夺性价格。即把产品的销售价格定得远远高于生产成本。第三,实行垄断性价格。有些同类产品的生产商或销售商为了阻止产品价格的下降而实行价格共谋,要求此类产品必须按协议价格销售等。以上这些都严重地损害了消费者的利益,扰乱了正常的市场秩序。

(4) 分销策略中的道德问题。生产商与经销商不履行双方签订的合同,或生产商不按时供货,或生产商不如数供货给经销商,或经销商不按期付款给生产商,或生产商与经销商相互推诿产品售后服务的责任等,都属于分销策略中的道德问题。另外,还存在零售商为了自身利益不顾合约的规定,销售其他企业的产品,或生产者利用自己的垄断地位,损害中间商的利益等不道德问题。

(5) 促销策略中的道德问题。第一,包装上的产品宣传言过其实,过度包装,加大成本,造成资源浪费。第二,在广告宣传方面播放欺骗性广告推销产品,使消费者作出错误的购买决策;或为了搞垮竞争对手以提高自己产品或企业的身份,发布攻击竞争者的广告;或为了诱惑消费者购买自己产品而制作夸大其词或隐瞒缺陷的广告;或采用含糊其词、模棱两可的广告作广告宣传,从而引起消费者对广告真实含义的误解。最缺德的是广告宣传中存在欺诈性承诺,一些企业不负责任地向消费者开"空头支票",结果很难兑现或压根就不想兑现承诺,以此达到促销目的。第三,在人员促销中诱惑消费者购买不需要的产品或不想买的产品,或推销伪劣产品和滞销产品,或在交易中贿赂送礼等。第四,在销售促进中不道德问题更突出。有的商家有意安排"托儿",制造产品"紧俏"的假象,诱使不明真相的消费者上当;或搞有奖销售,如"买一赠一"但却非同一商品;或炒作概念,利用人们对新科技产品的依赖和追求心理,故意将开发的新产品冠上新科技概念的头衔,以蒙骗消费者,促进产品销售等。

(6) 市场竞争中的道德问题。随着市场竞争的加剧,许多企业为了谋求竞争优势,采取各种不道德的竞争手段,既破坏了正常的竞争秩序,损害了同行利益,又增大了成本。第一,以不道德的方式获得竞争对手的知识产权和商业秘密。如商标抢注,有的抢注并非为了生产、销售产品,而是为了投机、获利。有的企业以合作、洽谈、考察为幌子,乘机获取对手的商业秘密;有的在对手企业安插"侦察员";有的贿赂、收买对方工作人员;有的使用"商业间谍";有的利用高新技术窃取对手商业秘密等。第二，开展恶性竞争。有的是开展价格大战或有奖销售战；有的是相互攻击、诽谤，制造谣言，诋毁竞争对手企业形象和产品形象。第三，利用"权力营销"，与政府有关部门或者人员相互利用进行权力营销，不仅污染社会风气，为各种腐败现象提供温床，而且给正当经营造成了巨大冲击。

根据《辞海》的释义，"原罪"一词来自基督教的主要教义，指人类始祖亚当和夏娃违背上帝命令，偷吃禁果所犯之罪，传给后世子孙，成为人类与生俱来的原始罪过。"市场营销原罪"是指当企业运用各种市场策略和手段去追求自身利益的最大化时，伴随而来的却是漠视或损害了顾客的利益。它源自企业以盈利为目的的短视思维，既然以盈利为目的，顾客利益在企业心目中的位置也就变得次要甚至微不足道了。它给企业带来的危害是企业最终不被顾客信任，彻底失去顾客，被市场淘汰。

4. 人文营销

相由心生，人文显和谐。有什么样的发心，就会有什么样的现象和结果。中国文化自古以来强调商家的道德修为，希望商人是"儒商"，即做商业要重视道德，君子爱财取之有道，不义之财不取。企业家的品格决定产品的品质，企业家的高度决定企业的高度，人无信难行，企业有责乃远。

人文营销是指企业营销以道德为前提，通过善意、真诚的利人来达成营销的目的。其核心理念就是以人为本、与人为善、助人为乐和诚实守信。人文营销是营销行为的发心，是实现企业与顾客及其他不同对象达成和谐共赢的基础。

"人文"是一个中文词语，既可以指物质的财富，如中国古代留下的文物古迹，称为人文之地，也可以指精神的财富，泛指一切哲学、历史、文学和艺术等。

在西文中，"人文精神"一词为"humanism"，通常译作"人文主义""人本主义""人道主义"。人道主义是起源于欧洲文艺复兴时期的一种思想体系。人文精神体现为对自己有人文情怀，对他人和社会有人文关怀。人文精神由人品、人格、人权三个方面内容构成：

（1）人品。人品构成人文精神的基础。与人为善、清心寡欲是良好人品的显著特征。良好的人品具体表现为格物、感恩、助人、诚信等特征，爱护自然、敬畏自然、顺其自然。

（2）人格。良好的人格表现为独立、公正、思辨、质疑等特征。一般而言，人品好的人能保持自己的人格，但高压或者专制的政治也可能让人丧失人格，成为"犬儒"。孟子对优秀人格的形象表达是："富贵不能淫，贫贱不能移，威武不能屈，此之谓大丈夫。"

（3）人权。人权体现在民主、自由、平等、法制等方面。民主是人权的最基本特征。民主最简洁的表达就是：我方做事，对方做主。我方的事情能否成功，关键由对方决定。民主政治的选举是这样，商业领域的选择也是如此。当今商业市场，在绝大多数领域早已实现了民主，即企业做事能否成功关键由顾客的选择决定，顾客可以进行自由的选择。民主意识不但是个政治意识，同样也是个商业意识，是现代商业意识的重要组成部分。现代法制是建立在尊重人权基础上的法制，是民主的法制，而不是专制的法制。由对方成为监督者和制衡者的法制才能实现公平、公开和公正。

人权落实到消费领域，就是消费者主权的体现，消费者可以自由地行使选择权和决定权，其人格得到充分的尊重。市场化的结果是让顾客成为决定企业命运的人，所以真正有市场意识的企业管理者一定要有人权意识，这样才能真正做到以顾客为中心，站在对方角度思考问题，并接受顾客的选择和监督。

中国的儒、道、佛文化是建立人文精神的重要精神财富，特别是其对人品、人格的表达更为深刻和系统。儒家没有提出终极价值，道家虽然提出终极价值，但没有建立一套完整的信仰体系，佛家在终极价值与信仰方面有完整的理论，在无为方面与道家接近，在伦理方面与儒家接近。儒、道、佛都相信善恶因果律，都劝人"勿以善小而不为，勿以恶小而为之"，认为"积善之家，必有余庆；积不善之家，必有余殃"。

从企业的属性来说，盈利是它的根本，但同时企业还有着社会责任，具有人文关怀和社会道德的盈利才有真正的意义。德鲁克认为，管理的本质是激发和释放每一个人的善意。管理者要激发和释放人本身固有的潜能，创造价值，为他人谋福祉。

资料 1-4　善因营销

善因营销（cause-related marketing）是将企业与非营利机构，特别是慈善组织相结合，将产品销售与社会问题或公益事业相结合，在为相关事业进行捐赠、资助其发展的同时，达到提高产品销售额、实现企业利润、改善企业社会形象的目的。

在公司丑闻接连不断、公众不断呼吁良好企业公民的今天，企业通过善因营销体现了自己高度的社会责任感，有助于从这个产品和服务日益同质化的商业世界中脱颖而出。

善因营销一般的操作步骤是：第一，选择与公司目标相吻合的公益事业和合作伙伴。第二，长期承诺，全员参与。第三，有效沟通。要想有效提高善因营销活动的成功率，企业应当综合使用一系列内部和外部的传播渠道，包括网络、年度报告、直邮和广告等。

但要注意的是，企业在实施善因营销项目时，不要将自己和某项公益事业强行"拉郎配"。如果公益团体接受企业捐赠时背离了自己的原则，那就适得其反了。企业还应保持适度沟通与宣传，不要耗费太多的时间和金钱炫耀自己的慈善行为。

5. 企业伦理

企业伦理（enterprise ethics）也称"商业伦理"或"企业道德"，是企业经营本身的伦理，是企业处理企业内部员工之间、企业与社会之间、企业与顾客之间关系的行为规范的总和。不仅企业，凡是与经营有关的组织都存在伦理问题，只要是由人组成的集合体，在进行经营活动时，本质上都始终存在伦理问题。一个有道德的企业应当重视和尊重他人，积极采取对社会和消费者有益的行为。价值观的基础就是伦理道德。企业伦理观念是美国学者在20世纪70年代提出的，企业伦理要素包括以人为本、与人为善、守信负责、公平平等、社会责任等。

从企业面对消费者的伦理来看，产品可以根据消费者即刻满足程度与长期利益有益程度来分类。消费者即刻满足程度高、长期利益有益程度也高的产品称为满意产品（desirable product），比如味道好又有营养的食品；消费者即刻满足程度高、长期利益有益程度低的产品称为讨好产品（pleasing product），比如香烟；消费者即刻满足程度低、长期利益有益程度高的产品称为有益产品（salutary product），比如汽车中的安全带和安全气囊；消费者即刻满足程度低、长期利益有益程度也低的产品称为缺陷产品（deficient product），比如味道差而又无效的药品。（见图1-3）

图1-3　产品的伦理分类

本章总结

市场营销就是有利可图地满足需求。面对市场，企业的营销观念经历了生产导向、产品导向、推销导向、市场营销导向和社会市场营销导向五个阶段。

市场营销的价值就是围绕为顾客创造价值而采取的一系列经营销售活动，包括识别市场价值、选择价值、提供价值、传递价值、沟通价值，其最终目的就是和顾客达成交换。通过创造顾客价值，让顾客感到满意，并努力实现顾客忠诚，成功地实现长期成长。

市场营销道德是调整企业与所有利益相关者之间关系的行为规范的总和，是客观经济规律及法制以外制约企业行为的另一要素。

人文精神体现为对自己有人文情怀，对他人和社会有人文关怀。人文精神由人品、人格、人权三个方面的内容构成。

本章关键词

市场营销　市场营销者　国际营销　全球营销　社会责任营销　可持续营销　绿色营销　关系营销　整合营销　定制营销　体验营销　数字营销　市场营销道德　人文营销　企业伦理

思考题

1. 如何理解市场营销的实质?
2. 如何理解有勇有谋的营销?
3. 市场营销导向观念与推销导向观念的区别体现在哪些方面?
4. 试述市场营销有哪些新观念。
5. 如何理解道德?如何理解市场营销道德的重要性?
6. 如何理解人文营销?人文精神包括的主要内容是什么?

第二篇

识别营销价值

知彼知己，胜乃不殆；知天知地，胜乃可全。

——（春秋）孙子

知人者智，自知者明；胜人者有力，自胜者强。

——（春秋）老子

知彼知己。这里的知彼知己不但包括知人，还包括知天、知地。天、地、人构成了环境、现实，即构成了市场。要想获得交换的成功，首先必须认识了解具体的现实和环境，了解市场，才能有的放矢地采取相应的战略战术，从而达成营销的目的。

市场营销首先是认知市场。以市场为中心，市场既是起点，也是终点，满足市场需求是营销活动的出发点和基础。认知市场就是要识别现实及环境，也就是要识别天时、地利、人和的状况。知天是指知自然、知时机、知时势（政治法律、经济、社会、技术等环境因素）；知地是指知地理位置、知地形地貌、知资源分布等环境因素；知人是指知各类人心状况，知人是最基本的认知。市场意识是进行市场营销活动的基础意识，也是全局意识的体现。市场意识不但包括对市场的识别意识，同时也包括对市场的感恩意识和敬畏意识。完整的市场意识还需要有服务意识，并贯穿始终。市场意识是换位思考，站在对方角度思考问题，为对方创造价值。

明心见性。这里的明心见性是指明白人心，见到人的本性和性格。交换过程是交心的过程，交心首先要知心。一方面，形形色色的人个性各异；另一方面，个性中又有许多共性。懂市场最基本的是懂人心。懂人心就要"三知"：知心路、知个性、知社会。营销战是场心理战，心理战是场认知战。

创造价值。企业市场营销是为顾客创造价值，价值驱动营销。是否有价值由顾客认定和决定，体现在顾客的理性认知和感性认知上。里斯说：对于营销来说，重要的不是那些事实，而是消费者心智中那些与现实可能相符也可能不符的认知。顾客认知比事实更重要，顾客是唯一的标准。德鲁克说：企业的目的就是创造顾客。或者更明确地说，创造顾客要的价值。

虚实相间。为顾客创造虚实相间的价值。营销中的虚实相间指的是在营销中既有理性的诉求，也有感性意义，既有事实，又有象征，从而满足对方丰富心理需要的营销策略。

让顾客满意和忠诚是要和顾客达成持久的交情，取得顾客的信任和喜爱，这样才能更持久地达成交易。交情第一，交易第二。

"顾客"一词可以是指消费者或者组织购买者（客户），或者两者兼而有之。

第 2 章

以市场为中心：洞察市场

开篇案例 跨境电商迎来高速发展黄金期

由于"一带一路"沿线国家互联网渗透率还较低，随着中国与"一带一路"沿线国家贸易规模的持续扩大，跨境电商迎来高速发展黄金期。

2021年，全球化智库（CCG）发布的《B2C跨境电商平台出海研究报告》显示，未来中国企业通过跨境电商"出海"，在俄罗斯、美国、西班牙等国家有望保持增长势头，同时在东南亚、中东欧、中东等"一带一路"沿线区域电商市场有待挖掘，仍有较大增量空间。据悉，中国"一带一路"倡议的实施为中国跨境电商的发展提供了有利契机。在"一带一路"数字经济建设扶持下着重打造的"数字丝绸之路"中，中小企业通过跨境电商参与线上零售的模式，不仅会逐渐影响全球零售业格局，更会成长为中国未来经贸合作的新引擎，进一步带动中国对外贸易的发展。

截至2019年，中国已成为"一带一路"沿线25个国家和地区最大的贸易伙伴。据中国海关统计，2019年，中国与"一带一路"沿线国家进出口总值9.27万亿元，同比增长10.8%，这个数字高出外贸整体增速7.4个百分点，占进出口总值将近30%。

实际上，跨境零售电商作为中国制造"出海"的重要通道，在2020年迎来全新机遇。新冠疫情影响之下，海外多国线下消费市场受到冲击，消费习惯呈现明显的"线下转线上"趋势。

报告称，目前全球跨境电商出口市场上，阿里巴巴速卖通和亚马逊两个主要的头部平台是主要参与者。亚马逊以电商业务较为成熟的欧美市场为主，阿里巴巴速卖通则通过灵活的市场策略在俄罗斯、欧洲、拉美等区域占据一定的优势。

以中国重要的纺织服装生产和出口基地泉州为例，自2020年6月泉州重启跨境电商出口业务以来，一年多时间，当地累计监管跨境电商出口货物984.88万件，金额达7.28亿元。诸如"泉州制造"的鞋类、纺织服装及配件、小配饰、包袋、小电器、数码产品配件和其他家居日用品等，凭借着物美价廉、实用性强的优势，正通过跨境电商热销菲律宾、马来西亚、印度尼西亚等10个国家或地区。

> 不过，虽然跨境电商整体发展趋势向好，但也存在一些问题，比如对外出口的产品同质化现象比较严重，主要集中在3C消费电子产品和服饰服装上，贴牌产品较多，品牌营销不足，同时对于知识产权的认识不到位，常常遭遇侵权投诉等。
>
> 值得关注的是，日前亚马逊针对"诱导好评"采取"封账号、封品牌、封资金"措施，引发跨境电商行业地震，这也意味着以往野蛮生长的跨境电商生态正迎来规范化管理，防止"劣币驱逐良币"。同时，2021年7月1日起，欧盟电商增值税正式实施，这也将对跨境电商产生一定影响。
>
> 显然，积极适应不断变化的国际贸易环境和市场需求，创新技术和营销已成为跨境电商努力的方向。
>
> 资料来源：中国服装协会网：www.cnga.org.cn/html/hysj/gnsj/20210705/53391.html，2021年9月2日访问。

市场及市场经济以交换活动为核心，没有交换就没有市场。洞察市场，分析市场，以市场为中心，就是要分析企业生存和发展所要面临的各种环境对企业的影响，在不确定中把握具有相对确定性的机会。

2.1 市场营销环境

企业并不是生存在真空地带，作为社会经济组织或社会细胞，它总是在一定的外界环境条件下开展市场营销活动，而这些外界环境条件是不断变化的。它既给企业带来新的市场机会，又对企业造成威胁。因此，市场营销环境对企业的生存和发展具有重要意义。企业必须重视对市场营销环境的分析和研究，并根据市场营销环境的变化制定有效的市场营销战略，扬长避短，趋利避害，适应变化，抓住机会，从而实现自己的营销目标。

2.1.1 内涵

市场营销环境是指与企业营销活动有潜在关系的所有外部力量和相关因素的集合，它是影响企业生存和发展的各种外部条件，是指与企业营销活动有关的所有力量和影响因素的集合。市场营销环境是企业营销活动的约束力量，因此，企业应通过对营销环境深入持续的研究，自觉识别和利用市场机会，规避环境威胁，充分发挥优势，克服劣势，制定正确的营销决策，以实现营销目标。市场营销环境包括微观环境和宏观环境。

1. 微观环境

微观环境指与企业紧密相连、直接影响企业营销能力的各种参与者，包括企业本身、供应商、营销中介、顾客、竞争者以及公众等。微观环境与企业紧密相连，是企业营销活动的参与者，直接影响与制约企业的营销能力，又称"直接营销环境"。

2. 宏观环境

企业与所有相关方都是在一个更大的宏观环境中活动的,宏观环境因素既给企业带来机遇,又对企业造成威胁。这一系列巨大的社会力量,主要是指人口、政治、经济、文化、技术、自然等因素。宏观环境一般以微观环境为媒介去影响和制约企业的营销活动,所以也称为"间接营销环境",在特定场合也可以直接影响企业的营销活动。

宏观环境因素与微观环境因素共同构成多因素、多层次、多变的企业市场营销环境的综合体。微观营销环境受制于宏观营销环境,微观环境中的所有因素都要受宏观环境中各种力量的影响。

2.1.2 特点

市场营销环境是企业营销的制约因素,企业营销活动又依赖于这些环境才得以正常进行。企业的市场营销环境的特点决定了企业营销活动的具体内容,其具体特点体现在:

1. 多样化和复杂化

营销环境的构成要素多,涉及范围广,各种环境因素之间相互影响,并且经常存在着矛盾关系。环境因素的相互关系,有的能够评价,有的却难以估计和预测,因而十分复杂。企业要在消费者利益、社会利益和企业利益之间作出选择,既要利用现有资源创造企业的经济效益,又要使企业行为与政府和公众等的要求相符合。

2. 动态化和多变化

随着社会经济和技术的发展,营销环境始终处于一个不稳定的状态中,不断地发展着、变化着。尽管各种环境因素变化的速度和程度不同,如市场竞争状态的变化可能瞬息万变,而社会环境的变化一般较慢,但变化是绝对的,而且从总体上说营销环境的变化速度正在呈现出加快的趋势。因此,企业营销活动必须与营销环境保持动态的平衡,一旦环境发生变化,打破平衡,企业营销就必须积极地作出反应和适应变化。有的企业虽然规模巨大、条件优良,但由于在一个时期内不能对变化了的环境作出有创造性的反应来迎接挑战,也难免招致被市场淘汰的厄运。

3. 不可控和可影响

一般说来,宏观营销环境是企业无法控制的,因为企业不能改变人口因素、政治经济制度、社会文化因素等。因此,企业应该努力去适应营销环境的要求,以求得生存与发展。

尽管宏观营销环境是不可控的,但并不意味着只能被动地适应环境,企业可以通过改善自身的条件、调整经营策略,对营销环境施加一定的影响,积极促进某些营销环境朝着有利于企业营销的方向转化。

因此,营销管理者的任务不但在于适当安排营销组合,使之与外部不断变化的营销环境相适应,而且要积极创造性地适应和改变环境,创造或改变目标顾客的需要。

只有这样,企业才能发现和抓住市场机会,因势利导,在激烈的市场竞争中立于不败之地。

4. 国际化和全球化

国际化和全球化已经成为企业不得不面对的现实。与这样的环境密切相连,如果企业不能够顺应这样的环境变化,不能够与环境互动,就不可能具有竞争力。

在改革开放初期,中国企业也正是由于深刻理解了刚刚开放的环境特征,才走出了一条低成本之路,通过价格、服务和质量的平衡优势能力,使得本国产品在与国外产品的竞争中获得了自己的位置。最近几年,中国企业开始遭遇国外市场的抵制,从根本上看,这主要是对于国际商业环境了解不足造成的。无论是食品安全问题、环保问题,还是企业社会责任问题等,这些都是目前国际商业环境中的关键要素。

全球化已经成为企业面临的基本环境。在信息技术的驱动下,全球化的速度越来越快,中国企业正面临着全球化所带来的巨大挑战,中国企业的全球化进程充满了艰辛。而跨国企业正是因为在中国市场获得了成功,才获得了在全球市场的成功。中国市场已不再是专属于中国企业的市场,它已经是世界市场的一个重要组成部分。全球化能力就是中国企业必须适应变化的环境的能力。

2.1.3 作用

分析环境就是分析市场,以市场为中心就是要分析市场环境中各类不同因素对企业营销的影响,在此基础上采取有针对性的营销对策。

1. 环境分析是市场营销活动的基础性工作

了解市场信息是企业作出营销对策的基础,企业营销活动要受营销环境的约束,营销成败的关键就在于企业能否适应不断变化的营销环境。成功的企业都十分重视对营销环境的分析;反之,忽视营销环境分析,企业必然陷入困境。面对市场营销环境的基本态度应是:洞察环境、顺应环境和对某些环境作出引导。

2. 环境分析有助于企业发现市场机会

市场营销环境的变化既可以帮助企业识别机会、利用机会,在不稳定的环境中谋求稳定发展,也可以帮助企业克服环境变化的不利影响,化解或消除各种威胁,采取适当的营销策略,迎接挑战。

3. 环境分析有助于企业制定正确的营销决策

环境分析可以帮助企业对营销环境作出客观的判断,对其自身条件作出正确的分析,明确自身的优势和劣势,使企业的内部条件、营销目标与营销环境实现动态的平衡,为提高企业营销效果创造有利的条件。

环境会影响和制约企业的营销活动,而企业又无法控制它,因此,企业必须努力去了解它、预测它和适应它。市场营销活动实质上是企业适应市场环境变化,并不断对变化着的市场环境作出反应的动态过程,正可谓"观天下而后知己任"。

2.2 市场微观环境

市场营销环境包括宏观环境和微观环境。以下六种因素构成了企业营销的微观环境，它们也是一个企业的市场经营系统，疏通、理顺这个系统，是企业非常重要的经常性任务。

2.2.1 企业本身

企业本身是指企业的内部环境。企业的内部环境包括人、财、物等现状，良好的企业内部环境是企业营销工作得以顺利开展的重要条件。内部环境由企业高层管理者（董事会、厂长、总经理）和企业内部各种组织（财务、科研开发、采购、生产等）构成。营销部门工作的成败与企业领导及各部门的支持有很大关系。企业所有部门都同营销部门的计划和活动发生着密切的关系。各管理层之间的分工是否科学，协作是否和谐，目标是否一致，配合是否默契，都会影响企业的营销管理决策和营销方案的实施。企业营销部门的营销活动和财务、科研开发、采购和生产等部门的业务活动密切相关。

内部营销是指企业能够成功实现外部市场的目标之前，必须有效地运作企业和员工之间的内部交换，使员工认同企业的文化，并使员工努力为企业服务。内部营销需要高层管理人员的垂直协调与领导，而且也离不开与其他部门之间的横向协同。因此，企业中的每个人都需要理解、认识并支持营销活动。内部营销的任务是雇用、培养、激励那些想要为顾客提供好的服务而且也有能力这样做的员工。企业内部营销成功与否的主要评价因素是归属感、成长感、成就感。

企业的每个部门都是企业价值链上的一个环节，需要所有部门密切配合，共同为顾客创造价值。杰克·韦尔奇（Jack Welch）说：公司不能为你们提供稳定的工作，只有顾客能。

2.2.2 供应商

各类资源供应者，它们同企业达成协作关系。供应商是指提供生产产品所需要的资源的企业或个人，包括提供原材料、设备、能源、劳务、资金等。它们对企业的营销影响很大，所提供的资源质量、价格和供应量，直接影响企业产品的质量、价格和销售利润。生产企业可以通过产业链的建立获得稳定的供应，也可以从多方面获得供应，而不可依赖于单一供应者。供应商是企业整个顾客价值传递系统中的重要一环。

供应链描述的是个更长的渠道，它从原材料到元件，一直延伸至被传递到最终购买者的最终产品。今天大多数营销者把供应商视为创造和传递顾客价值的合作者。例如，沃尔玛公司在同供应商合作方面做了很多努力，包括帮助供应商测试其新产品在店内的销售情况；供应商开发部门出版了供应商建议指南，并拥有一个供应商网站，以帮助供应商了解复杂的沃尔玛采购流程。沃尔玛意识到良好的合作关系管理带来的成功，最终得益的是顾客。

2.2.3 营销中介

营销中介（marketing intermediary）帮助公司促销、销售以及分配产品给最终用户。营销中介包括经销商、货物储运公司、营销服务机构以及金融中介，这些都是市场营销中不可缺少的中间环节。经销商是指那些帮助公司寻找用户并向他们销售产品的分销渠道机构，包括批发商和零售商，它们购买商品，然后再卖出去。

货物储运公司（物流公司）帮助制造商储存产品并把产品运到目的地。在与仓储和运输公司合作时，制造商必须选择最佳的方式来储存和运送产品，并权衡成本、交货期、速度和安全等问题。营销服务机构包括营销调研机构、广告代理商、媒介公司和营销咨询公司，它们帮助制造商选定恰当的目标市场并促销其产品。由于这些机构在创造力、质量、服务和价格方面差别很大，公司在作选择时必须多加小心。金融中介包括银行、信贷公司、保险公司，以及其他进行融资或者降低商品买卖风险的商业机构。大多数公司和用户都依靠金融中介来完成交易。

2.2.4 顾客

顾客（customer）即目标市场，也称为消费者、客户等，是企业服务的对象，是企业的"衣食父母"。企业需要仔细了解自己的顾客市场，按照顾客及其购买目的的不同来细分目标市场。市场上顾客不断变化和不断进步的消费需求，要求企业不断更新产品以提供给顾客。

消费者市场由个人和家庭组成，他们购买产品和服务是为了个人消费；生产者市场购买产品和服务是为了进一步加工或者在生产过程中使用；中间商市场购买产品和服务是为了再出售以获取利润；非营利组织市场和政府市场购买产品和服务是为了提供公共服务，或是将这些产品和服务转移到需要的人手中；全球市场由其他国家的购买者构成，包括消费者、制造商、经销商和政府。每一种市场都有自己的特征，营销者需要对此进行仔细研究。

2.2.5 竞争者

企业面对着一系列竞争者（competitors）。每个企业的产品在市场上都存在数量不等的各种各样的竞争对手。企业的营销活动时刻处于竞争者干扰和影响的环境之下。因此，任何企业在市场竞争中，都要研究如何加强对竞争对手的辨认与竞争，采取适当而灵活的战略与战术谋取胜利，以不断巩固和扩大市场。

企业要想持续成功，就必须为顾客提供比其他竞争对手更高的价值和满意度。因此，营销人员要做的不仅仅是简单地满足目标顾客的需要，还必须对产品进行定位，使本企业的产品和服务在顾客心目中与竞争对手区别开来，以获取竞争优势。

2.2.6 公众

公众（public）是对组织实现其目标的能力有实际或潜在利益关系或影响的任何

群体。这些群体主要包括：

1. 政府公众

政府公众指有关政府部门。企业在制订发展计划时，必须考虑政府的发展政策，必须严格执行政府规定。

2. 媒介公众

媒介公众指报社、电台、电视台等大众传播媒介。这些团体对企业声誉的正反面宣传有着举足轻重的作用。

3. 金融公众

金融公众指关心并可能影响企业获得资金能力的银行、保险公司、投资公司、证券公司等。

4. 社团公众

社团公众如消费者组织、劳动权益保护组织、未成年人保护组织及群众团体等，它们是企业必须重视的力量。企业需要重视它们的社会影响力，关注并尊重它们的活动。

5. 社区公众

社区公众指企业所在地附近的居民和社区组织。企业在营销活动中要避免同周围的公众利益发生冲突，应指派专人负责处理社区关系，并努力为公益事业做出贡献。

6. 一般公众

企业的"公众形象"即一家企业在一般公众心目中的形象，它对企业的经营发展至关重要。企业需要了解一般公众对它的产品和活动的态度，争取在公众心目中建立良好的企业形象。现代企业是一个开放的系统，一般公众都与企业的营销活动有着直接或间接的关系。企业的营销活动必然与各方面发生联系，必须处理好与一般公众的关系。

7. 内部公众

企业内部公众包括职工、管理人员、志愿者和董事会成员。大公司通过新闻公告和其他方式向内部公众传递信息并给予激励。如果职工对公司感觉很好，他们的积极态度也会影响外部公众，从而有利于树立良好的企业形象。

2.3 市场宏观环境

宏观营销环境由能够对微观环境产生重要影响的几大社会力量形成，反映一个国家和社会的发展变化状况，是能给企业营销活动带来市场机会或环境威胁的主要社会力量。宏观环境包括政治、经济、社会、技术、人口、自然等环境因素。

2.3.1 政治环境

政治环境包括国内、国际的政治与法律环境。

1. 政治环境

一个国家的政府与政策对企业的市场营销活动有着深刻的影响。每一个国家的政府都能够运用政策措施和政治权力对有关方面施加影响,从而达到其所要实现的政治与经济目的。因此,企业要搞好营销,必须了解与营销业务有关系的国家政策,顺应政策方向。开展国际营销时,还必须关注对方国家政府和政策的稳定程度。

(1) 政治局势。政治局势是指企业营销所处的国家或地区的政治稳定状况,简称"政局"。一个国家的政局稳定与否会给企业营销活动带来重大的影响。如果政局稳定,生产发展,人民安居乐业,就会给企业带来良好的营销环境。相反,政局不稳,社会矛盾尖锐,秩序混乱,不仅会影响经济发展和人民的购买力,而且对企业的营销心理也有重大影响。战争、暴乱、罢工、政权更替等政治事件都可能对企业营销活动产生不利影响,能迅速改变企业的营销环境。

(2) 方针政策。各个国家在不同时期根据不同需要颁布一些经济政策,制定经济发展方针,这些方针政策不仅会影响本国企业的营销活动,而且还会影响外国企业在本国市场的营销活动。诸如人口政策、能源政策、物价政策、财政政策、金融与货币政策等,都为企业研究经济环境、调整自身的营销目标和产品构成提供了依据。就对本国企业的影响而言,一个国家制定出来的经济与社会发展战略以及各种经济政策等,企业都要执行,而执行的结果必然要影响市场需求,改变资源的供给,扶持和促进某些行业和产品的发展,同时又限制另一些行业和产品的发展。因此,企业必须按照国家的规定,生产和经营国家允许的行业和产品。这些是对企业的直接影响。

国家也可以通过方针政策对企业营销活动施以间接影响。例如,通过征收个人收入调节税,调节消费者收入,从而影响消费者的购买力,进而影响消费者需求;国家还可以通过增加产品税来抑制消费者对某些商品的需求,如对香烟、酒等课以较重的税收来抑制消费者需求。这些政策必然影响社会购买力,影响市场需求,从而间接影响企业营销活动。

从对国外企业的影响来看,目标国的方针政策是外国企业营销的重要环境因素,会直接和间接影响外国企业在目标国的营销活动。目前,各国政府采取的对企业营销活动有重要影响的政策和干预措施主要有:

① 进口限制。这是指政府所采取的限制进口的各种措施,如许可证制度、外汇管制、关税、配额等措施。它包括两类:一类是限制进口数量的各项措施;另一类是限制外国产品在本国市场上销售的措施。政府采取进口限制措施的主要目的在于保护本国工业,确保本国企业在市场上的竞争优势。

② 税收政策。政府在税收方面的政策措施会对企业经营活动产生影响。比如对某些产品征收特别税或高额税,则会使这些产品的竞争力减弱,给经营这些产品的企业带来一定影响。

③ 价格管制。当一个国家发生了经济问题时,如经济危机、通货膨胀等,政府就会对某些重要物资,以至于所有产品采取价格管制措施。政府实行价格管制通常是为了保护公众利益,保障公众的基本生活,但这种价格管制直接干预了企业的定价决

策，影响企业的营销活动。

④ 外汇管制。外汇管制指政府对外汇买卖及一切外汇经营业务所实行的管制。它往往是对外汇的供需与使用采取限制性措施。外汇管制对企业营销活动特别是国际营销活动产生重要影响。例如，实行外汇管制，使企业生产所需的原料、设备和零部件不能自由地从国外进口，企业的利润和资金也不能或不能随意汇回母国。

(3) 国际关系。国际关系指国家之间的政治、经济、文化、军事等关系。发展国际经济合作和贸易关系是人类社会发展的必然趋势，企业在其生产经营过程中，或多或少地都会与其他国家发生往来，开展国际营销的企业更是如此。因此，国际关系必然会影响企业的营销活动。这种国际关系主要包括两个方面的内容：

① 企业所在国与营销对象国之间的关系。例如，中国在国外经营的企业要受到市场国对于中国外交政策的影响。如果该国与中国关系良好，则对企业在该国经营有利；反之，如果该国对中国持敌对态度，那么，企业就会遭到不友好的对待，甚至攻击或抵制，如搞配额限制、反倾销等。

② 国际企业的营销对象国与其他国家之间的关系。国际企业对于市场国来说是外来者，但其营销活动要受到市场国与其他国家关系的影响。例如，我国与伊拉克很早就有贸易往来，后者曾是我国钟表和精密仪器的较大客户。海湾战争后，由于联合国对伊拉克的经济制裁，使我国与该国企业之间的很多贸易往来不能进行。这说明，国际企业的营销对象国与其他国家之间的关系也是影响国际企业营销活动的重要因素。

(4) 民族主义。在国际营销中，当今世界影响国际营销关键的政治因素之一是强烈的民族主义。民族主义认为，一国的经济发展要更多地依靠本国自己的经济力量，要特别维护本国民族工业的发展，有人把这种思想称为忠诚的民族主义或爱国主义。民族主义对外国企业的影响，无论在发达国家还是发展中国家都是一样的，只是激烈程度不同而已。但是，所有东道国都会在其国内控制利润和借贷；控制外商对本国公司的冲击（如削减进口，推动本国产品出口）；控制外资对本国企业的投资规模等。

2. 法律环境

法律是体现统治阶级意志，由国家制定或认可，并以国家强制力保证实施的行为规范的总和。对企业来说，法律是评判企业营销活动的准则，只有依法进行的各种营销活动，才能受到国家法律的保护。因此，企业开展市场营销活动，必须了解并遵守国家或政府颁布的有关经营、贸易、投资等方面的法律法规。

从事国际营销活动，企业既要遵守本国的法律制度，还要了解和遵守市场国的法律制度和有关的国际法规、国际惯例和准则。这方面的因素对国际企业的营销活动有深刻影响。例如，一些国家对外国企业进入本国经营设定各种限制条件。日本政府曾规定，任何外国公司进入日本市场，必须要找一个日本公司同它合伙。

企业营销活动法律环境有以下几个特点：

(1) 管制企业的立法增多，法律体系越来越完善。西方国家强调以法治国，对企业营销活动的管理和控制也主要通过法律手段。在这方面的立法主要有三个方面的内容或目的：一是保护企业间的公平竞争，制止不公平竞争；二是保护消费者的正当权益,制止企业非法牟利及损害消费者利益的行为;三是保护社会的整体利益和长远利益,防止对环境的污染和生态的破坏。

近几年来,我国也加强了市场法制方面的建设,陆续制定、颁布了一系列有关重要法律法规,如《公司法》《广告法》《商标法》《反不正当竞争法》《消费者权益保护法》《产品质量法》《外商投资企业法》等,这对规范企业的营销活动起到了重要作用。

(2) 政府机构执法更严。有了法,还必须执法,法律才能起到应有的作用。各个国家都根据自己不同的情况,建立了相应的执法机关。例如,美国有联邦贸易委员会、联邦药物委员会、环境保护局、消费者事务局等执法机构;日本有公正交易委员会;加拿大有市场保护委员会等。这些官方机构对企业的营销活动有很大的影响。

我国的市场管理机构比较多,主要有工商行政管理局、技术监督局、物价局、医药管理局、环境保护局、卫生防疫部门等机构,分别从各个方面对企业的营销活动进行监督和管理,在保护合法经营,取缔非法经营,保护正当交易和公平竞争,维护消费者利益,促进市场有序运行和经济健康发展方面,发挥着重要作用。

(3) 国际营销法律环境更复杂。企业在进行国际营销时,面对的法律环境会更复杂。在法律方面,企业既要对本国法律环境进行分析,一国的经济立法,有些是为了保护企业之间的公平竞争,有些是为了保护广大消费者利益,有些是为了维护社会长远利益,如外汇控制、进出口控制等;又要对东道国法律环境进行分析,包括影响企业进入该国市场的法律法规等,如绿色营销法、反托拉斯法等;还要对国际法律环境有全面的认识,包括企业从事国际营销活动要遵守国际上涉及营销的条约、公约和惯例,如1985年颁布的保护消费者的《保护消费者准则》,1884年颁布的保护生产者的《保护工业产权巴黎公约》,1947年颁布的调整国际贸易行为的《关税及贸易总协定》等。

东道国法律对企业国际营销的影响是巨大的。由于各国法律体系极其复杂,这里只分析它们对国际营销组合的直接影响。

① 产品。由于产品的物理和化学特性事关消费者的安全问题,所以各国都对产品的纯度、安全性能有详细的法律规定。各国法律对包装也有不同规定。例如,比利时规定只能用八边形的褐黄色玻璃瓶盛装药剂,以其他容器盛装的药剂不得进入该国市场。有关标签的法律要求更严格。一般来说,标签上须注明的项目包括:产品的名字、生产商或分销商的名字、产品的成分或使用说明、重量(净重或毛重)、产地等。

各国对品牌名称和商标的法律要求也不一致。世界主要大国都是《保护工业产权巴黎公约》或其他国际商标公约的成员国,因此,这方面的要求比较统一。

② 定价。如何控制定价是世界各国普遍遇到的问题。许多国家通过政府价格控制部门来制定法律法规,有的对所有产品都实行价格控制,有的只对极个别产品实行价格控制。

③ 分销。各国法律关于分销的规定比较少,所以企业在选择东道国分销渠道时自由度比较大。事实上,各国最强硬的法律限制也不会根本影响国际企业在东道国的分

销，但是通过分销商或代理商销售的出口企业却不能不受到东道国有关法律的限制。

④ 促销。在国际营销中，关于广告的争议最多，而且广告也最易受到控制。世界上大多数国家都制定了关于广告的法律规定，许多国家的广告组织也有自己的约束准则。

2.3.2 经济环境

经济环境由那些影响消费者购买力和消费方式的因素构成，是指企业营销活动所面临的外部社会经济条件，其运行状况及发展趋势会直接或间接对企业营销活动产生影响。

1. 直接影响营销活动的经济环境因素

市场是由人构成的，这些人还必须具备一定的购买力。而一定的购买力水平则是市场形成并影响其规模大小的决定因素，也是影响企业营销活动的直接经济环境。

（1）消费者收入水平的变化。消费者收入，是指消费者个人从各种来源中所得的全部收入，包括消费者个人的工资、退休金、红利、租金、赠予等收入。消费者的购买力来自消费者的收入，但消费者并不是把全部收入都用来购买商品或劳务，购买力只是收入的一部分。因此，在研究消费收入时，要注意以下几点：

一是国民生产总值。它是衡量一个国家经济实力与购买力的重要指标。从国民生产总值的增长幅度，可以了解一个国家经济发展的状况和速度。一般来说，工业品的营销与这个指标有关，而消费品的营销则与此关系不大。国民生产总值增长越快，对工业品的需求和购买力就越大，反之就越小。

二是人均国民收入。它是国民收入总量除以总人口的比值。这个指标大体反映了一个国家人民生活水平的高低，也在一定程度上决定着商品需求的构成。一般来说，人均收入增长，对消费品的需求和购买力就大，反之就小。

三是个人可支配收入。个人收入是指从各种来源所得到的收入。个人可支配收入是指在个人收入中扣除税款和非税性负担后所得余额，是个人收入中可以用于消费支出或储蓄的部分，构成实际购买力。

四是个人可任意支配收入。这是在个人可支配收入中减去用于维持个人与家庭生存不可缺少的费用（如房租、水电、食物、燃料、衣着等项开支）后剩余的部分。这部分收入是消费需求变化中最活跃的因素，也是企业开展营销活动时所要考虑的主要对象。这部分收入主要用于满足人们基本生活需要之外的开支，一般用于购买高档耐用消费品、旅游、储蓄等，是影响非生活必需品和服务销售的主要因素。

五是家庭收入。很多产品是以家庭为基本消费单位的，如冰箱、抽油烟机、空调等。因此，家庭收入的高低会影响很多产品的市场需求。一般来讲，家庭收入高，对消费品需求大，购买力也大，反之亦然。

需要注意的是，企业营销人员在分析消费者收入时，还要区分"货币收入"和"实际收入"。只有"实际收入"才影响"实际购买力"。因为，实际收入和货币收入并不完全一致，由于通货膨胀、失业、税收等因素的影响，有时货币收入增加，而实际收入却可能下降。实际收入是对扣除物价变动因素后实际购买力的反映。

（2）消费者支出模式和消费结构的变化。随着消费者收入的变化，消费者支出模式会发生相应变化，继而使一个国家或地区的消费结构也发生变化。西方一些经济学家常用恩格尔系数来反映这种变化。消费结构是指消费过程中人们所消耗的各种消费资料（包括劳务）的构成，即各种消费支出占总支出的比例关系。优化的消费结构是优化的产业结构和产品结构的客观依据，也是企业开展营销活动的基本立足点。

恩格尔系数表明，在一定的条件下，当家庭个人收入增加时，收入中用于食物开支部分的增长速度要小于用于教育、医疗、享受等方面的开支增长速度。食物开支占总消费量的比重越大，恩格尔系数越高，生活水平越低；反之，食物开支所占比重越小，恩格尔系数越小，生活水平越高。恩格尔系数是衡量一个国家、地区、城市、家庭生活水平高低的重要参数。按联合国划分富裕程度的标准，恩格尔系数在60%以上的国家为贫困；在50%—60%之间的为温饱；40%—50%之间的为小康；40%以下的为富裕。

（3）消费者储蓄和信贷情况的变化。消费者的购买力还要受储蓄和信贷的直接影响。消费者个人收入大多不会全部花掉，有一部分以各种形式储蓄起来，这是一种推迟了的、潜在的购买力。消费者储蓄一般有两种形式：一是银行存款，增加现有银行存款额；二是购买有价证券。当收入一定时，储蓄越多，现实消费量就越小，但潜在消费量越大；反之，储蓄越少，现实消费量就越大，但潜在消费量越小。

我国居民有勤俭持家的传统，长期以来养成储蓄习惯。近年来，我国居民储蓄额和储蓄增长率均较大。据调查，我国居民储蓄的目的主要为供养子女和婚丧嫁娶，但从发展趋势看，用于购买住房和大件用品的储蓄占整个储蓄额的比重将逐步增加。居民储蓄增加，显然会使企业目前产品价值的实现比较困难。

消费者信贷对购买力的影响也很大。消费者信贷是指消费者凭信用先取得商品使用权，然后按期归还贷款，以购买商品。这实际上就是消费者提前支取未来的收入，提前消费。消费者信贷已经在我国的买房、买车等消费中得到了广泛运用。

2. 间接影响营销活动的经济环境因素

除了上述因素直接影响企业的市场营销活动外，还有一些经济环境因素也对企业的营销活动产生或多或少的影响。

（1）经济发展水平。企业的市场营销活动受到一个国家或地区的整个经济发展水平的制约。经济发展阶段不同，居民的收入不同，顾客对产品的需求也不一样，从而会在一定程度上影响企业的营销。

（2）经济体制。世界上存在着多种经济体制，有计划经济体制、市场经济体制等。不同的经济体制对企业营销活动的制约和影响不同。

（3）地区与行业发展状况。我国地区经济发展很不平衡，逐步形成了东部、中部、西部三大地带和东高西低的发展格局。同时，在各个地区的不同省市，还呈现出多极化发展趋势。这种地区经济发展的不平衡，对企业的投资方向、目标市场以及营销战略的制定等都会带来巨大影响。

(4) 城市化程度。城市化程度是指城市人口占全国总人口的百分比，是一个国家或地区经济活动的重要特征之一。城市化是影响营销的环境因素之一，这是因为，城乡居民之间存在着某种程度的经济和文化上的差别，进而导致产生不同的消费行为。企业在开展营销活动时，要充分注意到这些消费行为方面的城乡差别，相应地调整营销策略。

2.3.3 社会环境

社会环境主要是指社会文化环境。文化是人类在社会历史发展过程中所创造的物质财富和精神财富的总和，包括价值观、伦理道德、宗教、艺术、风尚习俗等。

1. 文化影响

文化是指一个国家、地区的民族特征、价值观、生活方式、风俗习惯、宗教信仰、伦理道德、教育水平、语言文字等的总和。其中，价值观是文化的核心。这些因素影响消费者的购买行为，是企业营销必须重视的环境。

文化既有个性，也有共性。不同的文化造就了不同的个性。文化不是静止的，而是运动变化的。在众多环境中，文化环境是影响国内、国际营销最广泛、最基本的因素。

(1) 文化渗透于营销活动的各个方面。诸如产品要根据各国文化的特点与要求设计，价格要根据各国消费者的不同价值观念及支付能力定价，分销要根据各国的不同文化与习惯选择分销渠道，促销则根据各国文化的特点设计广告。

(2) 营销者的活动构成文化的一个组成部分，推动着文化的发展。营销者既要适应已有文化，又要创造新文化，诸如创造新需求、新的生活方式等。

(3) 市场营销成果的好坏受文化的裁判。消费者对产品接受与否，均是其文化意识的反映。在国际营销中，适应一国的文化，说起来容易，做起来却非常困难。这是因为文化环境能在根本上影响人们对世界的看法和社会行为，即人们的行为无时不存在一种自我参照准则。当进入异域文化时，自我参照准则就会发生作用。每一种文化都是独一无二的，国际营销者要记住一句话："文化没有对与错、好与坏之分，只有差异。"

2. 国际营销中的文化差异

在国际营销中，营销人员开始做生意时仍会遇到一些始料不及的问题。例如，在谈判中，就有接触层次、交流方式、礼节与效率、谈判重点与商业道德的文化影响和制约。

(1) 接触层次。各个国家的商业习俗不同，接触的级别也不同。例如，在欧洲和阿拉伯国家，经理人员的权威很大，因此谈判接触往往在较高层次进行。美国则不同，许多企业给中下层员工授权较多，因此营销人员有可能接触到中下层经理。东亚地区文化强调合作与集体决策。在这些国家，与营销人员打交道的不是个人而是集体。此时，头衔或职位很重要，许多公司不允许以个人名义签发信函。在地中海沿岸国家，情况正好相反，可以与直接负责事情的本人进行联系，而不是与某个官员或有头衔的人接洽。

（2）交流方式。语言是市场营销人员交流的基本工具。然而，有些人连一种语言的粗浅含义都没法理解，更谈不上对态度和倾向性意图的理解。大概没有任何语言能够百分之百准确地翻译成另一种语言。日本人不愿意用日语写合同，喜欢用英语写合同，一般是因为日语在语义上有些含混，不太具体。语言交流，无论多么不准确，总归还是能表达出一定的意思。但是，商业中大部分交流信息不是用语言表达的，而是隐含在其他交流信息中，如无声语言、身体语言等。

（3）礼节与效率。为人随和、不拘小节似乎是美国人的行为习惯，但这种表面上的随随便便并不等于工作马马虎虎。一名英国经理这样评价过："在鸡尾酒会或晚宴上，美国人还在上班。当他们发现某人的谈吐和想法很重要时，会很快记录下来，以备后用。"拉丁美洲的商人很讲究友谊，即使如此，他们也不愿意把工作同个人生活扯在一起。相反，日本人喜欢把工作与个人生活结合起来，他们很注重礼节，时而谈生活，时而谈工作，慢条斯理，常常使美国人和欧洲人失去耐心。

（4）谈判重点。同样是汽车这个产品，各个国家由于环境的不同，追求和谈判的重点也就不一样。有些商人注重质量，有些注重外观，而有些则注重价格。要注意商业谈判会受到政府直接或间接的影响和干预，因此诸如通货的有效性、商品进出的审批、产品性能及包装、广告、雇员条件、利润补偿和其他因素都可能成为谈判的重点。

（5）商业道德。商业道德在国际市场上更为复杂，在一个国家被认为是正当的事情，在另一个国家可能完全不被接受。例如，馈赠礼品是世界上大多数国家都认可的行为，在美国就不流行，甚至还会遭到谴责。礼品变为贿赂又是另外一种问题，世界各国都在试图区分礼品与贿赂之间的关系，一个简单的办法是规定一个金额范围，但这也难以界定。在德国，超过 40 美元的礼品就被视为贿赂。

2.3.4 技术环境

技术是社会生产力中最活跃的因素。技术环境是指企业所处的宏观环境中各技术要素的力量、水平、发展动向及对社会影响的能力等。作为营销环境的一部分，技术环境不仅直接影响企业内部生产和经营，还同时与其他环境因素相互依赖、相互作用。尤其是新技术革命给企业营销既造就了机会，又带来了威胁。企业的机会在于寻找和利用新技术，而它面临的威胁可能有两方面：新技术的突然出现，使企业的现有产品变得陈旧；新技术会改变企业人员原有的观念。新技术给企业带来了巨大压力，如果企业不及时跟上新技术革命的发展，其产品可能很快被淘汰出局。正因为如此，"创新理论"的代表人物，美国经济学家约瑟夫·熊彼特（Joseph Alois Schumpeter）就认为，技术是一种创造性的毁灭。

1. 技术内容

与营销相关的技术环境内容主要包括信息技术、产品技术、物流与支付技术、沟通技术等。

(1) 信息技术。使用计算机来存储、检索、传输和操作数据或信息，通常用在商业或其他企业环境中。信息技术被认为是信息和通信技术（ICT）的一个子集。一个信息技术系统（IT 系统）通常是一个信息系统、通信系统，或者更具体地说是一个由有限用户群体操作的计算机系统，它包括所有硬件、软件和外围设备。

信息技术与互联网相结合，加之数字化技术的广泛应用，让世界进入了数字化时代，这对企业营销产生了深远的影响。数字化的本质特征是连接，数字化工具正在掀起一场广泛的连接力变革，这种连接力让商业链条上的每个参与者组成互利共赢的"价值共同体"，这也是数字经济时代的必然要求。面对数字化技术环境，组织要从客户（而不是企业）出发，用共生（而不是求赢）的逻辑重新认识企业所在的生态空间，找到共生战略的切入点。数字化时代给企业和组织带来的最大挑战不是技术层面上的，而是认知范式层面上的。当企业实现了与顾客共同创造价值，与商业环境中的伙伴共生，就可以稳固、拓展自身的成长空间，从而实现长期可持续性增长。

(2) 产品技术。产品技术是指作用于产品及其制造过程的各种技术，如产品工作原理、材料、结构、工艺、测试手段、加工设备等。产品技术的发展可以概括为新产品不断涌现、更新换代周期越来越短和个性化程度越来越高。

(3) 物流与支付技术。物流技术是指作用于产品实物流通的各种技术，即产品从制造商至最终用户过程中所涉及的仓储、装卸、运输和配送等技术。条码、射频、自动分拣技术、大型配送中心和轻运输系统实现了物流的小型化，支撑起了消费品的网络购物。支付技术是指作用于产品流通过程中货款支付的各种技术，其最主要的形式是电子支付技术。移动支付也称为"手机支付"，已经成为新型的消费模式，它具有移动性、即时性、定制化等特点。

(4) 沟通技术。现代沟通技术的发展以互联网、数字化和传感技术为基础，以即时、互动和全景为特征，最终实现相互分享、跟踪和认知。移动互联时代给企业带来了巨大的机会和挑战。由于电视、电话、电脑系统的迅速发展，出现了"电话购物""网上购物"等在家购物的方式。网上购物影响了零售商业结构和消费者购买习惯，已成为消费者日常购物的基本方式。新技术革命使零售商业结构发生变化，传统的商业结构逐渐被新型的零售商业结构所代替。对买方来说，购物越来越不受时间与地点的限制，给买方带来了极大的方便。

2. 技术对营销策略的影响

技术改变了企业经营的内部因素和外部环境，给企业带来巨大压力，给企业产品和目标市场的确定带来前所未有的困难，从而促使企业不断调整营销策略，以适应变化了的市场。

(1) 产品策略变化。由于科学技术的迅速发展，新技术应用于新产品开发的周期大大缩短，产品的更新换代加快。开发新产品成为企业开拓新市场和赖以生存发展的根本条件，因此，要求企业营销人员不断寻找新市场、预测新技术，时刻注意新技术在产品开发中的作用，从而促进企业开发出给消费者带来更多收益的新产品。

(2) 价格策略变化。科学技术的发展及应用，一方面降低了产品成本，使价格下降;另一方面使企业能够通过信息技术加强信息反馈,正确应用价值规律、供求规律、竞争规律来制定和修改价格策略。

（3）分销策略变化。当今市场分销策略最明显的变化是网上渠道的形成,分销渠道形成了线上和线下共存共发展的局面。从过去到现在,分销机构不断变化,如20世纪30年代出现超级市场,40年代出现廉价商店,60年代以后出现快餐服务、自助餐厅,到现今的网络渠道购物等。技术同时也引起了物流的变化和运输实体的多样化,使现代企业的物流出发点由工厂变成市场。

（4）促销策略变化。技术的应用使促销手段变得多样化,尤其是广告媒体的多样化和广告宣传形式的复杂化。如人造卫星和互联网成为全球范围内的信息沟通手段。如何利用新技术提高信息沟通的效率、提高促销组合的效果、降低促销成本,以及采用新的广告手段和方式,将是促销研究的主要内容。

3. 技术对营销管理的影响

技术革命是管理改革或管理革命的动力。一场以微电子革命为中心的新技术革命正在兴起,特别是计算机和互联网的出现,标志着技术发展进入了一个新的历史阶段。目前,许多商业企业的经营管理都使用了电脑和互联网、数字化技术等,这对于改善企业经营管理、提高企业经营效益起了很大的作用。

4. 不断增加的技术创新规定

政府有关机构增加了检查机构的权力,以检查和禁止可能造成伤害的产品。世界贸易组织《技术性贸易壁垒协议》(TBT协议)承认技术性贸易措施存在的合理性和必要性,允许各国基于维护国家安全、人类安全与健康、动植物安全与健康、环境保护、防止欺诈行为等正当理由而采取技术性贸易措施。但如果违反TBT协议的原则与规则,超出正当、合理的目标范围,采取歧视性的技术性措施限制其他国家产品进入本国市场,则构成技术壁垒。

我国对外贸易中遇到的技术性贸易措施障碍主要包括以下方面:食品中的农药残留量,陶瓷产品的含铅量,皮革的五氯苯酚(PCP)残留量;机电产品、玩具的安全性指标;汽油的含铅量指标,汽车排放标准,包装物的可回收性指标,纺织品染料指标,保护臭氧层的受控物质;等等。有些技术性贸易措施已经从针对产品本身的性能、质量标准,发展到覆盖产品生产、加工、运输等全过程,并反映在包装、标志标签、文字、图形、条码等多方面,而且技术性限制的涉及面有不断扩大的趋势。

2.3.5 人口环境

人口环境构成企业开展营销活动的基础。市场是由那些想买东西并且有购买能力的人构成,人越多,市场规模就越大。因此,人口的多少直接决定市场的潜在容量,而且人口的年龄结构、地理分布、婚姻状况、出生率、死亡率、人口密度、流动性、受教育程度等人口特性,又会对市场需求格局产生深刻影响。老年人会有不同于年轻人的消费需求。同样,男性与女性,南方人与北方人,不同文化、不同民族、不同职业的人,在消费需求结构、消费习惯与方式上,都会有明显的差异。

1. 人口结构对企业营销的影响

人口结构主要包括人口的年龄结构、性别结构、家庭结构、社会结构以及民族结构。

（1）年龄结构。不同年龄的消费者对商品的需求不一样。现阶段，我国人口年龄结构的显著特点是：青少年比重约占总人口的一半，反映到市场上，在今后 20 年内，婴幼儿和少年儿童用品及结婚用品的需求将明显增长。目前，我国已经进入老龄化社会，反映到市场上，老年人的需求将呈现增长趋势。这样，诸如保健用品、营养品、老年人生活必需品等市场需求将会大增。

（2）性别结构。性别不同，其市场需求也有明显的差异，反映到市场上就会出现男性用品市场和女性用品市场。在我国市场上，女性通常购买自己的用品、家庭日常消费用品、衣服等；而男性往往是购买大件物品的决策者。

（3）家庭结构。家庭是购买、消费的基本单位，家庭的数量直接影响某些商品的数量。目前，世界上普遍呈现家庭规模缩小的趋势，越是经济发达地区，家庭规模就越小。欧美国家的家庭规模基本上户均 3 人左右，亚非拉等发展中国家户均 5 人左右。在我国，"四代同堂"现象已不多见，"三口之家"的小家庭则越来越多，并逐步由城市向乡镇发展。家庭数量的剧增必然会引起对炊具、家具、家用电器和住房等需求的迅速增长。

（4）社会结构。我国大部分人口在农村。因此，农村是个广阔的市场，有着巨大的消费潜力。但目前我国乡镇城市化的趋势日益加快，农村市场的需求将有较大的变化。

（5）民族结构。我国除了汉族以外，还有 50 多个少数民族。民族不同，其生活习性、文化传统也不相同，反映到市场上，就是各民族的市场需求存在着很大的差异。因此，企业营销者要注意各民族市场的风俗习惯和特点，开发出适合各民族特性、受其欢迎的产品。

2. 人口的地理分布及区间流动对企业营销的影响

地理分布指人口在不同地区的密集程度。由于自然地理条件以及经济发展程度等多方面因素的影响，人口分布绝不会是均匀的。从我国来看，人口主要集中在东南沿海一带，而且人口密度逐渐由东南向西北递减。另外，城市的人口比较集中，尤其是大城市人口密度很大，而农村人口则相对分散。

在发达国家，除了国家之间、地区之间、城市之间的人口流动外，还有一个突出的现象就是城市人口向农村流动。在我国，人口的流动主要表现为农村人口向城市或工矿地区流动；内地人口向沿海经济发达地区流动。另外，经商、观光旅游、学习等使人口流动加速。对于人口流入较多的地区而言，一方面，由于劳动力增多，就业问题突出，从而加剧行业竞争；另一方面，人口增多也使当地基本需求量增加，消费结构也发生一定的变化，继而给当地企业带来较多的营销机会。

2.3.6 自然环境

自然环境主要是指一个国家的自然物质环境及其动向。自然环境包括各种自然因素，如气候、地形、自然资源等，它们对企业营销活动都会产生直接或间接的影响。例如，在气候炎热、干燥的地区和气候温暖、湿润的地区推广空调的营销策略是不一样的；在山区和平原由于不同的地理条件，人们对汽车的需求也是不一样的，自然条件和资源的差异会影响需要购买的产品功能。

1. 自然资源

自然资源包括水、空气、土地、矿产、森林和粮食等。根据能否再生，是否有限，可分为以下三大类：第一类是水、空气、土地等无限资源；第二类是有限的可再生资源，如粮食和森林等；第三类是石油、煤等不可再生的有限资源。

目前，许多国家对自然资源和环境的管理日益加强，环保组织的影响日益增大，绿色消费者人数日益增多，环保市场增长迅速。企业营销战略中实行生态营销、绿色营销等，都是维护全社会长期福利的必然要求。

环境污染的加重和人类环境保护主义的兴起，给很多企业带来了威胁，同时也带来了两种机会：一是为治理污染的技术和设备提供了一个大市场；二是为不破坏生态环境的新生产技术和包装方法创造了营销机会。

2. 气候

气候的冷暖、干湿、是否恶劣等因素都会影响企业在商品结构、材料、造型设计上的变化。例如，小轿车在热带地区的技术要求与寒带地区就有很大的区别。

通过对气象数据与商品销售数据的分析得出，随着各季节温度的变化，各类商品的销售数据也随之变化，同时使其他服务行业的业务量大幅改变。除了气温，降水也会对人们的消费行为产生影响，特别是对于一些生活类产品的消费，影响尤为明显。

3. 地形和土地面积

分析地形的复杂程度和土地面积的大小，对商品价格和运输方式有着直接的影响。地势平坦，一般公路运输和铁路运输方式的运费较低，反之则会较高。

地点营销是指为了建立、维持或改变对具体某个地方的看法或行为而进行的活动。地点营销是一个国家、都市甚至城镇吸引投资、移民、旅游以及发展地方品牌的重要课题。独特的地理位置、地形地貌等都可以成为营销中的亮点，甚至成为不可替代的核心竞争力。比如著名的旅游景点，景点本身就是营销中最大的亮点。

2.4　管理营销信息

管理未来就是管理信息，全面了解市场信息是企业营销活动的开端。公司要设计市场营销信息系统（marketing information system，MIS）来满足对信息管理的需要。MIS 由人、机器和程序组成，为营销决策者收集、挑选、分析、评估和分配需要的、及时的和准确的信息。所需信息的收集、分析和管理是通过公司的内部报告系统、营销情报系统、营销调研系统和营销分析系统四个子系统来进行的。

2.4.1 内部报告系统

营销经理使用的最基本的信息系统是内部报告系统。这是一个报告订单、销售额、价格、存货水平、应收账款、应付账款等的系统,为管理人员提供结果数据,通过分析这种信息,营销经理能够发现重要的机会和问题。

1. 订单—收款循环

内部报告系统的核心是订单—收款循环。销售代表、经销商和顾客将订单送交公司。订货部门准备数份发票副本,分送各有关部门。存货不足的项目留待以后交付;需装运的项目则附上运单和账单,同时还要复印多份分送各有关部门。

大多数顾客偏爱那些能及时交货的公司。因此,要求销售代表每天晚上送出他们的订单,在某些情况下,应该立即送出。订单部门应尽快处理这些订单,仓库应尽快发货,各种账单都应尽快发出和收款。为了更快、更准确和更有效地处理订单—收款循环,现在采用电子数据处理(EDI)软件。例如,零售业巨头沃尔玛对物流和库存水平用计算机处理,计算机向货主发出电子订单,以便把商品自动运进商店。

2. 销售报告系统

营销经理需要他们当前销售的最新报告。计算机技术和信息技术已经革命性地将销售代表的工作,从推销的"艺术"转变为工程业务过程。由于使用电脑,销售代表现在能立即得到关于潜在和现有顾客的资料,电脑可以迅速反馈和送出销售报告。

设计内部报告系统时,应避免出现的弊病是:该系统向管理人员提供的信息过多;该系统的时效性过强。在设计内部报告系统时,应该明确有关管理人员需要知道的信息的范围并据此进行信息的分配,既不要将不必要的信息提供给管理人员以致浪费信息、浪费时间,又不因遗漏必要的信息而给企业造成不必要的损失。

2.4.2 营销情报系统

营销情报系统是企业管理者获得日常的关于营销环境(消费者、竞争者、宏观环境、微观环境)发展的恰当信息的一整套程序和来源,为管理人员提供正在发生的数据。搜集外部信息的方式包括:无目的地观察、有条件地观察;非正式搜集、正式搜集。

情报的收集一般可以通过以下渠道进行:

1. 训练和鼓励销售人员发现新信息

公司必须向销售人员"推销"一个观念,作为情报来源,销售人员是最重要的人。销售人员也应该知道各种信息应送给哪些负责人。

2. 鼓励中间商反馈重要信息

这类报告常用的问题是:营业员过多长时间才接待你?假如他想要你购买,他是怎样做说服工作的?营业员掌握的关于商店产品的知识多不多?顾客为什么还购买了竞争者的产品?同时,还可以通过中间商了解竞争者;参加公开的商场和贸易展销会；阅读竞争者的出版刊物和出席股东会议；和竞争对手的前雇员、目前雇员、经销商、分销商、供应商、物流商交谈。

3. 向专业的情报供应商购买信息

一些调研公司收集的信息与消费者数据往往比公司自己收集的信息更全面，成本也低得多。

4. 公司内部营销信息中心收集信息

这种方式是指企业内部对出版物、行业简报、新闻、网络、广播的摘录和制作。在做国际营销时，还要对本国政府机构、外国政府、图书馆、国际组织、商会、各国外交使团和贸易机构、银行、竞争者等方面的信息进行收集。

5. 利用网上顾客反馈系统收集信息

顾客可以通过在线顾客反馈系统、讨论论坛、聊天室和博客、微博、微信等传递顾客对产品或供应商的评价，并将这些信息发送给许多其他潜在购买者，也会散布给正在搜集竞争对手信息的营销人员。

2.4.3 营销调研系统

市场调研（market research）是指在市场营销观念指导下，以满足顾客需求为中心，运用科学方法系统地、客观地收集、记录、整理与分析有关市场营销的信息资料，提出解决问题的建议，为企业营销管理者制定正确的营销决策提供依据。营销决策的第一步是要做好市场调研，最主要的调研活动有市场特性的确定、潜在市场的开发、市场占有率分析、销售分析、竞争分析等。营销调研系统的一般程序是：

确定问题和内容→编制调研计划→收集信息→分析信息→展示调研结果→制定营销决策。

下面就营销调研系统中运用的主要调研方法进行简单的介绍：

1. 市场调研

科特勒将市场调研定义为"通过信息把消费者、顾客、大众及营销人员联结起来的职能"。市场调研是市场预测的基础。市场调研一般包括市场需求调研、市场环境调研、竞争调研及市场营销实务调研。

市场调研可根据不同的标准划分为不同的类型，如按调研的时间可分为一次性调研、定期性调研、经常性调研、临时性调研；按调研的目的可分为探测性调研、描述性调研、因果性调研等。

（1）市场调研的内容

① 市场需求调研。顾客的需求和欲望是企业营销活动的中心和出发点，因此，对市场需求的调研，应成为市场调研的基本内容。市场需求调研包括：对现有消费者需求情况的调研（包括需求什么、需求多少、需求时间等）；对现有消费者对本企业产品（包括服务）满意程度的调研；对现有消费者对本企业产品信赖程度的调研；对影响需求的各种因素变化情况的调研；对消费者的购买动机和购买行为的调研；对潜在

消费者需求情况的调研(包括需求什么、需求多少和需求时间等)。

在没有任何营销活动的前提下,市场对某种产品的需求仍会存在,这一需求量称为市场需求的最低量。随着行业营销努力的增加,市场需求一般也随之缓慢增加,在过了某个(努力)拐点后,市场需求开始迅速上升,但这一过程并不会一直持续下去,在营销努力越过另一拐点后,增加的努力不再能激起需求的进一步上升,也就是说存在一个市场需求的上限,这一上限称为市场潜量。某一产品的市场总需求是指在一定的营销努力水平下,一定时期内在特定地区、特定营销环境中,特定顾客群体可能购买的该种产品的总量。

市场潜力(market potential)是指在既定的市场环境下,产业的营销支出达到极致时,市场需求所能达到的极限。总市场潜力是指在一定时期内,在既定的产业营销努力及环境条件下,产业内所有公司所能达到的最大销售额。通常估计全部市场潜力的方法是潜在购买者数量乘以每位购买者平均购买的数量,再乘以价格。每家公司都会面对如何选择最佳区域并将营销预算最佳地分配到这些区域的问题,因此需要估计不同区域的市场潜力。

潜在市场是指对特定产品有兴趣的顾客的集合。潜在市场的规模取决于现实顾客与潜在顾客人数的多少。有效市场是指对特定产品有兴趣、有购买能力的顾客的集合。合格有效市场是指对特定产品有兴趣、有购买能力和购买途径,并且有资格和使用能力的顾客的集合。目标市场是指企业决定追求的那部分合格有效市场,也即服务市场。渗透市场是指已经实际购买该产品的顾客的集合。

② 市场环境调研,主要是指政治、经济、社会、技术、人口和自然等宏观环境方面的调研。

③ 市场营销策略调研,主要是指产品、价格、促销、渠道等方面的调研。

一是产品调研。产品调研的内容包括:产品设计(包括类型、商标设计和外包装设计等);产品系列和产品组合;产品生命周期;旧产品改进;新产品开发;如何做好销售技术服务等。

二是价格调研。价格调研的内容包括:市场供求情况及其变化趋势;影响价格变化的各种因素;产品需求价格弹性;替代产品价格;新产品定价策略;目标市场对本企业品牌价格水平的反应等。

三是渠道调研。渠道调研的内容主要包括:分销商各方面情况;各种运输工具应如何安排;如何在不影响销售、不脱销断档的情况下使商业环节库存合理等。

四是促销调研。一般企业较为重视的有广告和人员推销的调研。广告调研包括广告媒体、广告效果、广告时间和广告预算等方面的调研。人员推销调研包括销售力量大小、销售人员素质、销售人员分派是否合理、销售人员报酬、有效的人员促销策略等方面的调研。此外还有各种营业推广活动的调研、公共关系与企业形象的调研等。

④ 竞争调研。针对竞争者的调研内容包括:竞争对手的数量(包括国内外)及其分布、市场营销能力;竞争产品的特性、市场占有率、覆盖率;竞争对手的优势与劣势、长处与短处;竞争对手的营销组合策略;竞争对手的实力、市场营销战略及其实

际效果；竞争发展的趋势等。

（2）市场调研的主要方法

① 观察法。观察法是由调研人员直接或通过仪器在现场观察被调研对象的行为并加以记录而获取信息的一种方法。使用观察法进行调研，调研人员不许向被调研对象提问题，也不需要被调研对象回答问题，只是通过观察被调研对象的行为、态度和表现，推测判断被调研对象对某种产品或服务是欢迎还是不欢迎、是满意还是不满意等。

② 访谈法。访谈法是调研人员把事先拟定的调研项目或问题以某种方式向被调研对象提出，要求给予回答，由此获取信息资料的调研方法。访谈法主要包括面谈法、电话询问法等。访谈法的主要方法包括控制性访谈法（也称为"结构性访谈法"）和无控制性访谈法（也称为"无结构性访谈法"）。

③ 问卷法。问卷法是指调研人员事先拟好问卷，由被调研对象在问卷上回答问题，通过对答卷的分析研究，得出相应结论的方法。问卷法也称"调查表法"，问卷的基本形式有两种，一种是封闭式的，另一种是开放式的。封闭式问卷是让受测者从所列出的答案中进行选择，类似学生测验的是非题、选择题的形式。开放式问卷是让受测者任意写答案，不作限制，问卷上只有测试的问题。

问卷法可以分为邮寄问卷法、入户问卷法、拦截问卷法和集体问卷法等。

设计一份问卷要有严格的科学要求。首先，要确定研究的目的，在此基础上才能确定问卷的内容和项目，问卷的题目要围绕研究目的布置，调研的目的要清楚无误地告诉被调研对象，以求得谅解和合作。其次，问卷的题目要清楚、明确，不能含混不清或可作多种解释。题目要考虑受测者的个性心理特征，要回避受测者所在文化背景下的禁忌，要避免运用有损受测者感情的贬义词。同时，问卷设计好后，最好进行预备性的测验，以检查问卷的质量，减少误差。在检测的基础上再进行修改，使问卷完善。最后，还要注明填答问卷的要求和注意事项，并预先说明答卷奖励的办法等。

④ 实验法。实验法是指在控制的条件下，对所研究的对象从一个或多个因素进行控制，以测定这些因素间的关系。在因果性调研中，实验法是一种非常重要的方法。实验法源于自然科学中的实验求证方式，它通过小规模范围的实验，记录事件的发展和结果，收集和分析第一手信息资料。一般来说，采用实验法要求调研人员事先将实验对象分组，然后置于一种特殊安排的环境中，做到有控制的观察。例如，选定两个各种条件基本相同的小组，一个作为实验组，置于有计划的变化条件下；另一个作为控制组，保持原来的条件不变。然后比较两个小组的变化，以查看条件变化对实验对象的影响。在剔除外来因素或对象加以控制的条件下，实验结果与实验条件有关。实验条件是自变量，实验对象是因变量。

⑤ 网络调查法。网络调查法是通过在互联网上针对调查问题进行调查的方法。它是建立在互联网基础上，借助于互联网的特性来实现一定营销目标和调查目的的一种手段。它分为网上直接调查和利用互联网的媒介功能收集资料两种。网络调查法一般按照事先已知的被调查者的E-mail地址发出问卷收集信息。网络调查法的大规模发展

源于20世纪90年代,具有自愿性、定向性、及时性、互动性、经济性与匿名性等特点。

网络调查法的优点是:组织简单、费用低廉、具客观性、不受时空与地域限制、速度快。网络调查法的缺点是:网民的代表性存在不准确性、网络的安全性不容忽视、受访对象难以限制。网络调查法是一种新兴的调查方法,它的出现是对传统调查方法的补充,随着我国互联网事业的进一步发展,网络调查法将得到更广泛的应用。

根据所采用调查方法的不同,网络调查法可以分为网络问卷调查法、网络实验法和网络观察法,常用的是网络问卷调查法。按照调查者组织调查样本的行为的不同,网络调查法可以分为主动调查法和被动调查法。主动调查法,即调查者主动组织调查样本,完成统计调查的方法;被动调查法,即调查者被动地等待调查样本造访,完成统计调查的方法。按网上调查采用的技术的不同,网络调查法可以分为站点法、电子邮件法、随机IP法和视讯会议法等。站点法是将调查问卷的HTML文件附加在一个或几个Web网站上,由浏览这些站点的用户在此Web网站上回答调查问题的方法。

市场数据可分为一手数据和二手数据两大类。通常,企业先收集二手数据,包括通过搜索引擎收集,查询国家统计年鉴,查询行业书籍、期刊、报告等,查询国家和行业公布的相关政策法规,查询上市公司年报,查询"天眼查"上的企业信息,定期持续观察竞争者的网站、对外活动及报告等。一手数据则通过向客户提问,包括定性调查(焦点座谈会、深度访谈等)和定量调查(调查问卷)来获取。目前,对于一手数据可以进行行为追踪,即通过大数据进行数据收集,用技术手段进行追踪。

2. 市场预测

与预期的努力相对应的市场需求称为**市场预测**。市场预测往往处于市场最低量(不需要任何需求促进费用也会发生)和市场潜量(在一个既定的环境下,营销努力达到极致,市场需求所趋向的极限)之间。

市场预测的种类很多,可以用不同的指标来划分。按照预测期,[①] 市场预测可分为长期预测、中期预测和短期预测。长期预测一般是指预测期在5年及以上的预测,是企业制订长远规划的科学依据;中期预测一般是指预测期在1年以上5年以下的预测,它将为实现5年规划或长远规划编制的实施方案提供依据;短期预测一般是指年度、季度或月度预测,它将为近期安排生产、制定营销决策、解决近期市场出现的突出问题所采取的措施提供依据。按照预测范围,市场预测可分为国际市场预测、国内市场预测和地区市场预测。按照预测性质,市场预测可分为定性预测和定量预测。

(1) 定性预测

定性预测是指依靠熟悉业务知识、具有丰富经验和综合分析能力的人员或专家,根据已经掌握的历史资料和直观材料,运用人的知识、经验和分析判断能力,对事物

---

① 预测期是指预测时间的长短。

的未来发展趋势作出性质和程度上的判断。然后，再通过一定的形式，综合各方面的判断，得出统一的预测结论。定性预测方法主要包括经验估计法和调查预测法。定性预测偏重于事物发展性质上的分析，主要凭知识、经验和人的分析能力。它是一种很实用的预测方法，也是市场预测中应用较广泛的基本方法。常用的定性预测方法有：

① 购买者意图预测法。这是在一组规定的条件下预料购买者可能买什么的艺术。如果购买者的购买意向是明确清晰的，这种意向会转化为购买行为，并且愿意向调查者透露，这种预测法就特别有效。但是，潜在购买者数量很多，难以逐个调查，故此法多用于工业用品和耐用消费品的调查。同时，购买者意向会随时间发生变化，故适宜作短期预测。

② 销售人员意见法。这是由每个销售人员估计每位现在和潜在的顾客会买多少的方法。销售人员包括企业基层的营业员、推销员及有关业务人员。销售人员最接近市场，比较了解顾客和竞争者的动向，熟悉所负责地区的情况，能考虑到各种非定量因素的作用，较快作出反应。由于销售人员中没有受过预测技术教育的居多，且因所处的职位往往有局限性，对企业的总体规划不够了解，可能存在过于乐观或过于悲观的估计。

③ 专家意见法。这是组织专家（包括经销商、营销顾问和贸易协会有关人员、专业人员等）估计、预测需求的方法。具体形式有：一是小组讨论法。即召集专家集体讨论，相互交换意见，取长补短，发挥集体智慧，作出预测。二是单独预测集中法。即由每一个专家单独提出预测意见，再由项目负责人员综合专家意见得出结论。三是德尔菲法。德尔菲（Delphi）是古希腊神话中的地名，城中有阿波罗神殿，众神每年到此集会，可预卜未来。美国兰德公司于20世纪40年代制定此法，即用系统的程序，采取不署名和反复进行的方式，先组成专家组，将调查提纲及背景资料提交专家，轮番征询专家的意见后再汇总预测结果。该法的特点是专家互不见面，可避免相互影响，且反复征询、归纳、修改，意见逐步趋于一致，直到得出比较切合实际的结论。

④ 市场试销法。该法往往是预测新产品销售可能达到什么情况的最好方法。它是通过新产品的小范围销售，预测产品未来销售情况的方法。由于所需时间长，费用大，因而，此法多用于投资大、风险高和有新奇特色的产品预测。

（2）定量预测

定量预测是指利用已经掌握的比较完备的历史统计数据，凭借一定的数理统计方法和数学模型，寻求有关变量之间的规律性联系，用来预计和推测市场未来发展变化趋势的一种预测方法。在历史统计数据比较完备、准确，市场发展变化的环境和条件比较稳定，产品处于生命周期的成长期或成熟期，预测对象与某些相关因素之间呈现比较明显的因果制约关系，或预测对象随时间推移呈现比较明显的趋势性变化等情况下，应用定量预测方法是比较适宜的。定量预测的主要方法包括时间序列法和直线趋势法等。

① 时间序列法。这是假定事物过去的发展变化趋势同样会延续到现在的方法。它包括简单平均法、移动平均法和加权平均法等。

产品销售的时间序列分成四个组成部分：趋势（T），系人口、资本积累、技术发展等因素共同作用的结果，利用过去的销售资料，描绘出销售曲线，可看出某种趋势；周期（C），许多商品销售受经济周期影响，认识循环周期，对中期预测十分重要；季节（S），即一年内销售额变化的规律性波动；不确定因素（E），包括自然灾害、战乱及其他变故。

可构成以下模型：

线性模型：$Y=T+C+S+E$

乘数模型：$Y=T\times C\times S\times E$

混合模型：$Y=T\times(C+S+E)$

② 直线趋势法。这是运用最小平方法，以直线斜率表示增长趋势的外推预测方法。

$$Y=a+bx$$
$$Y=\sum Y/n+X\sum XY/\sum X$$

其中，Y 是因变量，x 是自变量，a、b 是参数。

2.4.4 营销分析系统

营销分析系统是企业以先进的技术分析市场营销数据和问题的营销信息子系统，也称为"营销决策支持系统"。越来越多的组织为了帮助其营销经理作好决策，设立了营销决策支持系统。营销决策支持系统是一个组织，它通过软件与硬件支持，协调数据收集、系统、工具和技术，解释企业内部和外部环境的有关信息，并将其转化为营销活动的基础。

1. 统计技术和决策模型

大量的软件程序将会帮助营销经理对他们的工作进行分析、计划和控制。决策支持系统由统计技术和决策模型所组成。统计库包括对营销信息进行统计分析所必需的各种分析技术。将统计分析结果输入模型库，通过操作便可测试在不同假设条件下可能出现的各种不同的结果。

2. 大数据

大数据（big data）是指无法在一定时间内用常规软件工具对其内容进行抓取、管理和处理的数据集合。大数据有大体量（volume）、时效性（velocity）、多样性（variety）、大价值（value）、准确性（veracity）五大特点。它并非基于统计学的抽样方法，只是观察和追踪发生的事情。大数据可用于预测分析、用户行为分析或某些其他高级数据分析。

在大数据时代，社会化媒体的大数据应用于调研和分析显得尤为重要。社会化媒体的大数据包括消费者的购买习惯、用户需求、品牌偏好等，且都是消费者自愿表达的对产品满意度和质量问题的看法，充满了情感因素，往往是消费者心理的自然流露、真实表达。大数据可以使营销人员快速发起营销活动，第一时间测试营销新方法，同时可以第一时间确认、理解和追踪消费者的反馈。

常用的大数据平台主要有百度指数、阿里指数、艾瑞指数（iR index）、360趋势、微信指数等。公开公布大数据研究报告的平台主要有199IT报告模块、腾讯大数据报告模块、艾媒网行业报告模块、艾瑞网报告模块、阿里研究院、DataEye数据公布模块等。

3. 大数据营销

大数据营销是基于多平台的大量数据，将大数据技术应用于营销过程的营销方式。大数据营销大大有助于企业的精准营销，能够提高营销效率，增强消费者黏性。从4P组合策略角度来说，在产品方面，获得消费者关于产品的口碑数据与相应的销售数据能够提供给设计部门实际有用的数据参考。在促销方面，依托多平台的数据采集以及大数据技术的分析与预测能力，能够使得企业的广告促销更加精准有效，给企业带来更高的投资回报率。从STP战略角度来说，大数据也可以应用于细分特定消费者群体，找准目标顾客并且准确地进行市场定位。

大数据营销强调时效性、个性化、关联性和高性价比。收集大数据，就是收集在各个平台的某段时间与空间上，主要包含用户、产品、企业三者关系的结构化以及非结构化的大量信息数据。基于大数据的分析与预测，对于企业管理者洞察新市场与把握经济走向都是极大的支持。

同样的商品或服务，老客户看到的价格反而比新客户贵，这在互联网上叫"大数据杀熟"。现实生活中，在机票、酒店、电影、电商、出行等价格有波动的平台都存在类似情况。"大数据杀熟"的本质是价格歧视，从而获得超额利润。大数据的应用本应该是针对不同客户的需求及特征提供针对性服务，顾客通过让渡部分个人隐私，帮助商家作最优决策。但不良商家在使用这些数据时违反商业伦理，给顾客的每一次行为打上数据标签，然后利用这些标签再去牟取利益，这是要坚决杜绝的。

■ 本章总结

认识、分析市场，以市场为中心，是企业营销的出发点和中心点，是现代企业营销的基础。认识、分析市场就是要分析企业在生存和发展中所要面临的各种环境对企业的影响。市场营销环境包括微观环境和宏观环境。微观环境指与企业紧密相连，直接影响企业营销能力的各种参与者。宏观环境指影响微观环境的一系列巨大的社会力量。

管理未来就是管理信息。企业要设计营销信息系统来满足对信息的需要，MIS由人、机器和程序组成，为营销决策者收集、挑选、分析、评估和分配需要的、及时的和准确的信息。所需信息的收集与管理通过公司的内部报告系统、营销情报系统、营销调研系统和营销分析系统四方面来进行。

市场调研是市场预测的基础，更是营销对策的基础。

本章关键词

市场营销环境　地点营销　MIS　市场调研　市场潜力　市场预测　大数据　大数据营销

 思考题

1. 企业从事国内、国际营销活动会受哪些环境因素的影响？
2. 市场营销环境的特点是什么？
3. 分析市场营销环境的作用是什么？
4. 试述 MIS 的主要内容。
5. 试述市场调查的主要内容和方法。
6. 市场预测的主要方法是什么？

第3章

以市场为中心：洞察买者

开篇案例 康师傅如何让年轻人"上头"

根据尼尔森数据，2020年康师傅销售额为295亿元，国内方便面市场占有率达到46.3%，位于第一，几乎占据了国内方便面市场的半壁江山。作为当之无愧的国民品牌，中国人对康师傅可谓耳熟能详。无论是第一碗红烧牛肉面，还是浓香入味的"汤大师"，以及现在深受年轻人喜爱的新增了创意滤水口的香浓拌面系列，康师傅在几十年的发展历史中不断推陈出新。

夏季炎热，消费者想要吃到一碗去除滚烫汤底的拌面，但是沥水很不方便，既怕被喷洒的热水烫到，也怕一不小心把面条倒出去，前功尽弃。康师傅拌面新版包装完美地解决了消费者拌面沥水的痛点，让拌面更轻松。从打开包装到加酱搅拌，简单5步就能吃到一碗喷香浓郁的拌面。当丰富的新鲜蔬菜搭配香气四溢的汤汁和有嚼劲的面条充分混合搅拌，夏日美食的正确打开方式终于被找到了。不仅轻松让美味入口，还节省了时间，与时下年轻人效率至上的理念相契合。

除了食用方便，康师傅拌面还有多种口味选择，不仅有经典入味的红烧牛肉拌面，有香浓过瘾的香辣牛肉拌面，还有让你的味蕾情不自禁跳舞的康师傅火鸡面。由细微处入手，解决消费者的痛点，这才是康师傅拌面能让消费者喜爱的秘诀。

得年轻人者得天下，康师傅早就深谙这一道理，将眼光放在了新一代年轻消费者身上。不仅时刻关注最受年轻人喜爱的"双微一抖"等社交平台，紧随时下热点，同时还加大与年轻消费者喜欢的IP的合作。可以说，年轻人的目光在哪里，康师傅的营销就到哪里。

在此次推出的创新滤水口的拌面系列的营销上，康师傅在抖音这个时下在年轻人群体中较火的平台上重点发力，以"急急如滤令，好面拌出来"为传播主题，与"料理猫王""小歪追女仔""下铺小涵"等16位不同领域的头部及肩腰部KOL[①]

---

① KOL一般指关键意见领袖，为"key opinion leader"的缩写。

进行了深度沟通，打造了一系列美食场景化短视频。通过16支风格各异、别有风趣的原创短视频，短平快地传递出康师傅拌面的品牌记忆点，展示出康师傅拌面的"浓郁劲爽，贴心设计，丰富口味"，康师傅火鸡面的"香辣过瘾，回味无穷"，同时通过将用户圈层聚焦化，从不同维度解读了"Z世代""新锐白领""小镇青年"等不同性格、不同需求的年轻消费群体丰富的实用场景。

随着核心人群的转移，目前以"95后"为代表的Z世代人群逐步成为市场中的主力消费者，截止到2019年，全球Z世代有24亿人，占全球总人口的32%。而在我国，Z世代人群的数量又是世界上最庞大的，高达2.64亿人。据CBNData《新消费引领下的"风"与"变"——2020中国互联网消费生态大数据报告》显示，我国Z世代2019年总支出达4万亿元人民币，消费增速远超其他年龄层。

可以预见，康师傅充满时代感的营销策略，将会给传统、网红两大类速食品牌带来不小的冲击。毕竟，优质的产品力以及对消费者心智的占领才是赢得市场的不二法则。

资料来源：浩辰：《康师傅如何让年轻人"上头"》，载"销售与市场"微信公众号，2021年7月9日访问。

无论是做人还是做事，都要基于懂人，懂人是基础。面对交换，从心出发，交换即交心。知买者之心，并能真正进入其心智并被认同，才是营销成功的保证。

消费者的消费就是日常的生活，消费者即生活者。生活者都想成为幸福者，幸福是一种有意义的快乐。生活即交换，消费者有什么样的生活需求就意味着遵循或向往什么样的生活方式和意义。生活方式和意义的满足可以表现在实用、安全、情感、尊重、共鸣、自由、自豪、荣耀、个性等方方面面，包括感性认知和理性认知的满足。

对于经营管理者来讲，重要的是要知道生活本身的意义，生意经即生活经。世界上具有影响力的企业具有一些显著的共性特点，即为人类追求美好的生活提供帮助。一切技术的目的就是营造出让人类感觉舒适的生活空间，企业需要的就是满足消费者的生活需求和意义，让消费者获得更幸福的生活。

德鲁克说：社会将能创造财富的资源托付给企业，也是为了满足顾客需求。理解顾客，与顾客互动，并取得顾客忠诚是企业经营的根本目标和导向，有效的企业战略一定是顾客导向。

企业最基本的市场分析对象就是买者。买者可以是个人和家庭消费者，一般称为消费者市场；买者也可以是指工商企业从事生产、销售等业务活动以及政府部门和非营利组织为履行职责而购买产品和服务所构成的市场，一般称为组织市场。

3.1 消费者购买行为

营销战是一场心理"占",企业营销成功的标志是在消费者心里占据一个有利的位置。

消费者市场又称"最终消费者市场""消费品市场"或"生活资料市场",是指个人或家庭为满足生活需求而购买或租用商品的市场。它是市场体系的基础,是最终的市场,是现代市场营销理论研究的主要对象。

国外营销学者一般把消费者行为分为5W和1H,相对应的就有6个O,从而形成了消费者行为研究的基本框架。

(1) 市场需要什么(what)——购买对象(objects)是什么。即通过分析消费者希望购买什么,为什么需要这种商品而不是那种商品,研究企业应如何提供适销对路的产品去满足消费者的需求。

(2) 为何购买(why)——购买目的(objectives)是什么。即通过分析购买动机的形成(生理和心理因素的共同作用),了解消费者的购买目的,采取相应的营销策略。

(3) 购买者是谁(who)——购买者(occupants)或购买组织(organizations)是什么。即分析购买者是个人还是组织,购买的产品供谁使用,谁参与了购买。根据分析,组合相应的营销策略。

(4) 何时购买(when)——购买时间(occasions)是什么。即分析购买者对特定产品购买时间的要求,把握时机,适时推出产品,如分析自然季节和传统节假日对市场购买的影响程度等。

(5) 何处购买(where)——购买地点(outlets)是什么。即分析购买者对不同产品的购买地点的要求,如消费品种是方便品,消费者一般要求就近购买;对选购品则要求去商业区购买,可以一边对比挑选,一边购买;对特殊品往往要求直接到企业或专业商店购买等。

(6) 如何购买(how)——购买行为(operations)是什么。即分析购买者对购买方式的不同要求,有针对性地提供不同的营销服务。在消费者市场,应分析不同类型消费者的特点,如经济型购买者对性能和廉价的追求,冲动型购买者对情趣和外观的喜好,手头拮据的购买者要求分期付款,工作繁忙的购买者重视购买方便和送货上门等。

外界刺激		消费者黑箱		消费者反应
企业营销	环境因素	消费者特性	消费者行为过程	
产品	政治	心理过程	问题认知	产品选择
价格	经济	动力倾向	搜集信息	品牌选择
渠道	社会	个性特征	评价选择	卖主选择
促销	技术	社会因素	购买决定	时间选择
			购后评价	数量选择

图 3-1 外界刺激与消费者反应模式

企业营销对策是否有效关键在于对消费者心理与行为的系统、深入把握,不能只是经验之谈或者是"头痛医头,脚痛医脚"的表面功夫。

明心见性,人心即文化。系统的心理分析可以总结为"三知":一是知心路。即认识人的心理过程,心理过程包括认知过程、情绪过程和意志过程。认知过程是"因",意志过程是"果"。二是知个性。即认识人的个性特征,个性特征包括气质、性格和能力,其中性格是个性中的核心因素。三是知社会。即认识各种社会因素对人心的影响,社会因素也是个性特征的组成部分,而且是最重要的部分。社会因素中最基本的影响因素是文化,文化的核心是价值观。

3.1.1 消费者行为的心理过程

心理决定行为,心理过程是行为的基础,探讨这一过程所包含的认知过程、情绪过程和意志过程以及其中的感觉、知觉、注意、记忆、学习、联想和思维等心理机能和要素,可以揭示出不同消费者心理现象的共性,及其外部行为的共同心理基础。

1. 认知过程

认知过程是人们认识现象和本质的过程,是人脑对客观事物的反映。它包括感性认知过程和理性认知过程。

(1)感性认知过程,是认知的形成阶段,是对事物的表面认识,由感觉和知觉组成。

感觉是指人脑对直接作用于感觉器官的外界事物的个别属性的反映,包括听觉、视觉、嗅觉、触觉、味觉、第六感、运动觉、平衡觉、机体觉(内脏感觉与饥渴等状态)等。心理学研究表明,人头脑中85%的信息是通过感觉中的视觉获得的,而15%的信息是通过包括听觉在内的其他感觉获得的。

知觉是指根据感觉所获得的资料而作出的心理反应,是一种注意到的感觉。知觉与感觉如果同时发生,就称为感知。感觉和知觉是两回事,给对方奇感、美感、动感、新感、喜感、伤感、性感、丑感等感受,是为了让对方更能知觉到事物或人,而不是仅仅感觉到事物或人。

企业营销首先影响的就是消费者的感性认知,在给消费者的最初认知中,不能只是让消费者感觉到企业产品的信息和形象,关键是要让消费者知觉到企业产品的信息和形象。知觉到就意味着注意到,注意到就会让消费者愿意产生进一步的认知。

以"色"悦人,以"声"动人,以"味"诱人,以"情"感人。品牌营销专家马丁·林斯特龙说:五感协调作用,提升品牌附加值。

(2)理性认知过程,是认知的发展阶段,是对事物的深入认识,由学习、记忆、想象和思维组成。

由于市场营销环境不断变化,新产品、新品牌不断涌现,消费者必须多方收集有关信息之后,才能作出购买决策,这本身就是一个学习过程。企业应该为消费者提供学习的途径和机会,从而有助于消费者理性认知的获取。企业营销非常重要的一个目的就是让消费者记住企业的品牌和产品。

消费者在评价商品时，常伴随着想象活动。在消费者形成购买意向，选择和评价商品的各个阶段，都离不开想象。消费者会将购买对象与想象所追求的对象相对照，并以二者吻合的程度作为评价商品的依据之一，尤其在买那些满足人们社交需要、尊重需要和自我实现需要的商品时，更是如此。

思维是人脑对客观事物本质特征的间接的和概括的反应。思维过程包括分析、综合、比较、抽象、推理、判断等，是认知过程的最高阶段。

了解人的思维状况是认知人心状况的核心，包括两个基本方面的了解：思维能力与思维方式。思维状况的核心部分是思维方式，包括价值观与对世界及事物的根本看法和处理方法。

消费者对商品的认识从表面特征开始，通过分析、综合、比较、抽象、概括和具体化等基本阶段完成。消费者的思维能力受到其在社会中已经形成的一般思维能力的影响，如果消费者的一般思维能力不强，在消费中就会表现为幼稚、轻信和冲动，就容易上当受骗，甚至受到伤害。消费者的思维方式决定了消费者是更注重理性消费还是感性消费，是更注重勤俭消费还是奢侈消费，是更注重量入为出消费还是超前享乐消费等。

从认知角度，可以将消费者的消费分为感性消费和理性消费。

① 感性消费，是指消费者重视商品或服务的外观、包装和心理感受是否能给其带来感性满足和个性满足。消费者在购买商品时，更加重视消费过程获得精神的愉悦、舒适及优越感。这种消费模式的特征就是消费者凭着感觉、情绪、气氛及象征来购买商品和体验服务，感性消费的标准是喜欢、情感、格调、审美和享受，商品的功能和价格则退居其次。面对这样的消费心理，企业营销过程中就要侧重于感性营销，强调情感性价值，将情感和感官刺激贯穿于其营销活动的全过程。一方面是开发出富有人情味、文化感的商品或服务；另一方面是采用充满人情味、文化感的促销策略，去打动消费者的心。

② 理性消费，是指消费者消费过程中重视理性认识的心理特征，消费的标准是商品的功能、价格和实用，讲求分析比较，不急不躁。面对这样的消费心理，企业营销过程中就要侧重于理性营销，即将实用和分析贯穿于营销活动的全过程，强调货真价实，强调功能性价值。一方面是要不断提高质量；另一方面是要给消费者提供分析比较的依据和条件。

从性别来看，一般女性消费更重感性，男性消费更重理性。从年龄来看，一般青年人消费更重感性，中年人、老年人消费更重理性。从价格来看，一般中低价商品消费更重感性，高价商品消费更重理性。从品种来看，一般服装、饮食、手表、金银首饰、旅游、娱乐等消费更重感性，电器、交通工具、住房、保险、股票等消费更重理性。

不深刻的认知往往停留在表面和感性认识上，追求的是感官刺激和外在形象及包装，甚至是所谓权威的影响力。权威营销是指针对消费者的崇拜心理及权威意识，企业借助权威组织或权威人物（名人、影视演员等）影响消费者认知及购买行为的一种营销策略。

认知大于事实。在营销中,事实和认知往往是两回事,对营销来说,重要的不是那些"事实",而是消费者心智中那些与现实可能相符也可能不符的认知。比如,很多人认为可口可乐不如百事可乐好喝,但这并不影响可口可乐的销量,其销量仍然比百事可乐大得多。为什么?因为可口可乐是在消费者心中形成认知最早的可乐品牌,因此,它被认知为"真正的可乐",是原创的、权威的可乐。

认知引导事实。与其他咖啡相比,星巴克咖啡的味道更好,是因为消费者认为它更好。市场份额越大,品牌的主导性越强,品牌对消费者的事实认知影响力就越大。

认知符合事实。这里强调企业给消费者什么样认知的道德性。如果给的是坑蒙拐骗、伤天害理的认知,则不但会伤害消费者的身体,还会伤害消费者的心,最终会被消费者厌恶、声讨和抛弃。

2. 情绪过程

情绪就是人在认识事物过程中产生的主观体验。情绪有四种基本形式:快乐、愤怒、悲哀、恐惧。"七情"是指喜、怒、哀、爱、恶、惧、欲。情绪包括积极、消极和双重的情绪。

情绪的状态主要包括:

(1) 心境,是一种比较持久而微弱的情绪状态,往往在很长时间内影响人的言行。心境就是心情、心态。企业应努力让消费者最终对企业形成一种积极的心境。

(2) 热情,是一种比较稳定而热烈的情绪状态,比心境反应强烈。企业应激发和维护消费者的热情。

(3) 激情,是一种迅速、强烈、短暂的情绪状态。企业应努力避免消费者消极情绪的产生,激发其积极的情绪。

从消费来看,影响情绪的因素可以是购物、娱乐、休闲等场所环境(装饰、色彩、音乐、功能等),也可以是消费者对其他人或事物或商品特定目标的认识及其对目标是否感兴趣,还可以有他人因素的影响,他人的情绪、意见或服务也会影响消费者的情绪状态。

3. 意志过程

意志是指人决定达到某种目的而产生的心理状态,由语言和行动表现出来。意志的特征表现为有明确的目标,有克服干扰和困难的自觉行动,是有选择的行动。

意志过程体现出消费者的心动及行动过程,是整个心理活动的结果。心动了还要进一步让消费者产生购买行动,这样才是一个完整的消费行为过程。在购买活动中,消费者的意志包括作出决定、执行决定和体验执行效果三个相互联系的过程。

在买方市场上,若消费者的购买行动迟迟不发生或不完全发生,其原因可能是:消费者对商品或服务有很大的选择余地,所以消费者往往会多方比较,持币观望;消费者在等待企业的促销优惠;消费者暂时没钱购买。企业需要根据具体原因采取相应的灵活对策,让消费者尽快产生购买行为。

3.1.2 消费者行为的动力倾向

研究消费者行为的动力倾向实际上是对消费者意志过程的进一步分析,动力倾向包括需求与动机。

1. 需求

需求是行为的最根本动力。营销管理就是需求管理,发现、引导和满足需求是市场营销的出发点。需求是指针对特定商品或服务具有货币支付能力的欲望或者愿望。需求的实现需要具备两个条件:一是有支付能力,二是愿意购买。

(1) 类型。根据起源,需求可以分为生理性需求和社会性需求。生理性需求是指个体为维持生命和延续后代而产生的需要,如进食、饮水、睡眠、运动等。生理性需求是人类最原始、最基本的需要,它是人和动物所共有的,而且往往带有明显的周期性。社会性需求是指人类在社会生活中形成的,为维护社会的存在和发展而产生的需要,如求知、求美、友谊、荣誉、社交等。根据对象,需求可以分为物质需求和精神需求。物质需求是指对与衣、食、住、行有关物品的需要;精神需求是指认知、审美、交往、道德、创造等方面的需要。

(2) 特征。消费者的需求有其共同的趋向性或规律性。具体表现为:

① 多样性,是指消费者由于个性、社会、自然等因素影响而造成的对事物(消费、工作、情感等)千变万化的需要。这是消费者需求最基本的特征。由于消费者的收入水平、文化程度、职业、性格、年龄、民族、生活习惯等的不同,自然会有多种多样的爱好和兴趣,对于商品或服务的需求也必然千差万别和丰富多彩。

② 共同性,是指需求既有多样性、差别化的一面,也有共同性的一面。人们都希望能展示自己的优点,如英俊、机智、幽默,而掩盖自己的缺点,如肥胖、有头皮屑等;都希望获得情感体验和美感经验;都希望获得快乐感和安全感;都希望逃避惩罚;都希望能去爱他人,同时也被别人爱;都希望自己能有成就,有创造力,有支配力;都希望被人了解;都希望延缓衰老等。

③ 层次性,是指消费需求尽管是多样的,但是有先后和高低之分。在消费中这种先后和高低主要是由消费者的收入、认知和所处的环境决定。一般来说,人的消费需求总是由低层次向高层次逐渐发展和延伸,即低层次、最基本的生活需求满足以后,就会发展更高层次的需求。

美国心理学家亚伯拉罕·马斯洛(Abraham H. Maslow)1943年在其《人类动机理论》一书中将人的需求层次由低向高分为五个层次:生理需求、安全需求、情感需求(即归属与爱的需求)、尊重需求、自我实现需求。(见图3-2)前四种需求是人的基本需要,是因缺乏而产生的,最后一种需求是人的发展需要,是个人存在的价值。

④ 伸缩性,是指人们的消费需求受外因和内因的影响而具有消费弹性。内因包括消费者本身需求的特征、程度和货币支付能力等;外因主要是商品的供应、价格、广告宣传、销售服务和他人的实践经验等。两个方面的因素都可能对消费者产生促进或抑制作用。这就使消费需求只能是有限地得到满足,表现出一定的伸缩性,即并非只

图 3-2 马斯洛的需求层次论

能增加而不能减少。在特定的情况下,人们可能为满足某种需求而放弃其他需求。一般地说,基本日常生活必需品的消费需求弹性较小,而非生活必需品或中高档消费品的消费需求弹性较大。

⑤ 互联性,是指消费需求的某些商品具有互相联系的特点。如购买钢笔时可能需要同时购买墨水,购买自行车时可能需要同时购买打气筒和修理工具等;香烟店里,也可以同时销售打火机、烟灰缸等。经营互有联系和补充性的商品或服务,不仅会给消费者带来方便,还能增加商品或服务的销售额。

⑥ 可诱导性,是指消费需求是可以加以诱导、引导和调节的,即可以通过环境的改变或外部诱因的刺激,诱导消费者需求发生变化和转移。企业可以通过卓有成效的营销活动使无需求转变为有需求,使潜在的需求转变为现实的需求,使企业由被动地适应、迎合消费者的需求转化为积极地引导、激发和创造消费者的需求。

(3) 潜在需求,是指消费者未来一定时间内可能产生的对某种商品或服务具有货币支付能力的需要。潜在需求一般可表现为三种情况:

第一,潜在需求是指顾客有购买愿望,也有理想的商品,但暂时没有现实购买力,从而造成潜在需求心理,不能马上得以实现的状况。面对这种潜在需求,企业的基本对策是进行及时营销,即通过采取分期付款、信用赊账等方式让消费者及时购买相关商品或服务,然后在未来的一定时间里付清钱款。

第二,潜在需求是指顾客有购买愿望,也有购买力,但暂时没有理想的商品或服务的状况。这时顾客对企业的已有商品或服务感到不满意,希望企业能提供理想的商品或服务。面对这种潜在需求,企业的基本对策是进行调查营销,了解顾客具体的需求情况,然后决定是否生产及投放市场。

第三,潜在需求是指顾客暂时没有购买愿望的状况。面对这种潜在需求,企业的基本对策是进行创造营销。企业要比消费者领先一步,去发现存在于消费者内心深处、他们自己暂时没有发现的需求,企业通过引导消费,创造市场,最终让消费者产生购买行为。比如,微波炉、随身听等产品,都是企业率先把产品制造出来,再进一步影响、引导消费者的需求,最终让消费者产生了购买行为。

创造营销是一种超前营销，即顾客有意识之前的潜意识营销。潜意识理论认为，人的完整心理活动包括有意识活动和潜意识活动，其中潜意识活动又包括前意识活动和无意识活动。创造营销就是去发现对方的无意识活动，对方不知不觉，而企业要先知先觉。发现、引导和满足无意识，创造出新市场，取得让消费者意想不到、喜出望外的营销效果。创造营销使企业从市场被动驱向型转变为市场主动驱向型，从"我跟市场走"转变为让"市场跟我走"。这里需要指出的是，"市场跟我走"不是指以企业为中心，而是企业发现了顾客的无意识，然后去引导市场，所以，归根到底还是"我跟市场走"，是跟着市场的无意识走。科特勒说：优秀的公司满足需求，而伟大的企业却创造市场。日本企业家柳井正说：顾客所追求的是他们尚未见过的商品或尚未体验过的服务，这才是顾客真正的心声。

2. 动机

动机是引起个体活动，维持已引起的活动，并促使活动朝向某一目标进行的内在作用。它选择、发动、指引、维持、强化人的行动。

动机的类型包括生理性动机和心理性动机。生理性动机是由于人的生理上的需要而产生的内在直接动力，主要包括饥饿动机、性动机、排泄动机、母爱动机等；心理性动机是由于人的心理上的需要而产生的内在直接动力，主要包括成就动机、交往动机、权力（支配）动机、储蓄动机、投资动机等。有需求不一定产生动机（道德、教育等因素），不产生动机就不会产生行动；动机也不一定是由原来的需求产生的，但人的绝大多数动机都是原来需求的具体表现。

动机就是行动的机缘和具体理由，一旦理由充分，必然导致行动。道德以人性向善引导和限制人的动机，法律以人性向恶引导和限制人的动机，道德和法律都是用来管理动机的。动机的形成有全面性、主导性、隐蔽性和冲突性等特征。消费者具体的购买动机主要有：

（1）求实动机。它是指消费者以追求商品或服务的使用价值为主导倾向的购买动机。在这种动机支配下，消费者在选购商品时，特别重视商品的质量、功效，要求一分钱一分货，相对而言，对商品的象征意义、所显示的"个性"、商品的造型与款式等不是特别强调。

（2）求新动机。它是指消费者以追求商品或服务的时尚、新颖、奇特为主导倾向的购买动机。在这种动机支配下，消费者选择商品时，特别注重商品的款式、色泽、流行性、独特性与新颖性，相对而言，商品的耐用性、价格等成为次要的考虑因素。一般而言，在收入水平比较高的人群以及青年群体中，求新的购买动机比较常见。求新心理是创造营销的依据。

（3）求美动机。它是指消费者以追求商品欣赏价值和艺术价值为主要倾向的购买动机。在这种动机支配下，消费者选购商品时特别重视商品的颜色、造型、外观、包装等因素，讲究商品的造型美、装潢美和艺术美。求美动机的核心是讲求赏心悦目，注重商品的美化作用和美化效果，它在受教育程度较高的群体以及从事文化、教育等工作的人群中比较常见。

(4) 求名动机。它是指消费者以追求名牌、高档商品，借以显示或提高自己的身份、地位而形成的购买动机。当前，在高收入群体中，求名购买动机比较明显。求名动机形成的原因实际上是相当复杂的。购买名牌商品，除了有显示身份、地位、富有和表现自我等作用以外，还隐含着降低购买风险、简化决策程序和节省购买时间等多方面考虑因素。

(5) 求廉动机。它是指消费者以追求商品或服务的价格低廉为主导倾向的购买动机。在求廉动机的驱使下，消费者选择商品以价格为第一考虑因素。他们宁可多花体力和精力，多方面了解、比较商品价格差异，选择价格便宜的商品。相对而言，求廉动机的消费者对商品质量、花色、款式、包装、品牌等不是十分挑剔，而对降价、折扣等促销活动有较大兴趣。

(5) 求便动机。它是指消费者以追求商品购买和使用过程中的省时、便利为主导倾向的购买动机。在求便动机支配下，消费者对时间、效率特别重视，对商品本身则不甚挑剔。他们特别关心能否快速方便地买到商品，讨厌过长的等待购买时间和过低的销售效率，对购买的商品要求携带方便，便于使用和维修。一般而言，成就感比较高、时间机会成本比较大、时间观念比较强的人，更倾向于持有求便的购买动机。

(6) 模仿或从众动机。它是指消费者在购买商品时自觉或不自觉地模仿他人的购买行为而形成的购买动机。模仿是一种很普遍的社会现象，其形成的原因多种多样。有出于仰慕和获得认同而产生的模仿；有由于惧怕风险、保守而产生的模仿；有缺乏主见，随大流或随波逐流而产生的模仿。不管出于何种原因，持模仿动机的消费者，其购买行为受他人影响都比较大。一般而言，普通消费者的模仿对象多是社会名流或其所崇拜、仰慕的偶像。电视广告中经常出现某些知名歌手、演员、体育运动员使用某种产品的画面或镜头，其目的之一就是要刺激受众的模仿动机，促进产品销售。

(7) 癖好动机。它是指消费者以满足个人特殊兴趣、爱好为主导倾向的购买动机。其核心是为了满足某种嗜好、情趣。具有这种动机的消费者，大多出于生活习惯或个人癖好而购买某些类型的商品。如有些人喜爱养花、养鸟、摄影、集邮，有些人爱好收集古玩、古董、古画，还有人好喝酒、饮茶。在癖好动机支配下，消费者选择商品往往比较理智、挑剔，不轻易盲从。

(8) 逆反动机。它是指作用于个体的同类事物超过了所能接受的限度而产生的一种有意识的相反心理倾向。消费者在进行消费活动时，不断接受来自商品本身、广告以及厂商各种各样的消费刺激的影响，倘若某种刺激持续的时间过长，刺激量过大，超过了消费者所能承受的程度，就会引起消费者相反的心理体验，使其产生逆反心理。

3. 兴趣

兴趣是指一个人对一定事物积极的认识倾向。兴趣也是一种动机。兴趣的产生和发展是以需要为基础的，有了兴趣的参与，更容易形成动机或强化已经形成的动机。兴趣按内容范围可以分为物质兴趣和精神兴趣；按时间长短可以分为长久兴趣和短暂兴趣；按参与程度可以分为情趣和志趣。情趣是指感情作用于兴趣的结果，是一种爱好；志趣是指意志作用于兴趣的结果，是一种志向。情趣比志趣发生的范围广，志趣比情趣发生的程度深。

兴趣是积极的引起行为的动力倾向，可以迅速形成动机，或者强化已有的动机。情趣广泛可以引起丰富的情感行动，志趣坚定可以形成长久的理性行动。买方市场上，兴趣是形成购买动机最重要的理由之一。

3.1.3 消费者行为的个性特征

为什么人的心理过程不一样？因为人的个性不一样。个性心理是指一个人所具有的持久而稳定的心理特点。它包括气质、性格、能力等。心理过程是个性心理特征的表现与落实，直接影响着消费者的消费心理活动。

1. 气质

气质是指人与生俱来的典型而稳定的个性心理和行为特征，也就是那些由遗传和生理因素决定的心理和行为特征。典型的气质类型分为胆汁质、多血质、黏液质和抑郁质。多血质（活泼型）的人重感知，敏感，注意力易转移，有热情，喜交流，活泼好动；黏液质（安静型）的人重理性认识，有条理，稳重，安静，行为缓慢；胆汁质（兴奋型）的人重感知，直率，抑制力差，有激情，好冲动，心理反应强烈；抑郁质（抑制型）的人重理性认识，敏感，细致多疑，易伤感，有惰性，行为孤僻。

人先天的气质很难改变，所谓"江山易改，本性难移"。不同气质特点的人，其消费心理也是不同的，企业需根据不同的气质类型采取灵活的营销对策。

2. 性格

性格是指一个人对现实的稳定的态度和习惯化的行为方式所表现出来的个性心理特征。性格是在人的生理基础上，通过社会化逐步形成的，性格的核心是为主体意识所支配的处世原则。性格最能体现一个人的个性差异，在个性中起着核心的作用。思维方式和情商都是性格的体现。

性格的形成受先天因素（气质）和后天因素（社会）的影响，其中后天因素起着决定性的作用。性格在消费行为中主要表现为以下一些类型：

① 节俭型：重实用，对价格敏感，不注重商品的外观与包装；
② 保守型：刻板、固执，对新事物持怀疑态度；
③ 感性型：重感知，讲时尚，联想丰富，标新立异；
④ 顺从型：消费随大流，易受暗示，不愿标新立异；
⑤ 慎重型：通常根据经验，进行仔细慎重的比较，不易冲动；
⑥ 挑剔型：常常持怀疑和戒备心理，观察仔细入微。

3. 能力

能力是指人为完成某种活动所必须具备的个性心理特征。它包括先天具有的能力及后天得到的能力，能力主要从后天的学习和训练中得到。从心理过程来看，能力可分为认知能力、控制能力和活动能力。

一般来说，消费者对商品或服务的认知能力是不强的。通过对消费者能力的了解和把握，企业可以采取有针对性的对策来影响消费者的心理和行为。从消费者的认知方面来看，面对知识型消费者，企业需多提供专业资料，避免高谈阔论；面对略知型消费者，企业需多作介绍，允许消费者进行比较、评价；面对无知型消费者，企业需诚实、耐心，全面客观介绍有关的商品信息。

3.1.4 消费者行为的社会因素

人的社会化是指人在特定的社会环境中，形成适应于该社会的人格，掌握该社会所公认的行为方式。社会因素影响个性的形成，影响消费心理及行为。社会因素主要包括以下几种：

1. 文化

文化（culture）是指知识、信仰、艺术、道德、习俗以及包括作为社会成员的个人所获得的其他任何能力、习惯在内的一种综合体。文化系统既是限制人类活动方式的原因，又是人类活动的产物和结果。亚文化是指在主流文化层次之下或某一局部的文化现象，包括民族、地理、区域、宗教等方面的亚文化状态。

人心即文化。文化是最重要的影响人心的社会力量，主要包括价值观、风俗习惯、宗教信仰、语言文字、教育水平、美学审美等内容。其中，价值观又是文化的核心。人们所处的社会角色、社会阶层、家庭和人际关系其实都是文化的反映及影响的结果。

人造性、共有性、约束性、差异性、变化性等是文化的特征。文化因素对消费者行为的影响最难以识别，同时它又是最广泛、最深远、最重要的社会影响因素。

文化、认知、心动、行动的递进关系为：文化→认知→心动→行动。

（1）价值观。价值观是人认定事物、辨别是非、区分优劣的一种心理倾向体系，体现出人、事、物一定的价值或作用。社会价值观念是指生活在某一社会环境下的多数人对事物的普遍看法或态度，包括历史所形成的价值观和现在的价值观。

不同的社会文化背景下，人们的价值观相差很大。消费者对商品的需求和购买行为深受价值观的影响。对于价值观不同的消费者，营销者应采取不同的策略。面对乐于改变、喜欢猎奇、比较激进的消费者，应重点强调产品的新颖和奇特；而对于那些注重传统、喜欢沿袭传统消费方式的消费者，企业在制定促销策略时则应把产品同目标市场的文化传统联系起来。例如，在国际市场上，中国传统的福禄寿星或古装仕女的产品装饰适合在一些亚洲国家和地区营销。而欧美国家市场上，给产品加上复活节、圣诞节、狂欢节的装饰，则可能打开销路。

（2）宗教信仰。宗教对一个国家和民族的经济发展和市场状况的影响，在不同国家和地区有很大的差别。有些国家和地区，宗教色彩比较淡薄，从事营销可以不用过多地考虑宗教方面的影响。但在宗教色彩浓烈的国家和地区，不了解当地的宗教情况，对有关的宗教要求、规定或禁忌不清楚，可能根本就无法开展营销活动。宗教对人们的生活方式、价值观念、购买商品的选择、购买行为模式等都有深刻的影响，不同的宗教环境会给营销带来不同的机遇或限制,这种影响可以体现在宗教节日、宗教要求和禁忌上。世界上主要的宗教派别包括基督教、佛教和伊斯兰教等。

(3) 风俗习惯。风俗习惯是指一个国家或地区或民族约定俗成的规定、图腾和禁忌,反映在地域(如气候、地形、城乡等)、居住(如吊脚楼、蒙古包等)、婚嫁(如迎亲、放鞭炮等)、生育(如办满月酒、发红蛋等)、文娱(如看电影、戏剧等)、节日(如中秋节、春节等)、禁忌(如数字、颜色、图案、动物、植物等)等方面。风俗习惯是人们在长期的经济与社会活动中所形成的一种约定、惯例、图腾和禁忌,表现出独特的心理特征、道德伦理、行为方式和消费习惯。例如,新疆人爱吃羊肉,爱尔兰人不食咸牛肉和土豆,意大利人忌讳菊花,日本人忌用荷花等。从事市场营销必须研究、了解目标市场消费者的禁忌、习俗、避讳、信仰、伦理等,这也是企业进行市场营销的重要市场背景。

(4) 教育水平。教育水平的高低直接影响人们的消费行为和消费结构。企业所在地区的教育水平也在一定程度上制约着企业的营销活动。一般来说,受教育水平高的消费者对产品的内在质量、外观形象以及服务有着较高的要求;而受教育水平低的消费者往往要求更多的实物样品和通俗易懂的产品介绍。受教育水平低的人群,购买产品的理性程度相对低,对新产品的接受能力比较弱,而受教育水平高的人群正好相反。

(5) 美学审美。美学即关于美和审美体验的观念,是文化的重要组成部分,包括各类文学艺术中以不同形式表现的美,如音乐美、绘画美、形体美、舞蹈美、戏剧美、文学形象美等。美学一方面有共性,另一方面又极具个性,不同国家、不同民族、不同地区、不同阶层、不同性别的人都有不同的审美观。这种审美主要体现在企业营销方面,主要包括设计、色彩、音乐、格调和品牌等。某些商品的主要功能不在于物质方面,而在于美化生活、陶冶性情、提高文化修养和需要,是精神层面上的需求。在精神文化等领域有较高追求的消费者,往往宁可舍弃物质方面的享受,而对各种满足精神需要的商品或服务给予更多关注。消费行为归根到底不外乎维护每个社会成员的身心健康和不断追求生活的日趋完善,人们在市场上挑选并购买商品的过程,实际上也是一次审美活动。消费者个人的审美活动表面上属于个人行为,实质上反映了一个时代和社会人们的审美观念和审美趋势。

(6) 语言文字。语言文字是各文化要素中区别最明显的一个要素。它不仅与其他文化要素相联系,而且从一个方面反映了文化的类别和价值。在国际营销中,要了解一个国家的文化状况,分析其社会文化环境,就要通晓该国的语言文字,这样才能做好营销工作。每种语言文字都代表一种文化,一种历史传统,掌握一个国家、地区、民族的语言文字,是深刻理解其文化特色与内涵所必需的。

企业通过对一个国家、地区、民族的文化的认识和把握,可以更具针对性地开展相应的营销活动。文化营销是指传递特定的文化以实施营销活动的过程,是企业在了解一个国家、一个地区的价值观念、宗教信仰和风俗习惯等文化内容的基础上,针对目标市场的文化环境而采取的一系列文化适应、引导或创新策略。

文化营销把商品作为文化的载体,文化需要被物化,通过市场交换进入消费者的意识,它在一定程度上反映了消费者在物质和精神追求上所体现出来的各种文化要素。文化营销的实质是有意识地发现、甄别、培养或创造某种价值观,从而实现企业的营销目的。文化营销可以从三个层面来开展:

一是商品或服务层面,主要表现为商品或服务的构思、设计、造型、包装、商标、款式等;

二是品牌文化层面,主要表现为品牌是否具有丰富的文化内涵;

三是企业文化层面,将优秀的企业文化传播给社会,树立良好的企业形象,包括企业价值观、使命、愿景等内容。

文化营销在于借助发掘和塑造企业内部和外部认同的价值观来推动企业营销的成功。企业的价值观是一个企业在长期的生产经营实践中产生的,是长期的、较全面的价值观念体系,为特定的企业所专有。因此,将企业的这种价值观看成企业核心竞争能力的重要组成部分,是企业通过文化营销树立核心竞争力的重要经营步骤。

2. 社会角色

社会角色是指个人在社会和团体中的身份、地位。社会角色是周围人对一个人的要求,是指一个人在各种不同场合中应起的作用。每一个角色都伴随着一种地位。

一个人有性别、年龄、职业、家庭等不同角色,会发生角色冲突,角色可根据个人所处环境和形势的变化而变化。角色规定许多是人心甘情愿去做的,而并非出自虚假。当然,角色也让人戴上了面具,人往往只在生活的后台(家庭、亲人中间)才展示自己的真面目。

从消费方面来分析,每一个角色及其相应的地位都不同程度地影响其购买行为。主要可以从性别角色、年龄角色和职业角色来分析人的消费心理。

(1) 性别。对男性的社会角色一般要求是:勇敢、大度、果断、幽默、理性、有事业心。其消费特点一般是:理智、实用、求名、快速。对女性的社会角色一般要求是:贤惠、温柔、细腻、活泼、大方、顾家。其消费特点一般是:感性、细心、从众和爱子心理。

(2) 年龄。对少年儿童的社会角色一般要求是:活泼、可爱、有好奇心。其消费特点一般是:易受广告影响,模仿力强,对品牌忠诚。对青年人的社会角色一般要求是:热情、求知、独立、敢于冒险。其消费特点一般是:时尚、求美、快速、消费大方。对中年人的社会角色一般要求是:理智、成熟、有成就。其消费特点一般是:实用、有计划、慎重。对老年人的社会角色一般要求是:稳重、平和、知天命。其消费特点一般是:实用、保健、品牌忠诚。

(3) 职业。职业对消费的影响是显而易见的,工人与公司经理的消费就有很大的差异。营销人员可以有针对性地找到具有不同兴趣特征的职业群体,为了满足某一特定的职业群体需要,企业甚至可以特别为他们设计商品。

3. 社会阶层

社会阶层是指社会中按等级排列的具有相对同质性和持久性的群体,每一阶层的

成员具有类似的价值观、兴趣爱好和行为方式。具体地说,社会阶层有以下特点:

(1) 相同社会阶层中人的行为要比两个不同社会阶层中人的行为更为相近;

(2) 人们以所处的社会阶层来判断一个人的地位;

(3) 某人所处的社会阶层是由职业、收入、财产和受教育程度等多种变量决定的,而不是由其中的一种变量决定;

(4) 个人可以改变自己所处的社会阶层,这种改变的幅度随各社会阶层森严程度的不同而各异。

正因为社会阶层具有以上特点,所以,企业可以通过对社会阶层的识别来进行市场细分,选择目标市场,进行恰当的市场营销策略安排。

4. 家庭

家庭一般是由两个或两个以上由于血缘、婚姻或收养关系而生活在一起的成员组成的社会基本单位。家庭的主要种类包括核心家庭(由夫妻与子女组成的家庭)、扩展家庭(由夫妻与子女及父母组成的家庭)、夫妻家庭(只由夫妻两人组成的家庭)、混合家庭(由夫妻与他们以前的子女组成的家庭)。一个人一般要经历两个家庭,一个是父母的家庭,一个是自己的家庭。

家庭生命周期是指家庭随着成员年龄逐步增长而经历的各个生活阶段。国外研究人员将家庭生命周期分为单身阶段、新婚阶段、满巢阶段、空巢阶段和解体阶段。不同家庭生命周期阶段,因为特点和人员构成不一样,家庭的消费重点和内容有很大的区别。

(1) 单身阶段。年轻的单身者要么在大学读书,要么刚跨出校门开始工作。随着结婚年龄的推迟,这一群体的数量正在增加。虽然收入不高,但由于没有其他方面的负担,他们通常拥有较多的可自由支配收入。收入的大部分用于支付房租,购买个人护理用品、基本的家用器具,以及用于交通、度假等方面。这一群体比较关心时尚,喜欢娱乐和休闲。

(2) 新婚阶段。这一阶段始于新婚夫妻正式组建家庭,止于他们的第一个孩子出生。为了形成共同的生活方式,双方均需要作很多调整。一方面,共同决策和分担家庭责任,对新婚夫妻是一种全新的体验;另一方面,还会遇到很多以前未曾遇到和从未考虑过的问题,如购买家庭保险、进行家庭储蓄等。他们是剧院门票、昂贵服装、高档家具、餐馆饮食、奢侈度假等商品或服务的重要消费者,因此对营销者颇有吸引力。

(3) 满巢阶段。满巢阶段又可以分为三个阶段:

① 满巢Ⅰ阶段。这一阶段的家庭通常是指由年幼孩子(6岁以下孩子)和年轻夫妻组成的家庭。第一个孩子的出生常常会给家庭生活方式和消费方式带来很多变化。在西方,夫妻中的一方(通常是女方)会停止工作,在家照看孩子,因此家庭收入会减少。然而,孩子的出生确实带来很多新的需要,从而使家庭负担有所增加。家庭需要购买婴儿食品、婴儿服装、玩具等很多与孩子有关的商品;同时,在度假、用餐和家居布置等方面均要考虑孩子的需要。

② 满巢Ⅱ阶段。此阶段的家庭最小的孩子已超过 6 岁，多在小学或中学读书，这一时期孩子在学习方面的需要大大增加。在西方国家，因为孩子不用由大人在家里照看，夫妻中原来专门在家看护孩子的一方也已重新工作，这样，家庭经济状况得到改善。

③ 满巢Ⅲ阶段。此阶段的家庭通常是指由年纪较大的夫妻和他们仍未完全独立的孩子所组成的家庭。此阶段的孩子中有的已经工作，家庭经济压力相对减轻。由于户主及其配偶双双工作，加上孩子也能不时给一些补贴，所以家庭经济状况不错。通常，处于此阶段的家庭会更新一些大件商品。在中国，父母一般还需要为孩子准备结婚物品。

（4）空巢阶段。空巢阶段始于孩子不再依赖父母，也不与父母同住，这一阶段延续的时间也比较长。很多父母可以做他们以前想做但由于孩子的牵累而无法做的一些事情，如继续接受教育、培养新的嗜好、夫妻外出旅游等。人生的这一阶段，也许是经济和时间上最宽裕的时期，夫妻不仅可以频繁地外出度假，而且还会买一些高档物品。

在空巢阶段后期，户主到了退休年龄，经济收入随之减少。由于大多数人是在身体很好的情况下退休的，而且退休后可用的时间特别多，因此不少人开始追求新的爱好和兴趣，如外出旅游、参加老年人俱乐部等。

（5）解体阶段。当夫妻中的一方过世，家庭便进入解体阶段。如果在世的一方身体尚好，有工作或有足够的储蓄，并有朋友和亲戚的支持和关照，家庭生活的调整就比较容易。由于收入来源减少，此时在世的一方过上了一种更加节俭的生活。另外，这样的家庭会有一些特殊的需要，比如需要更多的社会关爱、养老照看等。

家庭消费决策过程中至少涉及以下五种角色：

一是倡议者，即提议购买某种商品或使其他家庭成员对某种商品产生购买兴趣的人。

二是影响者，即为购买提供评价标准和确定哪些商品或品牌适合这些标准之类的信息，从而影响产品挑选的人。

三是决策者，即有权决定购买什么及何时购买的家庭成员。

四是购买者，即实际进行购买的家庭成员。购买者与决策者可能不同。例如，青少年可能会被授权决定购买何种汽车甚至何时购买，但是，父母才是实际与经销商进行议价并付款的人。

五是使用者，在家庭中实际消费或使用由他们自己或其他家庭成员所购商品的人。

在一般的家庭中，夫妻是日常商品购买的主要决策者。不同的家庭中，夫妻各自在商品购买决策中的影响作用有很大的差别，一般会有丈夫决策型、妻子决策型、夫妻决策型、自主决策型四种类型。

企业在市场营销过程中要了解家庭生命周期不同阶段的消费特点，细分经营；要了解家庭的购买角色、家庭消费决策类型，灵活采取不同的营销策略。

5. 人际关系

人际关系（interpersonal relationships）是指人与人之间通过交往与相互作用而形成的直接的心理关系，主要表现为人们心理上的距离远近、个人对他人的心理倾向及相应行为等。人际交往可以帮助人们实现信息沟通、心理保健、认识自我、协调帮助等功能。人际交往的因素包括空间因素、性格因素、互补因素、仪表因素、年龄因素、能力因素等。根据消费者人际关系状况，企业可以灵活地进行有针对性的营销。

（1）首先要了解相关群体，把握人与人之间的交往影响关系。所谓相关群体，就是指向往或与个人有交往，能够影响个人态度和行为的人员。一般包括：

① 主要相关群体，是指与某人关系密切，经常接触的人，如父母、子女、朋友等；

② 次要相关群体，是指与某人关系不密切，不经常接触的人，这些人可以是认识的，也可以是不认识的；

③ 向往相关群体，是指推崇、向往的一些个人，如名人、演员等；

④ 厌恶相关群体，是指讨厌、反感的一些个人。

相关群体分为直接相关群体和间接相关群体。直接相关群体是所属的群体与其有直接关系的群体，如主要相关群体和次要相关群体；间接相关群体是指某人基本不能直接接触的群体，但又受其影响，如向往相关群体和厌恶相关群体中的名人、演员等。

（2）其次要了解从众行为，运用营销策略影响消费者的心理和行为。从众行为是指个体在群体（团体或个体因素）的影响和压力下，改变个人的意见而与多数人取得一致的认识和行为，求同心理构成从众行为的心理基础。实际的群体压力可以导致从众，想象的群体优势也会对人的行为造成压力。比如，我们在家里可以试穿新买的奇异服装，但在决定是否把它穿出去时，则要考虑大多数人的反应。

消费者在很多购买决策上会表现出从众倾向。比如，购物时喜欢到人多的商店；在进行品牌选择时，偏向那些市场占有率高的品牌；在选择旅游点时，偏向热点城市和热点线路。

（3）最后还要善于创造流行。流行是指在一定时期内出现一种为一个团体、阶层的许多人都接受和使用的商品式样或服务，从而形成一种社会时尚。流行的特征就是周期性地改变其形式并能被人们接受。流行是社会现象，时髦不一定流行，模仿一般是指个人行为。

企业要找到能在相当程度上影响他人消费态度和行为的人，即意见领袖。意见领袖是对相关群体有影响的人。企业可以通过意见领袖来影响消费者的行为。意见领袖一般包括：

① 专业意见领袖，是指在各自领域拥有令人信服的学识、技术的一类人。医生、律师、营养学家等均是各自领域的专家。专家所具有的丰富知识和经验，使其在介绍、推荐产品与服务时较一般人更具权威性，从而产生专家所特有的公信力和影响力。当然，在运用专家效应时，一方面，应注意法律的限制，如我国不允许医生为药

品做证词广告;另一方面,应避免公众对专家的公正性、客观性产生怀疑。

② 名人意见领袖,是指在各自领域(影视歌、体育界)受到人们普遍关注、赞赏甚至崇拜的有名气的人。名人或公众人物如影视演员、歌手、体育运动员,作为参照群体,对公众尤其是对崇拜他们的消费者具有巨大的影响力和感召力。对很多人来说,名人代表了一种理想化的生活模式。正因为如此,企业愿意花巨额费用聘请名人来促销其产品。研究发现,用名人作支持的广告较不用名人的广告评价更正面和积极,这一点在青少年群体中体现得更为明显。运用名人效应的方式多种多样,如可以用名人作为产品或公司代言人,即将名人与产品或公司联系起来,使其在媒体上频频亮相;也可以用名人做证词广告,即在广告中引述广告产品或服务的优点和长处,或介绍其使用该产品或服务的体验;还可以将名人的名字使用于产品或包装上等。

③ 消费者意见领袖,是指见多识广、购买迅速、有号召力的一类人。运用满意消费者的证词证言来宣传企业的产品,是广告中常用的方法之一。由于出现在荧屏上或画面上的证人或代言人是普通消费者,这会使其他消费者感到亲近,从而使广告诉求更容易引起共鸣。像宝洁公司、北京大宝化妆品公司都曾运用过"普通人"证词广告。

④ 经理意见领袖。自20世纪70年代以来,越来越多的企业在广告中用公司总裁或总经理作为代言人。例如,美国微软公司的比尔·盖茨、中国格力公司的董明珠等。

3.1.5 消费者购买决策过程

消费者购买决策随其购买决策类型的不同而变化,较为复杂和花钱多的决策往往凝结着购买者的反复权衡和众多人的参与决策。

1. 消费者的购买决策类型

美国学者阿萨尔(Henry Assael)根据参与者的介入程度和品牌间的差异程度,将消费者购买行为分为四种类型。(见表3-1)

表3-1 购买决策类型

品牌差异程度	消费者的购买介入程度	
	高	低
大	复杂型购买行为	变换型购买行为
小	协调型购买行为	习惯型购买行为

(1) 习惯型购买行为。这种购买行为出现在消费者介入程度不高、品牌差异小的情况下。对于价格低廉、经常购买、品牌差异小的产品,消费者不需要花时间进行选择,也不需要经过收集信息、评价产品特点等复杂过程,因而,其购买行为最简单。消费者只是被动地接收信息,出于熟悉而购买,并不一定是因为特别偏爱某一品牌,而是出于习惯。

针对这种习惯型购买行为，营销者要特别注意给消费者留下深刻印象，企业的广告要强调本产品的主要特点，要以鲜明的视觉标志、巧妙的形象构思赢得消费者对本企业产品的青睐。企业的广告要加强重复性、反复性，以加深消费者对产品的熟悉程度。

（2）变换型购买行为。这种购买行为出现在消费者介入程度不高，但品牌差异大的情况下。有些产品品牌差异明显，但消费者并不愿花费长时间来选择和估价，而是不断变换所购产品的品牌。这样做并不是因为对产品不满意，而是为了寻求多样化。比如，购买饼干，上次买的是巧克力夹心，下一次就购买了奶油夹心，这种品种的更换并非是对上次购买的饼干不满意，而只是想换换口味。

针对这种寻求多样化的购买行为，营销者可采用销售促进和占据有利货架位置等办法，保障供应，鼓励消费者多样购买。一家企业也可以提供多样化的产品来满足消费者对产品多样化的需求。

（3）协调型购买行为。这种购买行为出现在消费者介入程度高、品牌差异小的情况下。有些产品品牌差异不大，消费者不经常购买，而购买时又有一定的风险，所以，消费者一般要比较、看货，只要价格公道、购买方便、机会合适，就会决定购买。购买以后，消费者也许会感到有些不协调或不够满意，会了解更多情况，并寻求种种理由来减轻、化解这种不协调，以证明自己的购买决定是正确的。经过由不协调到协调的过程，消费者会有一定的心理变化。

针对这种化解不协调型的购买行为，营销者应向消费者提供有关产品评价的理性信息，使其在购买后相信自己作了正确的决定。

（4）复杂型购买行为。这种购买行为出现在消费者介入程度高、品牌差异大的情况下。由于产品品牌差异大，消费者对产品缺乏了解，因而需要一个学习过程，广泛了解产品性能、特点，从而对产品产生某种看法，最后决定购买。

针对这种复杂型购买行为，营销者应采取有效措施帮助消费者了解产品性能及其相对重要性，并详细介绍产品优势及其给购买者带来的利益，耐心促成消费者的最终选择。

2. 消费者购买决策过程

完整的消费者购买决策过程一般由五个阶段构成。（见图3-3）

图3-3 消费者购买决策过程

（1）问题认知。问题认知是指消费者意识到的理想状态与实际状态存在差距，从而需要采取进一步的行动。问题认知是消费者决策过程的第一步。实际状态是指消费者对当前的感受及处境的认知，理想状态是指消费者当前想达到或感受的状态，问题认知是消费者的理想状态与实际状态之间的差距达到一定程度并足以激发消费决策过程的结果。

购买过程开始于消费者确认面对的问题或需要,这个需要可以由内在和外在的刺激所触发。内在刺激,如人的生理需要,包括饥饿等,上升到某一阶段就会成为一种驱动力。外在刺激,如一个人可能因为羡慕别人买了某品牌的汽车而激发起自己的购买欲望。

营销者所能做的就是识别引起消费者某种需要的环境和刺激因素,加强对消费者的刺激,以激起消费者产生问题认知和需求。

(2) 搜集信息。一般来讲,产生问题认知之后就要想办法解决问题,这就需要搜集必要的信息,包括品牌信息、产品属性信息、评价信息和体验信息等。信息可以从消费者的内部及外部获得。信息的来源主要包括以下几种:

① 记忆来源,是消费者内部信息,由过去积累、个人经验及低介入度学习形成的记忆;

② 个人来源,包括从家庭、亲友、邻居、同事等个人交往中获得的信息;

③ 营销来源,即广告、推销人员、商品包装、产品说明书等提供的信息;

④ 独立来源,即从杂志、消费者组织、政府机构等获得的信息;

⑤ 经验来源,即从自己亲自接触、试用、使用产品的过程中得到的信息。

针对这个阶段,企业营销的关键是掌握消费者在搜集信息时会求助于哪些信息源,并通过这些信息源向消费者施加影响。因特网的出现正以某种尚未被我们全面了解的方式改变着信息的搜集方式,营销者们必须维护好精心设计的网站,包括公司主页。此外,越来越多的公司把因特网当作一种广告媒体来使用。

(3) 评价选择。消费者意识到问题之后,开始寻求不同的解决方案。在搜集与此有关的信息的过程之中和之后,他们评价各备选对象,并选择最可能解决问题的方案。消费者的选择有时基于简单的规则,有时所运用的规则相当复杂,包括多个步骤和过程。

消费者对搜集到的信息中的各种产品的评价主要从以下几个方面进行:

① 分析产品属性。产品属性即产品能够满足消费者需要的特性。消费者一般将某一种产品看成一系列属性的集合。营销者应分析本企业产品具备哪些属性,以及不同类型的消费者分别对哪些属性感兴趣,以便进行市场细分,对不同需求的消费者提供具有不同属性的产品,既满足顾客的需求,又最大限度地减少因生产不必要的属性所造成的资金、劳动力和时间的耗费。

② 建立属性等级。属性等级即消费者对产品有关属性所赋予的不同重要性权数。营销者应更多地关心属性权重分配,而不是属性特色。

③ 确定品牌信念。消费者会根据各品牌的属性及各属性的参数,建立起对各个品牌的不同信念,如确认哪一品牌在哪一属性上占优势,哪一属性相对较差。

④ 形成"理想产品"。消费者根据评价的结果,往往会相对选择出自己的"理想产品",它可能不十全十美,但却是相对更好的选择。

在评价选择过程中,消费者常常要考虑多种因素。因此,营销者如果能够搞清楚消费者评估诸因素的不同重要性,通过营销手段强化消费者看重的因素,弱化次要因素和消极因素，就可能更多地获得消费者的青睐。

（4）购买决定。购买决定涉及这样几个问题：有购买风险吗？在哪里购买？用何种方式购买？

产品购买涉及产品使用后达不到预期效果的风险，产品失灵会带来很高的成本或损失。消费者购买主要面临生理风险、金钱风险、功能风险、心理风险等。

消费者减少购买风险的方法主要有：多收集信息，咨询专家；选择名牌或熟悉的产品；去信誉良好的商店购买；选择同类中较贵的产品；少量购买可分割的产品；运用遗憾最小化决策规则。

在购买意图和决定购买之间，还有两种因素会起作用，一是他人的态度，二是意外情况。例如，丈夫正准备买烟时，妻子会说他最近经常咳嗽，丈夫可能就不购买了；也可能正好在这个时候，他突然接到一个电话，要及时赶去某个地方而终止购买等。

（5）购后评价。购后评价内容包括购买后冲突、产品使用方式和产品处置。

消费者购买以后，可能获得满足，这将鼓励他今后重复购买或向别人推荐该产品；如果不满意，则会尽量减少不和谐感，因为人都存在着一种在自己的意见、知识和价值观之间建立协调性、一致性或和谐性的驱使力。具有不和谐感的消费者可以通过放弃不用、退货、诉诸法律、四处抱怨等做法来发泄心中的不满，以减少不和谐感。

购买者对其购买活动的满意感（S）是其产品期望（E）和该产品可觉察性能（P）的函数，即 $S=f(E, P)$。若 $E=P$，则消费者会满意；若 $E>P$，则消费者不满意；若 $E<P$，则消费者会非常满意。

3. 网络时代的消费者购买模式

随着中国经济转型升级，跨入"消费升级"全新时代，电商零售实现了高速的增长。无论是绝对值指标（网络零售交易额），还是相对值指标（实物商品网上零售额占社会消费品零售额比例），都有明显的增长。

（1）互联网消费。它包括即时通信和社交、游戏、文化和娱乐、理财、教育、商务交易六类，前四类在互联网上就可以直接全部完成；教育既可以线上进行，也可以线上线下配合完成；商务交易通常需要物流或其他相应线下活动的配合才能完成。

互联网消费者主要包括低价寻求者、方便寻求者、尝试者、碎片化休闲者、理性购买者和信息寻求者。

以网络购物为典型代表的电商模式对消费者和企业都产生了巨大影响。对于消费者来说，相较于传统销售渠道，电商模式能够提供不受时间和空间限制、更加便捷的购买体验，扩大了可供消费者选择的品类范围，便于消费者挑选出更物美价廉的产品。对于企业来说，电商模式能够有效减少商品流通环节，控制中间流通成本；此外，消费者行为还可通过互联网和信息技术实现数据化和可视化，使企业更好地分析和满足消费者需求。

（2）互联网购买模式。传统的消费者购买模式为 AIDMA 模式：注意（attention），即使用大量媒体来引起消费者的注意；兴趣（interest），即消费者对某个品牌的某个产品产生兴趣；欲望（desire），即消费者产生购买欲望；记忆（memory），即消费者记住该品牌，并筹划购买行动；行动（action），即购买与使用。

随着网络时代的到来，消费者获取信息更加快速，同时，社交网站、社交媒体、论坛 BBS 的流行，使得"分享"成为购买使用后的一个新兴行为。此时的购买模式变为 AISAS 模式：注意（attention），即使用各种新旧媒体引起消费者的注意；兴趣（interest），即消费者对某个品牌的某个产品产生兴趣；搜集（search），即消费者利用网络搜集产品信息；行动（action），即购买与使用；分享（share），即分享购买心得。

3.2 组织者购买行为

买者不但包括消费者市场上的个人消费者，而且包括组织市场上的组织客户，这些组织机构组成了购买原材料、零部件、机器设备、消耗品和企业服务的庞大市场。

3.2.1 组织市场的构成

1. 组织市场的含义

组织市场是工商企业为从事生产、销售等业务活动以及政府部门和非营利组织为履行职责而购买产品和服务所构成的市场。就买者而言，消费者市场是个人市场，组织市场是法人市场。组织市场包含生产者市场、中间商市场、非营利组织市场和政府市场。就组织市场的个人而言，其心理活动的基本要素和消费者市场是一样的，只是组织市场更多是从一种组织角度去考虑购买，和个人的消费关系并不密切，所以组织市场的买者有其特殊性的一面，可能会更复杂一些。影响组织市场购买者购买决策的主要因素有环境因素、组织因素、人际因素、个人因素等。

2. 组织市场的特征

组织市场与消费者市场相比有以下特征：

（1）组织市场上购买者数量少，购买规模大。在组织市场上，购买者绝大多数都是企业或其他组织，因此，购买者的数量必然比消费者市场上少得多，但购买者的规模必然大得多。

（2）组织市场上的购买者在地理区域上较为集中，而消费者市场上的购买者就比较分散。

（3）组织市场需求是派生需求，波动大。即购买者对产业用品的需求，归根结底是从消费者对消费品的需求引申出来的，企业购买生产资料是为了用来作为劳动对象和劳动资料以便生产出消费资料，因此消费者市场的变化直接影响组织市场的需求，有时消费者需求只增减 10%，就能使生产者需求出现 200%的增减，这种现象在西方经济学中称为"加速原理"。

（4）组织市场需求缺乏弹性。在组织市场上，购买者对产业用品和劳务的需求受价格变动的影响不大。这是因为生产者不能在短期内对其生产方法作出很大的改变。

(5) 谈判和投标。组织市场在购买和出售产品时，谈判是双方交涉中最重要的部分。政府购买设备多采用投标方式以保证公平公正。

(6) 专业人员购买。由于组织市场用品的技术性强，其采购一般都由经过训练的具有专门知识的专业人员负责，参与决策的人员也比消费者市场多，决策过程更为规范，通常是由若干技术专家和最高管理层组成采购委员会领导采购工作。

(7) 直接购买。组织市场的购买者大多向生产者直接采购所需产业用品，而不通过中间商采购，这是因为购买者数量有限，而且属于大规模购买，直接购买的成本显然低得多；同时，组织市场的售前售后都需要由生产者提供技术服务。

(8) 供需双方关系密切。组织市场的购买者需要有源源不断的货源，供应商需要有长期稳定的客户，每一方对另一方都具有重要的意义，因此供需双方互相保持着密切的关系。有些买主常常在产品的花色品种、技术规格、质量、交货、服务项目等方面提出特殊要求，供应商应经常与买主沟通，详细了解其需求并尽最大努力予以满足。

(9) 租赁。组织市场往往通过租赁方式取得所需产品。对于机器设备、车辆等昂贵产品，许多企业无力购买或需要融资购买，采用租赁的方式可以节约成本。

3. 网络时代组织购买的变化

在购买的过程中，组织利用互联网技术，采用以下几种方式实现组织的网络购买行为：

(1) 与主要的供应商建立直接的外网连接。例如，可以在公司网站上直接创建网购账号，使公司员工可以通过这个网购账号直接购买。

(2) 成立采购联盟。对同一原材料有共同需求的多个企业可以共建一个网站，利用自身的采购规模与供应商进行博弈，从而获得一个较低的采购价格。此外，这些采购方也可以进行信息与数据的共享。

(3) 加入第三方网站的交易平台。这种交易模式是将各个行业中相近的交易过程集中到一个场所，为企业的采购方和供应方提供一个交易的平台，如阿里巴巴网站。

3.2.2 生产者市场

组织市场中，生产者市场的购买行为具有典型的特点。

1. 含义

生产者市场是重要的组织市场，它是由那些购买各种生产资料（包括劳务），供自己进一步制造、提供产品及劳力以销售给其他购买者的生产者组成的市场。生产者市场的一般标准是：购买者是企业；购买的产品作为生产资料加以使用。

生产者市场购买的产品就是生产资料。生产资料一般分为劳动对象和劳动资料两类。劳动资料又可分为劳动工具和劳动设施两类。随着经济的发展，人们认识到还有另一类生产资料，即生产性劳务。这些劳务主要有维修、运输、检测、仓储、保险、广告、审计等服务内容。

2. 影响生产者市场购买决策的主要因素

在作购买决策时,购买者会受到一系列因素的影响,其中主要包括以下几个方面的内容:

(1) 环境因素。它包括消费者市场的需求、经济前景、利率走势、技术发展变化、原材料供应情况、市场竞争、政治法律等因素。这些因素的变化均会直接影响企业采购的决定。

(2) 组织因素。企业的目标和政策、组织结构、系统等会影响企业组织对采购部门的看法以及购买者的购买决策和购买行为。

(3) 人际因素。企业的采购中心由担任不同职位的人士组成,这些参与者在企业中的地位、职权、说服力以及他们之间的关系是不同的,人际关系会影响采购结果。

(4) 个人因素。即各个参与者的性格、受教育程度、偏好等会影响各个参与者对要采购的产品和供应商的感觉、看法,从而影响购买决策和购买行为。

3. 生产者的购买决策过程

组织市场购买过程与消费者市场购买过程有相似之处,但也有许多不同。可以说没有统一的方式支配生产者市场的实际购买过程,这里只是归纳了一般情况下的较为完整的购买过程,这一过程可以分为八个阶段:

(1) 提出需求。当企业在经营过程中发现某个问题,有人提出可以通过购买某种产品或服务来解决时,采购过程就开始了。

(2) 确定需求。即确定产品的可靠性、耐用性、价格等方面的要求和权重。

(3) 描述需求。即进一步说明所需产品的特点、规格和数量,并形成书面材料,作为采购的依据。

(4) 寻找供应商。即通过不同的方式去查找供应商,从中选出较为理想的备选供应商。

(5) 分析供应商。即向备选供应商发函,请他们尽快寄来产品说明书、价格表等资料,以便进一步了解供应商的实际情况。

(6) 选择供应商。买方企业通过对供应商的分析对比,最终选出最具吸引力的供应商。当然,买方企业往往不会仅依赖一个供应商,而卖方企业为了争取较大的市场份额则会提供更加优惠的条件。

(7) 签订合同。买方选择好供应商后,就正式发出订单,订单上写明所需产品的规格、数量、价格、交货时间、服务等事项。

(8) 评价反馈。购买产品后,采购部门与使用部门要保持联系,了解该产品使用情况及满意程度,并考察供应商的履约情况,以便决定今后对各家供应商的态度。

4. 生产者市场的购买决策者

所有参与购买决策过程的人员构成采购组织的决策单位,西方营销学者称之为采购中心。企业采购中心通常包括下列成员:

① 发起者。即提出和要求购买的人员,他们可能是组织内的产品使用者或其

他人。

② 使用者。即具体使用欲购买的某种产品的人员。

③ 影响者。即影响购买决策的人员,他们常协助确定产品规格并提供方案评价的情报信息。企业的技术人员是最主要的影响者。

④ 决定者。即有权决定产品要求和供应商的人。

⑤ 批准者。即有权批准决定者或购买者所提购买方案的人。

⑥ 采购者。即企业中有选择供应商并安排采购条件的有正式职权的人员。

⑦ 信息控制者。即在企业外部和内部能控制市场信息流向的人员,如企业的采购代理商、接线员、接待人员等。

5. 生产者市场的购买类型

如果生产者决定购买,其购买可分为直接重购、修正重购和新购三种类型。

(1) 直接重购,是指生产者按照常规采购那些他们一直在采购的产品,只是购买数量及供货单方面可能要略作调整。直接重购是最简单、最常规的模式。

(2) 修正重购,是指生产者的需求未变,但由于某些原因,要求购买质量更好、规格更合适的产品,或是价格、服务、交货条件更合适的产品。

(3) 新购,是指生产者初次购买某种产品或服务。如生产者为了增加新的生产项目或为了技术改造等原因而第一次购买某种产品。

3.2.3 中间商市场

中间商处于生产者和消费者之间,专门从事商品流通,供应商应当把中间商视为顾客的采购代理人而不是自己的销售代理人,帮助他们为顾客提供更好的服务。

1. 含义

中间商市场是由那些购买产品用于转卖或出租以获取利润的个人和机构所组成的市场,中间商主要包括批发商和零售商两大类。影响中间商购买行为的主要因素有:企业种类与规模、决策方式、个人因素、环境因素。

中间商的购买决策过程一般包括:认知问题、寻求供应者、接受和分析供应商报价、谈判与正式订购、购后评价。

2. 中间商购买行为决策

一般而言,中间商必须作出如下购买决策:经营什么花色、品种或货色(货色是中间商拟供应市场的产品或服务的组合,它决定中间商在市场上的位置);向哪些供应商采购货物;按照什么价格和条件购买。

货色决策是最基本、最主要的购买决策,因为它会影响中间商的供应商组合、市场营销组合和顾客组合。中间商可采取的货色决策主要有:单一组合(即只经销某一生产厂家的某类产品);深度组合(即经销许多厂家所生产的同类产品);广度组合(即经销多种系列的相关产品);混杂组合(即经销多种系列彼此无关的产品)。

中间商购买过程的参与者一般包括商品经理、采购委员会和分店经理等。

3. 中间商购买风格

中间商的购买决策受到环境因素、组织因素、人际因素和个人因素的影响，而采购者个人的购买风格也是一个不可忽视的影响因素。

（1）忠实的采购者。即忠实于同一个供应商，不轻易更换供应商。供应商应分析使采购者保持忠实的原因，采取有效措施使现有的忠实者继续保持忠实，将其他采购者转变为忠实者。

（2）随机的采购者（机会采购者）。这种采购者总是选择那些符合交易条件并有助于实现企业长远利益的供应商。供应商应考虑如何提供更有吸引力的交易条件并与其发展互利合作关系。

（3）最佳交易采购者。这种采购者总是选择与在某一时点能提供最佳交易条件的供应商成交。供应商应密切关注竞争者的动向和市场需求的变化，及时调整营销策略和交易条件，与竞争者相比能向购买者提供更多的利益。

（4）创造性的采购者。这种采购者总是向供应商提出自己的条件并要求按这些条件成交。供应商应认真考虑采购者提出的条件，在不损害自身利益的情况下，对一些条件可以接受。但对于那些不能接受或不能完全接受的条件，则应通过协商的方式予以解决。

（5）索取回扣的采购者（追求广告支持的采购者）。这种采购者把获得广告补贴作为每笔交易的一个组成部分，甚至是首要目标。这类采购者重视产品购进后的销售状况，希望供应商给予广告支持，以扩大影响，刺激需求。这种要求符合买卖双方的利益，在力所能及或合理的限度内，供应商可考虑给予满足。

（6）价格型的采购者。这种采购者总是不间断地讨价还价，要求供应商作出额外的价格上的让步。供应商应通过谈判打消对方的不切实际的想法。

（7）质量型的采购者。他们只挑选提供质量最好的产品供应商并与之达成交易。供应商应保证产品质量，满足采购者对产品质量的要求。

（8）琐碎型的采购者。这种采购者购买批量不大，但品种繁多。供应商应提供周到细致的服务，不厌其烦，使之满意。

3.2.4 非营利组织市场

1. 含义

非营利组织市场是泛指具有稳定的组织形式和固定的成员，不属于政府机构和私人企业而独立运作、发挥特定社会功能，不以获取利润为目的，而以推进社会公益为宗旨的事业机构与民间团体。它包括学校、慈善机构、宗教机构、合作团体、社区组织、市民俱乐部及其他许多组织。从构成与目的来看，非营利组织具有合法性、民间性、公益性、自治性等特征。

2. 购买特点

（1）限定总额。非营利组织的采购金额是既定的，不能随意突破，所以其购买会受到较多的控制,缺乏灵活性和自主性。

(2) 价格低廉。因为经费不宽裕,所以在采购中往往要求价格低廉。

(3) 保证质量。非营利组织购买产品不是为了转卖,也不是使成本最小化,而是维持组织运行和履行组织职能,所购产品的质量和性能必须保证实现这一目的。

(4) 程序复杂。非营利组织购买过程的参与者不少,购买的审批程序也较为复杂。

3. 购买方式

非营利组织的购买方式包括公开招标选购、议价合约选购和日常性购买。

(1) 公开招标选购。非营利组织的采购部门通过传播媒体发布广告或发出信函,说明拟采购的产品的名称、规格、数量和有关要求,邀请供应商在规定的期限里投标。招标单位在规定的日期开标,一般选择报价最低且其他方面符合要求的供应商作为中标单位。采用这种方式,非营利组织往往处于主动地位,供应商之间会形成激烈的竞争。

(2) 议价合约选购。即非营利组织的采购部门和若干供应商就某一采购项目的价格和有关交易条件展开谈判,然后与符合要求的供应商签订合同。这种方式适合于复杂的工程项目,因为它们涉及重大的研究开发经费和风险。

(3) 日常性购买。即非营利组织为了维持日常办公和组织运行的需要而进行的采购。这类采购金额较少,一般是即时交货和付款。

非营利组织的营销联盟是近年来非营利组织营销管理中出现的一个较为普遍的现象。联盟行为的主要形式有:与交易相关联的公益推广活动、共同主题营销和核发许可证方式的营销。

团体采购将成为非营利组织采购的一个重要发展趋势。团体采购就是指几家甚至几十家机构组成一个联合采购单位或委托专门的采购组织进行组织购买品的采购。团体采购的特点是:能获得低价、质优的产品或服务;能削减管理费用;采购专业化、规范化;讨价还价能力强。

3.2.5 政府市场

1. 含义

政府市场是指由那些为履行政府主要职能而采购或租赁商品的各级政府机构所组成的市场。政府采购是一种特殊的组织采购行为,必须按照法定的范围和程序进行,具有行政性、社会性、法制性、广泛性等特点。

政府采购又称"公共采购"(public procurement),是指各级政府为了开展日常政务活动或为公众提供服务,在财政的监督下,以法定的方式、方法和程序,通过公开招标、公平竞争,由财政部门以直接向供应商付款的方式,从国内外市场上为政府部门或所属团体购买货物、工程和劳务的行为。其实质是市场竞争机制与财政支出管理的有机结合,其主要特点是对政府采购行为进行法制化的管理。政府采购的范围极其广泛。

政府采购对供应商具有巨大的吸引力,因为政府采购往往体现出稳定、信用度高、回报高、采购量大、公平竞争和有利于提高企业竞争力等特点,而且会倾向于保护民族产业。

2. 构成

各个国家、各级政府一般都设有采购组织,大体上分为两类:

(1) 行政部门的购买组织,如各级政府的部门。这些机构采购经费的来源主要是财政拨款,拨款不增加,采购经费就不可能增加。

(2) 军事部门的购买组织。在我国,国防部负责重要的军事装备的采购和分配,总后勤部负责采购和分配一般军需品。

3. 影响购买行为的因素

政府市场与生产者市场和中间商市场一样,也要受到环境因素、组织因素、人际因素和个人因素的影响,但是在以下几个方面有所不同:

(1) 受到社会公众的监督。虽然各国政治经济制度不同,但是政府采购工作都受到各方面的监督,包括国家权力机构、行政和预算机构、新闻界、社会团体和公民等的监督。

(2) 受到国际、国内政治形势的影响。如在国家安全受到威胁或出于某种原因发动对外战争时,军备开支就会增加,而和平时期用于建设和社会福利方面的开支则会多一些。

(3) 受到国际、国内经济形势的影响。经济不景气时政府会缩减开支,而经济景气时政府就会增加开支。

4. 政府购买方式

与其他非营利组织一样,政府购买方式由公开招标选购、议价合约选购和日常性采购三种构成,其中以公开招标选购为主要方式。对于公开招标的方式,政府要制定文件说明对所需产品的要求以及对供应商的能力和信誉的要求。议价合约选购方式通常发生在复杂的购买项目中,往往涉及巨大的研究开发费用与风险。

由于政府支出受到公众的关注,为了确保采购的公开性和公正性,政府采购组织会要求供应商准备大量的说明产品质量和性能的书面文件,决策过程可能会涉及繁多的规定、制度、程序和较长的时间,因而会受到一些供应商的抱怨。政府采购也比较重视价格,供应商应该尽量降低价格来取得投标的成功。

政府采购主要涉及五个方面的机构和人员:采购人、采购代理机构、供应商、采购相关人员、政府采购监督管理部门。

本章总结

消费者市场是指个人和家庭为满足生活需求而购买或租用商品的市场;组织市场

是指工商企业为从事生产、销售等业务活动以及政府部门和非营利组织为履行职责而购买产品和服务所构成的市场。买者行为受心理的影响和支配，营销战是一场心理战，企业营销就是要了解消费者心理，满足顾客需求，并最终让顾客产生购买行为。

系统的心理认知与分析可以总结为"三知"：第一，知心路。即认识人的心理过程。心理过程包括认知过程、情绪过程和意志过程，意志过程是心动和行动的过程，是行为的动力因素。认知过程是"因"，意志过程是"果"。第二，知个性。即认识人的个性特征。个性特征包括气质、性格和能力。第三，知社会。即认识各种社会因素对人心的影响，社会因素也是个性特征的组成部分，而且是最重要的部分。社会因素中最基本的影响因素是文化，文化的核心是价值观。

组织市场可分为四种基本类型，即生产者市场、中间商市场、非营利组织市场、政府市场。影响组织市场购买者购买决策的主要因素有环境因素、组织因素、人际因素、个人因素等。

本章关键词

消费者　需求　潜在需求　动机　价值观念　文化营销　知识营销　社会阶层　相关群体　意见领袖　组织市场　生产者市场　中间商市场　非营利组织市场　政府市场

思考题

1. 需求的特点是什么？对企业营销有何启示？
2. 如何理解潜在需求？对企业营销有何启示？
3. 消费者有哪些具体的消费购买动机？
4. 试分析价值观在消费中的体现及其对企业营销的启发。
5. 试分析企业进行文化营销的主要内容。
6. 试述消费者的购买决策过程。
7. 组织市场的特征是什么？企业面对组织市场应该如何做营销？

第4章

创造顾客价值

开篇案例 盒马鲜生，阿里巴巴的"新零售"故事

盒马鲜生是阿里巴巴对线下超市完全重构的新零售业态。阿里巴巴为盒马鲜生的消费者提供会员服务，用户可以使用淘宝或支付宝账户注册，以便消费者从最近的商店查看和购买商品。后台可以跟踪消费者购买行为，借助大数据提供个性化的建议。

盒马鲜生为消费者做了哪些有价值的事情？与传统卖场有何不同？靠什么持续得到消费者的关注？

1. 消费者体验

盒马鲜生采用线下、线上相结合的方式，打造极致的购买体验。

在线下，盒马鲜生以生鲜为主要卖点。除了提供常见的水果、蔬菜、禽、肉、蛋、奶外，盒马鲜生也售卖诸如帝王蟹、龙虾、鲍鱼等不常见的鲜活海鲜。此外，盒马鲜生还开辟了专门的加工区域，消费者购买海鲜类产品后，只需支付少量的加工费用，便可以享受到由厨师代为烹调的增值服务。

盒马鲜生是超市，是餐饮店，也是菜市场，但这样的描述似乎又都不准确。消费者可到店购买，也可以在盒马鲜生APP下单。盒马鲜生最大的特点之一就是快速配送：门店附近3公里范围内，30分钟送货上门。盒马鲜生多开在居民聚集区，下单购物需要下载盒马鲜生APP，支持支付宝付款和现金付款。另外，对于APP线上购买的商品，盒马鲜生承诺全温层配送。

2. 行业降本增效

0.99元的杭白菜、1.99元的鲍鱼、99元的龙虾……地处核心商圈，盒马鲜生的定价甚至低于一些传统集市，这与盒马鲜生所建立的生态链条有很大关联。

盒马鲜生建立生态链的关键有二：一是聚焦产地和种植。首先，依托农村淘宝，盒马鲜生与数百家生鲜农产品基地展开合作，保证了生鲜类产品的直采供应；然后，通过天猫的联合采购、菜鸟的港口物流，盒马鲜生得以构筑全国乃至全球供

应链体系，实现高附加值产品的采购售卖。二是打造物流体系。过去，中国蔬菜大多是本地化或者就近供应，若想实现全国范围内的互通共享，只有建立完善的物流体系。对此，盒马构建了一张覆盖全国的低成本的生鲜物流网络，包括冷链运输、多温层仓库、加工中心、海鲜水产暂养中心等。

3. 技术创新

从线下购物时代到线上购物时代，消费者购物方式的变化有三：一是消费者不再"去购物"，而是"总在购物"；二是消费者不再"穿梭于店铺"，而是"主动搜索与场景触发"；三是消费者的购物周期不再"线性"，而是"迭代重复"。

消费者购物方式更加多元，购物决策因素更加丰富，商家自然也需要与时俱进，完善其所提供的卖点、服务。对此，盒马鲜生与背后的阿里巴巴交出了一张叫作"大数据"的答卷。

通过淘宝、天猫等平台，阿里巴巴为品牌勾勒着用户画像，然而，淘宝、天猫这些线上平台提供的更多的只是用户的行为数据，如加购数量、浏览次数等，但通过盒马鲜生这一综合渠道，阿里巴巴则能收集线下场景数据，如用户需求的激发、购物习惯、复购可能性等，勾勒出用户消费的全链路，进一步优化供求关系。

4. 聚焦 3R，打造"潮"店商

盒马鲜生创建之前，阿里巴巴集团副总裁、盒马事业群总裁侯毅曾去日本进行调研。在日本，他发现了一个全新的超市品类，当地人称其为 3R 产业，即 Ready to cook，Ready to heat，Ready to eat。

通过对食材的预处理和预包装，使消费者在购买商品后能够即时烹饪、即时加热或现场即食，这是 3R 品类的卖点，也是侯毅看到的未来商超差异化核心。

为此，盒马鲜生成立了一个特殊部门——3R 商品中心，并由该部门对盒马鲜生商品进行二次创新。也正是通过这个部门，盒马鲜生收获了同行难以比拟的利润净值和品牌声量。

5. 以新鲜扩展利润空间

为了运输和保存需要，市面上的许多商品会以牺牲新鲜度为代价，通过配料、包装等延长保质期，这是商品全国流通的核心要素之一。然而，虽然拥有完善的供应链、物流体系以及庞大的消费群体，盒马鲜生却并不认同这一定理。

在火锅产品中，盒马鲜生曾推出过一款 15 天保质期的午餐肉，以替代传统的罐头肉，这一改变不仅优化了午餐肉的口感、营养，使其价格得以提升 30%，同时也赢得了消费者的喜爱，使销量翻了几番；在奶制品中，盒马鲜生将常温的罐装椰奶做成保鲜椰奶，这一改变虽然增加了椰奶的运输和存储成本，但更好的品质为盒马鲜生带来了更高的销量和更大的利润空间。

6. 以有趣提升品牌声量

此前，盒马鲜生 3R 商品中心的一道招聘试题火遍网络：请针对现在年轻人口味的需求，把胡辣汤做成奶茶口味。简单阐述搭配、做法、卖点。

> 盒马鲜生在同类品牌中胜出的关键不只在于商品的研发，更在于其"创造性"基因在社交平台上引起的话题度、关注度，以及由此带来的品牌认知。
>
> 2016年至2021年，盒马鲜生已诞生5年，也正根据市场需求，孵化出盒马mini、盒马X会员店等更多的新生业态，期待为顾客创造出更多的价值。
>
> 资料来源：王泽霖：《盒马鲜生：阿里巴巴的"新零售"故事》，www.cmmo.cn/article-221076-1.html，2021年7月6日访问。

我方要实现交换就要为对方创造价值，不论是生意还是生活都是如此。商业的本质是交换，交换的本质是价值，价值助交换实现，交换也创造价值。价值包括许多"非人"（如国家、组织、地理等）的价值和人（包括一切与交换有关的直接对象和间接对象）的价值。有没有价值最终由对方（顾客及其他利益相关者）决定。以顾客为中心，为顾客创造价值，是市场营销的基础思维和底层逻辑。华为总裁任正非说：如果华为公司有哲学，就一点，以顾客为中心，为顾客创造价值。

孔子曰："己欲立而立人，己欲达而达人。"《菜根谭》中写道："利人实利己之根基"。助人等于助己。作为经营哲学，企业市场营销把顾客放在核心位置，而作为业务功能，它包括各种为了传递顾客价值而从事的商业活动。只要是顾客价值取向的战略逻辑，就可以支撑专业化或者多元化的成功。

早在1977年，哈佛大学的西奥多·莱维特（Theodore Levitt）教授就在《市场营销与企业的目的》一文中明确提出，企业的目的不应是营利，而是创造和留住顾客。2019年8月19日，《纽约时报》上刊登了181位美国上市公司的CEO关于企业目的的联合声明。签署声明的人包括苹果公司CEO蒂姆·库克、亚马逊公司CEO杰夫·贝佐斯、波音公司CEO丹尼斯·米伦伯格、通用汽车公司CEO玛丽·巴拉等，这些企业都是全球巨头公司，年营业收入合计超过7万亿美元。在这份声明中，上述181位CEO公开承诺将把社会责任作为企业的目的，而放在社会责任首位的是为顾客提供价值。

数字化时代还带来另一个变化，就是企业的关键价值已经不在于满足顾客需求，而在于能否为顾客创造需求。价值创造第一次代替价值分配，成为决定企业命运的关键。

4.1 创造顾客价值

从企业营销来看，其营利的最终对象就是顾客，所以说，尽管企业在营销过程中要为许多不同身份的人创造价值，但最基础、最中心的对象是为顾客创造价值。科特勒说：企业营销要创造顾客价值、顾客满意和顾客忠诚。创造顾客价值就是要取得顾客的认可和喜爱，建立交情。价格建立在价值的基础上，即交易是建立在交情的基础上。

企业应为顾客创造虚实相间的价值。如今的产品或服务既承载着质量、功能效用,也承载着心理、精神效用。"实"是指讲求实用、功能、效果、事实等效用特征,是理性营销的体现,更多的是为顾客创造功能价值;"虚"是指虚构、意境、象征、格调、审美等特征,是心理、精神效用,是一种精神的愉悦和满足,是感性营销的体现,更多的是为顾客创造情感价值。

虚实相间的价值其实就是对生活意义的发现、引导和满足,是满足人们对美好生活的向往,可以是物质的满足,也可以是精神的满足。无论是"实"还是"虚",只要能进入顾客心智,就可以构成企业的竞争力,甚至是核心竞争力。企业营销既可以虚实相间,也可以避实就虚。这里的避实就虚是指若找不出"实"的卖点,可以从"虚"中去寻找,困难的创意也来自"虚"的营销。

4.1.1 顾客认知价值

一个以顾客为中心的企业并非只是制造产品,更需要构建顾客价值和顾客关系。科特勒提出"顾客认知价值"(customer perceived value,CPV),也称为"顾客让渡价值"或"顾客感知价值",是指潜在顾客评估的一个产品或服务或其他选择方案整体所得利益与所付成本之差,是整体顾客利益(total customer benefit)与整体顾客成本(total customer cost)之间的差额。整体顾客利益是指顾客购买某一产品或服务所期望获得的一组利益,它包括产品利益、服务利益、人员利益和形象利益等。整体顾客成本是顾客对为购买某一产品所耗费的时间、精力、心理以及所支付的货币资金等成本的认知,包括货币成本、时间成本、精力成本和心理成本等。

由于顾客在购买产品时,总希望把有关成本,包括货币、时间、精力和心理等成本降到最低限度,而同时又希望从中获得更多的实际利益,以使自己的需要得到最大限度的满足,因此,顾客在选购产品时,往往从利益与成本两个方面进行比较分析,从中选择出价值最高、成本最低,即顾客认知价值最大的产品作为优先选购的对象。

企业为在竞争中战胜对手,吸引更多的潜在顾客,就必须向顾客提供比竞争对手具有更多顾客认知价值的产品,这样,才能使自己的产品被顾客注意到,进而购买本企业的产品。为此,企业可从两个方面改进自己的工作:一是通过改进产品、服务、人员与形象,提高产品的总利益;二是通过降低生产与销售成本,减少顾客购买产品的时间、精力和心理的耗费,从而降低货币与非货币成本。

1. 整体顾客利益

使顾客获得更大顾客认知价值的途径之一是增加顾客购买的总利益。整体顾客利益由产品利益、服务利益、人员利益和形象利益构成,其中每一项利益因素的变化均对总利益产生影响。

(1)产品利益。产品利益是由产品的功能、特性、品质、品种与式样等所产生的利益。它是顾客需要的中心内容,也是顾客选购产品所考虑的首要因素,因而在一般情况下,它是决定顾客整体利益大小的主要因素。

(2)服务利益。服务利益是指伴随产品实体的出售,企业向顾客提供的各种附加服务，包括产品介绍、送货、安装、调试、维修、技术培训、产品保证等所产生的利益。服务利益是构成顾客整体利益的重要因素之一。

（3）人员利益。人员利益是指企业员工的经营思想、知识水平、业务能力、工作效益与质量、经营作风、应变能力等所产生的价值。企业员工直接决定着企业为顾客提供的产品或服务的质量，决定着顾客整体利益的大小。

（4）形象利益。形象利益是指企业及其产品在社会公众中形成的总体形象所产生的价值。它包括企业的产品、技术、质量、包装、商标、工作场所等构成的有形形象所产生的价值，公司及其员工的职业道德、经营、服务态度、作风等行为形象所产生的价值，以及企业的价值观念、管理哲学等理念形象所产生的价值等。

2. 整体顾客成本

使顾客获得更大顾客认知价值的途径之二，是降低顾客购买的整体成本。整体顾客成本不仅包括货币成本，而且还包括时间成本、精力成本、心理成本等非货币成本。一般情况下，顾客购买产品时首先要考虑货币成本的大小，因此，货币成本是构成整体顾客成本的主要和基本因素。在货币成本相同的情况下，顾客在购买时还要考虑所花费的时间、精力及心理因素等，因此这些支出也是构成整体顾客成本的重要因素。

（1）货币成本。货币成本是顾客购买产品或服务需要支付的货币价格，它构成整体顾客成本中最基础的部分。顾客往往首先看一个产品或服务价格的高低，由此衡量自己要支付的成本。

（2）时间成本。在整体顾客利益与其他成本一定的情况下，时间成本越低，顾客购买的总成本越低，从而顾客认知价值越高。如以服务企业为例，顾客在消费餐馆、旅馆、银行等服务行业所提供的服务时，常常需要等候一段时间才能进入正式购买或消费阶段，特别是在营业高峰期更是如此。在服务质量相同的情况下，顾客等候购买该项服务的时间越长，所花费的时间成本越高，购买的总成本就会越高。同时，等候时间越长，越容易引起顾客对企业的不满意感，从而中途放弃购买的可能性亦会增大。

（3）精力成本。精力成本是指顾客购买产品时，在精神、体力方面的耗费与支出。精神与体力成本越低，顾客为购买产品所支出的总成本就越低，从而顾客认知价值越高，因为消费者在购买过程中的各个阶段，均需付出一定的精神与体力。如对于结构性能比较复杂、装卸搬运不太方便的机械类、电气类产品，如果企业能为顾客提供良好的售后服务，如送货上门、安装调试、定期维修、供应零配件等，就会减少顾客为此所耗费的精神和体力，从而降低精神与体力成本。

（4）心理成本。心理成本是指顾客购买产品时心理上的担心、愉悦及如果产品产生问题后的不安等因素。

顾客认知价值基于顾客在不同选择上所获得的整体利益与所支付的整体成本之间的差。顾客得到利益，也要有所支出。营销人员能够通过提高产品或服务的经济性、功能性或情感性的利益，降低一种或多种成本支出的组合来提高顾客获得的产品或服务的价值。

顾客认知价值如图 4-1 所示。

图 4-1　顾客认知价值

4.1.2　顾客终身价值

1. 概念

顾客终身价值（customer lifetime value，CLV）是指某个顾客终身购买产品的预期总利润的净现值。计算公式是公司预期收入减去吸引、销售和服务顾客的预期成本，再以一个适当的折现率（10%—20%之间，大小取决于资金成本和对风险的态度）进行换算。

科特勒说：本质上说，营销是一门吸引和维系盈利顾客的艺术。然而，每个企业都会在某些顾客上损失金钱。著名的 20/80 法则认为，顶部的 20% 顾客创造了企业 80% 以上的利润。在某些情况下，这一法则更为极端：20% 最有价值的顾客（按人均算）创造了 150%—300% 的利润，而 10%—20% 最没有价值的顾客会把利润降低 50%—200%，中间 60%—70% 顾客带来的利润与企业持平。企业最大的顾客并不必然会为企业带来最大利润。最大的顾客常常需要企业提供相当程度的服务和最大的折扣优惠。最小的顾客虽然支付产品的全价，接受最少的服务，但所产生的交易成本却会降低企业的利润。中等顾客得到良好的服务，支付的价格也接近全价，在很多情况下，他们带来最大的利润。

2. 目的

企业要追求长期的获利能力，必须了解顾客终身价值的概念。顾客终身价值为顾客投资计划提供了一个正式的量化分析框架，并且帮助营销人员采用长期的分析视角。可是，应用终身价值概念的一个挑战就是相对成本和收益的可靠估算。使用终身价值概念的营销人员也需要小心，不要忘记短期营销活动、品牌构建活动等都可以增加顾客忠诚度。

企业的经营，一端是资源，一端是市场。企业经营无非是利用市场资源、满足市场需求的过程。顾客终身价值不是一个概念，而是一种战略思维，是一种准则。营销管理实质上是顾客管理，营销是顾客管理的一部分，而非顾客管理是营销的一部分。

4.2　培育顾客关系

顾客价值最大化意味着要建立长期的顾客关系。现在，许多企业正从浪费性的大众营销（mass marketing）转变为基于建立强大的顾客关系而设计的精准营销。今天的经济依靠商业信息来支持。信息具有更容易实现差异化、定制化、个性化，以及以惊人的速度通过网络传播的优势。

4.2.1　客户关系管理

1. 内涵

客户关系管理（customer relationship management，CRM）是通过对客户详细资料的深入分析，提高客户满意程度，从而提高企业竞争力的一种手段。客户关系是指围绕客户生命周期发生、发展的信息归集。客户关系管理的核心是客户价值管理，通过"一对一"营销原则，满足不同价值客户的个性化需求，提高客户满意度和忠诚度，实现客户价值持续贡献，建立长期的营利性关系，从而全面提升企业盈利能力。

客户关系管理是把"以客户为中心"的经营理念贯彻到企业经营管理的每一个环节，借助数据库、数据挖掘技术及关系分析技术等先进的信息技术，对客户信息进行深入分析，细分客户，在充分了解客户需求的基础上，高效率地向客户提供度身定制的产品或服务，从而最大限度地满足客户个性化的需求。科特勒说：客户关系管理使得公司可以通过有效地利用客户个人信息来提供卓越的实时顾客服务。由于他们知道每个有价值的顾客信息，公司就可以将产品、服务、项目、信息和媒体定制化。客户关系管理很重要，因为公司获利的主要动力在于以顾客为基础的总体价值。

2. 一对一营销

一对一营销是实现客户关系管理的一种方法，包括四个步骤：

（1）确定潜在顾客和当前顾客，从所有销售渠道和顾客接触点收集各种信息，建立、维持以及开发一个丰富的顾客数据信息库。

（2）根据顾客需要和顾客对企业的价值来划分顾客，将更多的精力均衡地花费在最有价值的顾客群（most valuable customers，MVCs）上。

（3）加强与个别顾客的互动，了解他们的个体需要，建立更加紧密的关系，通过人性化的方式与顾客沟通，以提供定制化的产品或服务。

（4）为每一个顾客定制产品、服务和信息，通过公司联系中心和网站来推动企业与顾客的交流。

一对一营销并不适用于所有企业。当企业需要收集大量顾客信息，运营大量能够交叉销售或经营定期替换或更新的产品，以及销售高价值的产品时，一对一营销才能真正发挥作用。

客户关系管理意味着营销者必须集中管理他们的顾客和产品。同时，他们也并不想和每一个顾客建立关系。

3．流程及内容

客户关系管理是现代管理科学与信息技术结合的产物，是以业务操作、客户信息和数据分析为主要内容的软、硬件系统集成。网络技术应用于企业，使客户关系管理如虎添翼。

（1）流程。客户关系管理流程如下：

① 调研。即通过数据库挖掘及线索发布，寻找潜在客户及获取新客户。

② 销售。即通过有效的销售流程完成业务循环，在此基础上形成相关的知识管理、接触管理及预测管理等。

③ 电子交易。整个销售过程应该做到无缝衔接，做到迅速、便捷及低成本。

④ 服务。即处理售后服务及支持问题，应使用复杂的呼叫中心应用或者是基于Web的客户自助服务产品。

吸引顾客参与成为客户关系管理的新思路。当今数字技术、移动通信及社交媒体的发展，从根本上改变了人与人之间的联系方式。这些变化也显著地影响着企业及品牌如何与顾客建立联系。顾客参与营销（customer engagement marketing）不仅仅是向顾客营销品牌，其目标是使品牌成为顾客社交谈话和生活的重要组成部分。顾客参与营销的关键是找到合适的方式加入顾客的社交谈话，引入有趣和重要的品牌信息。

（2）内容。客户关系管理的所有思想最后必须在应用软件上得到实现，通过CRM软件的实施建立企业的客户关系管理系统。基本内容包括客户管理、联系人管理、时间管理、潜在客户管理、销售管理、电话营销和电话销售、营销管理、客户服务等；另外还包括呼叫中心、客户伙伴关系管理、知识管理、商业智能、电子商务等。

4．目的

客户关系管理的结果就是要维护客户，保留客户，与客户建立起更深的交情。顾客可以没有名字，而客户则必须有名字。顾客是公司提供服务的一部分群体，或是某个较大的细分市场中的一部分，而客户则是在个别基础上提供服务的对象。顾客可由公司任何一名员工来提供服务，而客户则由公司某位特定的专业人员来提供服务。维护和保留老客户非常重要，因为获得一个新客户所需要的成本，是保持已有客户成本的五倍。建立长期客户关系的关键是创造卓越的顾客认知价值和顾客满意。满意的顾客更有可能成为忠诚的顾客，而忠诚的顾客则给公司带来更大的市场份额。

客户关系管理的目的是产生高的顾客资产。顾客资产（customer equity）是指公司所有顾客生命价值的总和。很明显，顾客越忠诚，公司的顾客资产就越大。客户关系管理是以长期为导向进行的，拥有顾客的时间越长，拥有的顾客资产就越大。

5. 大客户管理

大客户，也称"重点客户""关键客户""VIP 客户"，是市场上卖方认为具有战略意义的客户，经常被挑选出来并给予特别关注。20%的客户带来公司 80%的业务，也可以认为，公司 80%的项目和收益来自只占其客户总数 20%的大客户。

大客户管理是为了集中企业的资源优势，从战略上重视大客户，深入掌握、熟悉大客户的需求和发展的需要，有计划、有步骤地开发、培育和维护对公司生存和发展有重要战略意义的大客户，为大客户提供优秀的产品或服务解决方案，建立和维护好持续的客户关系，帮助公司建立和确保竞争优势。同时，通过大客户管理，解决采用何种方法将有限的资源（人、时间、费用）充分投放到大客户上，从而进一步提高公司在每一领域的市场份额和项目签约成功率，改善整体利润结构。

维护大客户的基本思路是先做交情后做交易，先给利、让利后得利，先义后利。开发大客户的基本思路是提供整体解决方案，一般过程是：

（1）厘清开发大客户的流程。

（2）找准开发大客户的切入点和机遇。

（3）替代大客户的某些功能。

（4）嵌入客户价值链，提供专家式的服务和整体解决方案，成为不可替代的一个环节。客户见证和转介绍是开发大客户的最好方式。

（5）不要贪多，少而精，集中精力和降低成本。

（6）找到决策者，找到有价值的大客户。

4.2.2 后营销管理

1. 概念

后营销管理（after-marketing）就是在企业销售产品或服务后，以维持现有顾客为目标所进行的一系列营销活动。后营销管理活动显得更温和、更有效，它以维持性（retention）为基本特征，包括建立顾客信息库、拜访顾客、调查满意度情况、建立企业与顾客交往的渠道（投诉与建议制度）、佯装顾客、答谢顾客等活动。企业了解顾客购买后的态度，进行后营销管理。

顾客购买行为发生后，会产生以下三种态度：

（1）肯定态度，即符合期望，甚至大喜过望。企业要维持和发展这种态度。

保留顾客有两种途径：其一是设置高的转换壁垒，如较高的资金成本、较高的搜寻成本、老顾客折扣的丧失等；其二是提高顾客满意度。

（2）无所谓态度，即不过如此，不出所料。企业要将这种态度转变为肯定的态度。

（3）否定态度。顾客感到企业的产品或服务名不副实时，会大失所望，产生不协调心理。顾客在持否定态度后会作出这样一些行为：抱怨、上诉、抵制、攻击或妥协。企业要努力改变顾客的这种态度。

顾客购后的评价与行为如图 4-2 所示。

图 4-2 购后的评价与行为

2. 后营销管理与传统营销管理的区别

传统的营销管理强调"企业向顾客卖产品",后营销管理强调"企业向顾客买忠诚"。传统的营销管理主要通过主动出击、声势浩大的"征服性"营销活动来争取更多的新客户,以期抢占更多的市场份额。而后营销管理为将"顾客满意度"提升为"顾客忠诚度",采取一系列维持性营销活动,通过赢得现有客户的心,培养对企业高度忠诚的长期甚至终身客户。

传统的营销管理强调"价格战",后营销管理强调"服务战""价值战"。传统的营销管理特别强调价格竞争。然而,企业之间过度的价格竞争往往会使竞争双方两败俱伤,不仅造成企业因价格大跌、无法盈利而大伤元气,还会造成国内外用户对产品的不信任心理,不利于企业扩张经营。而以"价值"为核心的后营销管理更强调商品的"服务附加值",即服务不仅仅是一种劳动,更是一种价值创造的过程。同时,顾客对企业的评价、对自身获得价值多少的判断也从"价格"标准转向"价值"标准。

传统的营销管理面临"高风险",后营销管理创造"低成本、低风险、高绩效"的综合效应。以"征服性"为主要特征的一般营销活动的目标在于争取新顾客,这必然要求企业"出名",为了"出名",企业必须投入大量资金开展一系列的广告宣传和促销活动。虽然这一强大的"征服市场"的工具给企业带来增长的机会,但由于市场和消费者的高度不可预测性,使企业存在着极大的风险,一旦市场决策失误,企业很容易得不偿失,甚至陷入财务危机和市场萎缩并存的困境。由于维持老客户比争取新客户更容易、成本更低、效果更佳、可预见性更强,可以以较低的营销成本、较高的营销效率创造出良好的企业经营绩效。可见,后营销管理可以降低企业的经营风险。

4.2.3 数据库营销

1. 概念

数据库营销(database marketing)是指建立、维系与使用顾客数据库与其他数据库(产品、供应商、零售商数据库)的过程,以达到联系、处理与建立顾客关系的目的。它是随着时代的进步、科学技术的发展,数据库技术和市场营销有机结合后形成的。通过数据库的建立和分析,可以帮助企业准确了解用户信息,确定企业目标市场,同时使企业营销工作更具有针对性,从而提高企业营销效率。没有数据库营销,企业的营销工作就会仅仅停留在理论上,而不是根植于客观实际,因为没有数据库,企业对市场的了解往往是概念性的,而不是实证性的。

顾客数据库(customer database)是将现有的、可接近的与可接触的个别顾客或潜在顾客的众多信息,以组织化的方式收集汇总成一个系统,以实现一些营销的目的,如产生顾客信息、挑选顾客信息、执行产品或服务的销售、维系关系等。顾客数据库包含许多由顾客交易、注册信息、电话询问,以及与每个顾客的接触记录等所累积而来的信息。一个理想的顾客数据库还应该包括顾客的过去购买信息、人口统计信息(年龄、收入、家庭成员、生日)、心理信息(活动、兴趣、观点)、媒体信息(喜欢的媒体)以及其他有用的信息。

一个理想的商业数据库应当包括企业顾客的过去购买记录,过去购买的数量、价格、利润;采购团队成员的名单(包括他们的年龄、生日、爱好和喜欢的食品);现有合约的内容,在顾客业务中供应商的份额;竞争的供应商名录;在销售与服务方面顾客对其竞争优势与劣势的评估,以及相关的采购实务、模式和政策。

与传统营销方式相比,数据库营销有明显的特点与优势,具体表现为:可以帮助企业准确找到目标消费者群;帮助企业判定目标消费者群的消费标准并准确定位;利用分析技术提出针对性强的稳定目标消费者群的营销计划;选择合适的营销媒体;运用数据库与消费者建立紧密关系;挖掘潜在顾客;巩固与提高顾客忠诚度;跟踪服务。

2. 数据库营销管理

通常,企业可以从五个方面使用数据库,并对数据库进行营销管理。

(1) 确定潜在顾客。许多公司通过产品或服务的广告来增加销量。广告中一般都会提供顾客回应的方式,如企业反馈卡或免费电话号码。公司根据顾客反馈建立数据库,从而可以在这个数据库中进行筛选,确认哪些是最佳的潜在顾客,然后向他们发函、打电话或登门联系,努力把他们转变成真正的顾客。

(2) 决定哪些顾客应当收到一份特别的产品或服务。一般,公司会对其产品或服务执行销售及交叉销售的活动。

(3) 强化顾客忠诚。公司可通过记住顾客的偏好并发放适当的礼物、读物、折扣赠券等培养顾客的兴趣和热情。

(4) 恢复顾客购买行为。公司可以安装自动邮寄程序(自动营销),给顾客寄送生日贺卡或周年纪念卡、圣诞购物提示或淡季促销活动等信息。该数据库可以帮助及时提供吸引人的产品或服务。

（5）避免重大顾客失误。公司可能由于没有很好地利用数据库，犯了一系列错误。例如，某银行向一个未按期支付抵押贷款的顾客收取滞纳金，但银行忽略了这位顾客所掌管的公司是该银行的大客户，于是这位大客户断绝了与这家银行的往来。

数据库营销应用较多的公司是面对生产者市场的营销人员和服务提供商（如旅馆、银行、航空和保险、信用卡、电话公司），这些行业比较容易收集大量的顾客数据。采用大量交叉销售的公司，以及那些拥有高度差异化需要与高价值顾客的公司，都是最适合在数据库营销上有所投资的公司。

4.2.4 顾客满意

1. 概念

保持顾客的关键是顾客满意（consumer satisfaction，CS）。顾客满意是以购买者知觉到的产品实际状况和购买者的预期相比较来决定的。如果产品的实际状况不如顾客的预期，则购买者感到不满意；如果实际状况恰如预期，则购买者感到满意；如果实际状况超过预期，则购买者感到非常满意。顾客的预期由过去的购买经验、朋友的意见以及营销人员和竞争者的信息和承诺来决定。

一个高度满意的顾客往往会长时间保持对企业的忠诚度，当企业推出新产品或提升现有产品时，会积极购买；称赞和宣传企业及其产品；忽视竞争品牌及其广告宣传；降低价格敏感性和讨价还价的可能性；向企业提供产品或服务改进的建议等。

2. 实施顾客满意战略

（1）鼓励顾客不断发出信号。这需要企业为顾客创造表达意愿的便利。例如，饭店客房里放置宾客留言簿。美国通用电气公司（GE）和宝洁公司（P&G）都设立了公司热线电话，希望顾客能打电话给公司提出他们的建议、质疑或抱怨。但事实上，由于各种各样的原因，95%的不满意顾客并不会说出他们的抱怨，许多人只是停止购买企业的产品，因此企业必须创造条件，使顾客能方便地表达其感受。

（2）企业对顾客发出的信号，特别是顾客的抱怨，要迅速作出反应。国外一项调研结果表明，在所有表达了抱怨的顾客中，如果其抱怨得到了解决，有54%—70%的顾客会再次与企业发生商业关系；如果其抱怨得到了迅速解决，则这一比例会上升到令人震惊的95%；而曾经抱怨和只得到恶劣解决的顾客平均会向5个人讲述他的遭遇。正是因为如此，IBM公司要求每一位销售人员在其失去一个客户时写出一份详细报告，并提出改正的所有步骤。从解决市场交换的信息不对称角度来看，追求"顾客满意"的过程就是不断了解、执行和反馈顾客信息的过程，通过顾客的动态信号，使信息不对称趋于对称。

（3）必须让顾客感到惊喜。以超出顾客想象的形式将顾客需要的东西及服务提供给顾客，使顾客产生意想不到、喜出望外的满意。

4.2.5 顾客忠诚

1. 概念

顾客忠诚（customer loyalty，CL）是指顾客对某一企业、某一品牌的产品或服务的认同和信赖，往往是不断重复的购买行为，它是顾客满意不断强化的结果。顾客忠诚一般可以分为四个层次：认知性忠诚、情感性忠诚、意向性忠诚、行为性忠诚。这四个层次既是一个递进过程，又是一个反作用过程。

建立顾客忠诚意味着提高"顾客占有率"，即顾客购买的本公司的产品在顾客购买同类产品中所占的比例。顾客占有率才是企业持续成长的关键。顾客占有率越高，顾客越忠诚。衡量顾客忠诚的主要标准是：顾客重复购买次数、购买挑选的时间、对价格的敏感程度、对竞争产品的态度及顾客对产品万一有质量事故的宽容度等。

顾客忠诚的结果是会重复购买，对竞争者的产品或服务漠不关心，积极向他人推荐该产品或服务。

2. 实施顾客忠诚战略

（1）让企业与顾客互动，倾听顾客的意见至关重要。一些企业建立了一套持续运作机制让高层经理持续知晓顾客的回应。理解顾客的想法也同样重要，企业通过了解各种顾客的个人需求和爱好，将企业的服务和沟通个性化、私人化，以强化与顾客的关系。

（2）设立俱乐部会员项目。俱乐部会员项目（club membership programs）可以对每个购买某产品或服务的人开放，也可以面向特定群体或愿意支付少量费用的顾客开放。开放型俱乐部更适于建立数据库以及从竞争对手那里吸引顾客，而有限制条件的俱乐部则对建立长期忠诚度更为有效。会费与会员条件的限制可以防止那些贪图公司产品短期利益的顾客加入。这些俱乐部能够吸引并维系那些给公司带来大宗业务的顾客。

（3）给大量和经常购买产品或服务的顾客提供奖励。使用这种方法，有助于建立高顾客终身价值、顾客长期忠诚度和创造交叉销售机会。

（4）交叉销售是提高顾客占有率最好的方法之一。交叉销售（cross selling）是一种发现顾客多种需求，并满足其多种需求的营销方式；是在同一个顾客身上挖掘、开拓更多的顾客需求，而不是只满足于顾客某次的购买需求，横向开拓市场。简单说来，就是向拥有本公司 A 产品的顾客推销本公司 B 产品或者代理的产品。比如，某顾客购买了一款游戏机，可以再向其推销充电器或者电池。

（5）顾客惊喜可以更好地促进顾客忠诚的产生。顾客惊喜是指企业提供给顾客的产品或服务超出了顾客的预期和想象，因而让顾客感到意外、大喜过望。能不断创造惊喜的企业，自然成为顾客喜爱的目标，因为这样的企业让顾客感到真正地为顾客所想，而且是想到顾客自己没有想到但又的确需要的东西，这对顾客忠诚产生了极大的促进作用。

（6）深度营销。深度营销以企业和顾客之间的深度沟通、认同为目标，从关心人的显性需求转向关心人的隐性需求的一种新型的、互动的、更加人性化的营销新模式。它要求让顾客参与企业的营销管理，与顾客建立长期的合作性伙伴关系。深度营销强调将人文关怀的情感体现到从产品设计到产品销售的整个过程之中，乃至产品生命周期的各个阶段。

（7）让顾客没有选择。顾客忠诚更多地体现为顾客是在没有选择余地的情况下最忠诚，如果顾客还有选择余地，就不会永久忠诚。所以，一方面，企业想做到让顾客忠诚，就必须认真研究自己的竞争对手，永远比自己的竞争对手好"一点点"。另一方面，企业最好能进入顾客的价值链中去，成为价值链中的一个组成部分。如向顾客提供某种特定的设备或电脑链接，以帮助他们管理订单、账单、存货等，由于这涉及高昂的资金成本、搜寻成本以及可能失去忠诚顾客所获得的折扣，顾客就不会轻易转向购买其他公司的产品，这样才会让顾客没有选择的余地，让顾客对本企业忠诚。

本章总结

市场营销的本质就是为顾客创造价值。

顾客认知价值是指潜在顾客评估的一个产品或服务或其他选择方案整体所得利益与所付成本之差，是整体顾客利益与整体顾客成本之间的差额。顾客终身价值是某个顾客终身购买产品的预期总利润的净现值。

顾客价值最大化意味着要建立长期的顾客关系。客户关系管理使得公司可以通过有效地利用客户个人信息来提供卓越的实时顾客服务。后营销管理就是在企业销售产品或服务后，以维持现有顾客为目标所进行的一系列营销活动。数据库营销是指建立、维系与使用顾客数据库与其他数据库的过程，以达到联系、处理与建立顾客关系的目的。

保持顾客的关键是让顾客满意。顾客忠诚是指顾客对某一企业、某一品牌的产品或服务的认同和信赖，往往是不断重复的购买行为，它是顾客满意不断强化的结果。

本章关键词

价值链　顾客认知价值　顾客终身价值　客户关系管理　顾客资产　后营销管理　数据库营销　顾客满意　顾客忠诚　交叉销售　深度营销

思考题

1. 顾客认知价值的内容和意义是什么？
2. 客户关系管理的内容和目的是什么？
3. 数据库营销对企业有何意义？
4. 企业应如何进行有效的后营销管理？
5. 如何做好让顾客满意和顾客忠诚的营销？

第三篇

选择营销价值

运筹帷幄之中,决胜千里之外。

——(西汉)司马迁

不谋万世者,不足谋一时;不谋全局者,不足谋一域。

——(清)陈澹然

《孙子兵法》曰:"故善战者,求之于势,不责于人,故能择人而任势。任势者,其战人也,如转木石。木石之性,安则静,危则动,方则止,圆则行。故善战人之势,如转圆石于千仞之山者,势也。"

势事如意。做事先做势,势决定执行力的强弱,事被势决定。势包括大势、中势与小势。做势即在知全局的基础上布局的过程。首先,做势要知势,即知全局。知大势是指知天时状况,天时是指自然气候、时间时机和时势(政治、经济、社会、技术等因素)等;知中势是指知地利状况,地利是指所处的地理位置、地形地貌等有何特点和优势;知小势是指知人和状况,人和是指我方和对方的人心状况、人员构成状况及竞争者状况等。其次,做势要谋势,即做布局。知势也是指知市场,而谋势是指做经营。最高层管理者要做势,中层管理者要懂势,中层管理者承上启下,具体管理相关人员去执行、落实势与事。

上兵伐谋。经营是筹划和营造,是布局、战略和谋略,是谋势。曾国藩认为:凡办大事,以识为主,以才为辅;凡成大事,人谋居半,天意居半。战略布局得当则可顺势而为,势不可挡。管理者首先要具备战略思维,一切重要的管理问题都取决于战略是否正确。战略的核心是选择。战略也是一种省略，即选择不去做什么。经营是选择做对的事情，管理是把事情做对。

赢在经营，运筹帷幄，选配定谋略。系统的经营之道可以总结为"经营十问"。其中选择有六问：成什么？做什么？做给谁？凭什么？商业模式是什么？竞争优势是什么？配置有四问：什么产品？什么价格？什么渠道？什么物流？。

战略营销大师里斯和特劳特说：战略的目的是让战术层面的工作顺利展开，战略指导战术，除此之外，没有任何其他目的。一个有效战略的实质是，没有出色的战术也能赢得商战。他们强调战略制定要自下而上，因为有效的战略布局被市场决定。战术的有效与否可以反推战略的有效与否，而有效的战略一定是以市场为中心进行策划和调整。

选择大于努力，选择不对，努力白费，选择决定结果。企业选择战略包括一般的企业战略选择、竞争战略选择、目标战略选择、定位战略选择和品牌战略选择等。其中，目标战略选择与定位战略选择合起来也称为 STP 战略（segmentation，细分；targeting，目标；positioning，定位）。竞争战略选择意味着企业面对的基本对象不仅仅是顾客，还有竞争对手。定位战略是确定交换理由及如何进入顾客心智的战略。品牌战略上承STP战略及竞争战略，下启4P策略，通过打造品牌，超越竞争，让顾客慕名而来，双方都能获得名利双收的结果。

公司战略从竞争层面来说其实就是市场营销。面对市场该如何去做？营销本身就包含经营战略，而不仅仅只是销售。企业容易犯的错误是使企业战略与市场营销脱离。企业战略从发展层面看，主要包括增长战略、稳定战略、紧缩战略和国际化战略。

结局被布局决定，布局被全局决定。全局意识和布局意识构成人的格局，格局决定结局。

第5章

企业战略选择

开篇案例 让华为强大的六个战略基本点

企业战略是为实现长远目标所做的重大取舍,决定做什么与不做什么,这是战略决策的关键。华为战略的六个基本点包括:

1. 华为的战略意图

这里的战略意图,指的是大战略,意味着目标和能力的平衡。一个企业的战略意图不是在企业成长以后才形成的,而是在企业创业的时候,就已经埋在企业家的心底,优秀的企业都是这样。

战略管理中存在一个基本矛盾,就是利润和增长到底谁是第一。不过华为想得很清楚,按照任正非的说法,抓住了战略机会,花多少钱都是胜利,抓不住战略机会,不花钱也是死亡,节约是节约不出华为的。因此,华为的经营目的就不是利润最大化、利益相关者利益最大化,而是坚持以客户利益为中心,在此基础上构筑华为的生存。

华为追求的是一定利润率水平上的成长最大化。也就是说,利润率水平够用就行,剩下的利润都投在未来,比如研发、技术、管理变革等。它的实质是追求公司的价值。

2. 以客户为中心

华为的战略是以客户为中心,以奋斗者为本,长期坚持艰苦奋斗。这是任正非亲自修订的华为的核心价值观。以客户为中心,讲的是经营;以奋斗者为本,讲的是人力资源管理;长期坚持艰苦奋斗,针对的是高管,高管要是懈怠了,整个公司就懈怠了,也就离衰退不远了。

客户满意是衡量一切工作的准绳。华为的战略管理中始终面临着客户优先还是技术优先的矛盾。任正非认为,科学家可以凭兴趣来选择项目,但是公司如果偏离了实用性的技术,偏离了客户需求,偏离了公司的战略方向,就会导致只有投入,没有回报,因此公司的研发必须有边界。企业创新的目的是满足客户需求,为客户创造价值。企业一定要明确做事情的目的是什么,这对科研人员来说尤为重要。

3. 战略聚焦

战略聚焦即聚焦核心，加强投入，厚积薄发。为什么要聚焦？因为要成为领导者，一定要加强集中度。只有把规模的劣势转化为局部投入的优势，缩短战线、聚焦关键节点、强化投入，才可能实现突破。这个原则在华为称为"压强原则"。也就是要么不做，要做就极大地集中人力、物力、财力，实现重点突破。

华为在研发投入和资源投入上还有一个重要原则就是"战略竞争力量不能消耗在非战略机会点上"，后来这句话成为华为在战略上的一项重要原则，华为的研发资源就按照这项原则来配置。

战略管理的基本矛盾，就是聚焦和多元化。实际上，企业内部会有一种内在多元化的冲动，现在很多大企业都搞多元化，因为有资源。不过，有一种多元化是核心能力驱动的多元化，华为实行的就是这种多元化。华为现在有运营商业务，主要做联通、做网络；还有企业业务，称为云业务，因为企业数字化的基础设施是云；还有一个终端业务，就是华为的可穿戴设备，包括家庭的数字化；再有就是芯片。这种多元化有内在技术上的联系，它们的核心能力是一致的，这种模式才是真正正确的选择。

4. 灵活管理不确定性

华为在成为市场领先者以后，必须自己直面不确定性，在其中寻找探索未来的方向。华为作为一家大公司，有资源，可以在这些不确定的研究项目上，采用不同的观点和技术路线进行研究。

任正非称这种方式为先开一枪再开一炮，开一枪没有打中，顶多浪费一颗子弹，多开几枪，有一枪打中了，就再开一炮。开炮就意味着资源必须集中投入上去。这一策略使得华为在面临不确定性的时候，一方面，管住研究的大方向边界，不是由科学家随意自己选择题目，避免超出企业大的战略方向。另一方面，又在这个方向之内尊重科学家的选择，保护不同意见，分别立项平行开发，在此过程中进行大比例的筛选。

5. 平衡的业务组合

华为的业务组合从2011年开始，就拆分成三个主要部分：一是传统的运营商业务，这是华为的优势业务，是华为的压舱石。二是企业业务，这个业务的特点是市场巨大，中国的企业数量如果不算个体户创业，也有千万家，再扩展到全世界，这就是个不得了的数字。三是消费者业务。华为消费者业务初期分立的时候，只有四五十亿美元的销售规模，到2018年已经达到了517亿美元。

这种业务结构有什么好处呢？从战略营销的观点来看，它实现了存量市场和存量业务与增量市场和增量业务的平衡。

> 6. 华为的商业模式
>
> 任正非在几次讲话中，把"深淘滩、低作堰"治水准则引申到企业经营上。所谓"深淘滩"就是要确保增强核心竞争力的投入，确保对未来的投入，即使在金融危机时期也不动摇。"低作堰"就是要不断地挖掘内部潜力，降低运作成本，为客户提供更有价值的服务。
>
> 它带来的财务结果是什么呢？高毛利、低成本。高毛利，即让企业不要因短期目标而牺牲长期目标，自己留存的利润低一些，多让一些利给客户以及善待上游供应商。
>
> 企业应把这种商业模式扩展到生态圈建设中。现在企业光靠自己单打独斗肯定不行，一定要有伙伴，要有供应商，要有消费者，要有整个软件开发的合作者，要有生态圈，而生态圈建设的关键是什么？关键是利益风险，这就是华为的商业模式。
>
> 资料来源：黄卫伟：《让华为强大的六个战略基本点》，载"华夏基石 e 洞察"微信公众号，2021 年 8 月 1 日访问。

战略（strategy）的本义是对战争全局的谋划和指导。要想获得一时一域的成功，就要有全面、长远、系统的战略眼光，这种战略眼光的核心就是经营之道，战略思维和布局是一个组织生存和发展的根本。在战略上一定要在今天为未来做一些投入，战略是朝着趋势的方向走，是对未来的选择。这里借用美国著名冰球运动员克瑞斯汀的一句话："我滑向球要去的地方，而不是球在的地方。"

韦尔奇在《赢》一书中认为，战略实际上很简单，选择一个大方向，然后坚持不懈地执行。德鲁克说：卓有成效的管理者需要的是正确的战略，而不是令人眼花缭乱的战术。日本企业家松下幸之助说：经营能力是促进销售的关键。经营能力是企业的灵魂。

企业战略是指企业为了适应未来环境的变化，寻求长期生存和稳定发展而制订的总体性和长远性的谋略规划。广义上的企业战略包括使命、业务、增长、目标顾客、定位、品牌、商业模式和竞争优势等内容。企业战略要考虑的基本因素包括使命、业务、增长和商业模式。

5.1 市场环境分析

在制定有效的企业战略之前，首先要进行的就是市场环境的分析与评估。环境的变化可能给企业带来可以利用的市场机会，也可能给企业造成严重的环境威胁。

分析市场环境就是分析天时、地利、人和的状况，是一个知天、知地、知人的过程。企业只有通过经常了解和深入分析当前环境各方面不断变化的情况，才能根据自身的优势与劣势制定出正确的经营战略。营销的成败就取决于是否在恰当的时间做了恰当的事情。因此，里斯强调说：在营销中如同在生活中，时机就是一切。

营销环境的经典分析方法有 SWOT 分析法和 PEST（politics，政治；economy，经济；society，社会；technology，技术）分析法。经过对 PEST 模型的拓展，将法律（legal）、自然环境（natural environmental）、人口统计（demographic）等因素归纳进来，就形成了 PEST-LED 模型。

5.1.1 机会与威胁分析

1. 环境机会分析

企业的营销机会（marketing opportunity）是指购买者存在需求和兴趣的领域，而且企业又具有较高的概率能够满足这些需求并获得利润。如新领域、新技术、新材料、新服务等带来的机会，主要考虑其潜在的吸引力（营利性）和成功的可能性（企业优势）。

市场机会主要有三个来源：第一个来源就是提供某种供应短缺的产品，这在经营中往往不需要营销技巧；第二个来源是使用新的或更好的方法向顾客提供现有的产品或服务；第三个来源就是向顾客提供崭新的产品或服务。

2. 环境威胁分析

环境威胁（environmental threat）是指一种不利的发展趋势所形成的挑战。例如，新政策、经济状况、消费者、成本、技术、竞争等带来的威胁。环境威胁分析一般着眼于两个方面：一是分析威胁的潜在严重性，即影响程度，二是分析威胁出现的可能性，即概率。

3. 环境分析结果

在进行了环境机会和环境威胁的分析后，会出现四种分析结果，企业在环境分析与评价的基础上，应对机会与威胁水平不等的各种业务分别采取不同的对策。（见图 5-1）

	高	低
市场吸引力 高	理想业务	风险业务
市场吸引力 低	成熟业务	麻烦业务

成功概率

图 5-1 业务风险评价矩阵

（1）理想业务，是机会多，很少有严重威胁的业务，可以开发或维持。
（2）风险业务，是机会与威胁都多的业务，可以谨慎开发或加入竞争。
（3）成熟业务，是机会与威胁都少的业务，可以维持或开辟新业务。
（4）麻烦业务，是机会少、威胁多的业务，应该退出或不进入。

5.1.2 SWOT 分析法

SWOT 分析法，即对公司内部的优势（strengths）、劣势（weaknesses）、外部的机会（opportunities）和威胁（threats）进行全面分析，扬长避短，抓住机遇打败对手。它在 20 世纪 80 年代由美国管理学教授海因茨·韦里克（Heinz Weihrich）提出，又称为"态势分析法"，已广泛运用在企业的战略制定、竞争对手分析和营销环境分析之中。

1. SWOT 分析法概述

SW 是指对组织内部资源条件的分析。企业的 SW（内部的优势、劣势）一般表现在企业的资金、技术设备、员工素质、产品、市场占有率、管理技能等方面。

OT 是指对组织外部环境的分析。企业的 OT（外部的机会、威胁）主要表现为政府的支持、高新技术的应用、良好的购买者和供应者关系等机会，以及竞争对手市场增长率，购买者、供应者讨价还价能力增强、技术老化等威胁。

SWOT 分析法是选择和完善商业模式的方法论，是实施企业战略的分析工具。科特勒说：对市场营销职能的管理来自对企业环境的全面分析，即进行 SWOT 分析。SWOT 分析法已经成为分析营销环境、制定及实施营销战略战术的基本分析方法。

2. 分析结果

管理者一般会构成如图 5-2 所示的 SWOT 矩阵，然后对矩阵中的不同区域赋予不同的分析意义，进而形成四种内外匹配的战略。

	优势（S）	劣势（W）
机会（O）	SO 战略	WO 战略
威胁（T）	ST 战略	WT 战略

图 5-2 SWOT 矩阵

（1）SO 战略，是扩张型战略。即以企业的优势去把握与之相应的市场机会，积极扩张，以取得更大的优势。

（2）ST 战略，是多元化战略。即以企业的优势去面对可能出现的市场风险，进行多元化经营来分散风险。

（3）WO 战略，是转型发展战略。面对某些市场机会，企业可能不具有相应的竞争优势。但如果机会的吸引力足够大，企业依然可以去把握。

（4）WT 战略，是防守型战略。企业要高度重视在发展中可能发生的各种风险，并注意到自己在面对风险时所存在的不足之处，从而使企业事先作好充分的应对准备。

5.2 确定使命陈述

在分析市场环境的基础上,企业战略的第一步是先确定使命陈述。使命陈述(mission statement)包括企业存在的理由,通常是指使命;关于某种预期状态的陈述,通常称为愿景;核心价值观与行为标准,用来指导和塑造企业员工的行为;主要目标和目的。使命陈述是对组织目的的表述,即组织在大环境中想要完成的事情,清晰的使命陈述能够起到"看不见的手"的作用,指引组织中的人员行动。

5.2.1 确定使命、愿景和价值观

1. 使命

使命驱动战略。使命是一种责任、担当、道德,也是一种格局。使命从大处讲,是救国救民;从小处讲,是帮助别人,总之就是为社会和公众做贡献。使命一定是为了对方,而且是善意的。市场营销要求企业具有使命感,并且使命必达。

企业使命是指企业在社会进步和社会经济发展中所应承担的角色和责任,是企业的根本性质和存在的理由,说明企业的经营领域、经营思想,为企业目标的确立与战略的制定提供依据。德鲁克认为,管理就是界定组织的使命,并激励和组织人力资源去实现这个使命。使命驱动企业战略,决定企业存在的价值,说明企业为什么而活着,其不可替代性体现在什么地方。一个企业能做多大,和它的使命密切相关。

企业使命不在内部,而在外部,在顾客和公众的身上。日本企业家柳井正说:长久得到社会认可的优秀公司都是扎扎实实地遵循着公司的使命感进行经营的。

使命也是一种交情的达成,当顾客和社会公众认可和接受了企业的使命时,企业战略的进一步实施就有了基本的保障。

有远见和想象力的公司所设定的目标远不止赚钱。美国西南航空公司认为自己不只是提供航空旅行,而是提供全面的顾客服务。其使命是"致力于提供充满温暖、友好、自尊和企业精神的最优质的服务。亚马逊公司希望"把网上购物变成最快捷、最便利、最愉悦的购物体验——让亚马逊成为你在网上能够找到你需要的任何东西的地方"。迪士尼公司的使命是"让人们愉快"。沃尔玛公司的使命是"给普通人机会,让他们能和富人买到同样的东西"。腾讯公司的使命是"通过互联网服务提升人类生活品质"。阿里巴巴公司的使命是"让天下没有难做的生意"。

2. 愿景

企业愿景是指企业要达到的理想目标,描述了某种期望实现的状态,通常用非常大胆的语言说明企业想要实现的目标。企业愿景是在企业内部,是企业自己要达到的目标。腾讯公司的企业愿景是成为"最受尊敬的互联网企业";阿里巴巴公司的愿景

是成为"活102年的好公司"。

企业愿景的实现通过企业使命的实现来获得,也就是说,只有实现了对外部的使命,才能实现内部的愿景。使命成就愿景。

3. 价值观

价值观是人认定事物、辨别是非的一种思维或取向。由于价值观决定企业内部人员的行为,它通常被视为企业文化的基石。美国战略管理专家查理斯·希尔(Charles Hill)等在《战略管理》一书中认为:"企业文化是一系列控制员工在实现企业使命和目标时工作行为的价值、规范和标准。"

价值观是为了实现企业的使命和愿景,企业对全体员工的行为要求。价值观是一个企业做事的基本准则,本质是原则和底线。使命和愿景决定了企业的高度,而价值观决定了企业的地基是否牢靠,是否经得起风吹雨打及时间的考验。

阿里巴巴公司的"六脉神剑"价值观是:客户第一,员工第二,股东第三;因为信任,所以简单;唯一不变的是变化;今天最好的表现是明天最低的要求;此时此刻,非我莫属;认真生活,快乐工作。美的公司的价值观是:为顾客创造价值,为员工创造机会,为股东创造利益,为社会创造财富。这四句话成为美的在业务、经营、管理上的总方向和总指导思想。

企业团队的凝聚力与管理者之间的价值观关系密切。德鲁克说:组织与人一样必须拥有价值观。要在组织中发挥应有的作用,个人的价值观必须与组织的价值观保持一致。个人与组织的价值观不必完全一样,但是,必须足够接近,这样才能和谐共处。否则,个人不仅会遭遇挫折,而且也不会创造出优异的成绩。

5.2.2 设定企业目标

在完成了企业使命、愿景以及关键价值观的陈述之后,战略管理的下一项工作就是明确主要目标,进行目标管理,因为对于某项任务的执行,确定的目标可以是不一样的。

1. 目标体系

目标体系包括业务目标和营销目标,主要目标包括利润率、销售增长率、市场份额、投资回报率、风险的分散、创新和声誉等方面。目标应该是经过量化的、有明确时间范围的具体目标。

对企业的总目标应当进行分解,可将其层层分解为能被各个职能部门和企业员工具体执行的分目标或子目标。

2. 目标管理

目标管理是使管理者工作由被动变为主动的一个很好的管理手段,实施目标管理不仅是为了让员工高效地工作,更是为管理者将来对员工实施绩效考核提供考核目标和标准,保证考核公正、公开和公平。

5.3 确定业务组合

企业必须通过其所经营的各项具体业务去实现使命和目标,这也直接影响着企业的资源配置。一般情况下,具有一定规模的企业往往会将其资源投放在几种不同的业务上,以形成自己的业务组合。因为这样就可能有效地避免市场风险,并使企业有持续稳定的利润增长源。

5.3.1 选择业务组合

做什么生意来实现企业的愿景和目标是企业最现实的问题。

1. 选择业务的基本条件

美国管理咨询专家拉姆·查兰(Ram Charan)在其《CEO 说》一书中说:"消费者加上赚钱的三个基本要素——现金净流入、资产收益率、业务增长,就构成了任何业务的中心或者核心。我们的生意是否在产出现金?是否获得了一个很好的资产收益率?我们是否留住了顾客?这个生意是否在增长中?如果对这些问题的答案都是肯定的,那么直觉就会告诉你,你的生意运行得很好。相反,如果答案是否定的,那么即使是一家很大的综合公司,最终也必将变得举步维艰。"

(1)现金的产出是衡量赚钱能力非常重要的指标之一。一个机敏的商人需要知道:他的生意是否产出了足够的现金?什么是产出现金的源泉?现金又是怎样被使用的?任何一个不会思考这些问题也说不出答案的商人都将注定失败。现金的产出,指的是在给定的一段时间里现金的流入总量和流出总量之间的差值。现金流入的来源包括产品的销售、以现金支付的服务以及以赊账方式实现的销售的支付等;而现金流出的方式则包括支付工资、缴税以及支付给供货商现金等。

(2)周转得越快,收益率也就越高。事实上,资产收益率就是利润率乘以资产周转率($R=M\times V$)。这是商业的一个普遍定理,那些经营得好的公司的税后资产收益率都大于 10%。

很多人都把注意力集中在利润率上,而忽视了周转率。其实,那些成功的 CEO 们与许许多多其他管理人员的不同之处就在于:他们能够同时考虑利润率和周转率。这种双重关注就是商业才智的核心。乔布斯说:如果只盯着利润,你会在产品上敷衍了事。但如果你关注的是创造真正伟大的产品,利润自然会随之而来。

(3)增长必须要创造利益,而且要可持续。增长必须要伴随着利润率和周转率的提高,现金产出能力的增长也需要保持同步。

2. 评价业务的基本方法

一般来说,企业都会有一个或几个经营业务,如何对这些业务进行投资组合分析是企业管理者在制定战略时要重点考虑的问题。这些业务可以称作战略业务单位(strategic business unit,SBU)。

投资组合分析法中最常用的方法是波士顿矩阵分析法,它是美国波士顿咨询公司

(Boston Consulting Group，BCG）在1960年提出的一种产品结构分析方法。这种方法是把企业生产经营的全部产品或业务的组合作为一个整体进行分析，常常用来分析企业相关经营业务之间现金流量的平衡问题。通过这种方法，企业可以找到其资源的产生单位和这些资源的最佳使用单位。其矩阵图如图5-3所示。

图 5-3　波士顿矩阵

在图 5-3 中，矩阵的横轴表示企业在行业中的相对市场占有率（也称"相对市场份额"）。相对市场占有率是指企业某项业务的市场占有率与这个市场中最大的竞争对手的市场占有率之比。相对市场占有率划分为高和低两个区域。某项产品或业务的相对市场占有率多，表示其竞争地位强，在市场中处于领先地位；反之，则表示其竞争地位弱，在市场中处于从属地位。相对市场占有率是市场占有率的一部分，市场占有率（也称"市场份额"）概念还包括绝对市场占有率。绝对市场占有率（也称"绝对市场份额"）是指企业某项业务的市场占有率与这个市场中所有竞争对手的市场占有率之比。

纵轴表示市场增长率，是指企业所在行业某项业务市场销售额增长的百分比。这一增长率表示每一经营业务所在市场的相对吸引力。在分析中，通常用10%的增长率作为增长高低的界限。最近两年平均增长率超过10%的是高增长业务，低于10%的为低增长业务。

（1）高增长/强竞争地位的"明星"业务。这类业务处于迅速增长的市场，具有很大的市场份额。在企业的全部业务中，"明星"业务在增长和盈利上有着极好的长期机会，但它们是企业资源的主要消费者，需要大量的投资。为了保护或扩展明星业务在增长的市场中占据的主导地位，企业应在短期内优先给它们提供所需要的资源和资金，支持它们继续发展。

（2）低增长/强竞争地位的"金牛"业务。这类业务处于成熟的低增长市场中，市场地位有利，盈利率很高，本身不需要投资，反而能为企业提供大量资金，用以支持其他业务的发展，所以企业要尽快获取利润，这类业务是企业正在赚钱的业务。

（3）高增长/弱竞争地位的"问题"业务。这类业务通常处于最差的现金流状态。一方面，所在行业市场增长率高，企业需要大量的投资支持其生产经营活动；另一方面，竞争中的市场份额较小，能够生成的资金较少。因此，企业对于"问题"业务的投资需要进一步分析，判断使其转移到"明星"业务所需要的投资量，分析其未来是否盈利，研究是否值得投资。

(4) 低增长/弱竞争地位的"瘦狗"业务。这类业务处于饱和的市场中,竞争激烈,可获利润极低,不能成为企业主要的资金来源。如果这类业务还能自我维持,则企业应缩小经营范围,加强内部管理;如果这类业务已彻底失败,则企业应及时采取措施,清理业务或退出经营领域。

通过波士顿矩阵的分析,企业对业务组合的基本对策是:发展明星产品,维持金牛产品,转化问题产品,淘汰瘦狗产品。在SBU的分析中,企业的业务组合更强调相对市场占有率的重要性。

5.3.2 制定增长型战略

从企业发展的角度来看,任何成功的企业都会经历长短不一的增长型战略实施期,因为从本质上说,只有增长型战略才能使企业不断扩大规模,从竞争力弱小的小企业发展成为实力雄厚的大企业。

制定增长型战略首先是在企业现有的各业务领域寻找未来的发展机会(密集化增长战略),其次是建立或收购与目前业务相关的业务(一体化增长战略),最后是增加与公司目前业务无关的、富有吸引力的业务(多元化增长战略)。

1. 密集化增长战略

密集化增长机会是指一个特定市场的全部潜力尚未达到极限时存在的市场机会。这意味着企业仍可以在现有的生产、经营范围内求得发展,在企业现有的业务领域寻找未来发展机会。

(1) 市场渗透战略。企业应该首先考虑在现有市场上,现有产品是否能够获得更高的市场占有率。企业可以通过采取更加积极有效的市场营销措施,如增加销售网点、调整价格、加强广告宣传等,努力让现有产品在现有市场得到更多的市场份额。其具体形式包括:鼓励现有顾客多买;尽力将竞争者的顾客吸引到自己的产品上来;尽力说服没买的消费者购买。

(2) 市场开发战略,指企业通过努力开拓新市场来扩大现有产品的销售,从而实现企业业务的增长。针对现有产品开发新市场,主要通过发展新的销售区域来实现。

(3) 产品开发战略,指企业向现有市场投放多种改型、有变化的产品,如增加花色品种、增加价格档次、改进包装、增加服务等。

(4) 多样化战略,指企业考虑是否存在为新市场开发新产品的机会。

密集化增长战略可以用安索夫矩阵(也称为"产品—市场矩阵")来分析。它是由美国战略管理教授安索夫(Igor Ansoff)在1957年提出的一种战略分析工具,指出企业制定经营战略时要考虑的两大因素:产品(现有产品和新产品)和市场(现有市场和新市场)。产品—市场矩阵代表了企业企图增加收入或获利的四种选择。(见图5-4)

2. 一体化增长战略

一体化增长机会是指一个企业把自己的营销活动伸展到供、产、销不同环节而使

图 5-4 产品—市场矩阵

自身得到发展的机会,企业往往利用这种市场机会实行不同程度的一体化经营。企业往往建立或收买与目前公司业务有关的业务,从而增强自身的整体竞争实力,扩大规模,提高效率,增加盈利。

(1) 后向一体化,即收购、兼并上游供应商,拥有或控制供应系统。企业产品在市场上拥有明显的优势,可以继续扩大生产,打开销售渠道,但是由于协作供应企业的材料外购供应跟不上或成本过高,影响企业的进一步发展。在这种情况下,企业可以依靠自己的力量,扩大经营规模,由自己生产材料或配套零部件,也可以向后兼并供应商或与供应商合资兴办企业等,组合联合体,统一规划和发展。

(2) 前向一体化,即收购、兼并企业下游的厂商、中间商等。典型的有制造商自办销售渠道;制造商收购或兼并分销商来建立分销体系;制造商将其业务范围向前延伸,如从制造小型柴油发动机到直接生产拖拉机等;制造商自己制造成品或与成品企业合并,组建经济联合体,以促进企业不断成长和发展。

(3) 水平一体化,即收购、兼并处于同一生产经营阶段的同类企业,以促进企业实现更高程度的规模经济和迅速发展。

水平一体化是横向一体化,通过收购同类企业达到规模扩张,这在规模经济性明显的产业中,可以使企业获取充分的规模经济,从而大大降低成本,取得竞争优势。同时,通过收购往往可以获取被收购企业的技术专利、品牌名称等无形资产。横向一体化是一种收购企业的竞争对手的增长战略。后向一体化和前向一体化是纵向一体化,其最显著的特征是构成了产业链,打通了上下游关系,形成了供、产、销一条龙整体经营。

3. 多元化增长战略

多元化(即多样化、多角化)的市场机会存在于一家企业例行的经营范围之外,通常是增加与企业目前业务无关的富有吸引力的业务。多元化增长战略主要有以下三种类型:

(1) 同心多元化战略,即开发与企业现有产品线技术或营销有协同关系的新产品。技术关系多样化是指以现有事业领域的研究技术或生产技术为基础,开发其他不同产品。由于这种多样化利用了研究开发能力的相似性、原材料的共同性、设备的类似性,能够获得技术上的相乘效果,因而有利于大量生产,在产品质量、生产成本方面也有竞争力。同心多元化也可以利用共同的销售渠道、顾客和促销方法,共同的企业形象和知名度，获得营销上的相乘效果。

（2）水平多元化战略，即企业在现有市场和顾客的基础上，利用新技术开发出的新产品，新产品与现有技术关系不大，但有较强的市场关联性。如企业生产农药与化肥都是为了满足相同市场的需求。各种产品之间的用途越是不同，多样化的效果越是明显。这种战略比较适合原有产品信誉高、市场广且发展潜力大的企业。

（3）综合多元化战略，即开发与企业现有产品、技术或市场毫无关联的新业务。这是从与现有事业领域没有明显关系的产品、市场中寻求成长机会的战略。

制定增长战略意味着企业规模的扩大，经营品类和品种的增多，这时企业特别要注意的是不能盲目扩张，对经营业务的范围和数量要有清醒的认知。制定增长战略要解决的问题包括业务的对与错以及多与少。

4. 省略战略

（1）有效省略，反而促进增长。战略也是一种省略。老子曰："少则得，多则惑"，"知足不辱，知止不殆，可以长久"。孔子曰："知止而后有定，定而后能静，静而后能安，安而后能虑，虑而后能得。"知道不该做什么比知道自己能做什么更为重要。管理者的智慧其实体现在知道自己不应该做什么，这样就会集中精力去做深做透自己的那一两项事情，不再受到外界许多因素的诱惑，最终成就大事。德鲁克说：卓有成效如果有什么秘诀的话，那就是善于集中精力。卓有成效的管理者总是把重要的事情放在前面先做，而且一次只做好一件事。

（2）与业务不相关的并购往往只会削弱公司的核心业务。从长远看，这些业务是不可能在与那些专业对手的交锋中占据上风的。因此，即使是强大的通用电气公司也在收缩。韦尔奇说：只有在各自市场上排在第一位或第二位的业务才能在竞争日益激烈的全球市场上获胜。那些没有希望获胜的业务就需要整顿、关闭或卖掉。郭士纳在其《谁说大象不能跳舞》一书中也说："回顾我在 IBM 的经历，毫无疑问我们获得的成功中有很大部分应当归功于我们没有做的那些事情。"

公司级别的战略中除了增长型战略外，还包括稳定型战略、紧缩型战略和国际化战略。稳定型战略是保持目前的企业战略目标及定位，不希望承担改变战略带来的风险。紧缩型战略是企业因为资源、技术、竞争等不同原因，在有必要时退出某些业务的战略行为。紧缩型战略一般是短期的，是一种以退为进的战略。国际化战略是面对国际市场，企业充分利用在国内和其他国家拥有的竞争优势，弥补本身的劣势，在两国、多国甚至全球范围内从事经营活动，追求最大限度的国际比较优势的战略行为。

5.4 确定商业模式

商业模式（business model）简单地说就是企业通过什么途径或方式来赚钱的模式，所以也可以称为"赚钱模式"或"盈利模式"。商业模式是一个比较新的名词，尽管它第一次出现在20世纪50年代，但直到20世纪90年代才开始被广泛使用和传播。商业模式是构成企业战略的重要组成部分，是企业一系列战略、策略得以实施的关键。

5.4.1 商业模式

1. 内涵

商业模式是管理者将企业所实行的一组战略编织成具有内在一致性的整体以获得竞争优势和实现卓越绩效的理念。商业模式决定着如何将企业的各项战略和投资协调一致以实现超越平均水平的盈利能力和利润增长。商业模式是管理者运用战略构造价值链的方法，其目的是创建为实现效率、品质、创新和顾客响应所必需的独特竞争力，支持企业的低成本或差异化定位，进而实现竞争优势和卓越的盈利能力。

以沃尔玛公司为例，它的主要战略目标是成为成本最低的、提供大量普通商品选择的零售商。沃尔玛的商业模式是在大面积的自助式卖场中提供大量普通商品，沃尔玛的战略有力地支持了这一商业模式，帮助其实现了战略目标。例如，为了降低成本，沃尔玛竭力控制商店内装饰和设备的投资。沃尔玛增加销售和降低成本的主要手段之一是加快库存周转，这是通过对物流和信息系统的战略性投资实现的。沃尔玛在流程创新方面投入巨资以提高物流和信息系统的效能，这样就以一种完全不同的方式做到对顾客低价格商品需求的快速反应。

经营模式的一般解释是为实现企业所确认的价值定位所采取的某类经营方式的总称。它包括企业的业务范围，企业在产业链的位置，以及在这样的定位下实现价值的方式和方法。经营模式包含在商业模式中，从盈利角度看，也可以视为同一个概念。

一家企业在确定自己的商业模式时，可以先研究竞争对手的商业模式，特别是行业内数一数二竞争对手的商业模式，机会可能就在竞争对手商业模式的缺陷中。

2. 链模式

好的商业模式的关键是构成链，即形成链模式。企业竞争不是某个环节的竞争，而是链与链之间的竞争。链主要包括价值链、产业价值链和利益链等。企业应从内部把握优势，修炼内在的价值链，从外部利用和整合资源，建立起外部的关系链，内外兼修，取得主动权。

(1) 构建链模式

"链恋风尘"指的是在现实中要构成情感之恋和理性之链。情感之恋是指情感的交流，交情的建立；理性之链是指利益的互惠，利益的分配。在数字化时代，连接的意义大于拥有，对于企业来说也是如此。通过连接与共生，企业的资源和能力不再受限于企业自身。企业核心竞争力的关键是理解当下的价值和意义，寻求更大范围的资源与能力的聚合，因此连接成为企业实现战略的关键要素。

① 结成链，即通过战略整合、战略联盟、战略外包等方式先结成链，进行利益整合。

② 共享链，即通过确定共享利益、共有利益、持久利益等协议进行合理的利益分配，共享利益。

(2) 价值链

价值链（value chain）概念是由哈佛商学院教授迈克尔·波特（Michael Porter）1985 年在《竞争优势》一书中提出。他认为，每一个企业都是用来进行设计、生产、营销、交货以及对产品起辅助作用的各种活动的集合。所有这些活动都可以用一个价值链表示出来。价值链主要包括九项相互关联的战略活动：五项基础活动和四项辅助活动。

① 五项基础活动，包括企业产品的材料供应（内部物流）、进行加工并生产出最终产品（生产运营）、将其运出企业（外部物流）、上市销售（市场营销）和提供服务（售后服务）这一系列依次进行的活动。

② 四项辅助活动，包括采购管理、技术开发、人力资源管理和企业基础设施与组织建设。企业基础设施涵盖了企业的一般管理成本、计划、财务和会计、法律和政府政策等方面。

价值链的各个环节相互关联、相互影响，是企业的内部链。一个环节经营管理的好坏会影响其他环节的成本和效益。逐一研究这些活动，可以知道一个企业的竞争优势源自何方，因为每一项活动都与企业最终创造的竞争优势有关，价值链是构建企业竞争优势的基石。价值链最终是为顾客创造价值，成败优劣主要取决于顾客需求。

科特勒说：企业要超越其自身的价值链，进入供应商、分销商、最终顾客的价值链中去寻求合作，形成价值让渡网络（value-delivery network）或称为"供应链"（supply chain），从中获得竞争优势。供应链管理就是要加强同供应链上所有伙伴之间的联系，把这些伙伴看成为价值让渡的伙伴。现在独立成长的企业已经没有了，企业要么在别人的价值链里，要么自己建网，形成更大的价值链，企业已经不是一个组织在战斗。在整个链中，企业应该争当"链主"，这样才更具有主动权。

(3) 产业价值链

按照波特的观点，每个企业都处在产业链的某一环节，一个企业要赢得和维持竞争优势不仅取决于其内部价值链，而且还取决于在一个更大的价值系统中，一个企业的价值链同其供应商、销售商以及顾客价值链之间的连接。产业链企业在竞争中所执行的一系列经济活动仅从价值的角度来界定，称为产业价值链（industrial value chain）。这种产业价值链上企业的集聚向上延伸到原材料和零部件及配套服务的供应商，向下延伸到产品的营销网络和顾客。

产业价值链模式即指一家企业抓住关键环节，利用自己拥有的资源，打通一条产业链的模式。供、产、销构成一条完整的产业链，链上的各家企业密切合作、相互支持，由多方构成"我方"，齐心合力，共同面对要实现交换的对方。未来的竞争就是一家企业参与的产业链和另一家企业参与的产业链之间的竞争。企业要么自己打造一条产业价值链，要么就参与到一条产业价值链中去，只有这样才会得到持续的发展。

产业价值链涉及整个供、产、销的资源整合问题。资源整合包括自然资源、社会资源、客户（主要指相对于企业的供应商、生产商、经销商等）资源和行业内存量资源的全方位整合。企业拥有什么样的资源和能力，就决定了企业能进行什么样的资源运作和整合。一家优秀的企业会拥有独特的竞争力，这样它就比较容易构建产业价值链，并成为产业价值链中的"链主"。

（4）利益链

利益链是指从事某项活动所能联系上的各方在活动中能得到的利益、好处或者成绩。利益链从广义上看包括一切有联系的各方，包括企业价值链和产业价值链各方，也包括不属于企业价值链和产业价值链的其他各方，如政府、社会团体、民间组织及有关个人等。利益链从狭义上看，就是除了产业价值链外的其他各方的利益。

利益链一般被认为是个贬义词，其实也可以用"可持续的共赢发展"来表达。比如企业与政府的关系，企业完全可以为政府排忧解难，为政府解决一些就业问题或者环保问题，并因此得到政府的大力支持和帮助，从而取得更大的社会效益和经济效益。

现代商业模式是一个"链模式"，这种商业模式是基于企业价值链、产业价值链和利益链的模式，是通过分析企业价值链确定自己拥有的资源，并利用自己的优势资源进行资源整合和运作，进而形成有效的产业价值链和利益链的模式，最终实现多方利益交换与多赢。

科特勒说：当公司在为其成功做出贡献的各个利益相关者之间建立团队时，公司将会更加成功。利益相关者——客户、员工、分销商、供应商、社区和环境，都致力于更高的目标，并因其个人对公司成功的贡献而得到公平的回报。我国学者魏炜和朱武祥认为，商业模式是利益相关者的交易结构。

5.4.2 战略整合

战略整合（strategic integration）是指企业通过采取收购和合并的措施，使得企业之间的关系更加牢固，供应链更加长远和广泛，从整体与规模上提高企业的竞争能力和盈利能力的商业模式。整合应当以收购的潜在战略优势资源为中心，例如，分享营销、制造、采购、研发、财务和管理资源。整合还应当伴随着消除重复的设施和功能。此外，还应当出售任何被收购企业中不必要的业务。

1. 水平整合

水平整合（水平一体化）是收购产业竞争对手或与产业竞争对手合并的过程，旨在取得来自大规模和大范围的竞争优势。收购是一家企业使用其资本资源，如股票、债券或现金去购买另外一家企业。合并是对等双方通过协议共同投入它们的营运来创立一个新的实体。水平整合可以带来产品差异化和低成本的优势，如果它还能将企业成功的商业模式复制到本产业中新的细分市场上，则将拥有很大的战略价值。例如，在零售产业中，沃尔玛公司将低成本/低价格的零售商业模式导入价格更低的仓储式市场；同时扩大自己的产品类别，将这种模式复制到超市业务乃至全国性的沃尔玛超级连锁店，销售食品杂货；还通过在其他国家收购超级市场连锁店将自己的商业模式在全球进行复制。

虽然水平整合有着明显的效益，但是，这种战略也存在若干缺陷和局限。许多合并和收购并没有创造出价值，有的实际上是破坏了价值。不少合并和收购往往不能产生预期收益，原因是合并后因企业文化差异极大所产生的问题一直存在。水平整合战略的另一种局限是，它可能引起企业与负责执行反托拉斯法律的政府机构的冲突。

2. 垂直整合

在垂直整合活动中，企业进入新的产业来支持"核心产业"，这是企业竞争优势和盈利能力的主要来源。原理在于垂直整合可以令企业进入能够增加其核心产品价值的产业，这意味着提高产品差异化和降低成本结构。

一家企业通过垂直整合来扩张它的营运，或者向后进入为该企业的产品生产零部件的产业（后向垂直整合），或者向前进入使用或分销该企业产品的产业（前向垂直整合）。为了进入某一产业，它可以自行建立运营体系和价值链，也可收购或合并产业中已有的企业。

实行垂直整合战略的四个主要论据是：（1）使企业能够建立起防范竞争对手进入的壁垒；（2）促进对增强效率的专用资产投资；（3）保护产品品质；（4）改善作业调度。

垂直整合也有其缺点。其中最主要的有：（1）成本增加；（2）技术迅速变化的威胁；（3）需求不可预测性的威胁。这些缺点意味着垂直整合的效益并不总是像原先预计的那样重大，当垂直整合不仅不能提高盈利能力，而且实际上降低盈利能力时，企业应该进行垂直整合，退出产业价值链上的相邻产业。

5.4.3 战略联盟

战略联盟（strategic alliances）是在不同产业间管理价值链、加强企业核心商业模式的方法，是两家或两家以上企业或跨国公司为了达到共同的战略目标而采取的相互合作、共担风险、共享利益的联合行动。战略联盟不仅为巨型跨国公司采用，作为一种企业经营战略，也同样适用于小规模经营企业。

1. 联盟形式

（1）合资，由两家或两家以上企业共同出资、共担风险、共享收益而形成的企业。合作各方将各自的优势资源投入合资企业中，从而使其发挥单独一家企业所不能发挥的效益。

（2）研发协议。为了某种新产品或新技术，合作各方签订一个研发协议。这种方式能够汇集各方的优势，大大提高了成功的可能性，加快了开发速度；同时各方共担开发费用，降低了各方开发费用与风险。

（3）定牌生产。如果一方有知名品牌但生产力不足，而另一方有剩余生产能力，则另一方可以为对方定牌生产，从而充分利用闲置生产能力，谋取一定利益。对于拥有品牌的一方，还可以降低投资或并购所产生的风险。

（4）特许经营，即通过特许的方式组成战略联盟，其中一方具有重要无形资产，可以与其他各方签署特许协议，允许其使用自身品牌、专利或专用技术，从而形成一种战略联盟。特许方不仅可获取收益，并可利用规模优势加强无形资产的维护，而受许可方可通过扩大销售谋取利益。

（5）相互持股，即合作各方为加强相互联系而持有对方一定数量的股份。这种战略联盟中各方的关系相对紧密，而双方的人员、资产无须合并。当然，组建战略联盟一定要慎重选择合作伙伴，并建立合理的组织关系，合作各方应加强沟通。

（6）合作营销，是指两个或两个以上相互独立的企业为提高竞争能力，实现营销战略目标，而在营销主要因素上开展一系列互利合作的营销活动方式。在新的营销环境下，企业积极寻找各种合作营销之道，不断加强与其价值链上的顾客和供应商以至于竞争对手的合作，形成利益共享、风险共担的战略合作伙伴或战略联盟，把各种分散的技术和管理优势组合成一种新的、更加宏大的协同优势，使各企业在资金筹集、技术开发、技术使用、产品更新换代、销售渠道、物流、价格、销售等方面共同受惠。

合作营销的形式主要包括：

① 产品或服务合作，包括一家企业许可另一家企业生产产品，进行许可证贸易；两家或两家以上企业共同营销它们的补充产品；两家企业合作设计、制造和营销一个新产品。

② 价格合作，即几家企业加入特定的价格合作，如旅馆与旅行社共同推出价格折扣。

③ 渠道合作，即与供应商、中间商进行合作。

④ 物流合作，即一家企业为另一家企业的产品提供物流（储存、运输）服务。

⑤ 促销合作，即一家企业同意为另一家企业的产品或服务进行促销。

合作营销已逐渐成为目前企业国际营销的基本策略，它可以打破贸易壁垒，分担开发费用和固定资产投资，降低风险。随着产品生命周期的日益缩短，研究与开发费用的不断上升，国际贸易保护主义的抬头，企业之间的合作已涉及越来越多的产品领域。

2. 水平战略联盟

企业的水平战略联盟是指满足同一类顾客的不同需求的不同组织间的战略联盟。

交叉销售是这种战略的一种方式。用这种思路找市场、做市场，营销的机会很多。比如，饲料企业可以和动物防疫部门建立起战略联盟，这样往往就会把客户"拴住"。一方面，扩大了客户需求；另一方面，使客户省心，使客户更加离不开这样的供给和服务。让客户越来越不操心自己的事情，客户就会对企业越来越忠诚。

5.4.4 战略外包

正如市场上存在着低成本部件供应商一样，今天市场上还存在许多专业化企业，它们能够完成企业本身价值链活动的某一部分，从而提高企业的差别化优势或降低其成本结构。

1. 内涵

战略外包（strategic outsourcing）是将企业价值链活动中的某几项或一些企业职能交给一家技能和知识只专注于某一活动的独立的专业企业的决策。外包的业务可以是一个完整的职能，如制造职能，也可以是业务职能中的一项活动。当企业决定外包其价值链上的某一活动时，它是在选择专注于较少的价值创造活动以加强其商业模式。许多企业明显倾向于把"非核心"或"非战略性"的活动（也就是不构成企业独特竞争力或竞争优势的活动）外包出去。

战略外包并不局限于制造业务，许多其他企业活动也可外包出去。例如，长期以来，微软公司一直把其客户技术支持的营运整个外包给独立的企业。企业从事战略外包是因为它们认为这样做能够更好地实行其商业模式，由此提高盈利能力。通常，战略外包过程的第一步是识别出构成该企业竞争优势基础的价值创造活动，把完成这些任务的工作保留在企业内部。然后对其余活动进行考察，看看从事专项活动的一些独立企业能否更有效地完成这些活动。也就是说将其交给一些能够以较低成本完成这些活动的企业，或者交给能够以导致产品更加差异化的方式完成这些活动的企业。如果那些专业企业能够达到这一要求，就把这些活动外包出去。

一旦实行了外包，该企业与专业企业之间就形成了长期合约关系，双方将充分共享有关合约活动的信息。人们现在用"虚拟企业"（virtual corporation）这个术语来描述实行广泛战略外包的企业。

2. 优缺点

战略外包的优势体现在：降低成本结构；在市场上实现更多的产品差异化；专注于能够带来长期竞争优势和盈利能力的核心业务。

战略外包的风险体现在：受到挟制，失去对活动调度的直接控制；信息不灵通，失去重要信息等。

企业在决策某项活动外包之前，必须权衡外包的效益与风险，同时通过采取适当措施降低风险并获得收益。

本章总结

企业战略是企业层管理战略。广义上的企业战略包括使命、业务、增长、目标顾客、定位、品牌、商业模式和竞争优势等内容。

面对环境对企业营销的影响，企业需通过 SWOT 分析法，对企业应该采取的对策进行有效的环境分析。

使命陈述包括企业存在的理由。企业必须通过其所经营的各项具体业务去实现其使命和目标，这也直接影响企业的资源配置。

商业模式是管理者将企业所实行的一组战略编织成具有内在一致性的整体以获得

竞争优势和实现卓越绩效的理念。战略整合、战略联盟已经在企业间广泛运用，是链模式的具体表现。战略外包是将企业价值链活动中的某几项或一些企业职能交给一家技能和知识只专注于某一活动的独立的专业企业的决策。

 本章关键词

  企业战略 企业使命 商业模式 价值链 产业价值链 战略整合 战略联盟 合作营销 水平战略联盟 战略外包

 思考题

  1. 试述企业战略管理过程。
  2. 试述 SWOT 分析法。
  3. 波士顿矩阵法是如何分析业务组合的？
  4. 试述企业的增长战略。
  5. 如何理解商业模式？

第6章

竞争战略选择

> **开篇案例** 农夫山泉：关于"水"的战争

高达4000亿元人民币市值的农夫山泉，相当于5个康师傅控股、14个统一企业（中国）。农夫山泉正在迎来它的"高光时刻"：从"冻资之王"到被纳入恒生指数，再到"水中茅台"的赞誉，包括其创始人钟睒睒的"半小时"中国首富地位，所有这一切，都将定格在中国的商业史上。

然而，有关"水"的商战故事却并没有结束，农夫山泉能走到今天，是历经百战的结果，面向未来，"竞争壁垒"并不厚的矿泉水行业还将面临更为激烈的竞争。

十多年前，《中国经营报》记者第一次到农夫山泉千岛湖水源地采访时，印象最深刻的就是会议方发给每位记者的试剂，以及使用这些试剂亲身参与的一个实验。当时，桌子上摆放了各个品牌的瓶装水，你只需要将试剂纸溶解在不同品牌的水中就会看到不同的反应，由此看出水质的优劣。然而，这不经意的行为，恰恰是农夫山泉在之后发动多起商战、品牌出位的开启。

从挑战娃哈哈、怡宝纯净水，再到打击康师傅矿物质水，再到康师傅"水源门"事件，可以说，农夫山泉通过一次次的概念引出，以及一次次对竞争对手品牌危机的借势，成功地在瓶装水领域打造了自己的品牌认知，也让消费者区分开了纯净水、矿物质水、饮用天然矿泉水不同类别的差异，并一路把自己推上了瓶装水龙头老大的地位。

成立于1996年的农夫山泉，在瓶装水行业无疑是一个后来者，当时的娃哈哈、康师傅等品牌已经建立起足够的市场优势。在这里，钟睒睒有意或无意地使用了定位理论中的"认知法则"和"聚焦法则"，即"市场营销并不是一场产品战，而是一场认知战。市场营销中最强有力的观察就是在潜在消费者心中拥有一个代表自己特色的词语"。

1999年4月，钟睒睒对外公开提出"长期喝纯净水对人体不好"，高调宣称农夫山泉不再生产纯净水，全部生产天然水。这直接就把矛头指向了当时生产纯净水的娃哈哈、乐百氏，并引发随之而来的一场诉讼。虽然最终农夫山泉输了官司，

"纯净水对人体无用"的说法也被证明无科学依据,但"输了官司赢了市场",农夫山泉在消费者心目中植下了天然健康的形象,市场份额一路上升。

2007年,农夫山泉再次提出新的概念,"饮用'弱碱性水'更好,反对在水中添加人工矿物质",此举直接将矛头指向了康师傅。

2008年9月2日,康师傅发布公告,承认其矿物质水及大部分饮料行业及瓶装水行业所选用的水源皆为公共供水系统(自来水),并向消费者致歉,然而时间窗口错失,市场地位由此下行。2011年,农夫山泉超过康师傅,成为包装饮用水行业第一。

不难看出,凭借"农夫山泉有点甜"的营销理念,发起水酸碱度讨论、反对在水中添加人工矿物质这几场"战斗",农夫山泉建立了自己差异化的品牌认知,并不断形成品牌的正向激励。

值得注意的是,农夫山泉在一场场认知战中为自己建立的差异化定位就是——大自然的搬运工。不要小看这一定位,其背后蕴藏了企业多重的战略意味。

按照农夫山泉当时的既定计划,希望用3—5年做到500亿元的规模,超过全球饮料巨头可口可乐的市场份额,短期内希望能够在饮料市场实现翻番,达到200多亿元的规模。要实现这一目标,农夫山泉需要重建竞争壁垒,建立新的竞争优势。

瓶装水江湖不断涌入搅局者,新锐网红品牌也在不断抢占细分市场。Z世代正成为瓶装水和饮料市场的核心用户,他们更喜欢尝试新鲜事物,追求个性化和自我表达,这会进一步促进市场细分,给后来者机会。比如,元气森林的成长就是在这样的背景之下,从2016年到2019年,元气森林用短短几年的时间就成为国内茶饮市场的一匹黑马,从注册资金仅为100万元的公司成长为估值高达40亿元的茶饮独角兽。不只元气森林,在消费持续升级下,瓶装水高端化趋势明显,母婴水、气泡水、儿童水、老年饮用水等功能性产品不断涌现,这也意味着农夫山泉面对的竞争对手越来越多。

资料来源:屈丽丽:《农夫山泉:关于"水"的战争》,载《中国经营报》2020年9月19日。

克劳塞维茨说:战争是商业竞争的一部分,也是人类利益和活动的冲突。商业竞争产生更多的新需求和新产品,竞争让企业充满着紧张、担心,也充满着乐趣、激情。在竞争中战胜对手,取得市场上的胜利,这种幸福感因竞争而来,也会因竞争而去。

在一个竞争的市场里,决定你命运的与其说是顾客,不如说是你的竞争对手。需求是交换的根本,但竞争却可以大大地刺激需求,拉动需求,丰富需求。没有竞争,就会产生垄断和专制,就会限制和约束需求。

市场导向既要关注顾客,也要关注竞争者,并在两者之间寻求平衡,不能偏废某一方。里斯和特劳特认为,营销是竞争的产物,竞争本质比顾客本质更现实和彻底地揭示了营销要义。商战就是企业运用战略和战术去赢得市场竞争。

6.1 创造竞争优势

每一家企业都不可避免地要受到竞争者（competitor）的威胁和挑战，同时也可能自身就是竞争行列的新加入者，或者是试图改变市场地位而展开竞争攻势的企业。在优胜劣汰的竞争法则面前，市场中的每个企业都是平等的，如何认识竞争和竞争者，如何参与竞争并使自己在市场竞争中处于优势，是企业能否获得营销成功的核心所在。

竞争优势（competitive advantage）首先是从企业内部的价值链里寻找，然后从商业模式里寻找，最后确定自己的竞争战略。创造竞争优势是企业分析竞争及竞争者后希望得到的结果，要求企业比竞争对手更多地向目标顾客传递价值和满意。

6.1.1 竞争者分析

竞争者分析首先要识别和评估竞争者，然后选择哪些竞争者可以进攻，哪些竞争者需要回避。

1. 识别竞争者

通常，识别竞争者看起来是企业的一项简单任务。在狭义的层次上，企业可以把竞争者定义为以相似的价格向相同的顾客提供类似的产品或服务的其他企业。所以，可口可乐把百事可乐看作主要的竞争者，而不是百威啤酒或者佳得乐。

但是，企业实际上面对的是更广范围内的竞争者。企业的竞争者一般可以分为四个层次：品牌竞争者、行业竞争者、形式竞争者和意愿竞争者。

（1）品牌竞争者。当其他公司以相似的价格向相同的顾客提供类似产品或服务时，公司将其视为竞争者。例如，被可口可乐视为主要竞争者的是价格与档次相似、生产同样可乐产品的百事可乐。

（2）行业竞争者。公司可以把制造同样或同类产品的公司都视作竞争者。例如，可口可乐认为自己在与所有饮料行业竞争者竞争。

描述一个行业的出发点就是要确定有多少销售商在销售同类产品以及产品是不是同质的或高度差异的。这些特点导致产生四种人们熟悉的行业结构类型：

① 完全垄断。完全垄断存在于只有一家公司在一国或一个地区提供一定的产品或服务的情况下。该垄断独占可能是由规章法令、专利权、许可证、规模经济或其他因素造成的结果。由于缺少密切替代品，一个追求最大利润的大胆独占者会抬高价格，少做或者不做广告，并提供最低限度的服务，因为顾客别无选择。

② 寡头垄断。寡头垄断是指一个行业的结构是少数几家大企业生产从高度差别化到标准化的系统产品。寡头垄断有两种形式：纯粹垄断和差别垄断。纯粹垄断由几家生产本质上属于同一种类的商品（石油、钢铁等）的公司形成。公司会发觉它只能按现行价格定价，除非它能使其服务与他人有所差别。如果竞争者在其所提供的服务方

面不分上下,那么赢得竞争优势的唯一办法只能是降低成本,降低成本可以通过高量生产来实现。差别垄断由几家生产部分有差别的产品(汽车、相机等)的公司形成。这种垄断在质量、特性、款式或者服务方面可能出现差别,各竞争者可在其中一种主要产品属性上寻求领先地位,吸引顾客偏爱该属性并为该属性索取溢价。

③ 垄断竞争。垄断竞争的行业由许多能整体或部分地区别出它们所提供的产品或服务并使其具有特色的公司所组成。其中许多竞争者趋向针对某些他们能够更好地满足顾客需要的细分市场并获得溢价。垄断竞争行业里存在着市场领导者和市场挑战者。

④ 完全竞争。完全竞争的行业由许多提供相同产品或服务的公司所构成(如小商品市场)。因为没有形成差别的基础,所以竞争者的价格是相同的,在这个市场上不能形成市场领导者。

行业的竞争结构会随着时间的推移而变化。这里以索尼发明随身听为例。索尼开始是完全独占,但很快有少数几家公司进入该市场,该行业就转化为寡头垄断行业,随着更多的竞争者提供各种型号的随身听,行业结构进入垄断竞争。

(3) 形式竞争者。公司可以更广泛地把所有能提供相同大类需求的公司都作为竞争者。例如,可口可乐认为自己不仅与饮料行业的竞争者在竞争,还与有关吃喝等其他行业的竞争者(比如食品业等)在竞争。

(4) 意愿竞争者。公司还可进一步更广泛地把所有争取同一顾客的组织都看作竞争者。例如,可口可乐可以认为自己在与所有争取同一顾客的行业竞争者(如书店)在竞争。

前两种竞争者是从行业(或称"产业")角度来分析竞争者。产业(industry)是由一群提供同一产品或同一类别产品的公司所组成,这些产品有密切的替代关系。后两种竞争者是从市场角度来分析竞争者,这时我们把竞争者定义为满足相同的顾客需求的公司。一般来说,企业的主要竞争对手是指品牌竞争者和行业竞争者。

竞争者的存在对企业和顾客都有好处,主要体现在:一是可视性,差的竞争者一目了然。二是有创新,竞争导致创新。三是反馈性,了解自己的竞争状况及竞争实力。四是品牌多,顾客可选择的余地大。五是价格明,除非价格战,一个行业的标准价格是清楚的。六是进入难,潜在竞争者进入的障碍增大。七是士气强,员工有自豪感,也有压力。八是有趣味,每天在竞争,没有孤独感,而有游戏感,竞争取胜后会很高兴。

科特勒提出,公司一定要避免"竞争者近视症"(competitor myopia),一家公司更有可能被它的潜在竞争者而不是现有的竞争者打败。例如,多年来,柯达一直在胶卷行业占据领导地位,它把富士视为该行业的主要竞争对手。其实后来,柯达面对的主要竞争对手是索尼等其他数码相机制造商,它们的产品根本不用胶卷。因为"近视症",柯达只关注胶卷行业,而忽视了其他领域对它的冲击。

波特在《竞争战略》一书中指出,从竞争的角度可以识别出有五种力量决定了一个市场或细分市场的长期内在吸引力。这五种力量是:行业竞争者、潜在进入者、替代产品、购买者和供应商。其竞争力量模型如图 6-1 所示。

图 6-1　五种竞争力量

① 行业竞争者。如果某个细分市场已经有了众多的、强大的或者竞争意识强烈的竞争者，那么该细分市场就会失去吸引力。如果该细分市场处于稳定或者衰退状态，生产能力不断大幅提高，固定成本过高，撤出市场的壁垒过高，竞争者投资很大，那么情况就会更糟。这些情况常常会导致价格战、广告争夺战、新产品推出，并使公司要参与竞争就必须付出高昂的代价。

② 潜在进入者。某个细分市场的吸引力因其进退难易程度不同而有所区别。根据行业利润的观点，最有吸引力的细分市场应该是进入的壁垒高、退出的壁垒低。在这样的细分市场里，新的公司很难打入，但经营不善的公司可以安然撤退。如果细分市场进入和退出的壁垒都高，那里的利润潜力就大，但也往往伴随较大的风险，因为经营不善的公司难以撤退，必须坚持到底。如果细分市场进入和退出的壁垒都较低，公司便可以进退自如，获得的报酬虽然稳定，但不高。最坏的情况是进入细分市场的壁垒较低，而退出的壁垒却很高。于是在经济良好时，大家蜂拥而入；在经济萧条时，却很难退出，其结果是大家都生产能力过剩，利润下降，进退两难。

③ 替代产品。如果某个细分市场存在着替代产品或者有潜在替代产品，那么该细分市场就失去吸引力。替代产品会限制细分市场内价格和利润的增长。公司应密切注意替代产品的价格趋向，如果在这些替代产品行业中技术有所发展，或者竞争日趋激烈，这个细分市场的价格和利润可能就会下降。

④ 购买者。如果某个细分市场中购买者的讨价还价能力很强或正在增强，该细分市场就没有吸引力。购买者会设法压低价格，对产品质量和服务提出更多要求，并且使竞争者互相斗争，所有这些都会使公司的利润受到损失。如果购买者集中形成组织，或者该产品在购买者的成本中占较大比重，或者产品无法实行差别化，或者顾客的转换成本较低，或者由于购买者的利益较低而对价格敏感，或者顾客进行联合，购买者的讨价还价能力就会增强。

⑤ 供应商。如果公司的供应商提价或者降低产品或服务的质量，或者减少供应数量，那么该公司所在的细分市场就会没有吸引力。如果供应商集中或有组织，或者替代产品少，或者供应的产品是重要的投入要素或转换成本高，或者可以向前实行联

合,那么供应商的讨价还价能力就会很强。因此,与供应商建立良好关系和开拓多种供应渠道才是防御上策。

波特模型的前三种力量指向竞争者,很明显,竞争不仅普遍存在而且激烈。市场竞争如此激烈,企业只了解顾客是不够的,还必须十分注意和了解竞争对手。成功的企业要设计和操作一个能连续收集竞争者情报的系统。

2. 分析竞争者

公司一旦识别了主要竞争对手,就必须查明这些竞争者的战略、目标、优势及劣势。竞争者的营销战略以及营销活动的变化,会直接影响公司的营销。最为明显的是竞争对手的价格、广告宣传、促销手段的变化、新产品的开发、售前售后服务的加强等,都将直接对公司造成威胁。因而,公司必须密切注视竞争者的任何细微变化,并作出相应的对策。

(1) 竞争者战略。企业最直接的竞争者是那些在相同的目标市场推行相同战略的企业,某特定行业内推行相同战略的一组企业构成一个战略群体。一个公司首先需要辨别与它在竞争的那个战略群体。其次,公司也必须关注其他群体,因为群体之间也存在着对抗。公司必须警惕顾客欲望的变化和竞争者战略的变化,以满足这些新出现的欲望。

(2) 竞争者目标。竞争者的最终目标当然是利润最大化,但往往还会追求其他一些目标,如获利能力、市场占有率、现金流量、成本降低、技术领先、服务领先等,每个公司都有不同的侧重点和目标组合。分析竞争者的目标体系时,应注意竞争者追求的是长远发展还是短期利润;竞争者的目标体系中各子目标的优先顺序;随着环境的发展变化,竞争者的目标体系及各子目标的优先顺序会有何变化。

(3) 竞争者优势与劣势。公司应搜集竞争者业务上的最近的关键数据(包括销量、市场份额、毛利、投资报酬率、现金流量、新投资、设备能力利用等),以分析竞争者的优势和劣势。公司可以通过向顾客、供应商和中间商进行营销调研以了解有关竞争者的优势和劣势。对于它们的劣势,公司可以针对最成功的竞争者开展定点赶超。

在一般情况下,公司在分析竞争者时,必须注意三个变量:

① 市场份额,反映竞争者在有关市场上所拥有的销售份额情况。

② 心理份额,指在回答"举出这个行业中你首先想到的一家企业"这一问题时,提名竞争者的顾客在全部调查对象中所占比例。

③ 情感份额,指在回答"举出你喜欢购买其产品的企业"这一问题时,提名竞争者的顾客在全部调查对象中所占比例。

市场份额、心理份额和情感份额三者关系如下:在心理份额和情感份额方面稳步上升的公司,最终将获得市场份额和利润的稳步上升。

应该注意的是,当竞争者对其业务和市场所作的假设已不成立但仍按此假设进行经营时,这也是它的劣势的体现。

(4) 评估竞争者的反应。竞争者的反应包括如下几种:

① 从容不迫型，指某竞争者对某些特定的攻击行为没有作出迅速反应或强烈反应。原因可能是竞争者认为顾客对自己的忠诚度高，不会转移购买；也可能是认为该行为不会产生严重的后果；还可能是缺乏作出反应所必需的资金条件等。应弄清竞争者采取这一反应形式的原因。

② 选择型，指竞争者只对某些类型的攻击作出反应，而对其他类型的攻击无动于衷。应了解竞争者会在哪些方面作出反应，从而为企业提供最可靠的攻击类型。

③ 凶猛型，指竞争者对所有攻击行为都作出迅速而强烈的反应。

④ 随机型，指竞争者对攻击的反应具有随机性，有无反应和反应强弱无法根据其以往的情况加以预测。许多小公司多为随机型竞争者。

3. 选择竞争者

在选择竞争者时，首先要进行顾客价值分析，目的就是测定顾客在目标细分市场上所要得到的利益和他们对相互竞争的公司所提供的产品的相对价值的认知。通过顾客价值分析，可以提示公司和竞争者之间的相对优势和劣势。

价值分析的主要步骤：一是识别顾客价值的主要属性；二是评价不同属性重要性的额定值；三是对公司和竞争者在不同属性上的性能进行分等重要度评估；四是与特定的主要竞争者比较，针对每个属性成分研究某一特定细分市场的顾客如何评价企业的绩效；五是监测不断变化中的顾客特性。

企业在进行顾客价值分析后，可以在以下分类的竞争者中选择攻击或回避对象：

（1）强竞争者和弱竞争者。选择弱竞争者时，扩大市场份额所需的资金和时间都较少，但企业的能力可能难以得到提高。选择强竞争者时，企业必须努力赶超竞争者。强竞争者也有某些劣势，利用其存在的劣势，企业可以证明自身与强竞争者实际上是实力相当者。

（2）近竞争者和远竞争者。大多数公司都会与那些与其极度类似的竞争者竞争。因此，雪佛莱汽车要与福特汽车而不是与美洲豹汽车竞争。同时，公司应避免"摧毁"邻近的竞争者，否则，公司可能得到的结果是，虽然消灭了其最近的竞争者，但却引来了更难对付的竞争者。

（3）良性竞争者与恶性竞争者。良性竞争者的特点是：遵守行业规则；对行业的增长潜力所提出的设想切合实际；依照与成本的合理关系来定价；喜爱健全的行业；把自己限制于行业的某一部分或细分市场内；推动他人降低成本，提高差异化水平；接受为它们的市场份额和利润所规定的大致界限。良性竞争者的存在给企业带来的战略利益有：增加竞争优势；改善当前产业结构；协助市场开发；遏制进入。

恶性竞争者的特点是：违反规则；企图花钱购买而不是靠自己的努力去赢得市场份额；敢于冒大风险；生产能力过剩但仍继续投资。企业应该明智地支持良性竞争者，打击恶性竞争者。

4. 设计竞争情报系统

收集竞争者的信息需要花费大量的金钱和时间，这就要求企业设计一个竞争性情报系统。设计竞争性情报系统首先是要确定哪些是非常重要的集中性信息以及获得这些信息的最佳途径。然后，该系统就会持续不断地从实地（销售人员、渠道、供应商、市场研究公司、行业协会、网站等）和公开发表的数据（政府公开信息、讲话和文章等）中收集信息。接下来，该系统会检查这些信息的可信度，解释信息的含义，并以适当的方式把信息组织起来。最后，该系统会把关键信息发送给相关决策者，并能响应管理者对竞争者信息的查询。

企业要重视对竞争者的分析，但不应将重点过分集中在竞争者身上。企业应在顾客导向和竞争者导向中获得一种恰当的平衡。

基准营销（bench marketing）也称"标杆营销"，是一种向在特定任务中表现卓越的企业学习的艺术。一家普通的企业和世界级的顶尖企业在产品质量、发展速度和产品性价比等方面可能相差十几倍，基准营销的目的就是通过行业内或跨行业的基准学习，复制或改进基准企业的"最佳实践"模式。一家企业应如何识别那些"最佳实践"的基准企业呢？一个良好的开端就是咨询顾客、供应商、分销商、财务分析师、交易相关者甚至是杂志，看看他们眼中谁是最佳实践者。即使是最好的企业也可以通过基准管理来改善业绩。

5. 竞合与共生

竞合战略（co-opetition strategy）是指通过与其他企业合作来获得企业竞争优势或战略价值，以求双赢、多赢的结果。企业之间可以通过产业集群、战略联盟、企业集团、平台型企业等方式形成网络组织。

竞争中可以产生合作，可以共生。竞争是好事，但无序竞争和恶性竞争是坏事，所以既要竞争还要合作。竞合就要求行业利益高于企业利益，企业利益孕育在行业利益之中。比如卖水泥，如果从一家企业的产地运到另一个非常远的地方，这家企业可以把订单转给竞争者，请竞争者来帮忙生产，因为竞争者运距近。所有生产者进行了协同，把竞争者们都连在了一起，使得成本最低。共生作为一种组织形式已经是现实的存在并能够决定企业的命运。在共生的时代学会共生才能赢得未来。决定企业命运的关键因素正在变化。

价值共生是指尽管企业依然是独立的个体，但企业必须参与到共创价值的共生系统中，才能赢得数字化时代生存与发展的未来。从这个意义上说，价值共生抓住了这个时代战略的本质与关键。价值共生也就是商业模式中链模式的另一种表达方式。

孙子曰："百战百胜，非善之善者也；不战而屈人之兵，善之善者也"。好的将军追求超越战争，好的企业追求超越竞争。如果说全胜是军事战略的最高境界，那么共生毫无疑问就是商业战略的最好范式。共生正在改变竞争的形态、面貌以及重心，使得为顾客创造价值的长期主义真正成为可能，并且正在成为企业持续盈利的唯一选择。

6.1.2　基本竞争战略

基于对竞争者的分析，要创造竞争优势，必须找到自己的竞争优势。波特提出，企业有三种基本竞争战略，即全面成本领先战略、差异化战略和集中战略。

1. 全面成本领先战略

全面成本领先战略（overall cost leadership strategy）就是使企业的产品在同行业企业中具有成本最低的优势，由此获得比竞争对手更高的市场占有率。

实行全面成本领先战略需要企业做到：建立起达到有效规模的生产设施，在取得经验的基础上全力以赴地降低成本，加强成本费用的控制；有较高的相对市场占有率或具有其他优势，如能以合适的价格购买所需的原材料、产品的设计便于生产制造、相关的产品系列较宽有利于分摊费用；为主要客户群体提供服务以促进产品的批量销售。

全面成本领先也许是三种通用战略中最清楚明了的。在这种战略的指导下，企业决定成为所在产业中实行低成本生产的厂家。企业经营范围广泛，为多个产业部门服务，甚至可能经营属于其他有关产业的生意。企业的经营面往往对其成本优势举足轻重。成本优势的来源因产业结构不同而异。当成本领先的企业的价格相当于或低于其竞争厂商时，它的低成本地位就会转化为高收益。

全面成本领先战略适用于大企业，因为前期购置厂房、设备等固定资产投资较大，可能必须承受初始阶段的亏损。

2. 差异化战略

差异化战略（differentiation strategy）是指企业生产的产品或服务明显区别于竞争对手，形成在全行业范围内具有独特性的产品或服务。

创造独特性是该战略的重点，独特性可以使顾客消除价格的可比性。该战略是以差别优势产生竞争力的竞争策略，形成在同行业中别具一格的企业形象和产品形象。企业必须注意在形成自身独特性的同时与竞争对手成本的比较，争取既保持企业受到市场认可的独特性，又使自己的成本尽可能降低。

3. 集中战略

集中战略（concentration strategy）是企业集中于特定的买方群体、产品类别或者地域市场的战略。企业通过集中战略，能够比经营整个市场的竞争者更好地满足目标顾客的差异化需求。

企业采用集中战略，有可能达到原本并不拥有全面竞争优势的目标市场中的有利地位。一种集中战略是实施集中成本领先战略，即运用企业特定目标市场上的成本优势，在细分市场上成本领先，从而争取竞争优势；另一种集中战略是实施集中差异化战略，即着眼于在企业特定目标市场上取得差别化优势，从而满足特定目标市场上的顾客需求，获取竞争优势。当然，企业集中战略也可以同时取得以上两种集中战略优势。

波特在《竞争论》一书中说："建立有竞争力的企业的唯一方式，便是把重心放在少数核心领域，并予以大量投资，以达到独特的地位。"

一家企业没有以三种基本战略之一作为自己的竞争战略，那么这家企业所处的地位会非常不利,它可能失去追求低价格的大客户,也可能必须为从取得低成本优势的企业手中争夺市场而丧失利润;它在那些高利润率的业务领域又可能无法战胜那些已实现全面差异化的企业或聚焦集中经营的企业。因此,没有明确的竞争战略的企业,必须根据企业的能力和环境条件,尽早作出基本的竞争战略决策。

6.1.3 持续竞争优势

现在的市场竞争,关键是掌握和培育企业开展经营活动所必需的核心资源和能力,即持续的竞争优势。

1. 竞争优势

竞争优势是一种特质。竞争力大或强的才有优势,这种优势是独特的,否则不可能有更大或更强的竞争力。一般地说,只要竞争者在某些方面具有某种特质,它就具有某种竞争优势。因此,也可以说,竞争力是一种综合能力,而竞争优势只是某些方面的独特表现。独特竞争力(distinctive competency)是企业相对于竞争对手所独有的、引导企业产品差异化或实现持续低成本结构从而获得竞争优势的力量。

经济学的竞争优势体现在企业外部,在于上游是否掌控资源,下游是否掌控顾客。管理学的竞争优势体现在企业内部相对竞争优势或持续竞争优势上。只有持续的竞争优势才是企业核心竞争力的体现。

2. 持续竞争优势

持续竞争优势是指企业拥有独特产品、核心技术或者独特营销模式,且不易被模仿和取代的优势,即具有核心竞争力。相对竞争优势是指相对于其他组织或人,获得暂时的、容易被模仿和取代的优势。

拥有稀缺资源、专利技术、独特的产品或服务,以及拥有强势品牌都可以构成企业的核心竞争力。优秀的企业文化也可以是一家企业的核心能力。

耐克公司自己并不生产鞋子,因为亚洲国家在制鞋业务上有很强的竞争力。不过,耐克公司在鞋的设计和品牌方面却培育出强大的优势,这两项构成了耐克公司的核心能力。

持续竞争优势能给企业带来持续的超越竞争对手的能力。对于一家企业而言,成为市场领导者并不意味着什么,最关键的是要有一个明确而清晰的战略,这个战略所能回答的就是关于企业持续成长的根源问题。企业的持续成长是衡量企业能力的根本标准,保持企业成长的条件只有一个,那就是顾客价值成长。

6.2 竞争地位战略

企业在市场上的竞争地位一般是由其市场占有率决定的。在选定的目标市场上,竞争者之间的资源不尽相同,规模不一,它们所处的和追求的市场地位也不相同。实力雄厚的企业力求成为市场领导者或挑战者,其他企业则只好成为市场跟随者或补缺者。

一般来说，企业竞争地位战略的确定是由企业在市场中的绝对市场占有率决定的。绝对市场占有率在40%左右，该企业是这个市场的领导者；绝对市场占有率在30%左右，该企业是这个市场的挑战者；绝对市场占有率在20%左右，该企业是这个市场的跟随者；绝对市场占有率在10%左右，则该企业是这个市场的补缺者。竞争者之间不同的市场地位决定了不同的竞争战略，这些战略通常不是应用于整个企业，而是应用于企业在某个特定行业中的特定地位。如微软、宝洁、迪士尼这样的大公司可能在某些市场是领导者，而在另外一些市场是挑战者或补缺者。

6.2.1　市场领导者战略

市场领导者（market leader）是在相关产品市场中占有最大市场份额的企业。市场领导者在价格变化、新产品引进、分销覆盖和促销强度上，对其他企业起着领导作用。市场领导者可能受到赞赏或尊敬，即使没有受到赞赏或尊敬，其他企业也都承认它的统治地位。如可口可乐、微软等公司，都是行业里的领导者。竞争者把市场领导者作为挑战、模仿和回避的对象。

领导者可以通过以下三种措施中的任何一种来努力维持市场第一的地位：

1. 防御战略

市场领导者应该采取什么措施保护自己的市场地位呢？它必须防止或者纠正可能给竞争者造成攻击机会的自身的弱点；必须总是能够实现自己的价值承诺；其产品的价格必须与顾客对该品牌的认知价值相一致；必须坚持不懈地努力与高价值的顾客保持紧密关系。市场领导者应该"填补空白点"以防止竞争者切入。但是，有力进攻才应是最好的防御战略，对竞争者进攻最好的反应是持续不断地创新。市场领导者不会满足于事物的既有状态，而是在新产品、顾客服务、分销效果和成本降低等方面走在行业的前面。它持续不断地提高自身的竞争效果和为顾客创造价值。

里斯和特劳特在《商战》一书中就防御战讲了三条原则：第一，只有市场领导者才应该考虑进行防御；第二，最好的防御策略是进攻自我的勇气；第三，要时刻准备阻止竞争者的强大营销攻势。

保护市场占有率的企业竞争思路体现在防御战略中，可以从以下两个方面去做：

（1）以静制动。企业在不改变产品的基础上，通过降价、扩大渠道、增加公关和促销力度等措施来进行防御。这种防御从短期来看有很好的效果，只要市场领导者有足够的实力，就能让竞争对手受到更大的打击。

（2）以动制胜。企业通过自我攻击防御（如创新，开发新的产品项目和产品线）和收缩防御（如战略性撤退，缩减产品项目和产品线）等积极的防御措施来应对面临的竞争，保护自己的市场占有率。最佳的防御是有勇气自我攻击，就是通过不断推出新产品或新服务，取代现有的产品或服务，以此强化自己的市场领导地位。克劳塞维茨在《战争论》一书中说："防御这种作战形式绝不是单纯的盾牌，而是由巧妙的打击组成的盾牌。"既有积极的进攻防御，又敢于否定自己的产品，收缩防御体现出的是一种否定自我的勇气。

英特尔公司每隔一段时间就推出更先进、速度更快的 CPU 芯片，其性能与价格同现有产品相比都占有绝对的优势，从而不断冲击顾客头脑中的信念，以此巩固自己的"霸主"地位。

2. 扩大市场总需求

当整体市场扩大的时候，市场领导者往往是其中最大的受益者。扩大市场总需求可以从以下三个方面来进行：

（1）寻找新的使用者。具体包括说服那些尚未使用本企业产品的人开始使用，是市场渗透战略的运用，如生产香水产品，可在女性中不断寻找新的顾客；在新的人口细分市场找到用户，如生产男士用的香水；让原来使用竞争者品牌的顾客转变为使用本企业的品牌；寻找尚未使用本企业产品的地区，开发新的地理市场（地理扩展战略）。

（2）发现和推广产品的新用途。营销者可以通过发现并推广产品的新用途进一步扩大市场总需求。例如，口香糖不再仅仅用于儿童吹泡泡游戏，而且对成人治疗疾病也有帮助，包括治疗龋齿、接种疫苗、治愈耳朵感染和缓解溃疡。口香糖从一种黏性的糖果变得有医用价值，这促进了其销售量的上涨。

（3）促使使用者增加使用。具体包括增加使用率，增加每次使用量，增加使用场所。例如，洗发水的制造商鼓励消费者每次洗发时使用更多的洗发水；把牙膏的口开大一些是许多人津津乐道的营销范例，这样就在无形中增加了牙膏的使用量；法国米其林轮胎公司一直设法鼓励车主每年驾驶更多的里程，以增加更换轮胎的次数。

3. 提高市场份额

市场领导者也可以通过进一步增加市场份额得到成长。在很多市场中，微小的市场份额的增长意味着销售量的巨额增加。研究表明，在一般情况下，利润会随着市场份额的增加而提高。正因为有这些研究成果，很多企业寻求通过提高市场份额增加利润。

追求提高市场份额时要考虑以下三个因素：

（1）引起反垄断行动的可能性。微软公司和英特尔公司就是最好的例子，这两家公司都因市场领导地位及其做法而面临严密的监视。

（2）成本。许多产品往往面临这种现象，当市场份额持续增加而未超出某一限度时，企业利润会随着市场份额的提高而提高；但当市场份额超出某一限度后仍然继续增加时，经营成本增加速度就会大于利润增加速度，企业利润会随着市场份额的提高而降低，主要原因是用于提高市场份额的费用增加。高市场占有率要导致高利润应具备的条件是：单位成本随着市场份额的增加而减少；提供一个优质产品的收益的增加超过提供较高质量所花费的成本。

（3）营销组合策略。如果企业实行了错误的营销组合策略，则市场份额的提高反而会造成利润的下降。

（4）增长的市场份额对实际质量和感知质量的影响。过多的顾客会使得企业资源紧张，影响产品价值和服务传递。美国在线（American Online）就曾经历过这种成长期阵痛,当时其顾客群的扩张导致系统中断,访问出现问题。消费者推断"更大并非更好",并猜想企业成长会导致质量衰退。如果"排他性"是一种关键的品牌利益,那么现有顾客就可能会排挤增加的新顾客。

6.2.2 市场挑战者战略

市场挑战者(market challenger)是在行业中名列第二、第三甚至更低的企业,但它们能向行业主导者或其他企业发动进攻,以获取更多、更大的市场份额。大多数市场挑战者的战略目标是提高市场占有率。进攻对象可以是市场领导者、实力相当者或地方性小企业。

攻击市场领导者风险大,潜在利益也大。当市场领导者在其目标市场的服务效果较差而令顾客不满或对某个较大的细分市场未给予足够关注时,采用这一战略带来的利益更为显著;攻击实力相当者要考察实力相当者是否满足了消费者的需求,是否具有产品创新能力,若在这些方面存在缺陷,就可作为攻击对象;攻击地方性小企业则可以选择那些规模较小、经营不善、资金缺乏的企业。

1. 正面进攻

正面进攻是指集中力量向对手的优势部位发起攻击,而不是向其弱点发起攻击,其结果取决于谁有更大的实力和持久力。在这种情况下,进攻者必须在产品、渠道、广告、价格等主要方面大大超过对手,才有可能成功。正面进攻的胜负取决于双方力量的对比。正面进攻的另一种措施是投入大量研究与开发经费,使产品成本降低,从而以降低价格的手段向对手发动进攻,这是持续实行正面进攻战略最有效的方式之一。

里斯和特劳特在《商战》一书中就进攻战讲了三条原则:第一,进攻考虑的重点应该是领导者在市场中的强势部分;第二,要找到领导者强势中的弱点,并攻击此弱点;第三,在尽可能狭窄的阵地上发动进攻。

找到领导者强势中的弱点是不容易的,找到弱点后应让领导者不能复制与反击。20世纪80年代,汉堡王提出"烤而不炸"的口号,广告强调用火烤肉制成的汉堡比炸肉制成的味道更好。这让麦当劳模仿不来,它没法把炸锅全都扔出去,那样太费钱了,于是麦当劳的律师迅速提起诉讼,要求取消这些广告。这更加唤醒了公众的注意力,汉堡王销量飞升,消费者对汉堡王的评价大为改善,而对麦当劳的好感度降低。

从狭窄防线深度渗透,是有军事头脑的人的制胜法宝。进攻方应尽可能专注于单一产品,这样就会用上兵力原则,达到局部优势。只有突破防线后,才可以横向扩展,占领阵地。若是一下子在非常广阔的阵地上投入多种产品,发动全面进攻,必然会遭遇挫败,并且还会损失得更多。

2. 侧翼进攻

侧翼进攻是营销战中最具创新性的方法。在战争中,出其不意是必不可少的制胜原则之一。它是在对手没有作出充分准备的时间和地点进行的。相反,如果你向对手的优势发起攻击,即使你的资源比对手多出几倍并有坚强的意志,成功的可能性依旧不高。所以,军事史上最大的胜利几乎都不是通过正面进攻取得的。

里斯和特劳特说：我们将侧翼进攻定义为开发一种具有显著差别的新产品。他们在《商战》一书中就侧翼进攻也讲了三条原则：第一，一次好的侧翼进攻行动应该在无人竞争的地区展开；第二，战术奇袭应该成为计划里的一个重要组成部分；第三，追击同进攻本身一样重要。

侧翼进攻具体可以从以下四个方面来贯彻：

（1）细分。在企业竞争中，侧翼进攻就是集中优势力量攻击对手的弱点，发现空白市场和薄弱市场。有时可采取"声东击西"的战略，佯攻正面，实际攻击侧面。这可分为两种情况：一种是地理性侧翼进攻，即在全国或全世界寻找对手力量薄弱的地区。另一种是细分性侧翼进攻，即寻找领先企业尚未为之服务的细分市场，分化市场，开发新品类，并在这些细分市场上迅速填空补缺。如日本的节能汽车概念使得日本汽车能在欧美汽车市场占有一席之地。

迂回战略是一种侧翼进攻，迂回战略提供了三种方针：多样化发展不相关产品；多样化发展新的地理市场；跃进式发展新技术以排挤现有产品。

（2）奇袭。从本质上讲，侧翼战是一种奇袭。克劳塞维茨说：秘密和迅速是出敌不意的两个因素。相对来说，正面进攻和防御战的特征和方向性是可以预见的，侧翼进攻则完全没有预见性。奇袭的程度越强，迫使领先者作出反应和设防的时间就越长，还会削弱对手的士气，让其人员一时瞠目结舌，在总部发出指示之前茫然不知所措。

（3）追击。如果侧翼进攻行动开始取得成功，就必须乘胜追击，直到获得完全的胜利。也就是说，侧翼战要求有一个雄伟的目标，否则注定会失败。克劳塞维茨说：如果没有追击，胜利就不会有很好的效果。企业的第一目标应该是扩大主导的市场份额，除此之外，没有任何其他目标值得企业停止对已经取得的成果加以巩固。

（4）巩固。不能给对手以喘息之机。纵观军事史与商业史，重大战役先胜后负的原因，都是指挥官不能充分利用以极大的时间和资源为代价取得的既有突破或优势。强化成功，弱化失败，不要让自己陷入忽视成功的进攻而努力去完善不成功的进攻的陷阱。如一家企业有5种产品，其中有3种领先，2种落后，企业的管理层常常把更多注意力放在落后产品上，销售计划的重点是使企业避免失败，将大量的金钱和时间用于弥补错误策略造成的损失中，忽视对领先产品的胜利成果加以巩固。

温蒂汉堡的著名广告语"牛肉在哪里"曾经风靡一时，宣传自己的汉堡"热而多汁"，开始将成人汉堡的定位植入顾客心智，从侧翼开辟了一个新的成人汉堡市场，这条广告语传递了温蒂的战略核心，即生产适合成人的更大、更多牛肉的汉堡。

3. 包围进攻

进攻者比对手更具有资源优势，包围涉及敌人的前方、边线和后方，能足够快地击破对手的抵抗意志时，才有战略意义。包围进攻是一种全方位、大规模的进攻战略，挑战者拥有优于对手的资源，并确信围堵计划的完成足以打垮对手时，可采用这种战略。

里斯和特劳特认为，从长远看，任何市场都将变为两匹马的竞争。在市场早期阶段,第三位、第四位产品也具有吸引力。因为产品销量不断增长,新的消费者不断进入市场,他们不了解哪些产品居于领先地位,往往购买他们感兴趣的产品,而这些产品可能正是处于第三位、第四位的产品。但随着市场的成熟,最终将形成两强相争的局面,如饮料领域的可口可乐和百事可乐、汽车领域的通用和福特、快餐业中的麦当劳和汉堡王等。

6.2.3 市场跟随者战略

市场跟随者(market follower)是在市场中处于次要地位的企业,它们与市场挑战者不同,宁愿追随或模仿市场领导者,向市场提供与领导者产品相似的东西。但这并不是说市场跟随者缺乏战略。一个市场跟随者必须清楚如何保留现有顾客和如何赢得相当份额的新顾客。每个跟随者都试图在选址、服务或者财务等方面为其目标市场创建独特性优势。跟随者必须时刻保持低廉的制造成本、优质的产品和服务质量,因为它通常是挑战者攻击的首要目标。当挑战者有所行动时,跟随者必须准备随时进入新的市场。跟随者需要设计一条成长路线,但前提是这条路线不会带来竞争性报复。

跟随者有四种类型:伪造者、克隆者、模仿者、改良者。其中,伪造者是受到法律谴责和打击的对象。

1. 及时跟随战略

该战略是指在产品的导入期、成长期及时跟进,在产品、广告、分销等各个方面尽可能地模仿市场领导者,成为克隆者和模仿者。这种战略的运用一定要"赶早",不然就失去了市场机会。当然要避免成为伪造者、山寨者。

2. 距离跟随战略

该战略是指在产品的某些方面模仿市场领导者,在其他一些方面(如广告、包装、价格等方面)则有所不同;也可以改变市场领导者的产品并经常改进它们,在产品的品种、质量、外观、包装、品牌、服务等方面有差别;还可选择销往其他不同市场,以避免与市场领导者直接冲突。

改良者会对领导者的产品进行调整或者改良,它们可能会选择在不同的市场销售产品,很可能成长为未来的挑战者,如许多日本公司通过改良领导者产品去别处发展壮大。

美国学者库普斯和莱布兰德通过对美国和加拿大的1600家企业进行调查研究提出,一个企业要想在市场竞争中取胜,最好的方法是创造性地模仿市场领导者。创造性模仿的系统方法是"参照"。所谓参照,是指企业将其产品、服务和其他业务活动与自己最强的竞争者或某一方面的领先者进行连续对比测量的过程,其目的是发现自己的优势和不足或寻找领导者领先的原因,以便为企业开发新产品、开展市场营销活动、制定目标和战略提供依据。参照已经成为一种管理技巧,为越来越多的西方大企业所采纳,如施乐、通用汽车、柯达、福特、杜邦等设立了专门从事参照活动的部门。

参照本身所具有的主要优势有：参照是一种创造性模仿，建立在其他企业成功或失败的基础之上，因此可以不犯或少犯创新者犯过的错误，从而降低创新的风险；参照既了解自己，也了解被模仿者，做到了知己知彼；参照对于信息的搜集具有更强的目的性和主动性，因此获取的信息比单纯的情报工作搜集到的信息具有更大的价值，而且信息量也可能更多；参照是采用完全合法的手段学习、模仿其他企业，因此更容易与被参照者合作。

德鲁克认为，"创造性模仿"这个词从字面上看有很明显的矛盾之处。因为凡是"创造的"必定是"原创的"，如果是模仿品，则肯定不是原创的。然而，这个词却很贴切，它描述了一种本质为"模仿"的战略。企业家所做的事情，乃是别人已经做过的事情，但这件事情又具有"创造性"，这是因为运用"创造性模仿"战略的企业，比最初从事这项创新的企业，更了解该项创新的意义。

6.2.4 市场补缺者战略

市场补缺者（market niche）也称为"市场利基者"，是指那些致力于在一个或很少几个细分市场上开展营销活动以建立相对竞争优势而避免与大企业竞争的企业。市场补缺者的三个任务包括：善于发现、创造适宜的细分市场；不断拓展细分市场，进入新的细分市场；保护企业的细分市场。

由于集中经营一个细分市场风险较大，市场补缺者通常选择两个或两个以上细分市场，在这些细分市场上经营成功后，企业的生存适应性将大为增强。

市场补缺者成功与否的关键在于能否找到理想的小型细分市场。规模较小且大企业不感兴趣的细分市场，称为补缺基点。

理想的补缺基点的特征包括：具有足以使企业盈利的规模和购买力；有发展潜力；大企业对其不感兴趣；本企业有为该市场服务的能力和资源；本企业能够靠已经建立的市场信誉抵御强大竞争对手的攻击。

游击战是市场补缺者生存的主要竞争战略。游击战是主要适用于规模较小、力量较弱的企业的一种战略。游击进攻的目的在于以小型的、间断性的进攻干扰对手的士气，以占据长久性的立足点，因为小企业无力发动正面进攻或有效的侧翼进攻。但是，也不能认为游击战只适合于财力不足的小企业，持续不断的游击进攻，也是需要大量投资的。还应指出，如果想打败对手，光靠游击战不可能达到目的，还需要发动更强大的攻势。

里斯和特劳特分析了游击战应该掌握的三条基本原则：第一，找一块细分市场，要小得足以守得住；第二，不管多么成功，也不要使自己的行为像一个市场领导者；第三，一旦有失败迹象，随时准备撤退。

1. 专业化

中国有一句老话："宁为鸡首，勿做凤尾。"游击战就是要成为小池塘里的大鱼。由于细分出来的市场太小，大企业对夺取它并不感兴趣，也不值得这么做，至少在竞争初期，占领这块细分市场的专家型企业拥有极大的优势。这时的数学法则并没有改变，战场规模缩小，使得兵力优势并不倾向于行业领导者，从而在这一特定市场领域，行业领导者的进攻要突破专家型企业的防御，必然是事倍功半，得不偿失。

专业化是采取游击战主宰市场的关键。企业通过细分找到特定的消费者，体现出专业化的市场特征，而专业化往往又是独特性的表现。专门化主要有以下分类：

（1）最终使用者专业化——专门为某一类型的最终顾客服务。

（2）垂直层面专业化——专门致力于营销渠道某一层面的生产经营活动。

（3）顾客规模专业化——专门为某一种规模的顾客提供服务。

（4）特定顾客专业化——只为一个或少数几个主要顾客提供服务。

（5）地理区域专业化——只为某一特定区域提供服务。

（6）产品或产品线专业化——只生产某种产品或某一品类产品。

（7）客户订单专业化——专门按客户订单进行生产。

（8）质量和价格专业化——专门生产经营某种质量和价格的产品。

（9）服务项目专业化——专门提供其他企业所没有的一种或几种服务。

（10）销售渠道专业化——专门为某一种销售渠道提供服务。

美国一位鞋类进口商在慢跑时发现零钱和钥匙总是没处放，由此他发明了"袋鼠"运动鞋，这种鞋的侧翼有个带拉链的袋子，结果投入市场后马上大受欢迎。

2. 灵活性

通过灵活、快速多变的策略进行游击战。市场补缺者可以灵活调整自己的经营思路和经营范围，一旦发现经营方面有问题或者没有了市场，就应该及时灵活地调整自己的经营范围、产品线、产品项目等内容，所谓"船小调头快"，这样可以使企业在激烈的市场竞争中找到合适的位置，生存和发展下去。撤退的反面是挺进，只要发现一个机会，企业就应该迅速行动，填补市场空缺。

里斯和特劳特告诫企业管理者：比起你自己的规模来，更重要的是你的竞争对手的规模。营销战成功的关键在于，要针对你的竞争对手制定战略战术，而不要针对你自己。

长尾市场也称为"利基市场"。"利基"（niche）有拾遗补阙或见缝插针的含义。长尾理论是指只要产品存储和流通的渠道足够大，需求不旺或销量不佳的产品所共同占据的市场份额就可以和那些少数热销产品所占据的市场份额相匹敌甚至比后者更大，即众多小市场汇聚可产生与主流相匹敌的市场能量。也就是说，企业的销售量不只是在于传统需求曲线上那个代表"畅销产品"的头部，还可以是那条代表"冷门产品"、经常被人遗忘的长尾。

长尾理论是网络时代兴起的一种新理论，由于成本和效率的因素，当产品储存、流通、展示的场地和渠道足够宽广，产品生产成本急剧下降以至于个人都可以进行生产，并且产品的销售成本急剧降低时，几乎任何以前看似需求极低的产品，只要在卖，都会有人买。这些需求和销量不高的产品所占据的共同市场份额，可以和主流产品的市场份额相当，甚至更大。

长尾理论颠覆了企业一直奉行的"二八定律"，过去企业主要关注在20%的产品上创造 80% 收益的客户群，往往忽略那些在 80% 的产品上创造 20% 收益的客户群。但现在，过去的"长尾"可以成为新的利润增长点。中小企业可以运用长尾战略，选择自己擅长的领域与环节，专业化经营，以取得成功。

针对竞争战略理论的缺陷，韩国战略学家钱·金教授和美国战略学家勒妮·莫博涅教授于 2005 年提出了蓝海战略理念。"蓝海"是相对"红海"而言的，其目的是摆脱竞争，通过创造和获得新的需求，实施差异化和低成本措施，获取更高利润率。竞争极端激烈的市场是"红海"，而"蓝海"是一个未知的市场空间，没有竞争的领域。企业可以通过价值创新手段得到崭新的市场领域，获得更快的增长和更高的利润。蓝海战略考虑的是如何创造需求，突破竞争。

本章总结

在优胜劣汰的竞争法则面前，市场中的每个企业都是平等的，如何认识竞争及竞争者，如何参与竞争并使自己在市场竞争中处于优势，是企业能否获得营销成功的核心所在。

创造竞争优势是企业分析竞争及竞争者后希望得到的结果，要求企业比竞争对手更多地向目标顾客传递价值和满意。创造竞争优势首先是要进行竞争者分析，其次是开发竞争战略。

进行竞争者分析时，企业需要了解：谁是公司的竞争者？它们的战略是什么？它们的目标是什么？它们的优势与劣势是什么？它们的反应模式是什么？

波特提出了三种基本竞争战略：全面成本领先战略、差异化战略、集中战略。三种基本战略都存在一定的风险，企业必须认识这些风险，作出正确的战略选择。

持续竞争优势是指企业拥有独特产品、核心技术或者独特营销模式，且不易被模仿和取代的优势，即具有核心竞争力。

市场占有率决定了企业的竞争地位。实力雄厚的企业力求成为市场领导者或挑战者，其他企业则只好成为市场跟随者或补缺者。防御战、进攻战、侧翼战和游击战等是处于不同竞争地位的企业在竞争中的不同战略选择。

本章关键词

创造竞争优势　竞争者　品牌竞争者　持续竞争优势　基准营销　长尾理论

思考题

1. 竞争者分析的基本内容是什么？
2. 基本的竞争战略有哪些？
3. 竞争地位不同导致的不同竞争战略有哪些具体表现？

第 7 章

目标战略选择

开篇案例 科技尽善,生活尽美

中国女性消费市场规模超 10 万亿元,45% 的女性每年护肤花费超 3000 元,"她经济"来袭,人们愿意花高价钱买护肤品,只为获得好的肌肤状态。

2021 年 4 月,美的全新发布的 VC 轻柠、UV 光净、心悦三大套系,从用户的健康、肌肤滋养、轻生活等细分需求进行挖掘,带来全新的解决方案,引领全新的"水养"新生活体验。

美的 VC 轻柠套系主张"清养内外,焕活身心"。该套系提供了内置 VC 滤芯的美容花洒,即安即用,除氯美白保湿抗氧化,呵护每次洗护,更能让后续护肤吸收效果更好。在饮水上,年轻一代消费者的烦恼集中在希望找到兼顾饮水口感与健康的选择,该套系为此特别添加了一款气泡机,带来清爽口感的同时,可以帮助阻断糖类和脂肪的吸收,非常适合减重人群,还能缓解便秘、维持人体正常 pH 酸碱度,健康又全能。

美的 UV 光净套系主张利用阳光杀菌的力量,打造鲜净好水,确保每一滴水都是 99.99% 的灭菌水,为妈妈和婴幼儿提供高品质的饮用水,达到从饮到用有效滤除并净化每滴水的异色、异味、有害物质,提供健康鲜活水,在冲奶、洗浴、洗菜做饭等家庭日常生活中,呵护稚嫩脆弱的婴幼儿与代谢免疫需重点关注的人群的用水安全,给家人带来健康呵护。

美的心悦套系主张"由心悦己,自有高光",满足都市女性悦己的追求。美的心悦套系引领 28 天的肌肤全新蜕变之旅,悦泉燃气热水器带来自然温泉般的大水量肌肤唤醒,让肌肤享受天然的 SPA;悦养电热水器免除水垢与余氯困扰,让肌肤更好地吸收精华营养;悦净白泽净水机带来至净鲜活好水,给予肌肤极致呵护,成功唤醒从内到外的精致好状态,更好享受当下的高光悦己时刻。

随着美的三大套系新品的推出,也将迎来水家电行业的又一次革新。通过知名人士亲身体验,拉近与用户的距离并与用户展开对话,聚焦不同消费群体精细化场景需求。三大套系带来整体解决方案,满足用户的体验感、品质感与个性化需求,将有力地传递品牌价值理念，占据消费者心智。同时，美的发布《清净水生活白皮书》，制定三大标准推动行业发展，升级用水体验，在理念引领与产品体验双重品牌教育中形成完整的品牌认知，强化品牌忠诚度与实际转化。

资料来源：《美的三大套系激活场景体验，满足不同圈层用水需求》，www.cmmo.cn/article-219237-1.html，2021年8月6日访问。

企业确定了"成什么"和"做什么"之后，就要确定"做给谁"。企业需要对市场进行有效的细分，并根据实际情况确定自己的目标市场。STP（segmentation，细分；targeting，目标；positioning，定位）战略中的ST指的就是如何进行市场细分，以确定目标市场。具体而言，精挑细选，通过市场细分确定目标市场，找对人。

7.1 市场细分化

在广阔及多样化的市场中，一家企业不可能为所有顾客服务。然而，企业可以根据消费者不同的需求将其划分为不同的消费群体或细分市场。之后，企业还需要识别出自己能为之有效服务的细分市场。在作这些营销决策时，管理者应该了解使每个细分市场变得独特的因素。

7.1.1 市场细分内涵

1. 含义

市场细分的概念于20世纪50年代由美国市场营销专家温德尔·史密斯（Wendell R. Smith）提出。市场细分理论的产生，被西方市场营销学家称为"市场营销革命"。

市场细分，就是根据顾客之间需求的差异性，把一个市场整体划分为若干个顾客群体，每一个由需求特点相似的顾客组成的群体构成一个细分市场。市场细分的基础是顾客需求的差异性，市场细分的目的是选择和确定目标市场。科特勒说：市场细分指将市场划分为较小的顾客群，这些顾客群具有不同的需求、特点或行为，并需要不同的市场营销战略或组合。

2. 产生过程

市场细分战略的产生和发展经历了以下几个阶段：

（1）大量营销阶段。即大批量生产品种规格单一的产品和通过大众化的渠道推销。在当时的市场环境下，大量的营销方式降低了产品成本和价格，使企业获得了丰厚的利润，企业没有必要，也不可能重视市场不同需求的研究。

（2）产品差异化营销阶段。即向市场推出许多与竞争者产品相比具有不同质量、外观、性能的品种各样的产品。在这里，企业考虑的仅是自己现有的设计、技术能力，而未仔细研究顾客的不同需求。

（3）目标营销阶段。即企业在研究市场和细分市场的基础上，结合自身的资源与优势,选择其中最有吸引力和最能有效地为之提供产品或服务的细分市场作为目标市场,设计与目标市场需求特点相匹配的营销组合等,市场细分战略即由此产生。

市场细分有一定的客观条件。只有在市场经济发展到一定阶段,市场上产品供过于求,消费者需求多种多样,企业无法通过大批量生产产品的方式或差异化产品策略有效满足所有消费者需要的时候,市场细分的客观条件才具备。还必须指出的是,市场细分不是根据产品品种、产品系列进行的,而是从顾客的角度进行的,这是市场细分的理论基础,即市场细分是根据顾客的需求、动机、购买行为的多元性和差异性进行的。

市场细分可以通过不同的方式描述,偏好细分(preference segments)就是其中的一种方式。当所有消费者具有大致相同的偏好时,我们称之为同质偏好(homogeneous preferences),这种市场不存在天然的细分市场。而另一个极端是消费者的偏好具有很大差异,称之为扩散偏好(diffused preferences)。如果市场上同时存在几个品牌,它们可能会定位于市场的各个空间,且分别显示出它们的特色,以迎合消费者不同的偏好。还有一种集群偏好(clustered preferences),此时天然的细分市场是由市场上各种具有相同偏好的群体构成的。

市场细分不仅是一个分解的过程,也是一个聚集的过程。所谓聚集的过程,就是把对某种产品特点最易作出反应的消费者集合成群。这种聚集可以依据多种标准连续进行,直到识别出其规模足以实现企业利润目标的某一个消费者群。

7.1.2 市场细分作用

市场细分能使企业营销更具针对性、更有个性,使企业获得更多机会。

1. 有利于发现市场机会

通过市场细分,可以发现需求被满足的程度及哪些需求仍是潜在需求。中小企业通过市场细分,可以根据自身情况,选择那些大企业不愿经营、市场需求相对较少的细分市场,集中力量满足这些细分市场的需求,从而在整体市场竞争激烈的情况下,在局部市场确立相对竞争优势,取得较好的经济效益,求得生存和发展。

2. 有利于深入认识细分市场

通过市场细分和认真分析各细分市场的特点,企业能正确确定目标市场。通过市场细分,企业可以对每一个细分市场的购买潜力、满足程度、竞争情况等进行分析对比,探索出有利于本企业的市场机会,使企业及时作出投产、异地销售决策或根据本企业的生产技术条件编制新产品开拓计划,进行必要的产品技术储备,掌握产品更新换代的主动权,开拓新市场,以更好地适应市场的需要。企业可以集中人、财、物等资源,获取在局部市场上的优势,争取占领细分市场。

3. 有利于制定有效的市场营销组合策略

市场营销组合策略的有效性与企业对目标市场特点的认识密切相关。市场细分后的子市场比较具体，比较容易了解消费者的需求，企业可以根据自己的经营思想、生产技术和营销力量，确定自己的服务对象，即目标市场。针对较小的目标市场，企业也便于制定特殊的营销策略。同时，在细分市场上，信息容易了解和反馈，一旦消费者的需求发生变化，企业可迅速改变营销策略，制定相应的对策，以适应市场需求的变化，提高企业的应变能力和竞争力。

4. 有利于提升企业的竞争力

竞争是企业进行市场细分的催化剂，没有竞争就没有市场细分，市场细分面对竞争而产生。通过市场细分和对细分市场的分析，企业和竞争者在各细分市场上的相对优势和劣势都能得到充分暴露，从而有利于企业选择适当的细分市场，帮助企业扬长避短，取得优势。

7.1.3　市场细分条件

从企业营销的角度看，并非所有市场细分都有意义，所选择的细分市场必须具备一定的条件或原则，这些条件或原则是企业将其变为目标市场必须要考虑的因素。

1. 可衡量性

可衡量性是指细分市场可以识别和衡量，即细分出来的市场不仅范围明确，而且对其容量大小也能大致作出判断，表明该细分市场特征的有关数据资料必须能够加以衡量和推算。如果不可衡量就显得不够精准和量化，对营销对策的影响就显得不够有说服力。

2. 可实现性

可实现性指企业所选择的细分市场是否容易进入。企业可根据目前的人、财、物等资源，确定能否通过适当的营销组合策略占领市场。可实现性也指细分出来的市场应是可接近的，企业通过营销活动能够使产品进入并对顾客施加影响的市场。一方面，有关产品的信息能够通过一定媒体顺利传递给该市场的大多数消费者；另一方面，企业在一定时期内有可能将产品通过一定的分销渠道运送到该市场。否则，该市场细分的价值就不大。

3. 可营利性

可营利性指细分出来的市场的容量或规模要大到足以使企业获利。进行市场细分时，企业必须考虑细分市场上顾客的数量，以及他们的购买能力和购买产品的频率。如果细分市场规模过小，即市场容量太小，细分工作烦琐，成本耗费大，获利小，就不值得去细分。

4. 可区分性

可区分性是指不同细分市场的特征可清楚地加以区分。各细分市场的消费者对同一市场的营销组合方案会有差异性反应，或者说对营销组合方案的变动，不同细分市场会有不同的反应。如果不同细分市场的顾客对产品需求差异不大，行为上的同质性远大于差异性，企业就不必费力对市场进行细分。另外，对于细分出来的市场，企业应当分别制定出独立的营销方案。如果无法制定出这样的方案,或其中某几个细分市场对是否采用不同的营销方案不会有大的差异性反应,便不必进行市场细分。

7.1.4 市场细分标准

市场细分标准可以分为面对消费者市场的标准和面对组织市场的标准。

针对消费者市场的细分标准主要包括地理因素、人口因素、心理因素、行为因素和互联网因素。

1. 地理因素

可根据不同的地理因素将市场划分为不同的地理单位。

(1) 按地区细分,如国家、州、地区、县、城镇或邻近地区。在我国,生活在南方和北方的消费者、东部与西部的消费者,甚至相邻省、市的消费者,对许多新产品的要求都大有差别。

(2) 按消费水平细分,如城市、郊区与乡村。由于居住环境的差异,城市与乡村消费者在室内装饰用品的需求上会有不少差异。

(3) 按城市规模细分,如特大型城市、大城市、中型城市及小城市、县城与乡镇。

(4) 按气候条件细分,不同地域的气候条件不同,我国北方高纬度地区冬季寒冷干燥,南方低纬度地区冬季温暖潮湿,两地消费者对许多冬季产品的要求便大相径庭。处于不同地理位置的消费者,对同一类产品往往呈现出差别较大的需求特征,对企业营销组合的反应也存在较大的差别。

地理因素是一种相对静态的变数,处于同一地理位置的消费者对某一类产品的需求仍然会存在较大的差异,因此还必须同时依据其他因素进行市场细分。

2. 人口因素

企业可根据年龄、家庭规模、家庭生命周期、性别、社会阶层、收入、职业、受教育程度、宗教、种族、代系和国籍等因素对市场进行细分。营销人员之所以会如此普遍地使用人口统计变量,一个原因是消费者的需要和欲望往往与这些变量密切相关,另一个原因就是这些变量比较容易测量。

(1) 按年龄细分。消费者的欲望、愿望和能力会因为年龄不同而发生变化,如青年人对服饰的需求与老年人差异较大。

(2) 按性别细分。不同性别对品牌和产品的需求有很大的区别,如汽车制造商过去一直迎合男性需求设计汽车,现在,随着越来越多女性参加工作和拥有自己的汽车,这些汽车制造商开始研究女性汽车市场,设计了具有吸引女性消费者特点的汽车。

(3) 按职业细分。一个人的职业也会影响其消费模式,如工人、农民、军人、教师、学生、职员及干部、企业家等,对同一类产品也会产生不同偏好。

(4) 按收入细分。收入因素是经常用于市场细分的又一标准。消费者通常要"量入为出",依据收入条件作出消费和购买决定。因此,许多企业把市场区分为精品市场和大众市场,高收入者市场、中收入者市场及低收入者市场,或进一步依据人均收入的不同档次细分市场。

(5) 按民族细分。每个国家都存在不同的民族,每个民族都在漫长的历史发展过程中形成了独特的风俗习惯和文化传统,因而会导致需求的差异性。

(6) 按代系细分。每一代人都会受到其所处时代的深远影响,包括当时的音乐、政策和各种事件。人口统计学家把这些代系群体称为同期群（cohorts）。同期群具有相同的时代经历,具有相似的看法和价值观。营销人员通常会使用同期群中共同体验过的标志和图片作为吸引这一代人的广告。

(7) 按社会阶层细分。社会阶层对个人在汽车、服装、家用设备、休闲活动、阅读习惯、零售等方面的偏好有着强烈的影响。许多公司为特定的社会阶层设计产品和提供服务。社会阶层的品位也会随着时间的推移而变化。

3. 心理因素

心理因素即按照消费者的心理特征细分市场。按照上述几种标准划分的处于某个群体中的消费者对同类产品的需求仍会显示出差异,原因之一是心理因素在发挥作用。这些心理因素可按照以下方式细分:

(1) 按个性细分。俗话说,"人心不同,各如其面"。每个人的个性都会有所不同。通常,个性会通过自信、自主、支配、顺从、保守、适应等性格特征表现出来。因此,个性可以按这些性格特征进行分类,从而为企业细分市场提供依据。对诸如化妆品、香烟、啤酒、保险之类的产品,企业就可以个性特征为基础进行市场细分。

(2) 按生活方式细分。生活方式是指一个人怎样生活。人们追求的生活方式各不相同,如有的追求新潮时髦,有的追求恬静、简朴;有的追求刺激、冒险,有的追求稳定、安逸。生活方式也是指一个人在生活中所表现出来的活动、兴趣和看法的整体模式。人们追求的生活方式不同,对产品的喜好和追求也就不同。在有关心理因素的作用下,人们的生活方式可以分为"传统型""新潮型""奢侈型""活泼型""社交型"。如服装企业,可以为"简朴的女性""时髦的女性"和"有男子气的女性"分别设计不同服装。

(3) 按生活格调细分。生活格调是指人们对消费、娱乐等特定习惯和方式的倾向性,是一种风范、品位和审美体现。追求不同生活格调的消费者对商品的爱好和需求有很大差异,企业可为其专门提供符合其要求的布置、装饰或氛围。

4. 行为因素

根据购买者对产品的了解程度、态度、使用情况及反应等将其划分成不同的群体,称为行为细分（behavioral segmentation）。行为变数能更直接地反映消费者的需求差异,因而成为市场细分的最佳起点。

(1) 按时机细分。时机细分（occasion segmentation）是根据消费者产生购买意图的时机、实际购买的时机和使用产品的时机，把消费者划分为不同的群体。如父亲节、母亲节这样的节日，一直是商家促销糖果、鲜花、贺卡和小礼品的好机会；国外为圣诞节这样的节日准备特价产品和促销广告的商家很多。

（2）按追求利益细分。根据消费者对产品追求的利益不同，可将其划分为不同的群体，这是一种很有效的市场细分方法。利益细分（benefit segmentation）要求找出消费者购买产品大类所追求的几种主要利益与追求每种利益的人群特点，同时提供每种利益的主要品牌。例如，联合利华公司将香皂消费者划分为几个群体，每个群体都追求一种独特的利益组合：保护健康、价格便宜、气味芳香，或具有美容效果。

（3）按使用者状况细分。用户可以划分为从未使用者、曾经使用者、潜在使用者、首次使用者、经常使用者几种。准妈妈是婴儿用品的潜在使用者，而她们很快就会变成使用者了。

（4）按使用率细分。依据产品购买、使用或消费的数量因素，可将消费者分为少量使用者、中量使用者及大量使用者。大量使用者虽然在消费总人数中所占比重较小，但购买、消费某种产品的比重却很大，且往往具有某种共同的性格及心理方面的特征。以饮用啤酒为例，大量饮用者消费了啤酒总量的80%以上，几乎是少量饮用者消费量的7倍。

（5）按品牌忠诚度细分。市场还可依据消费者对某一品牌的忠诚状态进行细分，如始终不渝地购买某一品牌的坚定的忠诚者，经常在几种固定的品牌中选择的不坚定的忠诚者，以及对任何一种品牌都不忠诚的多变者。每个企业的市场都包含比例不同的这样三类顾客。依据品牌忠诚度细分市场，可以发现问题，采取措施改进营销策略。

（6）按购买的准备阶段细分。消费者对各种产品的了解程度往往因人而异。有的消费者可能对某一产品确有需要，但并不知道该产品的存在；还有的消费者虽已知道产品的存在，但对产品的价值、稳定性等还存在疑虑；另外一些消费者则可能正在考虑购买。针对处于不同购买阶段的消费群体，企业可进行市场细分并采用不同的营销策略。

（7）按态度细分。企业还可根据市场上消费者对产品的热心程度来细分市场。消费者对产品的态度可以分为五类：热衷、积极、不关心、消极和敌视。针对持不同态度的消费群体，企业在广告、促销等方面应当有所不同。

（8）按转化模型细分。转化模型（conversion model）衡量的是消费者对不同品牌心理承诺的强度和进行品牌转换的开放程度。该模型根据承诺的强度将品牌使用者细分为四类，从低到高排列如下：易转换者、薄情者、中庸者、不易转换者。

5. 互联网因素

互联网市场同样可以通过地理、人口、心理和行为四类变量进行细分，不过还要考虑到互联网市场的独特性。

在互联网时代，消费者组织正在成为创新活动的主要推动者。消费者行为正在从个体行为转变为群体行为，消费者不再是单独的个人，而是一个有共同兴趣、爱好与价值的群体（部落）。企业要与消费者共建文化部落，并成为这个文化部落的产品或服务的提供者。比如，现在的网络社区就包括娱乐社区、社交社区、交易社区、教育社区、品牌社区、消费者社区、员工社区、专题社区等。

许多用来细分消费者市场的标准，同样可用于细分组织市场，如根据地理、追求的利益和使用率等变量加以细分。不过，由于组织市场与消费者市场在购买动机与行为上存在差别，因此，除了运用前述消费者市场细分标准外，还可用一些新的标准来细分组织市场。

1. 人口统计因素

（1）行业：购买这种产品的哪些行业是我们的重点？

（2）公司规模：我们的重点是多大规模的公司？

（3）地理位置：我们应把重点放在哪些地区？

在生产者市场上，有的用户购买量很大，而另外一些用户购买量很小。以钢材市场为例，像建筑、造船、汽车制造企业对钢材需求量很大，动辄数万吨的购买量，而一些小的机械加工企业，一年的购买量也不过几吨或几十吨。企业应当根据用户规模大小来细分市场，并采取不同的营销组合方案。

2. 经营因素

（1）技术：哪类顾客重视的技术是我们的重点？

（2）使用者及非使用者情况：我们的重点是大量、中度、少量使用者，还是非使用者？

（3）客户能力：我们的重点是需要多种服务的顾客，还是很少几种服务的顾客？

3. 采购方式

（1）采购职能组织：我们的重点是采购高度集中的企业，还是采购高度分散的企业？

（2）权力结构：我们的重点是选择技术人员占主导地位的企业，还是选择财务人员或营销人员占主导地位的企业？

（3）现有客户关系的性质：我们的重点是那些已经建立了良好客户关系的企业，还是那些最具吸引力的企业？

（4）总采购政策：我们的重点是什么样的客户？是喜欢租赁、服务合同的，还是喜欢系统采购或招投标的？

（5）采购标准：我们的重点是重视质量的企业，还是重视服务或价格的企业？

4. 情境因素

（1）紧急程度：是否应把重点放在那些交货要求和提供服务需求非常紧迫的企业上？

（2）特别用途：是否应把重点放在本企业产品的某些应用，而不是全部应用上？

(3) 订单大小：我们的重点是大宗订单，还是小额订单？

产品的最终用途不同是生产者市场细分标准之一。生产者用户购买产品，一般都是供再加工之用，对所购产品通常都有特定的要求。比如，同是钢材用户，有的需要圆钢，有的需要带钢，有的需要普通钢材，有的需要硅钢、钨钢或其他特种钢。企业可将用途和要求大体相同的用户集合成群，并据此设计出不同的营销策略组合。

5. 个性特征

(1) 买卖双方的相似性：价值观与本企业相似的用户，是否应当是我们的重点？

(2) 风险态度：我们的重点是风险偏好型的用户，还是风险规避型的用户？

(3) 忠诚度：那些对供货商忠诚度很高的企业，是否应成为我们的重点？

7.2 市场目标化

市场细分是为了发现市场机会，更好地确定目标市场（target market）。科特勒说：目标市场是指企业决定为之服务的，具有共同需求或特点的购买者群体。

7.2.1 目标市场覆盖模式

企业在细分市场后，就必须对进入哪些细分市场作出决策。企业首先考虑的目标市场覆盖模式，一共有五种。

1. 密集单一化

最简单的方式是企业选择一个细分市场集中营销。企业通过集中营销，更加了解本细分市场的需要，并建立起特别的声誉，因此往往可在该细分市场建立牢固的市场地位。同时，集中营销比一般情况风险更大，个别细分市场可能出现不景气的情况。

2. 选择专业化

该模式即选择若干个细分市场，其中每个细分市场在客观上都有吸引力，并且符合企业的目标和资源。但在各细分市场之间很少有或者根本没有任何联系，然而每个细分市场都有可能盈利。这样还可以分散公司的风险。

3. 产品专业化

该模式即集中生产一种产品，企业向各类顾客销售这种产品。例如，显微镜生产商向大学实验室、政府实验室和工商企业实验室销售显微镜；企业准备向不同的顾客群体销售不同种类的显微镜，而不去生产实验室可能需要的其他仪器。企业通过这种战略，往往在产品方面建立起很高的声誉。

4. 市场专业化

该模式是指专门为满足某个顾客群体的各种需要而服务。例如，一家公司可为大学实验室提供一系列产品，包括显微镜、示波器、化学烧瓶等。

5. 市场覆盖化

该模式是指企业想用各种产品满足各种顾客群体的需求。只有大公司才能采用市场覆盖化模式，如通用汽车（汽车市场）和可口可乐（饮料市场）。

7.2.2 目标市场战略

企业选择的目标市场覆盖模式不一样，目标市场的营销战略也不一样，有四种目标市场战略可供企业选择。其中，无差异营销与差异营销都是面对整个市场，集中营销与微观营销都是面对局部市场。

1. 无差异营销

无差异营销就是指企业将整体市场看作一个大的目标市场，不进行细分，用一种产品、统一的市场营销组合去满足整个市场的需要。无差异营销战略只考虑消费者在需求上的共同点，而不关心他们在需求上的差异性。可口可乐在20世纪60年代以前曾以单一口味的品种、统一的价格和瓶装、同一广告主题将产品面向所有消费者，采取的就是这种策略。

无差异营销（undifferentiated marketing）或大众营销（mass marketing）的理论基础是成本的经济性。其优点包括：生产单一产品，可以降低生产与储运成本；无差异的广告宣传和其他促销活动可以节省促销费用；不搞市场细分，可以减少企业在市场调研、产品开发、制定各种营销组合方案等方面的营销投入。这种策略对于需求广泛、市场同质性高且能大量生产、大量销售的产品比较合适。

该战略的缺点是：当多家企业都采用无差异营销战略时，往往会形成整体市场竞争激烈而一些特定消费者群体的需求得不到满足的情况；竞争者成功的差异化营销可能给企业的低成本优势造成极大的冲击。

无差异营销战略一般适用于实力雄厚的大企业。对于大多数产品，此战略并不一定合适。

2. 差异营销

差异营销就是指企业选择若干个细分市场作为目标市场，并根据每个细分市场的特点，分别为它们提供不同的产品，制订不同的营销计划，开展有针对性的营销活动。

差异营销（differentiated marketing）或细分营销（segmented marketing）的优点是：能满足不同消费者的需要，从而扩大产品的销售；具有较大的灵活性，有利于降低经营风险。一旦企业在几个细分市场上获得成功，就有助于提高企业的形象及市场占有率。

差异营销的缺点是：使生产组织和营销管理复杂化，增加生产成本、管理费用和销售费用；要求企业拥有高素质的营销人员、雄厚的财力和技术力量；可能使企业的资源配置不能有效集中，顾此失彼，甚至在企业内部出现彼此争夺资源的现象，使拳头产品难以形成优势。

此战略一般适用于那些有较强开发能力和营销能力的实力雄厚的大企业。若竞争对手采取无差异营销战略，那么本企业可采取差异营销战略。

企业也可能转向反细分（counter-segmentation）市场或拓宽消费者基础。反细分市场是将许多过于狭小的市场组合起来，以一种产品广泛用于各类消费者群体的战略。例如，强生公司就把一些面对婴儿的洗涤用品和护肤品扩大到成年人市场上。

3. 集中营销

集中营销是指企业集中全部力量选择进入一个或少数几个细分市场，开展营销活动。实行差异化营销战略和无差异营销战略，企业均以整体市场作为营销目标，试图满足所有消费者在某一方面的需求。实行集中营销（concentrated marketing）或者补缺营销（niche marketing）的企业，不是追求在一个大市场角逐，而是力求在一个或几个子市场占有较大份额。例如，一家生产空调机的企业不是生产各种型号和款式、面向不同消费者的空调机，而是专门生产安装在汽车内的空调机。

集中营销的优点是：有利于准确把握消费者需求，有针对性地开展营销活动；有利于降低生产成本和营销费用，提高投资收益率。

集中营销的缺点是：经营风险较大；市场区域相对较小，企业发展受到限制；一旦目标市场突然发生变化，如消费者兴趣发生转移，或强大竞争对手进入，或新的更有吸引力的替代品出现，都可能使企业因没有回旋余地而陷入困境。

补缺是指从更为狭窄的角度定义的、寻求独特利益组合的消费者群体。营销者确定补缺的方法通常是对细分市场再进行细分。补缺营销基于补缺市场的消费者具有一系列独特的需求，他们为了选择最能满足其需求的企业，愿意支付溢价。补缺市场具有足够的规模、利润和成长潜力，而且不会吸引其他竞争者的注意力。补缺营销是通过专门化来获得一定的经济利益。

集中营销的指导思想是：与其四处出击收效甚微，不如突破一点取得成功。这一战略特别适合于资源力量有限的中小企业。中小企业由于受财力、技术等方面因素制约，在整体市场上可能无力与大企业抗衡，但如果集中资源优势在大企业尚未顾及或尚未建立绝对优势的某个或某几个细分市场进行竞争，成功的可能性很大。

4. 微观营销

微观营销（micro marketing）指为适合特定地区的偏好而调整产品和营销策略。微观营销不是在人群中寻找消费者，而是在每位消费者身上探寻个性。微观营销包括当地营销和个人营销。

当地营销（local marketing）是将营销计划按照当地消费者群体（贸易地区、临近区域，也可以是个性化商店）的需求和欲望来制定的营销战略。赞同当地营销的观点认为，采取全国性广告这种方式是很不经济的行为，因为它所触及的面太广了，以至于无法满足本地化的需要。

市场细分的最终层次个人营销（individual marketing）是"细分到个人"。个人营销也称为"定制营销"或"一对一营销"。

当今的消费者在决定购买什么和如何购买时，已经具有了很大的主动性。他们登录互联网，浏览有关产品或服务的信息和评价，与供应商、用户和产品的批评者进行交谈，在很多情况下，他们还可以设计自己想要的产品。

互动营销正成为越来越重要的营销原则。互动营销指的不仅仅是销售、沟通层面上的互动，更是指在营销过程中充分利用消费者的意见和建议，用于产品规划和设计，为企业的市场运作服务。互动营销的实质是充分考虑消费者的实际需求，切实实现产品的实用性。互动营销通过换位思考给企业带来全新的营销视角，帮助企业更有效地进入消费者的心智。

7.2.3 评估目标市场

企业在对整体市场进行细分之后，要对各细分市场进行评估，然后根据细分市场的市场潜力、竞争状况、本企业资源条件等多种因素决定把哪一个或哪几个细分市场作为目标市场。企业考虑进入哪个目标市场时，需考虑以下几方面的因素：

1. 企业资源或实力

当企业生产、技术、营销、财务等方面实力很强时，可以考虑采用差异营销或无差异营销战略；当资源有限、实力不强时，可以考虑采用集中营销或微观营销战略。

2. 产品的同质性状况

产品的同质性状况指在消费者眼里，不同企业生产的产品的相似程度。相似程度高，同质性高，反之，则同质性低。同质性较高的产品适合采用无差异营销战略；同质性较低的产品，适合采用差异、集中或微观营销战略。

3. 市场同质性

市场同质性指各细分市场消费者需求、购买行为等方面的相似程度。市场同质性高，意味着各细分市场相似程度高，不同消费者对同一营销方案的反应大致相同，此时，企业可考虑采取无差异营销战略；反之，则适宜采用差异、集中或微观营销战略。

4. 产品所处生命周期的不同阶段

当产品处于导入期，同类竞争产品不多，竞争不激烈，企业可采用无差异营销战略；当产品进入成长期或成熟期，同类产品增多，竞争日益激烈，为确立竞争优势，企业可考虑采用差异营销战略；当产品步入衰退期，为保持市场地位，延长产品生命周期，全力对付竞争者，企业可考虑采用集中或微观营销战略。

5. 竞争者的数目及营销战略

当市场上同类产品的竞争者较少，竞争不激烈时，企业可采用无差异营销战略；当竞争者多，竞争激烈时，企业可采用差异、集中或微观营销战略。

6. 道德选择

目标市场的选择应该尽量避免消费者的激烈反对。单身群体可能会拒绝独立的食品包装，因为他们不想被提醒自己是单独去吃饭的；年长的消费者如果在意自己的年龄，那么他们不会接受市场上标有与"年长"内容相关的产品。

在评估目标市场时，企业还应该具备的目标市场战略观念是：实施逐个细分市场进入的计划。其含义是：若企业计划进入一些细分市场，明智的做法应该是一次进入一个细分市场，并将全盘计划保密，一定不能让竞争者知道本企业下一步将要进入哪个细分市场。遗憾的是，许多企业都没有制订把进入细分市场的顺序和时间安排在内的长期发展计划。在这方面，百事可乐的做法是个很好的例子。它通过制订全盘计划向可口可乐进攻，首先向可口可乐的食品杂货市场进攻，接着向可口可乐的自动售货机市场进攻，然后再向可口可乐的快餐市场进攻，等等。日本一些企业也制订发展目标顺序计划，它们先在市场上找到立足点，比如丰田将一种小汽车推向市场，然后再推出更多型号的汽车，接着再增加大型汽车，最后推出豪华型汽车。

7.2.4 国际目标市场

企业营销要进入国际市场同样需要进行目标市场选择。通过国际市场细分决定进入哪些市场，进入多少个市场。国际市场细分是指企业可以根据一个或者几个变量的组合来细分国际市场。它们可以根据地理位置来细分，如把亚洲国家按地域分为北亚、东亚、南亚和东南亚。按地理位置细分的前提假设是相邻国家会有很多相同的特征和行为。世界市场也可以根据经济因素来细分。例如，对于国家，可以根据人口收入水平或整体的经济发展程度进行分类，也可以根据政治或者法律因素进行分类，如政府的类型和稳定性、对国外企业的接受程度、货币管制政策和官僚程度。这些以地理、经济、政治、文化和其他因素为基础来细分国际市场的前提假定是这些细分市场都包含国家集群。然而，很多企业采用市场间细分（inter market segmentation）方式，把即使分属不同国家，但是有着相似需求和购买行为的消费者也分为同一细分市场。例如，全世界的青少年都有很多共同之处：学习、逛商店、睡觉。他们所接触的主题也一样：爱情、犯罪、无家可归、生态和工作中的父母。锐步、斯沃琪等都是仅定位于全世界青少年的公司。

对国际市场细分后就要确定目标市场，确定目标市场后，还要做的一件和国内营销不一样的事就是决定如何进入市场，即选择进入国际目标市场的模式。

企业可以有多种模式进入国外市场，主要包括出口进入模式、契约进入模式和投资进入模式。选择特定的进入模式反映出企业在目标市场上想获得哪些利益、如何获得这种利益等战略意图。

1. 出口进入模式

出口一直被作为企业进入国际市场的重要方式。从宏观角度看，由于出口有利于增加国内就业、增加国家外汇收入、提高本国企业的国际竞争力，因此一直受到各国政府的鼓励。同时，从企业的角度看，为了降低国内竞争所带来的风险和进行自身扩张，各国的企业也都将扩大出口作为进入国际市场的重要方式。

出口可分为间接出口和直接出口两种方式。

(1) 间接出口。间接出口是指企业使用本国的中间商来从事产品的出口，包括国内的出口商、国内的出口代理商、合作机构（由一个代表数家厂商并部分地受其管理和控制的合作机构经营出口业务，如水果生产者常用这一形式）、出口经营公司（负责经营一个公司的出口业务，收取费用）。通过间接出口，企业可以在不增加固定资产投资的前提下出口产品，投资少，风险低，而且不影响目前的销售利润。同时，企业可借助此方式，逐步积累经验，为以后转化为直接出口奠定基础。

(2) 直接出口。直接出口是指企业自行直接经营其出口业务，包括企业成立国内的出口部、海外销售分支机构、出口销售代表及使用外国的经销商或代理商。开始或扩展出口业务的最好方法之一就是参加海外贸易展览会。直接出口不使用本国中间商，但可以使用目标国家的中间商。在直接出口方式下，企业的一系列重要活动都是由自身完成的，这些活动包括：调查目标市场，寻找买主，联系分销商，准备海关文件，安排运输与保险等。直接出口使企业部分或全部控制外国营销规划，可以从目标国市场快捷地获取更多的信息，并针对市场需求制订及修正营销规划。

有了互联网，企业不再需要通过参加国际商贸展会来向国外客户展示它们的产品。通过在网上进行交流，大大小小的企业都扩展了它们的服务，它们可以吸引国外消费者，为购买了产品的国外消费者提供支持服务，从国际供应商那里订货，并建立全球范围的品牌知名度。互联网已经成为进行市场调查、为消费者提供安全的订货服务，以及跨时区支付的有效手段。寻找免费的贸易和出口信息从来没有像现在这么容易。

2. 契约进入模式

契约进入模式是国际化企业与目标国家的法人单位之间长期的非股权联系，前者向后者转让技术或技能。

(1) 许可证进入模式。国际营销活动的深入发展使得许可证成为一种被广泛采用的进入模式。在许可证进入模式下，企业在一定时期内向一外国法人单位转让其工业产权，如专利、商标、产品配方、公司名称、商业秘密或其他有价值的无形资产的使用权，获得提成费用或其他补偿。许可证合同的核心就是无形资产使用权的转移。

许可证进入模式是一种低成本进入模式。其最明显的好处是绕过了进口壁垒，如避开关税与配额制的困扰。当出口由于关税的上升而不再盈利、配额制限制出口数量时，制造商可利用许可证模式。当目标国家货币长期贬值时，制造商可由出口模式转向许可证进入模式。许可证进入模式的另一个好处是政治风险比股权投资小。当企业由于风险过高或者资源方面的限制而不愿在目标市场直接投资时，许可证进入模式不失为一种好的替代模式。

许可证进入模式同时也有许多不利的方面：企业不一定拥有外国客户感兴趣的技术、商标、诀窍及公司名称，因而无法采用此模式；这种模式限制了企业对国际目标市场容量的充分利用；它有可能将接受许可的一方培养成强劲的竞争对手；许可方有可能失去对国际目标市场的营销规划和方案的控制；许可方还有可能因为权利、义务问题陷入纠纷、诉讼。鉴于许可证进入模式存在的这些弊端，企业在签订许可证合同时应明确规定双方的权利和义务，以保护自身的利益。

（2）特许经营进入模式，是指企业（特许方）将商业制度及其他产权诸如专利、商标、包装、产品配方、公司名称、技术诀窍和管理服务等无形资产完整许可给独立的企业或个人。被特许方用特许方的无形资产投入经营，遵循特许方制定的方针和程序。作为回报，被特许方除向特许方支付初始费用以外，还定期按照销售额的一定比例支付报酬。

特许经营进入模式与许可证进入模式很相似，所不同的是，特许方要给予被特许方生产和管理方面的帮助，如提供设备、帮助培训、融通资金、参与一般管理等，是一种系统的、比较完整的许可。特许经营进入模式的优点和许可证进入模式也很相似，在这种模式下，特许方不需太多的资源支出便可快速进入国外市场并获得可观的收益，而且它对被特许方的经营具有一定的控制权。它有权检查被特许方各方面的经营情况，如果被特许方未能达到协议标准和销售量或损害其产品形象，特许方有权终止合同。另外，这种模式政治风险较小，且可充分发挥被特许方的积极性，因而是广受欢迎的一种方式。

特许经营进入模式的缺点是：特许方的盈利有限；特许方很难保证被特许方按合同所约定的质量提供产品或服务，这使得特许方很难在各个市场上保证品质形象一致；同时可能把被特许方培养成自己未来强劲的竞争对手。

许可证进入模式主要为制造业所采用，而特许经营进入模式主要由服务业采用。特许连锁店（franchising）是特许经营的方式，特许连锁店提供完整的品牌概念以及运营系统。相对地，经销商向特许授权者投资，并缴纳一定费用。麦当劳、肯德基都在许多国家运用特许连锁店开展零售业务，并保证它们的营销与当地文化相联系。

（3）合同制造进入模式。合同制造进入模式是指企业向外国企业提供零部件由其组装，或向外国企业提供详细的规格标准由其仿制，由企业自身保留营销责任的一种方式。

利用合同制造进入模式，企业将生产的工作与责任转移给合同的对方，从而将精力主要集中在营销、研发等方面，因而是一种有效的扩展国际市场的方式。但这种模式存在如下缺点：有可能把合作伙伴培养成潜在的竞争对手；有可能失去对产品生产过程的控制权；有可能因为对方的延期交货导致本企业的营销活动无法按计划进行。

（4）管理合同进入模式。这种模式是指管理企业以合同形式承担另一企业的一部分或全部管理任务，以提取管理费、一部分利润或以某一特定价格购买该企业的股票作为报酬。这种模式可以保证企业在合营企业中的经营控制权。

管理合同进入模式具有许多优点，企业可以利用管理技巧而不产生现金流获取收入，还可以通过管理活动与目标市场国家的企业和政府发生接触，为未来的营销活动提供机会。但这种模式的主要缺点是具有阶段性,即一旦合同中约定的任务完成,企业就必须离开东道国,除非又有新的管理合同签订。

3. 直接投资进入模式

随着经济全球化及各国经济开放的发展,越来越多的企业将对外直接投资作为进入外国市场的主要模式。对外投资可分为两种形式:合资经营和独资经营。

(1) 合资经营,是指与目标市场国家的企业联合投资,共同经营,共同分享股权及管理权,共担风险。联合投资方式可以是外国企业收购当地企业的部分股权,或当地企业购买外国企业在当地的股权,也可以是双方共同出资建立一个新的企业,共享资源,共担风险,按比例分配利润。

合资经营的好处是:投资者可以利用合作伙伴的专门技能和当地的分销网络,从而有利于开拓国际市场;同时还有利于获取当地的市场信息,以对市场变化作出迅速灵活的反应;当地政府易于接受和欢迎这种模式,因为它可以使东道国政府在保持主权的条件下发展经济。但这种模式也存在弊端,即双方常会就投资决策、市场营销和财务控制等问题发生争端,有碍跨国公司执行全球统一协调的战略。

(2) 独资经营,是指企业独自到目标国家投资建厂,进行产销活动。独资经营的标准不一定是拥有100%的公司所有权,而主要是拥有完全的管理权与控制权,一般只需拥有90%左右的公司所有权即可。独资经营的方式可以是单纯的装配,也可以是复杂的制造活动。其组建方式可以是收买当地企业,也可以是直接建新厂。

独资经营的好处是:企业可以完全控制整个管理与销售活动,经营利益完全归其支配;可以根据当地市场特点调整营销策略,创造营销优势;可以同当地中间商发生直接联系,争取它们的支持与合作;可降低在目标市场国家的产品成本,降低产品价格,增加利润。其主要缺陷是:企业投入资金多,可能遇到较大的政治与经济风险,如货币贬值、外汇管制、政府没收等。

本章总结

企业的业务做给谁,应该如何对目标进行有效的选择,这就是本章要解决的问题。进行有效的目标市场选择,首先需要进行有效的市场细分,市场细分的基础是顾客需求的差异性,市场细分的目的是更好地选择和确定目标市场。

确定目标市场包括五种覆盖模式及四种营销战略选择。如果企业要进入国际目标市场,还需要确定进入国际目标市场的模式。进入国际目标市场的模式包括出口进入、契约进入及直接投资进入等。

本章关键词

市场细分　目标市场　无差异营销　差异营销　集中营销　微观营销　当地营销

思考题

1. 企业进行市场细分的作用及条件是什么?
2. 消费者市场的主要细分标准有哪些?请举例说明。
3. 选定目标市场的五种模式是什么?
4. 目标市场战略有哪些?
5. 评估目标市场要考虑的主要因素是什么?
6. 试述企业进入国际目标市场的主要模式及具体内容。

第8章

定位战略选择

开篇案例 更适合中国宝宝体质

始建于1962年的飞鹤,地处黄金奶源带,数十年来一直专注于奶粉的研发和生产,加上飞鹤打造了婴幼儿奶粉专属产业集群,正是"更适合中国宝宝体质"这个概念最好的承载者和实现者。

黄金产地,专属产业集群,以及孜孜不倦地专注于婴幼儿奶粉研发,优质的产品让飞鹤收获了无数乳品行业奖项。2015年至2019年,飞鹤获得素有食品界"诺贝尔奖"之称的世界食品品质评鉴大会金奖五连冠,连续三年入围"世界乳品创新奖"的"最佳乳制品成分奖"及"最佳创新制法大奖"。

有了品质卓越的好产品,飞鹤在品牌上仍然要面对的挑战是,如何才能让消费者对飞鹤的品牌和产品认知更清晰、更深刻?市场调研发现,即使在很多飞鹤市场占有率极高的区域市场,消费者对飞鹤的认知也是模糊的,飞鹤品牌标语显然没有太高的辨识度和记忆点。

飞鹤重新全面审视了中国乳业市场的竞争环境,结合飞鹤自身产品的品质优势,最后找到了一把开启消费者心智的钥匙:"更适合中国宝宝体质"。这一差异化定位,切割了飞鹤与进口品牌奶粉。其潜台词是,进口品牌奶粉配方是给外国人吃的,飞鹤是给中国人吃的。

在中国消费者心智中,"一方水土养一方人"这个概念的认可度是毋庸置疑的。因为饮食习惯、膳食结构不一样,中国人和外国人的体质差异是非常明显的。比如,中国人比较容易缺铁、缺锌、缺钙。就铁的含量而言,中国标准和美国标准明显不同,这是中国人和外国人体质差异最有力的证明。此后,飞鹤品牌战略全线围绕"更适合中国宝宝体质"这一核心展开,不论是研发、采购、生产,还是市场销售端,全线聚焦,并在产品结构上锁定产品和品质的高端化,让消费者对飞鹤品牌有了高端安全产品的定义。

飞鹤在产业集群建设和产品品质提升上的巨大成就,吸引了众多主流媒体多次深入实地调研。飞鹤多次作为行业样本被新华社、《人民日报》、中央电视台、《光明日报》等主流媒体深度报道。因为卓越的产品品质和领先的产业集群建设，吸引了央视等全国主流权威媒体与飞鹤展开了持续、深入的合作和报道，助力了飞鹤在消费者心中的可信赖品牌形象。

飞鹤在强化"更适合"的同时，还提出了"更新鲜"的产品理念。更新鲜的理念依靠两个时间数字来体现，一个是"2小时"，一个是"28天"。"2小时"是指新挤的鲜奶与生产线之间的时间距离，"28天"是生产与消费之间的时间距离。

"更适合中国宝宝体质"的概念让外资品牌无处着力，而"更新鲜"理念的提出，更让外资品牌无法反击。当飞鹤提出"更新鲜"时，其完全可控的整个专属产业集群高效运转，完全可以支撑"2小时"和"28天"这一时间数字。但外资品牌呢？根本无法做到。

资料来源：《飞鹤：从孤独的产业建设者，到国产奶粉的领头羊》，www.cmmo.cn/article-217584-1.html，2021年8月6日访问。

定位是营销的精髓，也是营销管理的根本。定位能抓住机会、创造优势，持之以恒则要靠管理。定位已成为当今世界最重要、使用最广泛且最频繁的战略术语之一。任何东西都可以定位，在各种组织活动、政治谋略、职业成功甚至追求异性方面，从个人到国家乃至社会生活的方方面面，所有影响他人思想的人类活动形式中，谁都可以运用定位战略在生活中独树一帜、领先一步。定位早已超出企业营销的范畴，上升为普适的成功之道。

好的定位一定是奇正相生的定位。定位就是要明确"凭什么"。"凭什么"是卖点，也是买点，是购买和交换的理由。一个好的定位要有特色，更要有价值，并且进入对方的心智。特劳特说：战略是一个简单、焦点明确的价值定位。换句话说，战略是买你的产品而不是你竞争对手的产品的理由。

8.1 定位内涵

目标市场确定后，企业就要面对目标市场进行定位。定位是在企业全面地了解、分析顾客和竞争者在目标市场上的位置后，确定自己的产品、品牌以及公司如何接近顾客的战略决策。

8.1.1 定位概念

1. 概念

定位（positioning）是特劳特于1969年在美国《工业营销》杂志上发表的一篇文章中首次提出的概念，由此"定位"开始对美国乃至全球的商业产生深刻的影响。1980年，里斯和特劳特合作推出营销史上划时代的著作——《定位》，这是世界上第一本确立定位理论的专著，至今仍被人们奉为经典。2001年，"定位"被美国市场营销学会评定为"有史以来对美国营销影响最大的观念"。里斯和特劳特在《定位》一书中对定位作出了这样的定义:"定位是你对潜在顾客的心智所下的功夫,也就是把产品定位在你未来潜在顾客的心智中,其目的是在潜在顾客心智中得到有价值的地位。"

科特勒认为,定位是企业根据目标市场上同类产品竞争状况,针对顾客对该类产品某些特征或属性的重视程度,为本企业产品塑造强有力的、与众不同的鲜明个性,并将其形象生动地传递给顾客,求得顾客认同。营销组合是执行定位战略的战术细节的基本手段。定位是要让本企业的品牌或产品与其他企业严格区分开来,使顾客明显感觉和认识到这种差别,从而在顾客心智中占有特殊的位置。成功的定位是创立以顾客为基础的价值主张,即给出目标市场顾客购买这种产品或服务的一个令人信服的理由。

定位的直接解释是确定位置,也称为"市场定位"。首先,定位可以是对企业整体形象的定位,让顾客对企业有个整体的形象认知。比如,对宝洁公司的"优质"形象定位。其次,定位也可以落实到具体的产品或品牌中去,体现出企业面对不同产品、不同品牌的定位。宝洁公司生产的产品多种多样,但不同的品牌产品有不同的品牌定位。在洗发水中,飘柔的品牌定位是柔顺;海飞丝的品牌定位是去屑;潘婷的品牌定位是养护头发等。后一种定位的落实更重要,因为它是整体形象定位的依据。

定位的本质是占有心智资源。心智资源可以从创新中获取,也可以从传统中获取。比如,企业历史文化给企业带来的资源,云南白药就借助了百年发展积累下来的"止血良药"的心智资源。心智资源也可以从国家或地区层面获得。比如,国家层面,日本的电子产品、美国的软件、德国的汽车、瑞士的手表等;地区层面,贵州的酒、云南的烟、山西的醋等。

心智份额是指品牌在潜在顾客心智中的占有率。心智份额决定市场份额(市场占有率)。比如,茅台就占据了高档白酒的领先份额。

在营销传播中,从主张USP(独特的销售主张)的产品时代到现在主张定位的定位时代,这样的传播演变过程表明在这个新时代里,形象创意已不再是传播及广告成功的关键。在定位时代,仅仅是发明或发现某一事物是不够的。为什么许多产品或服务满足了需求,但却没有销售出去,因为它们没有进入顾客的心智。只是满足需求是不可靠的,最可靠的是进入顾客的心智,获得顾客的认同。首先达成交情,随后才能实现交易。

2. 差异化变量

一个企业必须努力寻找能够使它的产品或服务产生差异化的特定方法,做到与众不同,以赢得竞争的优势。差异化(differentiation)是指设计一系列有意义的差异,以便使本企业产品同竞争者产品相区分的行动。

差异化不仅仅是一个独特的概念,而且有符合概念的实力和内容的支撑。为概念而概念就会哗众取宠,是名不副实的噱头。

概念营销着眼于消费者的理性认知与积极情感的结合,通过导入消费新观念进行产品促销。其目的是使消费者对新产品及企业形成深刻印象，建立起鲜明的功用概念、特色概念、品牌概念、形象概念、服务概念等，影响顾客心理，增强企业的竞争实力。概念营销要避免名不副实情况的发生。

差异化变量一般从以下五个方面来确定：

（1）产品差异化。所谓特色，就是指产品的基本功能的某些增补。产品的差异化可以体现在：

① 性能质量，是指产品的主要特点在使用中的水平状况。在产品价格没有超出顾客可接受的程度时，顾客总是愿意以较高的价格购买性能更优良的产品。

② 一致性，指产品的设计和使用与预定标准的吻合程度。购买者希望产品有高度的一致性质量。

③ 耐用性，指产品正常使用情况下的预期使用寿命。对大多数顾客来说，耐用性是非常重要的产品属性。购买者一般对耐用性较长的产品愿意支付更高的价格，但技术更新较快的产品不在此列。

④ 可靠性，指产品在一定时期内不出故障、能正常使用的可能性。购买者一般愿为产品的可靠性支付更高的价格。

⑤ 可维修性，指产品发生故障后维修的难易程度。

⑥ 风格，指产品带给顾客的视觉和感觉效果。

⑦ 设计，指从顾客要求出发，能影响一个产品外观和性能的全部特征的组合。设计特别适用于销售耐用设备、服装、零售服务甚至包装商品。

定位与产品差异化尽管关系密切，但有着本质的区别。定位是通过为自己的产品创立鲜明的个性，从而塑造出独特的市场形象来实现的。一项产品是多个因素的综合反映，包括性能、构造、成分、包装、形状、质量等，定位就是要强化或放大某些因素，从而形成与众不同的独特形象。产品差异化乃是实现定位的手段，但并不是定位的全部内容。市场定位不仅强调产品差异，而且要通过产品差异建立独特的市场形象或品牌形象，赢得顾客的心智。

（2）服务差异化。服务差异化是指向目标市场提供与竞争者不同的优质服务。服务差异化主要体现在：

① 订货方便，指如何使顾客能方便地向公司订货。

② 送货，指产品或服务如何送达顾客，包括快速、准确和文明送货。

③ 安装，这是为确保产品在预定地点正常使用而必须做的工作。

④ 客户培训，这是对客户单位的雇员进行培训，以便使他们能正确有效地使用供应商的设备。

⑤ 客户咨询，指卖方向买方无偿或有偿地提供有关资料、信息系统和提出建议等。

⑥ 维修，指购买企业产品的顾客所能获得的修理服务的水准。

⑦ 其他多种服务，指企业找到许多其他方法来提供各种服务以增加价值，如对老顾客提供更优惠的服务、答谢顾客、拜访顾客等。

（3）人员差异化。人员差异化是指通过聘用和培训更为优秀的人员以获得差异化优势。人员差异化体现在：

① 称职。企业人员应具有所需要的技能和知识，如产品知识、市场知识、销售知识和商务礼仪等。

② 谦恭。企业人员要热情友好、尊重别人、体贴周到。

③ 诚实。企业人员应可靠，能始终如一、正确无误地提供服务。

④ 负责。企业人员能对顾客的请求和问题迅速作出反应。

⑤ 沟通。企业人员应力求理解顾客并清楚地为顾客传达有关信息。善解人意，站在顾客角度思考问题是有效沟通的出发点。

（4）渠道差异化。渠道差异化是指企业提供与众不同的销售渠道，从而与其他企业形成差异。

渠道差异化体现在渠道的覆盖面、专业化和绩效上。如卡特皮勒公司的经销者比竞争者更本地化，一般都受过良好的培训，执行任务十分可靠。

（5）形象差异化。形象差异化是指企业通过产品形象的塑造和整体形象的塑造形成的与其他企业不同的形象。形象差异化主要体现在：

① 个性和形象。个性是企业确定它自己使公众容易认识的一种方法。形象是公众对企业的看法。确立有效的产品形象应该注意三点：第一，它必须传达产品主要优点和定位的信息；第二，它必须通过一种与众不同的途径传递这一信息，从而使其与竞争产品区别开来；第三，它必须产生感染力，从而触动顾客的心智与认知。

② 标志。一个强烈的形象包括一个或几个识别企业或品牌的标志（logo）。

③ 文字和视听媒体。企业可以通过各种文字和视听媒体传播企业或品牌的个性和形象。

④ 气氛。一个组织生产或传送其产品或服务的场所也是产生有力形象的途径，如销售地点和生产地点等。

⑤ 事件。企业可以通过由其资助的各类活动营造某种形象。

资料 8-1　USP 论和品牌形象论

罗瑟·瑞夫斯（Rosser Reeves）于 20 世纪 50 年代末提出了 USP 理论，即"独特的销售主张"（unique selling proposition），奠定了现代广告学的基础。该理论强调产品具体的特殊功效和利益，沟通的着眼点是产品。

全球闻名的奥美广告公司（Ogilvy & Mather）的创始人大卫·奥格威（David Ogilvy）于 1962 年写成了影响数代广告人的经典著作《一个广告人的自白》，书中首次明确提出"品牌形象论"，使广告超越了产品的局限。该理论强调广告的目的就是塑造品牌，建立品牌形象，给人以精神和心理上的满足。通过艺术、视觉的效果，每一则广告都应该是对品牌形象的长期投资，广告要把品牌的个性坚持到底，保持品牌形象的前后统一。

3. 共同点

共同点是那些对品牌来说并非独特，实际上可能与其他品牌共享的一些联想。这些联想有两类：品类和竞争性。

品类共同点（category points-of-parity）是指那些被消费者认为在特定的产品或服务品类中要成为合理且可信的提供物所不可缺少的联想。比如旅行社，除非一家旅行社能够进行机票和旅馆预订，提供旅行套餐的建议并有多种票价支付及送达选择，否则消费者不会承认这是一家真正的旅行社。

竞争性共同点（competitive points-of-parity）是指那些设计用来抵消竞争对手差异点的联想。例如，清扬洗发水的"去屑有营养"和海飞丝洗发水的"去屑"之间的竞争。

4. 定位陈述

为了传达一家公司或一个品牌的定位，营销计划通常包括一份定位陈述，这份陈述内容应包括：对于目标群体和需求，我们的品牌概念是什么？它的独特点（与竞争对手相比）是什么？例如，对年轻、有活力，同时缺乏睡眠时间的软饮料消费者来说，激浪是一种与其他品牌相比更让你精力百倍的软饮料，因为它含有最高限度的咖啡因。喝了激浪，即使你通宵没睡好，也能够保持清醒、精力充沛。这个定位首先陈述了该产品是某品类的成员（软饮料），然后再表明它与品类中其他产品的差异点（含有更多的咖啡因）。产品的品类成员身份揭示了它也有其他产品的共同点，但是产品实际上依赖于它的差异点。

8.1.2 定位目的与作用

1. 目的

定位的目的是在顾客心智中得到有价值的地位。心智即认知，包括感性认知和理性认知。要达到定位的目的，需做好以下三个方面的工作：

（1）奇正相生

孙子曰：凡战者，以正合，以奇胜。战势不过奇正，奇正相生，如循环之无端，孰能穷之哉。营销中的"正"是指顺应需求、本质和规律，遵循营销中的普遍性真理，是对共性的认知和满足；营销中的"奇"是指结合"正"的创新，通过创新寻找到市场的空白点或薄弱点，以独特、有价值的定位去满足或引导需求，并进入顾客的心智。善于发现产品或服务的特殊性，出奇制胜，创造市场，是对个性的认知和满足。奇正相生的定位能产生无穷的创新和变化。

（2）虚实相间

奇正相生地为顾客创造虚实相间的价值。虚实相间的企业营销是指营销中既有理性的诉求，也有感性意义，既有事实，又有象征，从而满足对方心理需要的营销策略。理性营销主要是"实"的特征，包括功能、效果、事实等特征；感性营销主要是"虚"的特征，指故事、情感、个性、象征、格调、审美等心理感受。虚实相间的营销是指影响顾客的认知，发现、引导和满足顾客对生活意义的价值认知与认定。

(3) 心智固定

企业所确定的定位是企业有效参与市场竞争的优势，但这些优势不会自动在市场上显示出来。要使这些独特的优势发挥作用，影响顾客的购买决策，需要引起顾客的注意与兴趣，求得顾客的认同。有效的市场定位并不取决于企业怎么想，而在于顾客怎么看，最重要的是进入顾客心智并固定下来。顾客对定位的认知不是一成不变的，所以企业要不断向顾客传递信息，及时矫正与定位不一致的种种不足，维持和强化顾客对定位的认知，让心智固定。

2. 作用

(1) 市场定位有利于建立企业品牌及产品的特色，是参与现代市场竞争的有力武器。在现代社会中，许多市场都存在严重的供大于求的现象，众多生产同类产品的厂家争夺有限的顾客，市场竞争异常激烈。为了使自己生产经营的产品获得稳定的销路，防止被其他厂家的产品所替代，企业必须从各方面树立起独特的品牌形象和产品形象，以期在顾客心目中形成一定的偏爱。

(2) 市场定位是企业制定市场营销组合策略的基础。定位提醒企业必须把"一致性"贯穿于"4P"的全过程。定位影响产品、价格、渠道及促销。例如，某企业决定生产销售优质价廉的产品，这样的定位就决定了营销组合策略应该是：产品的质量要高；价格要定得低；分销储运效率要高，保证低价出售仍能获利；促销宣传的内容要突出强调质优价廉的特点，让目标顾客相信货真价实，低价也能买到好产品。

好的定位就像太阳一样照亮你的未来，影子自然就跟在你的身后。科特勒在给《定位》一书写的序言里说："营销并非是一门静止的科学，相反，它在变化中生存。定位就是最有革命性的变化之一。正因为有了定位，营销界才成为一个生动有趣、令人兴奋和吸引人的竞技场。"

8.1.3 定位内容

一个企业的定位可以从多方面表现出来，主要体现在产品实质定位、服务定位以及心理定位这三个方面。

1. 产品实质定位

产品实质定位是指通过产品实体本身表现产品的特色或个性，如功能、设计、成分、结构、颜色等，这些特色或个性可以在第一时间内给消费者以感性的认识，更是消费者进行理性认识的关键。产品实质定位是定位的基础内容，是理性诉求，是买卖双方沟通的最重要介质。如海飞丝的"去屑"功能，沃尔沃的"安全"诉求，金霸王的"经久耐用"等。

2. 服务定位

服务定位是指企业产品的服务或服务企业首先必须准确把握目标顾客对服务质量

有哪些希望和要求,并努力使服务的质量达到或超过目标顾客的希望和要求的一种定位过程。服务产品的质量比有形产品更加难以控制,这是由服务本身的特点决定的。因此,产品的服务或服务企业应当更重视服务的质量管理,这就对企业的市场定位在服务上提出了新的要求。服务可以给顾客带来一种可感知的实在感,尽管服务过后服务可能就会消失。

3. 心理定位

心理定位是满足消费者某一方面的心理需求,强调产品或服务能给顾客带来一些独特的精神感受,这种感受可以是个性的体现,也可以是某种象征,也可以代表某种生活态度等。心理定位更侧重于情感价值。心理评价比实际评价越高,由此引发的销售势能就越大。如可口可乐的"活力"心理诉求,万宝路的"奔放"心理诉求,迪士尼的"快乐"心理诉求等,都给消费者留下了深刻的心理感受。

心理定位会让顾客感受到不是在买产品或者服务,而是在购买分门别类的情感。海南养生堂公司的"农夫山泉有点甜"广告创意既没有渲染产品的功效,也没有说产品的制作过程,而是向顾客传递一种心理感受;"小时候喝的水的味道""我们是大自然的搬运工"等宣传创意让人回到了自然纯净的环境中,自然、温馨、亲切和美好,当然就会"有点甜"了。

8.1.4 定位步骤

1. 分析潜在的竞争优势

在一个竞争的行业中,企业取得优势的关键是产品、服务、人员、渠道、形象等方面的差异化。明确潜在的竞争优势可以通过这样一些途径获得:产品的特点和质量、服务措施、顾客的心理感受、顾客能得到的利益、产品的使用场合和使用者类型等。

2. 选择独特的有价值的竞争优势

选择时要明确独特性。如"七喜"汽水的定位是"非可乐",强调它是不含咖啡因的饮料,与可乐类饮料不同。"泰宁诺"止痛药的定位是"非阿司匹林的止痛药",显示药物成分与以往的止痛药有本质的差异。一件仿皮皮衣与一件真正的水貂皮衣的市场定位自然不会一样。

选择时要站在市场角度确定定位,不要贪多,定位应该清晰明确,重点突出,往往只向目标市场强调一个利益点就够了。如海飞丝的去头屑、潘婷的营养头发、飘柔的柔顺头发等。

定位时要避免定位模糊、混乱和怀疑。定位模糊是指有些企业发现购买者对产品只有一个模糊的印象,购买者并没有真正感觉到它有什么特别之处,这个品牌在拥挤的市场上就像另一个品牌。用获奖来定位也是定位模糊的体现。定位混乱是指顾客可能对产品的印象混乱不清,这种混乱可能是由于主题太多所致,也可能是由于产品定位变换太频繁所致。定位怀疑是指顾客发现很难相信该品牌在产品特色、价格或制造商方面的一些宣传，特别是一些不是名牌的企业宣传。

3. 传播独特的竞争优势

在明确定位之后，需要通过宣传在市场上把定位告知顾客。有效传播定位十分重要，是定位步骤中不可缺少的一个组成部分。传播的基本原则就是简单、真实、重复和人性化。

里斯和特劳特在《定位》一书中认为，在一个传播已经泛滥的市场上，人的心智作为反抗今天过度传播的防御物，屏蔽、排斥了大部分提供给它的信息。一般而言，人的心智只接受与其知识和经验相匹配、吻合的信息。在传播过度的社会中，一个人的唯一应对之法，就是简化信息。心智痛恨复杂和混乱，因此进入心智的最佳方法就是简化信息。一些有力的广告都聚焦在一个词上。不要试图将信息和盘托出，要聚焦在一个强有力的差异化概念上，使其植入顾客的心智中。

8.2 定位战略

定位战略决定了企业在市场竞争中的胜败，里斯和特劳特在《定位》与《22条商规》两本书中，对定位战略进行了具体的、实用的分析。总结起来，基本的定位战略包括独特定位战略、领先定位战略、对立定位战略和重新定位战略等。

8.2.1 独特定位战略

企业如果无法与竞争对手拥有相同的定位，就必须找到一个属于自己的词，必须找到自己独有的特征，并以此为中心展开营销。如果没有任何特性，那么就只能有低价格。特劳特在《什么是战略》一书中说："在大竞争时代，唯一的成功之道就是进入顾客心智。而进入顾客心智的唯一方式，就是做到与众不同。"

1. 唯一定律

企业确定的独特性应该是唯一和专有的。在市场营销中起作用的，只有独特的、大胆的一击，而且在任何既定条件下，只有特定的某一种行为可以产生实质性的效果。在大多数情况下，企业的竞争对手只有一个容易攻破的薄弱环节，这个环节应该成为企业全力攻击的焦点。在市场营销中能够奏效的战略与在军事上的战略是相同的：出其不意。

两个企业不可能在潜在顾客心智中拥有同一个字眼。所以，企业创造的定位要么就是唯一的，要么就是专有的。金龙鱼因开创了调和油品类而成为国内食用油的领导品牌，因此金龙鱼成了"调和油"的专有代名词，其他企业很难取代它。

唯一定律也体现出竞争中聚焦定律的内涵，即如果一个企业能在潜在顾客心智中拥有一个代名词，那么这个企业必定会成功。这个词不需要很复杂，也无须去生造，那些简单的、可以直接从字典里查到的最好。

可口可乐按照唯一定律，可以使用"正宗货"的概念同百事可乐竞争。可口可乐可以在电视中对"百事一代"说："好吧，孩子们，我们不会强迫你，但当你们想喝正宗货的时候，我们已为你准备好了。"这一战略易行、有力，利用了可口可乐在顾客心智中拥有的唯一概念：正宗货。

2. 独特的重要性选择

各种产品特性不是生而平等的。对于顾客来说，某些特性比其他特性更为重要，那么，企业必须努力拥有最为重要的特性。当然，许多重要性根据顾客的想法、地位等的不同而不同。

一般认为，防蛀是牙膏最重要的特性，因此应当拥有它。但专有定律已指出一个简单事实，即某个特性一旦被竞争对手占据，便一去而不可得了。这时，企业必须转向另一种特性，并在该类产品中占有一席之地。企业的任务在于抓住一种特性，并尽量渲染这一特性的价值，进而提高市场份额。如云南白药牙膏诉求的独特性是防治牙周炎。

8.2.2 领先定位战略

创造一个能成为"第一"的新领域，这就是领先定位战略。成为第一胜过做得更好。在潜在顾客心智中先入为主，要比让顾客相信你的产品优于该领域的首创品牌容易得多。里斯和特劳特就认为，在任何品类中，领先品牌必然是那些首先进入潜在顾客心智的品牌。例如，在中国市场上，茅台是第一高档白酒；中华是第一高档香烟；康师傅是方便面的领先品牌；金龙鱼是调和油领先品牌。

一招领先，就会带来步步领先，只要善用好第一的优势。有利于第一的首要事实是：人们喜欢第一，对第一总是有着特别的情感和特殊的记忆，这就是所谓先入为主。人们一旦对你留下了第一印象，你就很难再改变它。后来者虽然可以模仿，但终归是模仿者，在人们的观念里，第一品牌才是正宗货。其次，第一还往往创造了其领导地位。当一个品牌是品类中的唯一品牌时，它肯定是领导品牌（因为还没有其他品牌）。而在顾客的认知里，领导品牌肯定比其他品牌好。每当竞争对手加入时，第一的领导地位使它一开始就处于优势位置，它不仅在这个市场拥有更多的市场份额，还可以采取防御这种更有力的竞争战略形式。

领先定位战略（领先定律）适用于任何产品、任何品牌、任何品类。但在实施领先定位战略时要注意以下两个方面的问题：

1. 顾客认知接受的第一才是真正的第一

第一总是具有磁性般的吸引力，它能在人们的心智中存活很长时间。即使第一个进入心智的品牌失去龙头地位，它也不会失去和顾客的情感联系。

营销是一场争夺顾客认知的活动。首先在人们的大脑里获得接受地位比首先获取市场或第一个获得盈利重要得多。事实上，有很多第一的确成为先驱者。

计算机不是IBM发明的。最早研制的是斯佩里·兰德公司（Sperry Rand），其著名的Univac计算机是当时最先进、最适用于商业用途的计算机。当时，计算机还只用于科学研究，然而已经有企业开始购买它用于计账、进行薪资计算等。IBM加入计算机大战，四年之内就获得了领先地位。在之后的十年里，虽然它在计算机技术上仍逊色于 Univac，但 IBM 愿意站在商业的立场上来满足商业需求，通过大量的营销努力，它在客户心目中已经获得了第一家计算机生产商的地位。

2. 成为品类里的第一

一旦有了某种产品类别里的领先地位，就可以在今后的许多年里放心地享用领先带来的果实了。

从营销的角度来说，品类（category）就是用概念在原有的产品类别中或在它的旁边开辟一个新的领域，然后命名这个领域，把开辟的新领域作为一个新品类来经营，把自己的产品作为这个新品类的第一个产品来经营，首先在自己开辟的市场中独占独享。

品类创新是市场营销中的需求创新，无数营销事实证明，花再大的力气都不如发现一个品类市场来得快，一个新品类市场开拓之际，就意味着一个领袖品牌诞生。露露牌杏仁露、椰树牌椰汁都是如此。在美国，可口可乐代表可乐，施乐代表复印机，而邦迪（Band-Aid）创可贴代表粘胶绷带，思高（Scotch）则代表透明胶，大多数人只使用这些品类里的领先品牌。

8.2.3 对立定位战略

对立定位战略就是指针对强大竞争对手开展与其不同的定位战略。强势之中隐藏着弱势，对于任何强大的领先公司，居于第二位的公司都有机会将其攻破，变其优势为劣势。

1. 对立就要与领先者不一样

如果想稳居市场第二位并与领导者抗衡，那么就要好好地研究领导者：它强在何处？如何才能使它的强势变为弱势？想成为市场第二，那么你的战略应由第一决定。必须发现领导者强大的本质，然后以与其本质相对立的身份出现在潜在顾客面前。换句话说，就是不要试图变得更好，但要试图变得不同。所以，竞争经常在后起之秀与值得信赖的老品牌之间展开。

如果观察某类产品的顾客，会发现他们可以分为两种人：一种是希望购买领先品牌产品的顾客，另一种则不想。潜在的第二位品牌就必须要吸引后一个消费群体。可口可乐是一个具有百年历史的老品牌，至今全世界只有七个人知道它的配方，这个配方被锁在亚特兰大的一个保险箱里。根据对立定律，百事可乐要想成功，就得与它对立而行，使自己成为新一代的代表：百事，新一代的选择。

2. 找到对手的弱点

对立定位要不断宣传竞争对手的弱点，使潜在顾客很快意识到这个问题，但也不要一味地打击竞争对手，对立定律是一把双刃剑。

以阿司匹林为例，该药诞生于 1899 年。此后，成百上千项对阿司匹林的药理研究随之陆续展开，其中一些研究的目的在于发现它的副作用。到 1955 年，人们发现它可能导致胃出血。这一年正值新的对乙酰氨基酚类药品泰诺（Tylenol）问世。当人们广泛得知阿司匹林可能会导致胃出血之后,泰诺很快便成为替代品。泰诺的广告曾经标榜自己是"为了千万个不宜服用阿司匹林的患者"。今天,泰诺已超过阿司匹林而成为全美国药店销量最大的药品。

有效地攻击竞争对手的弱点必须注意以事实为依据。营销很像一场争夺合法性的斗争,抢先占据某种概念的品牌总是将自己的竞争对手描述为非法的模仿者。

3. 不做第一就做第二

里斯和特劳特在《22条商规》一书的"二元定律"里说:"从总体和长远的角度看,你会发现市场往往演化成两个大品牌竞争的局面——通常一个是值得信赖的老品牌,另一个则是后起之秀。"一个成熟的行业里,身处第三是很艰难的。

在市场发展的早期阶段,第三或第四的位置看上去也是很有吸引力的:销量在不断增加,新的、缺乏消费经验的顾客源源不断地进入这个市场。这些顾客并不清楚哪些品牌是领先者,所以他们会挑选一些看上去很有趣或有吸引力的品牌。通常,这些产品都属于第三或第四的品牌。不过,随着时间的推移,这些顾客对该产品领域会有进一步的了解,基于一种本能的假设,即领先品牌总是更好一些,人们逐渐开始购买领先品牌。

成功的市场营销者只将目标集中于顾客心智阶梯的最高两层。正是这种思想激励着像宝洁这样的公司,使它不断追求进步,成为实力超强的公司,该公司生产的 40 多种产品中,有 32 种在同类产品中居于第一位或第二位。

8.2.4 重新定位战略

定位是如何在潜在顾客的心智中实现差异化,从而获得认知优势的?重新定位是如何调整顾客心智中的认知的?这些顾客认知可以是关于企业本身的,也可以是关于竞争对手的。重新定位的关键在于为自己建立起更有价值的独特定位。但重新定位不是要改变人们的心智,而是要调整人们心智中的认知。

重新定位也被称为再定位,通常是指对那些销路少、市场反应差的产品进行二次定位。其好处是能摆脱困境,重新获得增长与活力。初次定位后,随着时间的推移,会发现可能是企业决策的失误,也可能是对手有力的反击或出现新的强有力竞争对手,选择与本企业相近的市场位置,致使本企业原来的市场占有率下降造成企业的困境;或者,由于顾客需求偏好发生转移,原来喜欢本企业产品的人转而喜欢其他企业的产品,因而市场对本企业产品的需求减少。在这些情况下,企业就需要对其产品进行重新定位。

一般来讲,重新定位是企业为了摆脱经营困境,寻求重新获得竞争力和增长的战略。不过,重新定位也并不一定是因为陷入了困境,相反,可能是由于发现新的产品市场范围引起的。例如,强生公司面对婴儿的日用品在成年人中也开始流行后,这种产品就需要重新定位,可以定位为:宝宝用好,您用也好。

1. 原产品在市场里的重新定位

这里的重新定位是以变应变的定位思路,是使原有产品或服务的定位变得更有价值的定位。其原因往往要么是竞争所迫,要么是顾客要求的变化所致,要么是原定位已经不符合时代的特征或要求所致。

中国品牌王老吉就是一个典型的案例。"怕上火,喝王老吉。"王老吉终于在2004年红遍中国,为消费者带来了一个全新的饮料品类:凉茶。作为一种区域性功能饮品,王老吉流传海外多年,重新在本土导入饮料业主流。王老吉诞生于1828年,被称为凉茶始祖,在中国广东部分地区留传。100年之后,凉茶已成为当地人日常的保健医药饮品,用来"清热解毒祛暑湿"。2002年,王老吉想打开全国市场,但当时阻碍其推广的核心问题有二:一是多年来广东"凉茶"概念未能被区域外消费者所认知和接受;二是凉茶作为药饮产品令人态度谨慎,即便罐装改进后依然如故。2003年,在特劳特(中国)战略定位咨询公司的支持下,王老吉进行全新定位,将产品定位于"预防上火的饮料"。强调预防上火,是借助"上火"这个普遍性中医概念,获取全国性人群对凉茶产品与功效的认识和认同。归属饮料品类,是瞄准更广阔的目标人群,而且着力消除人们对药饮大量消费的顾虑。王老吉自此走出广东,随着在全国开展大规模的广告活动,迅速成为全国性强势饮料品牌。

2. 原品牌在新市场里的重新定位

原品牌在新市场里的重新定位是指原品牌通过对原有品类的分化,寻找到新市场目标,并对新市场目标进行重新定位的战略。其原因主要是原有市场失去吸引力或者无法在原有市场取得优势。

1954年,美国菲利普·莫里斯公司(Philip Morris)勇敢地把女人的品牌——万宝路(Marlboro)一举改为男人的品牌,创造了世界上最为成功的香烟品牌。

3. 回复的重新定位

企业因为竞争的压力或者被表面的现象所迷惑,对产品的重新定位不一定都可以取得更好的效果,那么这时可以考虑的对策是再回到原来的定位中。

可口可乐是这方面的典型案例。1985年,在与味道更甜的百事可乐的竞争中,可口可乐决定用更甜些的配方取代老配方,号称新可乐(New Coke)。可口可乐花费400万美元用于市场调研。口味盲测显示,可口可乐的饮用者更喜欢新的、更甜些的配方。但是,新可乐的上市激起了全国性的不满。市场调研人员测试了口味,却没有测量消费者与可口可乐的情感依恋。愤怒的信件、正式的抗议书甚至诉讼威胁纷至沓来,都强迫可口可乐保留"真口味"(the real thing)。十周后,可口可乐撤回了新可乐,并重新推出其百年老配方"经典可口可乐",回归经典,给予老配方更强大的市场地位。

本章总结

目标市场范围确定后,企业就要在目标市场上进行定位。定位就是如何让你在潜在顾客的心智中与众不同。营销战不是产品之战,而是认知之战、定位之战。优秀的定位一定是进入目标顾客心智的定位,定位不同,结果不同。

企业在市场定位过程中，一方面要了解竞争者的定位，另一方面要研究目标顾客对该产品的各种属性的重视程度，然后选择本企业产品的特色和独特形象，从而确定产品的市场定位。差异化变量表现为产品差异化、服务差异化、人员差异化、渠道差异化和形象差异化。

定位的内容包括产品实质定位、服务定位和心理定位。定位的步骤包括分析潜在的竞争优势、选择独特的有价值的竞争优势、传播独特的竞争优势。

定位战略主要通过以下战略的实施来进行：独特定位战略、领先定位战略、对立定位战略、重新定位战略等。

本章关键词

定位　　差异化　　独特定位　　领先定位　　对立定位　　重新定位

思考题

1. 如何理解定位的重要性？
2. 差异化变量包括哪些主要内容？
3. 如何理解奇正相生的定位？
4. 企业进行定位的内容和步骤是什么？
5. 试述对定位战略及其内容的理解。

第9章

品牌战略选择

开篇案例 妙可蓝多的品牌营销

2019年3月12日,广泽股份(600882)发布公告称,已在3月4日完成将公司名称由"上海广泽食品科技股份有限公司"变更为"上海妙可蓝多食品科技股份有限公司";同时,其证券简称也将由"广泽股份"变更为"妙可蓝多",获得上交所批准。

"妙可蓝多"的品牌突显不是凭空而来。有公开信息显示,"妙可蓝多"官方将2019年定义为品牌发展元年。更名前,妙可蓝多聚焦线下电梯媒体开启了强势霸屏模式,立志要做"中国奶酪第一品牌"。

在奶酪市场,中国企业完全不具有品类认知优势。因为奶酪是地道的舶来品,而且是一种国人接受度还不算很高的消费品。有人说:"中国人连国际大牌的奶酪都认不全,怎么会接受国内品牌的奶酪?"但妙可蓝多恰好发现了问题的关键:中国人对奶酪消费的认知很浅,这不是坏事,而是好事,这说明洋品牌也并没有在中国消费者心目中建立足够的品牌认知,在这种情况下,"进入空白心智"远比"改变固有心智"要容易得多。

"妙可蓝多,妙可蓝多,奶酪棒,奶酪棒,高钙又营养,陪伴我成长,真美味,真美味。"面对儿童目标市场,一则根据儿歌《两只老虎》改编而来的奶酪广告,频繁在电梯口刷屏。有人说这条广告"洗脑",有人觉得这条广告呆萌,但重要的是,它容易让人记忆并富有童趣。在这条简单可爱的广告背后,是充满暴力美学的品牌引爆——妙可蓝多奶酪棒广告在全国,包括北、上、广、深等一线城市在内的几十个主要城市,覆盖数十万楼宇和社区,全天候高频播出。

妙可蓝多的对手百吉福是国际知名品牌。百吉福是一家法国奶酪品牌,诞生于阿尔卑斯山麓,是Savencia集团旗下最大的国际品牌。至今,百吉福奶酪已经在零售、餐饮以及工业等渠道销售着十几个系列、五十多个品种的产品,在中国销售已经超过三十年。这样一个既有实力又有底蕴和知名度的奶酪品牌,按理说应该占据绝对的垄断地位。然而,经过二十年的发展,兼具线下流量同时又有数字化能力,还

> 有独特的理论支撑指导的中国品牌已经具备了在各个领域（除了奢侈品）全面挑战国际品牌所应有的战略战术基础设施。就拿妙可蓝多来说，经过一年多执着的广告投放和各种营销策略，它在中国的销量远远超过了百吉福。
>
> 资料来源：胡喆：《妙可蓝多的品牌营销》，载"销售与市场"微信公众号，2021年8月6日访问。

名利双收。营销是为了创建富有竞争力的强势品牌，从而超越竞争。企业为品牌赋能，让顾客、中间商、供应商、合作伙伴甚至让非营利性组织和政府组织都能慕名而来，最后都能得到名利双收的结果。

特劳特说：创造顾客的关键在于通过精确的定位获得顾客心智的认同。那么企业用什么进入顾客心智取得优势地位呢？那就是品牌。顾客心智中只有品牌，没有企业。里斯说：你是在用品牌赚钱，而不是用商品赚钱。建立一个强大的品牌是营销战略的终极目标。

品牌战略是企业战略的基本单元，是企业在现代市场竞争中取得竞争优势的关键因素。透过企业品牌这扇门，顾客就能看到企业的质量、服务和形象，看到企业发展的后劲和持续性。品牌一开始并不是企业的核心竞争力，但当它代表独特的顾客认知价值、代表品类、代表交情时，它就成为核心竞争力之一。企业的核心经营成果是品牌而不是利润。

品牌是一个价值承诺。品牌战略上承STP战略，下接4P策略。品牌战略的成功实施，会为企业带来更高的知名度、美誉度和忠诚度。品牌战略意识已经成为企业经营者的核心战略意识，懂经营的管理者一定是懂得品牌战略的管理者。

9.1 创建品牌资产

一家企业最有价值的无形资产之一就是其品牌。品牌不仅仅是名称和符号，它代表了顾客对产品及其性能的认知和感受。品牌在市场上的影响力和价值是不同的，一个强有力的品牌具有很高的品牌价值。

9.1.1 品牌概述

1. 品牌内涵

品牌（brand）是以某些方式将自己与满足同样需求的其他产品或服务区分开来的产品或服务。美国营销协会将品牌定义为："一个名称、术语、标志、符号或设计，或者是它们的结合体，以识别某个销售商或某一群销售商的产品或服务，使其与它们的竞争者的产品或服务区别开来。"品牌可以传达给顾客一组特定的特点、利益和服务，其实质是形象、文化等要素的综合载体，一个品牌能传达出以下六层内涵：

（1）属性。品牌代表着特定的商品属性，这是品牌最基本的含义。例如，奔驰轿车意味着工艺精湛、制造优质、昂贵、耐用等。这些属性是奔驰生产经营者广为宣传的重要内容。多年来,奔驰的广告一直强调"全世界无可比拟的工艺精良的汽车"。同样是汽车行业的沃尔沃,则强调汽车的"安全、稳定",以此形成品牌属性差异。

(2) 利益。品牌不仅代表着一系列属性,而且还体现着某种特定的利益。顾客购买商品实质上是购买某种利益,需要属性转化为功能性或情感性利益。因此,"工艺精湛、制造优质"的属性可转化为"安全"这种功能性利益,"昂贵"的属性可转化为"令人羡慕"这种情感性利益,"耐用"属性又可转化为功能性利益。

(3) 价值。品牌体现了生产者的某些价值感。面对顾客诉求的价值一般包括功能性价值和情感性价值。品牌的价值感客观上要求企业营销者分辨出对这些价值感兴趣的消费者群体。

(4) 文化。品牌还附加和象征着一定的文化,包括国家文化、民族文化、地域文化等。如奔驰品牌蕴含着"有组织、高效率和高品质"的德国文化。

(5) 个性。品牌也反映一定的个性。如果品牌是一个人、一种动物或一个物体,那么,不同的品牌会使人们产生不同的品牌个性联想。奔驰会让人想到一位严谨的企业主、一只勇猛的雄狮或一座庄严质朴的宫殿。品牌个性可以被看成一个特定品牌所拥有的一系列人性特色。可口可乐被认为是传统的和正宗的,而百事可乐则代表着年轻和充满活力。

(6) 使用者。品牌暗示了购买或使用产品的消费者群体。企业更愿意看到驾驶奔驰汽车的是有成就的企业家或高级经理。

一个完整的品牌应包含以上六个方面的要素。其中,价值、文化和个性是品牌最持久的要素。

2. 品牌特征

从品牌含义中可以看出,品牌具备如下几大特征:

(1) 非物质性。品牌本身不具有独立的物质实体,是无形的,但它以物质为载体,通过一系列物质载体表现自己。

(2) 资产性。品牌是企业的一种无形资产。品牌所代表的属性、利益、文化等具有某种价值,这种价值看不见、摸不到,但却能为品牌拥有者创造大量的超额利益。

(3) 专有性。品牌具有明显的排他专有性。品牌代表一个企业在市场中的形象和地位,是企业进入市场的一个通行证,是企业和市场的桥梁和纽带。从某种意义上说,品牌是企业参与市场竞争的法宝和资本。同时,品牌属于知识产权范畴。企业有时通过保密和企业保护法来维护自己的品牌,有时通过在国家有关部门登记注册、申请专利等形式保护自己的品牌权益,有时又借助法律保护并以长期生产经营服务中的信誉得到社会公认。

(4) 竞争性。品牌是企业市场竞争的工具。在产品功能、结构等因素趋于一致的时代,关键是看谁的品牌过硬。拥有强势品牌的企业,能在未来竞争中处于有利地位,留住老顾客,开发出大量潜在消费者,树立起良好的品牌形象,提高市场覆盖率和占有率,赢得更大的利润和效益。

（5）忠诚性。现代市场竞争，从某种意义上说，就是品牌竞争。许多消费者购买的是品牌，而不是产品，他们往往会根据自己的消费体验来指导品牌购买，甚至没有他们指定的品牌就不购买。品牌是赢得消费者重复购买、大量购买的关键因素。

品牌的心智预售指的是品牌左右顾客的选择，在顾客购买之前已经在其大脑里完成了销售。与顾客指名购买相反的是那些没有心智预售的品牌，顾客的购买行为表现为销售现场的随机购买，而这样的品牌往往不能获得品牌附加值和持久购买。

3. 品牌作用

随着消费者的生活变得越来越复杂、繁忙，品牌所具有的简化决策以及降低风险的能力就成了无价之宝。品牌的作用既体现出对购买者方面的作用，也体现出对企业的作用。做品牌是顾客与企业双赢的过程。

（1）对顾客的作用：品牌传递信息；品牌暗示品质的一致性；品牌降低顾客风险；品牌使购买决策更为简单；品牌赋予产品某种地位。

（2）对企业的作用：品牌有助于促进产品销售，树立企业形象；品牌可以获得溢价；品牌有利于约束企业的不良行为；品牌有助于扩大产品组合；品牌助长渠道伙伴的支持。

品牌忠诚为企业提供了对需求的可预测性和安全性，同时，它建立的壁垒使得其他企业难以进入这个市场。忠诚也可理解为顾客支付更高价格的意愿。尽管竞争者可能复制制造流程与产品设计，但是它们还是难以取代品牌经由长年的营销活动和产品经验而在顾客和组织心目中留下的持久印象。从这个意义上说，品牌是保持竞争优势的强有力手段。

4. 品牌文化

品牌文化是品牌的精神理念，是企业和消费者共同构建的价值观。品牌文化既不能简单等同于企业文化，也不能简单等同于消费文化，品牌文化可用于衔接企业和社会。品牌文化由品牌的精神文化、物质文化和行为文化构成。

品牌文化在品牌营销中具有重要作用，主要体现在以下几个方面：

（1）提升品牌的价值。品牌的构造要从品牌的价值发现入手，在品牌要素的各个方面体现品牌的价值观，用品牌文化提升品牌价值。

（2）促进与顾客融合。文化沟通是以价值共识为基础，品牌文化的本质是建立有效的顾客与品牌关系。品牌要与顾客进行交流，让顾客真正参与到品牌的建设中来，理解品牌，体验品牌，进而喜爱品牌。

好的品牌并不是要做多隆重的广告和多好看的设计，最重要的是唤醒顾客内心的共鸣。日本人对于产品的一个描述方法是"赠物"，不是销售，这是一种交心的感觉。"赠物"的过程是超越物质框架的一种爱、惊喜和依靠。品牌成功的真正原因在于它契合人心，品牌文化的意义在于给人们美好的联想和想象。

（3）实现品牌个性化。品牌差异化的建立，要从品牌文化入手，在品牌价值的基础上，结合企业特性发现、塑造品牌个性特征。

（4）增强企业竞争力。品牌文化是企业文化竞争力最直接的体现，它能帮助企业在市场竞争中建立竞争优势。品牌文化有助于培养顾客的品牌忠诚。

5. 品牌国际化

品牌国际化（global branding），又称为"品牌的全球化经营"，是指将同一品牌主要以相同的名称（标志）、相同的包装、相同或不同的广告策划等向不同的国家、不同的地区进行推广，以实现统一化和标准化带来的规模经济效益和低成本运营的一种品牌经营策略。

品牌国际化对企业的发展有重要意义。品牌国际化可以实现生产与流通的规模经济；降低营销成本，扩大影响范围；保持品牌形象的一贯性。在品牌国际化过程中，能够最大限度地利用企业资源，迅速在全球展开该品牌的营销活动。

品牌国际化也会遇到一些障碍，主要表现为：

（1）环境障碍。最应引起企业重视，也是最难解决的环境障碍是法律障碍和文化障碍。文化障碍又包括价值观、语言、风俗习惯及审美观障碍等。

（2）品牌自身障碍，是指品牌的构成要素（品牌名称、标志物、标志色、标志字、标志包装等视觉标志）在国际化时遇到的障碍。由于某种文字、图案或者标志在不同的国家可能具有不同的含义，因此，某些优秀的品牌元素在国际化时可能会成为不利的因素。

来源国的形象对品牌国际化也有很大的影响。世界品牌实验室研究发现，"国家品牌"对一个企业或产品品牌的贡献率达到29.8%。国家品牌形象意味着一旦消费者形成对一个国家产品的总体印象，他就会带着这个印象看这个国家生产的所有产品，并依据这个印象作出取舍的判断。例如，"德国制造"代表了"工艺精良，经久耐用"；一提到"日本制造"，消费者就会和先进及高品质联系起来。

6. 奢侈品牌

奢侈品牌是指服务于奢侈品的品牌。它是品牌等级分类中的最高等级品牌。在生活当中，奢侈品牌享有特殊的市场和很高的社会地位。在商品分类里，与奢侈品相对应的是大众商品。奢侈品不仅是提供使用价值的商品，更是提供高附加值的商品；奢侈品不仅是提供有形价值的商品，更是提供无形价值的商品。一般来说，大众商品的功能价值占比较高，而奢侈品的情感价值占比较高。奢侈品牌一般都具有如下特征：

（1）富贵的象征。奢侈品牌的品牌魅力是富贵豪华。奢侈品（luxury）源于拉丁文的"光"（Lux）。所以，奢侈品应是闪光的、明亮的、让人享受的。奢侈品通过其品牌视觉识别系统传达了这些内容。

（2）彰显美感。奢侈品必须是美的商品。不管人们有多少种审美意识，对奢侈品却只有一种，那就是"看见就赞美"。购买奢侈品的人完全不是在追求实用价值，而是在追求全人类"最好"的感觉。

（3）展示个性。奢侈品牌往往以己为荣，它们不断树立起个性化大旗，创造着自己的最高境界。奢侈品的个性化使其区别于大众产品，这样才更显示出其尊贵的价值。

（4）大众距离感。奢侈品牌要不断地设置消费壁垒，使认识品牌的人与实际拥有品牌的人在数量上形成巨大反差，这正是奢侈品牌的魅力所在。

（5）历史声誉。历史声誉是奢侈品牌的重要内涵。奢侈品牌的文化价值很高。一个产品的历史越悠久，它的文化内涵就会越丰富。例如，英国"芝华士"（Chivas）威士忌来自19世纪苏格兰阿伯丁镇的芝华士兄弟；中国"茅台"酒演变于贵州茅台镇的"赖氏"家族。

（6）顶级品质。从生产管理上讲，奢侈品就是采用"珍贵原材料"加上"神秘工艺"制造出来的顶级品质的产品。原料决定一切。

7．互联网品牌

互联网丰富了生活，也改变了生活；同样，互联网丰富了交易，也改变了交易。把品牌放到网站上去并不意味着它就是互联网品牌了。如果想建立一个互联网品牌，就不该把互联网当成一个载体，而应该当成一项业务。这项业务蕴藏着许多机会，企业可以利用这些机会率先在顾客心智中创建品类。

当下热门的互联网品牌都不是传统的线下品牌，而是因互联网而生的品牌。比如，国外的雅虎、亚马逊、eBay等，国内的阿里巴巴、京东、拼多多等。并不是简单地把线下品牌搬到线上就可以称为互联网品牌了。美国安利公司、宝洁公司都在互联网上运作一个新的品牌。互联网品牌也并不是用互联网进行已有的品牌传播和促销。里斯认为，做好互联网品牌需要明白如下基本定律：

（1）互动定律。没有互动，企业的网站和品牌一无是处。互动性并非仅是一种从菜单进行选择的能力，它能发出指示使顾客按照企业的要求提供信息；互动性还体现在网站在企业原始需求的基础上提供额外的信息，能让企业在网页上增加个人信息，能处理几乎是瞬时变化的复杂的价格系统；互动性也体现为实现各种测试的能力、引导拍卖物品的能力，以及分析各种情况并给出对策的能力。

（2）独特定律。名称有两种，即独特名称和通用名称。独特名称是一个特定的人、地点或事物的名称；通用名称是一个包含了许多人、地点或事物的名称。比如，拍卖网是通用名称，而eBay是独特名称。将一个通用名称变为互联网品牌不会进入消费者的心智，只有独特名称可以。要想在互联网上独立存在，必须起个独特的名字。人格化的名字也是独特名称的选择之一。

（3）唯一定律。在互联网上打造品牌与在现实世界中有个很大的不同之处：位居第二的品牌没有太大的生存空间。所以，这里的唯一性指的是必须找到合适的品类，成为品类第一，这是在互联网上唯一的选择。品类融合的综合性互联网品牌有淘宝网、京东网、拼多多等，但品类融合机会不多，更多的机会是在品类分化方面，品类分化是成为品类第一的重点选择方向。

8．品牌势能

势能是一种状态量，品牌势能是消费者感知到的品牌能量。没有品牌势能，流量再汹涌也是短期效应。

如果品牌势能处于发展期，就需要为品牌注入更多的势能。首先，注入势能最简单、最基本的方法就是持续加大投入，宣传品类、品名和定位。若投入不足或停顿，很容易出现"坡顶现象",不进则退。其次,可以注入热销概念,不断地热上加热。最后,可以做大品类需求,扩大品类的消费人群或消费场所,宣传品类的历史或意义等。

王老吉品牌在这方面有着成功的实践。首先,在广告宣传上有着持续的投入,特别是在中央电视台投入巨额广告费,并借央视势能进行不断的传播,宣传"怕上火,喝王老吉"。其次,打造"中国最畅销的罐装饮料"。再次,扩大饮用场所,不但可以在餐饮场所饮用,而且可以在家里、户外、办公室、网吧、酒吧等场合饮用。另外,针对南北不同地区和不同饮食习惯、不同季节,都倡导饮用。最后,重点宣传"凉茶"这一品类,告知凉茶的历史、故事和功效,这时不需要介入王老吉这个品牌,作为品类的代表性品牌,只要市场激起了对品类的需求,王老吉自然是顾客的优先选择。

9.1.2 品牌资产

品牌资产(brand equity)是赋予产品或服务的附加价值。它反映在消费者有关品牌的想法、感受以及行动方式上,也反映品牌为公司所带来的价格、市场份额以及盈利能力。

里斯认为,品牌价值的定义通常是:与其他相同质量的商品相比,消费者愿意为购买这一品牌而多付出的价格。

1. 基于顾客的品牌资产

基于顾客的品牌资产(customer-based brand equity)是品牌知识对于顾客对品牌营销的反应所产生的不同影响。与不能被识别相比,当品牌能够被识别时,顾客对品牌的营销活动表现出较多赞许的反应,品牌则具有正面的基于顾客的品牌资产;反之,在同样的环境下,顾客对品牌的营销活动表现出较少赞许的反应,品牌则具有负面的基于顾客的品牌资产。基于顾客的品牌资产有三个关键的构成要素:

(1)品牌资产来源于顾客反应的差异。如果没有任何差异的话,那么从本质上看,该品牌产品只是一种大众化产品,此时的竞争主要围绕价格展开。

(2)反应差异来自于顾客所拥有的品牌知识差异。品牌知识(brand knowledge)由与该品牌有关的所有想法、感受、印象、体验、信念等组成。尤其是,品牌必须能使顾客建立强大、赞许以及独特的品牌联想(brand association)。品牌联想就是指顾客由该品牌所能联想到的一切事物,并形成有意义的品牌形象。如沃尔沃让人联想起安全、海飞丝让人联想起去头皮屑等。

(3)构成品牌资产的消费者不同反应体现在感知、偏好和行为等所有与品牌营销相关的方面。品牌越强大,带来的收益越多。

2. 基于品牌资产的投资

从品牌资产的角度来看,营销人员应该把每年所有用于产品或服务上的营销费用看成对消费者品牌知识和品牌联想的投资。品牌建设的关键因素是投资的质量,在投资超过某一最低门槛后,数量就不再是必需的了。如果钱花得并不明智,很有可能在品牌建设中超支。

营销投资建立的品牌知识和品牌联想为品牌指明合适的未来方向。根据对品牌的所想所感，消费者决定品牌应该走向何处（以及怎样做），允许（或不允许）的品牌营销活动或方案。

品牌承诺（brand promise）是营销人员对品牌应该是什么和应该为消费者做些什么的愿景。品牌的真正价值取决于顾客，取决于他们关于品牌的知识和联想，对营销活动的反应就是这种知识和联想的结果。

理解顾客的品牌知识与品牌联想是极为重要的，顾客的品牌知识与品牌联想是品牌资产的基础，品牌战略管理的任务就是要创造独特的品牌知识与品牌联想，并由此取得更大的利益。

3. 品牌资产评估

根据品牌评估器（brand asset valuator，BAV）的品牌资产模型，品牌资产有五个关键性成分：差异，测量该品牌与其他品牌不同的程度；活力，测量品牌的动力感；关联，测量品牌吸引力的宽度；尊重，测量品牌被关注及受尊重的程度；知识，测量消费者对品牌的熟悉和亲密度。

营销人员应该区分品牌资产与品牌估价（brand valuation），后者是评估品牌总体财务价值的工作。进行品牌资产评估的基本步骤为：

（1）评估品牌资产的现阶段获利状况。要由专门的独立的评估师、经济师、工程师和其他专家确定品牌所标识的产品年销售收入、成本、税金，确定税后净利。该法计算的是产品净利，而不是企业净利，原因在于品牌是用来区别产品的，而不是用来区别企业的。

（2）确立品牌资产的综合能力指标评价体系。这可以根据评估方法的需要而选定。例如，市价法可以采用的指标包括：市场占有率、品牌的保护情况、品牌的支持情况、品牌的市场特性、品牌本身所表示的趋势感、品牌的国际化力量以及品牌的寿命。

（3）估算出品牌资产。估算结果应包括定性结论和定量结论。

（4）检验测试。任何一项评估结果都可能有偏差，因此为了做到真实有效、公正客观地反映被评资产的价值，在所有评估工作基本完成之后，要进行可信度和效度检验的反馈测试。如果多次计算的结果相近或相同，说明评估信度较高，评估结果较为可靠。

品牌是企业的一种无形资产，这种无形价值体现在产品或服务的质量、技术上，或者体现在品牌的形象上。品牌也许是企业最持久的资产，比特定的产品和设备更持久。

全球最大的传播集团WPP及其旗下品牌咨询机构凯度发布了2021 BrandZ全球最具价值品牌百强榜，亚马逊以6838.52亿美元品牌价值夺魁，苹果、谷歌、微软、腾讯、Facebook、阿里巴巴、Visa、麦当劳、万事达紧随其后。中国的腾讯以2409.31亿美元位列第5名。

9.2 品牌化战略

科特勒说：品牌化（branding）是赋予产品或服务品牌的力量。它的根本就是创建产品之间的差异。品牌化创建了一种心智结构，帮助顾客组织有关产品或服务的知识，在某种程度上明确他们的决策，在这个过程中为企业创造了价值。品牌真正的注册，是在顾客的大脑中进行的。

品牌化战略要成功并且创建品牌价值，就必须使顾客确信在该品类的产品或服务中，品牌之间确实存在着有意义的区别。任何有顾客选择的地方，都能应用品牌化战略。可以品牌化的对象包括一个有形的物品，一种服务，一家商场，一个人物，一个地方，一个组织，甚至一个想法（如言论自由）。

品牌化战略过程一般包括八步：确定品牌的品类、品名、定位、品质、品位、形象、发展、传播。确定品类、品名和定位，构成了品牌化战略的三个基本要素，回答了品牌是什么（品名）、做什么（品类）和凭什么（定位）三个核心问题，三位一体成就品牌。

9.2.1 确定品类

品类即需求，品类是顾客需求反映在企业营销对策上的一个概念。品类之争其实是需求之争，品类战略即需求战略，品牌化战略首先就是确定如何去发现、引导和满足顾客需求。顾客第一决定是对品类的选择，即需求的选择，品牌是其后的选项。

品类战略是指企业通过把握趋势、创新品类、发展品类、主导品类建立起强大品牌的战略思路。品类战略颠覆了传统品牌理论强调以形象代替品牌去传播品牌的误区，为企业创建品牌提供了切实有效的指引。品类战略是品牌战略的核心，被广泛使用于实战领域。

里斯认为，顾客心智中相互竞争的并非品牌，而是品类。顾客的行为特征是"以品类来思考，以品牌来表达"，因此营销的竞争与其说是品牌之争，不如说是品类之争。根据此发现，里斯重新定位品牌为"代表品类的名字"，并指出品牌无法在品类消亡的情况下生存，企业最佳的策略是拯救品类而非品牌。喜之郎品牌在果冻品类开始衰退时，及时推出了美好时光海苔、优乐美奶茶等新品牌、新品类，而没有盲目去延伸喜之郎这个品牌。

成功的品牌应是由品类可以联想到品牌。想买一辆有"名望"的汽车的人可能会买一辆奔驰，说"我开奔驰"比说"我开一辆有名望的汽车"要简单，心理上也更满足。奔驰失去"有名望的轿车"这个含义的那一天，就是奔驰品牌失去大部分价值的一天。

品牌有优劣之分，主导品类的品牌才是真正的强势品牌。品牌价值的实现在里斯看来就是：品牌有价值在于一个原因，也只有一个原因，就是主导一个品类。

1. 品类内涵

按照国际知名的 AC 尼尔森调查公司的定义，品类（category）即"确定什么产品组成小组和类别，与消费者的感知有关，应基于对消费者需求驱动和购买行为的理解"。而家乐福则认为，"品类即商品的分类，一个小分类就代表了一种消费者的需求"。一个品类是指在顾客眼中一组相关联的或可相互替代的产品或服务。一般情况下，品类分为五种角色：优势品类、目标性品类、常规性品类、季节性品类、结构性（便利性）品类。不同的品类角色意味着不同的品类目标，可以采取不同的品类战略。（见表 9-1）

表 9-1 品类角色分类

品类角色	定义	关键词	代表性品类
优势品类	根据商圈消费者、竞争对手而制定的战略性品类，打造门店的经营特色和经营亮点，与竞争对手形成差异化竞争并吸引目标消费者持续到店购物	特色、首选、亮点、成长性	咖啡、红酒、面膜、护肤品、烘焙、巧克力等
目标性品类	与竞争对手直面竞争的品类，关乎民生，是消费者每日必不可少的消费品类，价格的敏感度较高，是大多数消费者目标性购物的品类	民生、敏感、必不可少	油、米、面、调味品、纸品、洗涤类、蔬菜、肉品等
常规性品类	在总品类数中占比最大，销量稳定，在所有品类中与竞争对手的同质化程度较高，有一定敏感度，大部分产品是消费者经常购买的品类	熟悉、常买、日常生活	熟食、主食、白酒、饮料、饼干、炒货、洗发水等
季节性品类	重点在夏季、冬季和重大节庆日售卖的产品，有明确的上下季计划，应季时是重要的业绩贡献者	应季上架、过季下架	月饼、消杀类、凉席、冬被、棉拖鞋等
结构性品类	体现一站式购全及产品齐全的品类，销量虽小却不可缺少，销售额低但毛利率高，通常用于组合完整的产品链条，让顾客感觉门店的产品齐全	便利性、一站式、齐全	牙线、口腔喷雾、厨房配件、厨房用纸、儿童衣架、染发用品、香槟等

如果顾客想到品类而联想不到品牌，这样的品类往往是抽象品类。一般大的品类都是抽象品类，如水果、电器等。所以，与品牌能相对应的品类可以称为具体品类。

2. 品类分化

品类分化是具体品类的确定，是需求分化，一般通过市场细分来确定准备进入的品类目标。品牌只有明确品类归属，才能有效对接顾客需求。

如果想打造一个强势新品牌，就应该想办法让产品或服务从原有品类分化出去。换句话说，打造品牌的最佳途径不是追逐现有品类，而是创建一个能进入的新品类。没有一个品牌能涵盖所有分化中的分支，想要涵盖分化中品类的方方面面的品牌，肯定会失去主导地位。更佳的战略是定期"修剪"品牌，这样品牌就在顾客心智中一直代表一个单一概念。分化是在强化而不是在弱化品类。

可口可乐和百事可乐的竞争实质上是经典可乐和新一代可乐之争；茅台和五粮液

的竞争实质上是高档酱香型白酒和高档浓香型白酒之争；金龙鱼和鲁花的竞争实质上是调和油和花生油之争。

有更多品类分化的机会，也就有更多创建新品类和新品牌的机会。一旦错过创建品类的机会，最好忘了它，再寻找其他机会。如果品类正在分化，那么新品牌就有了机会。品类分化后，市场大小无足轻重，因为市场大小是相对的概念，可能最初市场很小，甚至是零，但随后可能变得很大。

并不是说品类永远不会消亡，某些品类必定会消亡，如曾经风靡一时的寻呼机，即时成像的宝丽来照相机等。

分化不完全等同于市场细分。市场细分更多的是满足现有的需求，分化则更多的是创造新的需求，为品牌提供更多的机会，引导消费，创造市场。索尼的"随身听"就是一个创造新品类、引导新需求的经典案例。

品类完全分化之后，原来的具体品类会变成抽象品类，所以品牌就要再进一步对应具体品类。比如，原来鞋是抽象品类，运动鞋是具体品类，但现在，运动鞋已经变成了抽象品类，甚至运动鞋分化出的球鞋也变成了抽象品类，因为球鞋还可以分化出足球鞋、篮球鞋、网球鞋、羽毛球鞋等。

3. 开创新品类

里斯认为，打造品牌的关键就在于开创新品类。市场营销中真正的问题不是创建品牌，而是创建品类，然后用新品牌名主导这个品类。

开创新品类是手段，其核心的目标是成为潜在消费者心智中品类的代表。品类创新的途径一般包括需求创新、技术创新、对立创新、趋势创新、聚焦创新等。索尼的随身听是需求创新；苹果的触屏手机是技术创新；百事可乐的新一代可乐对于可口可乐的经典可乐是对立创新；有机、无糖、便携、方便、天然等是趋势创新；格力专注于空调是聚焦创新。

新品类的产生往往意味着老品类顾客的流失及老品类的衰退甚至消亡。这时老品类的品牌要及时调整品牌战略，积极开拓新品类或者产品的新用途。比如，因为电灯的产生消灭了煤油灯，也消灭了作为照明使用的蜡烛，但从蜡烛品类分化出来的生日蜡烛、香烛等还可以继续存在。

开创新品类要注意的原则是：现有市场目前是空白市场，发展空间巨大；新概念并非都是新品类，新概念千万不能哗众取宠；避免过度分化，造成不痛不痒的局面；要及时推出新品牌，不然新品类很可能会被老品牌夺走。

4. 品类第一

创建一个能第一个加入的新品类，就会增加打造强势品牌的机会。不一定是实际上的第一，只需要创建品牌的第一认知就可以。当品牌是新品类的第一个品牌时，它就被普遍认为是原创者和先锋。当其他品牌侵入你的领域时，它们被普遍认为是模仿品。这体现了第一者生存的观念。新品类第一的心理障碍是没有市场及利润不高。

成为品类第一后进而成为强势品牌的例子不胜枚举。比如，亚马逊网站是第一家网上书店；戴尔是第一家个人电脑直销公司；金霸王是第一种碱性电池；肯德基是第一家鸡肉快餐连锁店；斯沃琪是第一块时尚手表；汰渍是第一种洗衣粉；等等。

创建新品类的关键是要成为顾客心智中的第一，而不是市场中的第一。如果只是市场中的第一个创建者，就成为市场里的"先烈"了。

当然，在新品类里不是第一、新品牌也不是第一的情况下，可以成为第二品牌。第二者生存的观念就是"做领导品牌的对立面"，同样可以成为强势品牌。第二品牌不能只是抄袭第一品牌，而应该成为它的对立面，在目标顾客上，或者在产品或服务的重点上都可以与第一品牌有所不同。如百事可乐选择的对立面就是新口味、新一代，可口可乐这时就成为传统口味、老一代。如果在一个品类中两大强势品牌定位恰当，第三品牌生存的空间就很小。

5. 品类融合与扩大

融合的作用就是更加便利和集中。使一个产品能多种功能集于一身，也是创造了新品类。但在很多情况下，融合并不能真正成为人们的最爱。看起来会在两个领域都很好的东西往往会在两个领域都很差。能变成床的折叠沙发不是更好的床，也不是更好的沙发，但是对某些人来说，这种沙发床很方便。然而，有财力和足够的空间时，大多数人会购买单独的沙发和床。洗发水和护发素融合产品不是更好的洗发水，也不是更好的护发素，但是它用起来方便。然而，大多数人会购买单独的洗发水和护发素，因为他们觉得单独的产品更好。融合往往只是营销中的美好心愿，它不一定能实现赚钱，分化才更有可能赚钱。

品类与产业在不断分化而非融合。知识也在向不断分化的方向发展，这是进化规律在人类社会领域的延续，它造就了多姿多彩的大自然，也同样造就了这个种类繁多、优胜劣汰的品类和品牌的世界。

品类扩大的核心是扩大消费人群及消费次数。一方面，需要消费教育。比如，儿童护肤品可以扩大到成人市场；一天要用牙膏刷两次牙；一天要喝八杯水；矿泉水既可以喝，也可以用来烧饭等。另一方面，可以通过引入竞争者进一步扩大品类影响力。对于品类可以不去注册，供竞争者一起使用，共同开辟市场。比如，凉茶、解百纳葡萄酒等。

6. 品类强弱

品类可以分为强势品类和弱势品类，品类不是天生平等的。有些品类需求大，有些品类需求小；有些品类正在兴起，有些品类正在衰亡；有些品类关注度高，有些品类关注度低；有些品类能出强势品牌，有些品类几乎没有品牌。能够建立起强势品牌的品类就是强势品类，否则就是弱势品类。没有品类机会，强势品牌就不能确立。

强势品类发展到一定阶段，有可能导致产品过剩、创新停滞、各个品牌逐渐同质化，从而变为弱势品类。比如，指甲剪这个品类，现在顾客购买时已经不怎么关心这个品类的强势品牌是谁了。另外，在品类由强转弱时，原来的强势品牌也可能加强领导地位。比如，碱性电池变为弱势品类后，原来的强势品牌南孚电池却加强了其领导地位。

9.2.2 确定品名

名字也是战略，一个好的名字才容易被人识记，进入心智，这可以大大促进产品或服务的成功。然而，找到最好的品牌名是一项艰巨的任务。里斯和特劳特说：名字就是把品牌挂在潜在客户心智中产品阶梯上的钩子，在定位时代，你能制定的唯一重要的营销决策就是给产品起什么名字。

1. 用名字启动定位

品牌名称是一个信息载体。一个好名字会把相关的想法、预期以及购买建议带入市场，每次有人听到、看到或说起这个名字，定位过程就启动了。经过一段时间，品牌名称及定位就在人们的大脑中拥有了一席之地。

这种命名往往体现出产品的功能性、效果性。比如舒肤佳的中文命名，直接就点出了产品可能给顾客带来的舒服、优质的特点。命名也可以体现在情感性上。如"乐百氏""万家乐"等。金霸王（Duracell）这个名字让人感觉电池耐用。Dura 截取自英文单词 durable（持久的、耐用的），cell 则表示电池。飘柔的英文名为 Rejoice，是欣喜、高兴之意，但中文名取为"飘柔"，与其让人头发柔顺的定位更为相合。"汰渍"和"奥妙"这两个名字和消费者的需要相连，直接传达出某种具体的想法，无疑是符合洗衣粉产品定位与特性的好名字。

2. 起个好名字

起个好名字的基本特点和要求是：

（1）易于发音、识别、记忆和传播。短名字比较好，如娃哈哈、康师傅，就非常容易发音、识别、记忆和传播。

（2）独特鲜明。如全聚德烤鸭、555 牌香烟、李宁运动服、云南白药等。品牌命名既可以用一般性的文字，也可以用数字、人名、动植物名、地名、山川湖海名等。

（3）通用名词变成品牌反应。加一两个字把通用名词变为品牌反应的好名字，是常用的起名技巧之一。比如"天才"是没有品牌反应的，但"小天才"就有品牌反应；"果园"也没有品牌反应，但"百果园""农夫果园"就有较强的品牌反应。

（4）避免混淆。避免与众所周知的名字太相似或者避免容易被混淆的名字。品牌名最常见，也是最糟糕的混淆方式就是与知名品牌相似，这会让顾客觉得你是山寨品牌。比如，珠宝品牌有周大福品牌，还有周六福、周百福、周福生、周大生等。

（5）避免禁忌。考虑到不同国家、不同民族的风俗习惯和特有禁忌，品牌名应该选择幸运名称、颜色和号码。例如，沃尔沃的 164 型号和 264 型号在中国不受欢迎，因为数字 4 同死亡的"死"谐音。金利来（Goldlion）的最初中文品牌名为"金狮"，在粤语地区就不受欢迎，因为金狮的粤语谐音是"尽输"。

（6）能够注册并得到法律保护。如果一个新品牌名对现有的品牌名构成侵权，就不能注册。品牌名一经选定，就必须得到保护。在国际营销中要考虑符合市场所在国的法律规范，能够获得注册，受到法律保护。

3. 品名和标志设计

品牌一般包含品牌名称（品名）和品牌标志（品标）。品牌标志由图案、符号、文字、设计单独或组合而成，是一种对品牌的视觉形象设计，是品牌视觉形象中最重要的一部分。如广为人知的耐克的标志设计，就形象地表达了耐克的简约、动感和积极向上的精神。

完整的品牌设计包括对品牌名称和品牌标志两方面的设计。品牌设计布局要合理，品牌中的文字与拼音、文字与图形、中文与外文的搭配要简洁明了、美观大方、构思新颖，要突出视觉吸引力和焦点，以引起人们的注意。品名和标志往往代表企业形象，是企业形象设计的核心。

标志长期与一个品名联系在一起后，该标志就代表这个品名，但仍然是品名保持着品牌的力量。品牌的意义存在于一个词语或一些词语中，而不是存在于视觉化的符号中。

4. 两个名字

每个产品都需要两个名字，一个是品类名，一个是品牌名。人们通常会先考虑品类名，然后才是品牌名。比如，"我渴了，我想喝功能饮料，我想喝红牛功能饮料"。当然，这个思维过程可能很短，但是许多事实证明品牌名总是在人的思考中最后一个出现。所以，企业在打造品牌之前首先要开创一个新品类，并把它命名。比如，饮料里的运动饮料、100%的果汁、混合果汁、凉茶等。

一般来说，品类和品牌的名字应该简单，而不是复杂。另外，在没有新品牌的新品类中，成为第一就没有特别的优势。所以，如果品类足够重要，那么最终赢家总是专为品类创建的新品牌，而不是通过延伸来配合新品类的老品牌，新品牌几乎总是击败老品牌。

品类名和品牌名锁定在一起时，就产生了关联。比如，豪华瑞士手表和劳力士锁定在一起，时尚手表与斯沃琪锁定在一起。

每个创新品类的品牌都面临两种命名考虑：品类名与品牌名。品类名的命名要求通俗易懂，具有通用性；品牌名则要求独特、简单、顺口，寓意品类的某种特性。诸如凉茶、豆奶、红烧牛肉面等好的品类名都具有简洁、清晰、容易理解等特征。

品类名与品牌名不要成为一个名，因为品类名和品牌名这两个名字服务于两个不同的目的。品类名是通用名，品牌名是突出个体的专有名。一个名字如何服务于两个目的呢？顾客的心智里往往把品类名作为通用名对待，而把品牌名作为专有名对待，所以在营销时，两者都需要认真创建和命名。

顾客也会使用品牌名来代替品类名。最好的证据就是品牌名成为通用名的趋势日益明显，舒洁、思高等品牌都代表了品类。当品牌成为通用名之后，这个词在顾客心智中就代表了两种不同的东西。正因为这个原因，所以成为通用名的品牌不会失去威力，如舒洁主导了纸巾品类，思高主导了透明胶带品类。

品类与品牌名产生关联，锁定在一起，才完成了品牌的创建。品牌名与品类一般会共存亡。因为如果品类消亡了，也就是需求消亡了，代表了这种需求的名字也就没有了意义。品牌名如果不能代表品类，则只是一个代号，没有多大的价值，这也证明了品类需求才是根本。名是为了利，利不存在了，那名只能是徒有虚名。

9.2.3　确定品牌定位

定位包含着希望与结果，最终目的是占据顾客的心智。品牌定位有时就是品类。比如，沃尔沃的品类是安全车，其定位是安全；海飞丝的品类是去屑洗发水，其定位是去屑。

品牌定位是指让品牌在顾客的心智中占据一个独特的、有价值的位置。品牌定位是将企业的定位战略落实在品牌之中，定位和品牌结合在一起要解决的问题是：如何用一个品牌去占领顾客心智中的那个差异化位置。定位和品牌高度关联，定位某种意义上就是品牌的定位，要成功地打造一个品牌，品牌定位举足轻重。

品牌定位是一个品牌承诺，一般包括功能价值和情感价值的承诺，是要给顾客一个明确而稳定的预期，并说到做到。

品牌定位成功的关键是与顾客的价值需求相一致，既要有特色，更要有价值，而有价值与否由顾客决定。品牌定位一般可以从独特性和关联性等方面去寻找和发现。

1. 品牌独特定位

营销者必须将品牌清晰地定位在目标顾客的心目中，可以从实质特性、心理特性、市场特性三个方面寻找品牌定位的独特性。

(1) 实质特性，是指产品内在的功能性利益点，包括直接实质和间接实质。直接实质是顾客直接感知到的功能、性能或便捷性，如高钙、速度快、美颜、耐用等。间接实质不能被顾客直接感受到，但能唤起顾客对直接实质的联想，主要类型包括制造方法（纯手工、纯天然、无添加、长时间等）、所用标准、新一代等。

(2) 心理特性，是指从感性上给顾客的心理感受。这种心理感受往往是指对生活美好的向往或者精神上的满足。许多成功的品牌除了依赖它们的实质特性，也会从创造温馨、快乐、激情和兴奋等心理感受中取得品牌定位的成功。例如，佳洁士牙膏的实质特性有防蛀和增白功效，其心理特性是"带来生活中健康美丽的笑容"。

(3) 市场特性，包括身世类和现状类两种，也是取得差异化的重要途径。身世类市场特性是顾客重视的与品牌历史相关的事实，这些特征有可能随着时间的推移而消失或改变，主要类型包括开创者、正宗、经典、有故事等。现状类市场特性是品牌目前的做法及取得的市场地位，这些特征也有可能随着时间的推移而消失或改变，主要类型包括领先、热销、专家、受青睐和喜欢、价位等。价格差异很难成为有效定位，常用的转化方法是和"受青睐"关联在一起。比如，"高端"可转化成"受高收入人群青睐"，"经济型"可转化成"受理性顾客青睐"或"实用主义者的选择"。

实质特性是理性的"实"特征，心理特性是感性的"虚"特征，市场特性有"虚"有"实"。品牌定位为顾客创造虚实相间的价值。初创企业的品牌定位相对来说首先是确定实质特性，先提供功能价值，其次才是确定心理特性和市场特性。

率先的独特性往往成就了第一。要注意，这里的第一不是品类的第一，而是定位的第一。比如，王老吉不是凉茶第一，而是预防上火的凉茶第一。

2. 品牌关联定位

如果好的位置已经被抢占了，还可以与相关的竞争品牌或文化关联在一起。关联定位的本质是将品牌与消费者大脑中固有的东西关联起来，从而更快速进入消费者的大脑，最终在消费者心智中占据一个有利的位置。

一个新品类的诞生往往需要借助强势对手关键定位的方法，从而让人们认识自己。比如七喜没有强调自己是柠檬类饮料，而是强调"七喜非可乐"。一个新的处于弱势的品牌往往需要与强势品牌关联起来，也就是关联定位。比如"青花郎，中国两大酱香白酒之一"。茅台酒是中国最好的酱香白酒，这一事实无法改变，既然无法改变，就要借助，也就是关联定位。"滋补三大宝，人参、鹿茸与阿胶"这条广告语主要应用的是文化的关联定位策略。阿胶最初为女性的补血药品，这句广告语将阿胶与人们公认的滋补药材人参、鹿茸关联起来，将阿胶定位成了滋补用品。

3. 品牌再定位

也许一种品牌在市场上最初的定位是适宜的，但是到后来企业可能不得不对其进行重新定位。竞争者可能继企业品牌之后推出自己的品牌，并削减企业的市场份额；顾客偏好或许转移，使企业品牌的需求减少，这些都对企业的品牌定位提出了挑战。

百事可乐最初的定位是价格定位，但竞争对手可以复制的定位不是好的定位，特别是当竞争者更强大时。百事可乐随后定位于"年轻人的可乐"，这才找到了可口可乐的弱点。王老吉的品牌定位从最初的"清热解毒祛暑湿"转变为风靡全国的"预防上火的饮料"。

4. 品牌人格化

品牌人格化是把品牌打造成具有独特魅力和情感诉求的人性化符号，呼应目标消费者心中的潜藏情感，营造身临其境的感受，引导消费者"对号入座"，让品牌在潜移默化中产生黏性。耐克的"Just do it!"针对年轻人渴望自由的心声，倡导追求自由的品牌定位。

品牌人格化也就是品牌个性。品牌个性是消费者认知中品牌所具有的人类人格特质，可以从真诚、能力、刺激、经典和粗犷五个维度构建。塑造品牌个性之所以有效，其原因在于消费者与品牌建立关系时往往会把品牌视作一个形象、一个伙伴或一个人，甚至会把自我形象投射到品牌上。品牌个性与消费者个性或期望个性越吻合，消费者就越会对该品牌产生偏好。广告代言人、卡通形象等都可以用来塑造品牌个性。

9.2.4 确定品牌品质

品牌品质是指品牌的产品或服务质量状况。质量是品牌创立和发展的根本，直接关系到消费者在消费产品时获得的效用，关系到品牌运营企业对消费者的承诺能否兑现，关系到品牌品质形象的好坏，因而直接影响着品牌在市场中能否存活。品牌品质是一种理智诉求,更多地表现为功能性价值。

1. 品质是品牌的生命

高品质的产品保证了企业品牌的塑造和企业形象的树立。高品质的产品可以让顾客满意,并且会通过消费领域的传播和流通范围的展开,迅速扩大影响,赢得更多消费者的关注和青睐,从而逐渐树立起品牌的信誉。

质量是使顾客对企业产品产生信任感和忠诚度的最理性原因。没有质量,品牌就如无源之水。质量是品牌的生命,是市场竞争力的基础,一个成功的品牌,始终以高质量的产品或服务作为支撑。

质量的好坏由企业执行的标准决定。企业执行的可以是国际标准,也可以是国家标准、行业标准甚至企业标准,只要符合标准,就应该没有质量问题。

2. 品质的市场标准

品质的执行标准是用标准化管理来保证品质。品质的市场标准是顾客对产品或服务的要求。品质要达到使顾客完全满意,首先要开发出令顾客满意的产品,其次要提供令顾客满意的服务,即不断地完善服务系统,最大限度地让顾客感到安心和便利。

顾客对产品或服务的要求包括两个层次,即期望的品质和超过期望值的品质。企业只有提供达到顾客期望或超过顾客期望值的产品或服务,才能更快、更持久地达成交换。质量超常、功能超常、服务超过顾客的期望,是传播品牌美誉度的关键所在。

品质的市场标准与品质的标准化管理一般是一致的,标准化管理一般都能满足品质的市场标准,但品质的市场标准与标准化管理是两回事。

3. 要素品牌战略

要素品牌战略是指为某些品牌成品中必不可缺的材料、元素或部件等构成要素制定品牌的战略,如人们耳熟能详的 Intel 处理器、利乐包装、特氟龙、杜比等。要素品牌战略并不是那些经过检验的战略替代品,而是一种全新的战略。自该概念问世以来,越来越多的企业都认识到了其独特的优势,同时也发现了如何成功地实施要素品牌战略。

无论对要素生产商,还是最终成品制造商来说,要素品牌化都有优势。要素生产商希望改变其产品无人知晓、容易被替代的窘境;成品制造商希望自己的产品实现差异化,从而达到溢价的目的。因为这种营销工具将使消费者在作购买决策时不仅关注最终产品本身,也开始重视产品所使用的材料。

在中国,许多终端消费者品牌也都开始实施要素品牌战略。例如,联想公司利用英特尔处理器向其海内外用户传达产品的优良性能;莱卡品牌已经不只是纺织行业的一个要素品牌,它代表着时尚、创新,引领着整个市场新的时尚潮流;杜邦公司的特氟龙品牌向消费者展示在家庭纺织品及厨具、医疗产品方面的广泛应用,并强调这种产品如何"让日常生活变得更轻松"。

9.2.5 确定品牌品位

品位是指对事物的分辨与鉴赏能力。品位是一种文化层次和格调,反映在价值观、艺术性、审美感、品质感及个人素质等方面。品牌品位是指凝聚于品牌之中的价值观、格调、艺术感及修养、礼仪等方面的表现和反映。品牌品位更多表现在情感性价值层面。

1. 品位是文化与价值观

价值观是文化的核心，是品牌价值的精神体现，也是品牌品位的基础。价值观相近或相同是做人做事能取得对方认可的最基础部分。善意、助人、乐观的价值观是高品位的基础，也是品牌能够持续为顾客所认可、喜爱的基础。

2. 品位是格调与艺术感

格调是指做人做事的风格、风范和"调性"。在品牌中应表现出审美的风格、情趣与层次。格调有雅俗及高低之分，格调不仅取决于管理者的思想境界，同时也取决于管理者所能达到的艺术境界，艺术境界可以通过绘画、音乐、文学、文字等展现出来。

格调与艺术表现密切相关。企业格调的艺术性反映在企业内外部环境设计、装饰格调、产品品质格调、产品外观格调、包装格调等方面。

3. 品位是修养与礼仪感

修养是指人的为人处世的综合素质，主要通过道德、爱好及礼仪表现出来。修养有高低之分，反映出人的精神境界状况。

礼仪是人们在社会交往活动中，为了相互尊重，在仪容、仪表、仪态、仪式、言谈举止等方面约定俗成的共同认可的行为规范。礼仪是一个人的思想道德水平、文化修养、交际能力的外在表现。对一个社会来说，礼仪是一个国家社会文明程度、道德风尚和生活习惯的反映。礼仪从形式上表现出对他人的尊重和谦让，是品位的外化表现。

企业的修养与礼仪可以落实在人员的道德水平、艺术品位、文化涵养、待人接物与服务规范等方面。

9.2.6 确定品牌形象

20世纪50年代，广告大师大卫·奥格威首先提出了品牌形象的概念。品牌形象随着品牌的产生而产生。

1. 品牌形象是集合形象

品牌形象（brand image）是指顾客对传播过程中所接收的所有关于品牌的信息进行个人选择与加工之后留存在头脑中的有关该品牌的印象和联想的总和。品牌形象可分为内在形象和外在形象，内在形象主要包括品质形象及文化形象；外在形象则包括品牌标识系统形象与品牌在市场、顾客中表现出来的信誉。品牌形象是品牌文化的核心组成部分。

传统品牌形象论是企业的价值观、使命或愿景，这样的品牌形象其实是企业形象的塑造，广告也是企业形象广告，往往显得笼统化和模糊化。可口可乐基于激发愉悦，星巴克基于建立联系，苹果基于激励探索，爱马仕基于唤起自豪，华为基于影响社会等品牌核心价值观，在市场上建立起了独特的核心竞争力。另外，传统品牌形象还喜欢通过个性或人物表现出来，最成功的案例是万宝路的牛仔个性形象。化妆品公司往往通过不同的美女传递其品牌形象。

现代品牌形象论是更系统化的落实。从集合性来看，包括品类、品名、定位、品质、品位等因素。集合形象的核心在于品类和定位，一个品牌只有确定了品类和定位之后，品牌形象才能发挥出最大的品牌作用。

力士香皂有一个好的形象，但它卖不过明确定位为"杀菌"的舒肤佳香皂。"维维豆奶，欢乐开怀"是典型的传统品牌形象广告，但欢乐开怀的笼统形象并没有点明豆奶的卖点。"好空调，格力造"就比"海尔，真诚到永远"更为有效。

品牌的集合形象从更广的范围上看，还包括价格、渠道甚至物流因素。比如，一个优质品牌需要从价格、渠道及物流等方面来加强其优质的品牌形象。

2. 品牌视觉形象设计

品牌视觉形象设计主要涉及品牌名称和品牌标志的设计。

品牌视觉形象必须是统一的，而且还要稳定，不能随意变动，这是品牌吸引消费者的重要条件之一。

（1）文字的统一：要求品牌设计确定后的文字是统一的，几十年甚至几百年都不变。

（2）图形的统一：要求图形统一，不能常常更换，这样才有长久的品牌魅力。

（3）颜色的统一：要求颜色统一，既要有象征性，又要有品牌特征和生命力。

（4）艺术的结合：文字、图形、颜色的艺术结合使品牌更加耀眼，具有醒目的视觉效果。

logo 设计（与标志设计同义）指的是商品、企业、网站等为自己的主题或者活动等设计标志的一种行为。为了使具有传媒特性的 logo 在最有效的空间内实现所有的视觉识别功能，一般通过特示图案及特示文字的组合，达到对被标识体的出示、说明、沟通、交流，从而引导受众的兴趣，达到增强美誉、记忆等目的。

logo 已经成为企业形象视觉传达要素的核心，也是企业开展信息传播的主导力量。logo 设计的基本要求是：生动形象、简单易记、心领神会。logo 设计可以形成三个版本：完整版 logo，包括品名、品类和定位；标准版 logo，包括品名和品类；精简版 logo，就是品名。三个版本根据不同场合及要求，发挥各自不同的作用。

3. 视觉形象像"锤子"

里斯说：建立一个品牌，你需要一枚钉子和一把锤子。语言表达就是那枚钉子，而视觉形象就是那把锤子。要建立一个强大的品牌，二者缺一不可。

视觉这把锤子只有在遇到尽可能简单、直白、明确的语言表达时，才能发挥最好的作用。例如，吉利的锋速 3 剃须刀。

当品牌是新品类的第一个品牌时，几乎任何视觉元素都能成为有效的"锤子"，如麦当劳的金色拱门、可口可乐的瓶子、奔驰的三叉星、耐克的钩子等。"视觉锤"

对高端时尚产品总是特别有效,如路易威登的"LV"视觉识别。如果找不到视觉形象工具作为锤子,只把语言表达这个钉子敲进顾客的心智中,那么品牌形象就不够完整。

4. 形成品牌联想

品牌联想是消费者看到一特定品牌时,他的记忆中所能被引发出的对该品牌的任何想法,包括感觉、经验、评价、品牌定位等,而这些想法可能来自消费者日常生活中的各个层面,如消费者本身的使用经验、朋友的口耳相传、广告信息以及市面上的各种营销方式等。这些方式,均可能使消费者在心中竖立起根深蒂固的品牌形象,进而影响消费者对该品牌产品的购买决策。

9.2.7 确定品牌发展

一个制造商可以在以下品牌所有权形式中进行选择:一是产品可以以制造商品牌(manufacturer's brand)推出,就像IBM公司用自己的品牌标定产品,进行销售。二是制造商可以把产品销售给经销商,由经销商给产品标定自有品牌(也称"商店品牌"或"分销商品牌")。三是制造商和经销商可以合力对一种产品使用共有品牌(co-brand)。

品牌发展企业可以采用产品线延伸(将现有品牌名延伸到现有产品类别中的新样式、新规格和新风格的产品上)、品牌延伸(把现有品牌名延伸到新的品类)、多品牌(在相同的品类中引入新品牌)或新品牌(在新的品类中引入新品牌)等方式。

品牌发展还需要有一个强有力的竞争对手,确立竞争对手是谁和开创新品类一样重要。任何品类除非有一个竞争对手,否则很难成功。这种竞争对手甚至可以在公司内部产生。宝洁公司就是这方面的典型代表,其公司内部就展开了品类和品牌间的竞争。

1. 制造商品牌和自有品牌

制造商品牌长期以来统治着零售业。不过近来,越来越多的零售商和批发商树立了它们的自有品牌或商店品牌。在很多行业,这些自有品牌同制造商品牌展开了激烈的竞争。例如,我国香港地区的屈臣氏(Watsons)连锁便利店以自己的品牌销售瓶装水、拖把、纸巾和其他各式各样的物品。自有品牌很难建立,而且储存和促销的成本较高,但还是为分销商带来了高额利润。另外,自有品牌还使分销商能够提供顾客无法从竞争对手那里买到的专有产品,从而提高了商店的客流量和品牌忠诚度。

在所谓的制造商品牌与自有品牌大战中,零售商占据了不少优势条件,它们决定着自己进什么货,各种产品放在货架的什么位置,在当地广告中突出宣传什么产品,它们可以向制造商收取上架费(slotting fees)。零售商对其自有品牌产品的定价比制造商品牌要低,因此吸引了大量的价格敏感消费者,尤其是在经济困难时期。另外,大部分消费者相信这些自有品牌产品是由大的制造商生产的。

要对抗自有品牌，制造商必须增加研发投入以推出新品牌、新特色和持续改进产品质量；必须制订强有力的广告计划以维持高知名度和品牌偏好；必须寻找与主要分销商合作的方式，以获得分销经济性和更高的合作绩效。

2. 许可品牌

大多数制造商要花上多年时间和几百万美元创建自己的品牌。不过，一些企业也通过许可方式使用其他制造商已经创建的名称或符号、知名人士的名字，或者流行读物、时髦电影中的角色名，这些企业支付一定的费用，便能够很快获得已经被认可的品牌名称。

服装以及服装配饰的经销商要花费很高的许可费来为自己的产品装点门面，使用知名时装设计师的名字或姓氏是服装业常用的品牌策略，如古驰（Gucci）、阿玛尼（Armani）。儿童产品的经销商没完没了地把卡通形象的名字用在服装、玩具、文化用品、亚麻织物、玩具娃娃、午餐盒、麦片和其他产品上，这些角色的名字从经典的如迪士尼、史努比、小熊维尼到新近的皮卡丘、飞天小女警。几乎一半零售玩具的销售额来自与《蜘蛛侠》《哈利·波特》《蝙蝠侠》《指环王》《狮子王》等电影相关的产品。近年来，名称和影视角色的许可业发展迅速。在美国和加拿大，许可经营产品每年的销售额已经从1977年的40亿美元增长到1987年的550亿美元，而到了21世纪则超过700亿美元。

许可经营中发展最快的是公司整体品牌许可，越来越多的营利和非营利组织将自己的名称许可经营以获得额外收入，提高品牌知名度。例如，可口可乐在57个国家拥有320个许可证。每年，受许可方认可的可口可乐品牌销售出价值约10亿美元的产品。

OEM（original equipment manufacturer，即原始设备制造商）是指一家厂商根据另一家厂商的要求，为其生产配件或最终产品的生产和营销组织方式，亦称为"定牌生产"或"授权贴牌生产"。品牌拥有者不直接生产产品，而是利用自己掌握的"关键的核心技术"，负责设计和开发新产品，控制销售渠道，具体的加工任务交给其他企业，承接这一加工任务的制造商就称为OEM，其生产的产品就是OEM产品。ODM（original design manufacturer，即原始设计制造商）是指某些制造商设计出某产品后，在某些情况下可能会被其他企业看中，从而被要求配上后者的品牌名称进行生产；或者某些制造商通过在产品生产中作出一些比较小的设计或改动，从而提升了产品性能或生产效率。OBM（original brand manufacturer，即原始品牌制造商）是指企业的品牌经营，它是比OEM、ODM层次更高的模式。

3. 共有品牌

共有品牌就是将不同公司的两个已有品牌用在同一个产品上。共有品牌的做法有很多好处。由于每个品牌在不同的产品类别中分别占有优势，那么整合后的品牌将创造出对消费者更强的吸引力和更大的品牌资产。共有品牌策略还可以使得一个企业将其现有品牌扩展到一个新的产品类别，而如果不通过共有品牌试图单独进入新市场则可能困难重重。中国汽车市场中共有品牌比比皆是，如北京奔驰、一汽大众、吉利沃尔沃等。

共有品牌的做法也有一些局限。要达到这种关系通常需要签署复杂的协议和许可证书。共有品牌双方必须周密协调它们的广告、销售促进和其他营销活动。如果开始采用共有品牌策略，那么双方都必须信任对方会精心呵护自己的品牌。

4. 产品线延伸

产品线延伸（line extension）就是当企业在一个给定的产品类别中引进新产品时，仍然使用原来的品牌，这些新产品体现在新口味、新样式、新色彩、新剂型或新包装规格等方面。例如，海尔在冰箱这一品类中提出各种不同款式的冰箱产品都以海尔命名。

企业可以将产品线延伸作为推出新产品的一种低成本、低风险的方法，以满足消费者多样化的需求。不过，产品线延伸也有风险。品牌名过度延伸，就会使其失去特定的内涵，也会让消费者混淆或者感到不知所措。

产品线延伸的另一个风险是，延伸新产品销售量的扩大可能会侵蚀产品线上其他产品的销售。例如，纳贝斯克公司的无花果饼干演变成一个全面产品线水果味饼干，包括越橘味、蓝莓味和苹果味。虽然所有产品都做得很好，但是原来的无花果饼干现在变成了仅仅是其中的一种口味。如果能够抢走竞争品牌的销售量，而不是与企业其他产品同室操戈，那么这样的产品线延伸战略无疑是成功的。

5. 品牌延伸

品牌延伸（brand extension）就是使用一个成功的品牌在新产品类别中推出新产品或改进的产品。云南白药就将其受欢迎的白药品牌延伸到新的产品类别中，如从云南白药膏、云南白药粉、云南白药胶囊、云南白药气雾剂延伸到云南白药牙膏、云南白药螺旋藻、云南白药橄榄含片等。

品牌延伸使新产品能够迅速被人了解并识别，而且更快为人所接受，同时还能节省建立一个新品牌所需的高额广告开支。

但品牌延伸战略也有其风险。当顾客不再将品牌与特定的或者高度相似的产品联系起来，并越来越少地想到该品牌时，品牌稀释（brand dilution）就发生了。

如果顾客认为企业有了一个不恰当的延伸，他们就会质疑企业品牌的完善性，或对此感到困惑。最坏的延伸情景是不仅延伸产品失败，而且还伤害到母品牌形象，这样就会损害消费者对同一品牌名下其他产品的态度。品牌延伸最容易被忽视的一个缺点是，公司错失了创建一个拥有独特形象和资产的新品牌机会。

里斯和特劳特对品牌延伸有着明确的反对态度。他们在《22条商规》里说："多便是少。产品越多，市场越大，阵线越长，赚的钱反而越少。'向各个方向全速出击'似乎是各公司的竞争口号。什么时候他们才会懂得品牌延伸最终导致被淘汰出局的恶果呢？少便是多。今天，你若想成功，就必须集中精力，以便在顾客心智中巩固自己的地位。"

营销者可将一个新的品牌与既有品牌结合起来，这种品牌延伸也可以称为副品牌（subbrand），如丰田佳美（Toyota Camry）汽车和海尔小神童洗衣机等。给予品牌延伸或副品牌生命的既有品牌是母品牌（parent brand）。如果母品牌已经通过品牌延伸与多种产品联系起来了，那么它就可以称为家族品牌（family brand）。

里斯对打造副品牌也持反对态度。他说：你感觉到有必要建立副品牌时，你是在追逐市场，不是在创建品牌。打造副品牌、打造主品牌及打造大品牌并不是消费者推动的概念，它们在绝大多数消费者的心目中没有任何意义。凡是打造品牌所创建的一切，打造副品牌都能将它破坏。

6. 多品牌

多品牌是指企业在同一产品类别中引入不同的品牌。多品牌主要是为了体现同一类别产品之间的差异，以适应不同的目标市场和消费心理，而不是只用一个单一品牌来表现。使用多品牌的优点是可保证企业的整体信誉不至于受其某种商品声誉的影响；便于消费者识别不同质量、档次的商品；有利于企业的产品向多个目标市场渗透。

多品牌的缺点是促销费用较高，不易形成统一的整体。另外，每个品牌可能只占有很小的市场份额，企业最后可能因为把资源分散在过多的品牌上，却没有树立几个达到高盈利水平的品牌，从而被拖垮。

宝洁公司是多品牌战略运用的典范。宝洁在它的每个产品类别中都销售许多不同的品牌，如在洗发水品类中，就有飘柔、潘婷、海飞丝、沙宣、伊卡璐等多个品牌。

五粮液公司也采用多品牌策略，它有国际性品牌五粮液；全国性品牌五粮春、五粮神、五粮醇、东方龙、尖庄；区域性品牌京酒、圣酒等。

对中小企业来说，一开始不适用多品牌战略，而更适用单一品牌战略。只有形成了一个强势品牌，才能去发展多品牌。

7. 新品牌

新品牌是指企业进入新品类所树立的一个新品牌。如宝洁公司，不但在同一品类中用多品牌，而且在不同品类中也用不同的新品牌。宝洁公司在洗衣粉品类里有汰渍、碧浪，在化妆品品类里有玉兰油，在牙膏品类里有佳洁士等。

新品牌主要是为了体现不同类别产品之间的差异。使用新品牌的优点是可保证企业的整体信誉不至于受其某品类产品声誉的影响，有利于企业的新类别产品向多个目标市场发展。

就像采取多品牌战略一样，设立太多新品牌可能会导致公司将资源摊得太薄，不能利用原有品牌的品牌效应达到迅速让人知晓的效果。

8. 品牌IP化

品牌IP化是指通过赋予品牌更多的内容、文化和知识属性而让品牌自带流量和符号化的过程。品牌可以自己产生独有的知识产权，也可以和已有的知识产权合作，目的是进一步丰富品牌的内容和形象，让消费者产生更深刻的情感记忆和更强烈的情感体验。

这里的IP是知识产权（intellectual property）的简称。IP分为四类：文艺型IP、人物型 IP、企业家型 IP 和地理标志型 IP。文艺型 IP 主要包括文学作品、影视作品、游戏、综艺节目和创意产品（如变形金刚、小猪佩奇、米老鼠等）及其衍生品；人物型 IP 主要包括明星型（如影视明星、歌舞明星、体育明星、主持人、科学家、作家等）和网红型（如草根网红型、知识网红型等）；企业家型 IP 主要是指企业的领导者，企业品牌 IP 化的一个捷径就是实现企业领导者的个人 IP 化；地理标志型 IP 主要是指挖掘当地的自然风景资源、人文景观资源、历史文化资源和物产资源，打造区域综合型 IP，带动以旅游为主的全产业链的发展。

企业品牌 IP 化的手段多种多样，常见的主要有投资影视、动漫、游戏、文艺作品等。融入更多文化和知识元素的 IP 化，将使品牌发展更具魅力和竞争力。

迪士尼堪称品牌 IP 化的鼻祖。从 20 世纪 20 年代开始，迪士尼就开始打造动漫 IP，其中年纪最大的要数诞生于 1928 年的米老鼠，尽管至今已经 90 多岁了，但它依旧是迄今为止在全球范围内辨识度最高、最受欢迎的超级 IP，甚至已经成为美国文化的一部分，一种文化符号。

在市场中，IP 不只是知识产权，还可以是一个神话故事，如《哪吒》；一种社会现象，如佛系 90 后、"丧文化"等；一个卡通形象，如熊本熊、小猪佩奇等。各个品牌都在寻找自己的 IP 基因，如吉祥物、创始人故事、情怀等。

中国传统文化拥有五千年的历史，IP 基因非常强大。比如，故宫淘宝的 IP 是宫廷文化，让"皇上""格格""太监"等古老的形象搭配萌萌的表情和一些耍帅扮靓的台词，重新出现在大众面前，成为新的流行趋势。

现如今，二次元动漫卡通形象的带货能力完全不亚于各路明星。国内当红动漫形象"吾皇万睡"和"阿狸"都是优质 IP 跨界营销的典范。吾皇万睡是漫画师白茶笔下的一个漫画形象，这一漫画形象主打猫的"傲娇"性格，这一点不仅契合当下年轻人的傲娇、自恋心态，依托这一形象所产生的内容大多反映了被猫嫌弃的"猫奴"们的心情，因此深受年轻人喜爱。在吾皇万睡官方淘宝店，有手机壳、公仔、折扇、T恤等多种产品。不仅如此，吾皇万睡授权业务已自成体系，与微软、大悦城、伊利、屈臣氏等企业建立合作。

9.2.8 品牌传播

品牌传播是指企业以品牌的核心价值为原则，在品牌识别的整体框架下通过广告、公共关系等传播手段将企业的品牌形象传递给目标消费者，以期获得消费者的认知和认同，并在其心目中确定一个企业刻意营造的形象的过程。品牌传播是打造强势品牌、提升企业竞争力的重要一环。

产品推广和品牌推广之间紧密联系，但却是两个不同的过程。品牌推广是产品推广的高级阶段。产品推广的最终目的是把产品卖给消费者，所以产品推广的重点是选择合适的表现形式和传播方式，让顾客最大限度地接受产品。品牌推广的最终目的是让顾客接受品牌，把品牌形象植入顾客的心智中。

1. 品牌传播反映品牌形象

品牌传播是通过综合运用整合营销传播手段，将企业的品类、品名、定位、品质和品位传播出去，并希望能被顾客认知、接受和喜爱，通过顾客的品牌联想，有效地建立起丰富、立体的品牌形象。品牌传播的重点是把品类与品名锁定在一起，传播品牌定位。

在品牌传播中要反复强调差别化，进而在顾客心目中树立起牢固的品牌形象。如高露洁牙膏的品牌定位是防止蛀牙的"口腔护理专家"，其品牌联想是健康的牙齿和丰富的生活。

2. 品牌传播是要建立品牌知名度、美誉度和忠诚度

品牌传播首先是要建立品牌知名度。品牌知名度，即顾客对品牌记忆的强度。高知名度的品牌，具有使顾客记忆深刻与印象比较完整的特点，当顾客想要购买此类产品时，该品牌是其首先想到的几个品牌之一。那些由别人提到名称后才记起来的，则知名度较低。广告和公关等活动都是企业提高品牌知名度的方法。由于中国市场大，靠广告效应有可能迅速吸引到一大批品牌试用者，从而给企业带来一时的繁荣景象，因此不少企业乐此不疲。但是通过一段时间的大量广告甚至炒作所获得的繁荣局面很难持久，要想获得长久的市场效果，品牌知名度的提高和促销效果必须以促进美誉度，至少以不损害美誉度为前提。

品牌美誉度是顾客在综合自己的使用经验和所接触的多种品牌信息后对某一企业品牌的好感和信任程度，是形成品牌忠诚度的重要因素，也是企业形象塑造的重要组成部分。相对于品牌知名度来说，美誉度的建立要复杂得多。美誉度的建立必须以卓越的产品质量为基础，企业的品牌形象必须鲜明，而且与顾客的心理认知密不可分。

品牌忠诚度是指顾客对品牌的忠诚使用程度，或者说顾客是否忠诚地一贯使用某品牌产品。忠诚度是品牌状态的高级形式，它将影响品牌的市场稳固程度。一个品牌即使有很高的知名度和美誉度，也未必会有忠诚度，可见品牌忠诚度培育的艰辛程度，它需要一个缓慢而持续不断的过程。

3. 品牌传播需要整合营销传播

整合营销传播（integrated marketing communication，IMC），是指将与企业进行市场营销有关的一切传播活动一元化的过程。整合营销传播一方面把人员销售、广告、销售促进、直接营销和公关等一切传播活动都涵盖于营销活动的范围之内，另一方面则使企业能够将统一的传播资讯传达给顾客。

品牌传播就是以整合营销传播来建立品牌形象。目标顾客对品牌传播由浅到深的过程一般是：品牌知晓、品牌态度、品牌接受、品牌偏好、品牌购买、重复购买、品牌满意和品牌忠诚。相应地，品牌传播效果就包括对这些反应的衡量和测定。

品牌传播成功一般要遵循的原则是：内容可信、形象一致和与众不同。传播中强调简单、重复、领先，重点推广品类、定位而非品名。优秀的品牌塑造是创造出从理智到心灵的品牌吸引力。

品牌战略管理指针对企业产品或服务的品牌，综合运用企业资源，通过计划、组织、实施、控制来实现企业品牌化战略的管理活动。品牌战略管理的目的在于提升企业品牌的知名度、美誉度，增强品牌的生命力，不断提高客户对企业品牌的忠诚度，从而促进企业产品与服务的销售，提高企业的盈利水平，进而创建品牌资产，并承担更多的社会责任。

品牌战略管理运作要努力促进品牌管理升级：从品牌知名度管理（初级管理层次）到品牌美誉度管理（中级管理层次），再到品牌忠诚度管理（高级管理层次），这样，企业才能进一步扩大并牢固地占有市场，在品牌竞争中获胜。

9.3 打造强势品牌

品牌才是竞争的基本单位，战略规划应以此为起点。商业竞争的实质是企业以品牌在外面的市场展开争夺，作为组织的企业只是支持系统。因此，打造品牌，特别是打造强势品牌对企业发展来说尤为重要。强势品牌是指在行业和品类里市场占有率数一数二的品牌，在品牌的知名度、美誉度与忠诚度三个维度上都具有极高指标。例如，宝洁、可口可乐、奔驰等可被视为强势品牌。

名牌是社会公众通过组织及其产品的品质和价值认知而确定的著名品牌，是一种有着很高社会知名度与强大影响力的品牌。在品牌的知名度、美誉度与忠诚度三个维度的指标中，名牌首先是有着极高的知名度，其次还应该有着一定的美誉度与忠诚度，但名牌不一定就是强势品牌。中国许多知名的手机品牌，如酷派、小米等，只能称为名牌，不能称为强势品牌。名牌一般是品牌发展到强势品牌的一个必经阶段。

打造品牌的最终目的就是让品牌变为品类或品类分化中的强势品牌，这样才能保证企业有持久的顾客美誉度和忠诚度，保证企业的产品或服务有着较高的溢价，并保证企业有持久的较高的市场份额和竞争力。科特勒说：成功品牌的核心是伟大的产品或服务，配以精心的规划、大量的长期承诺、富有创意的设计和营销执行。强势品牌拥有强烈的消费者忠诚。

创强势品牌，让对方慕名而来，双方名利双收。里斯在其《品牌之源》《品牌22律》著作里，总结了打造强势品牌的六大基本法则，即分化法则、信誉法则、收缩法则、词语法则、连贯法则和公关法则。

9.3.1 分化法则

里斯说：如果你想打造一个强势新品牌，你应该想办法让你的产品或服务从原有品类分化出来。换句话说，打造品牌的最佳途径不是追逐现有品类，而是创建一个你能第一个进入的新品类。打造强势新品牌的方法就是分立并征服。

1. 打造新品类

分化是创造新品类和新品牌的推动力量，其目的是开辟新品类。打造主导性的全球品牌的最佳方法，就是成为一个新品类的开创者。例如，在饮料领域，可口可乐开创了可乐饮料，七喜开创了非可乐饮料，依云开创了矿泉水饮料，佳得乐开创了运动饮料，红牛开创了能量饮料，酷儿开创了儿童果汁饮料，鲜橙多开创了橙汁饮料，王老吉开创了罐装中药凉茶饮料。

创建一个能加入的新品类，这是一条营销圣经。成功品牌常常成为品类所代表的特性，从而主导这个品类。

2. 分化需要新品牌

通过分化打造品牌，这是一条通行规律。从战略的角度看，一个新品牌当然可以在人们的心目中把自己树立成一个新品类中的领先者。它可以更加强调新品牌背后的人和环境，从而增加引起的兴趣，促进更多的公共宣传及促销的产生。反之，若在新品类中没有推出新品牌，那么成为第一就没有特别的优势。

新品牌几乎总是击败老品牌。只要品类够重要，最终的赢家往往就是专为新品类创建的新品牌，而不会是通过延伸进入新品类的老品牌。凡是想要涵盖分化中的品类的方方面面的品牌，肯定会失去主导地位。分化越发展，就越需要专业品牌。这也要求公司将新事业与旧事业分拆，作为独立的机构，而且必须指定专门的高层管理者直接负责，作为创新者和企业家为明天而工作。如宝洁公司、强生公司等，几十年来获得持续的成功。

品牌价值的重要表现就是主导一个品类或分化的品类，主导品类的品牌才是真正的强势品牌。打造一个强势品牌的关键在于有没有分化的思维。

9.3.2 信誉法则

任何品牌成功的关键因素都是其诉求的真实性。里斯说：无论如何，一个品牌应该有一个诉求，它要超越任何其他诉求。这一诉求将本品牌提升到竞争对手之上，而且使得它比其他任何说法都更加可信。

1942年，可口可乐公司做了一条广告："可口可乐是独一无二的，它是真正的饮料。"1970年，人们反复使用"真正的饮料"这个口号。尽管"真正的饮料"这一广告流行语是许多年以前提出的，但这一概念已紧紧地和可口可乐联系在了一起。这就是品牌的信誉度。

1. 信誉度是建立强势品牌的证据

当一家企业拥有良好的信誉时，可能会使人们几乎相信其所说的关于自己品牌的任何事。领先地位是建立品牌信誉最直接的方法。可口可乐、微软、宝洁等都具有良好的信誉，这是因为它们普遍被认为是各自领域的领先品牌。所以，当你不是领先品牌时，最好的战略是创造一个自己能取得领先地位的新领域。建立信誉的方法一般有：

（1）提供品牌可信承诺，降低顾客的购买风险。"先尝后买""不甜不要钱""不满意就退款"等承诺都是为了让顾客对品牌产生信任。

（2）顾客自行验证也是很好的获得信誉的方法。

（3）提供可信的第三方证明，包括政府或其他官方组织的认证，专业评估机构的评价或统计，专家型顾客或者有影响力的客户的认可，权威著作的记载，与其他知名企业的合作，名人代言，权威媒体或 KOL 的报道或推荐，第三方担保或质量保险等。

2. 品牌信誉度的创建不仅仅只依靠质量

质量，或者更确切地说是对质量的认知，存在于消费者的头脑里。如果想建立一个强大的品牌，就必须在消费者的头脑里建立一个强大的质量认知。

注重质量并没有错，但还需要其他策略的补充和配合。一个产品的竞争力不仅来自质量，而且还来自定位、外观、包装、服务，来自专业化和品牌形象塑造等因素。

9.3.3 收缩法则

企业一旦确定了业务，确定了品类和品牌，就应该采取聚焦战略，进行收缩经营。一个强大的品牌设计程序通常是由收缩品牌开始的，而不是扩展它。

1. 品牌的单一性

品牌是什么？是企业所拥有的存在于潜在消费者心目中的单一的看法或概念。代替一块昂贵的瑞士手表，你可以说要一块劳力士；代替一辆安全的小轿车，你可以说要一辆沃尔沃；代替一辆动力澎湃的车，你可以说要一辆宝马。毁灭一个品牌最容易的方法就是把这个品牌名称用在所有事物上。

当企业垄断某一产品时，就会变得特别强大。微软拥有世界市场上台式电脑操作系统 90% 的份额，英特尔拥有世界微处理器市场 80% 的份额，可口可乐拥有世界可乐市场 70% 的份额。为了垄断一个品种，就必须收缩品牌的重点。

绝大多数成功的品牌都是那些保持其狭窄业务焦点，然后扩展其产品的品牌，而不是那些设法将其名称扩展至其他产品的品牌。

2. 品牌的力量和它的延伸成反比

许多企业在经营时的重点都是短期的。产品线的扩展、品牌的延伸、多种多样的定价，以及一系列复杂的营销策略和技巧都被用来稀释品牌而不是建设品牌。稀释品牌可能会在短期内很容易赚钱，但从长期看，它会削弱品牌的力量，直到它不再代表任何东西。

营销人员经常运作的品牌项目与消费者想要感知的品牌之间是有冲突的，消费者希望品牌的范围窄一些，并且通过简单的词语区分开来，越简短越好。

里斯说：扩展产品线在短期内可能会增加销售，但它却和品牌概念背道而驰。如果你想在消费者的心目中建立一个强大的品牌，你就需要收缩你的品牌，而不是扩展它。从长期来看，扩展你的品牌会削弱你的力量，并且弱化你的形象。

9.3.4 词语法则

词语，是品牌建设的关键，当然，在这个视觉化的世界里，事实上还取决于外形、颜色、质量以及尺寸。产品本身也许具有一些视觉上的影响因素，但是品牌名称及它的联想赋予了产品在消费者心目中的意义。

1. 聚集到一个词语

企业可以忘记产品拥有的令人惊奇的各种记号属性的细目清单，企业不能在人们的心中把它们与品牌名称都联系起来。为了进入消费者的心中，企业必须作出牺牲，必须把品牌基点减少到一个单一的想法或特征，即一个在品类里还没有其他品牌拥有的特征。比如，沃尔沃代表安全；联邦快递（FedEx）依靠把它的焦点集中于"隔夜送达"而获得了成功，联邦快递成为"隔夜送达"的同义词。

2. 用一个好词语命名品牌

从长远的观点来看，对于一个品牌来说，最重要的就是要有一个好名字。短期内，一个品牌需要一个赖以生存的独特的创意或概念，在一个新的领域它需要第一个出现，在消费者心目中它需要拥有某个词语。但是在长期，这种特有的创意或概念就会渐渐消失，取而代之的是你的品牌名称和竞争对手的品牌名称的不同。

3. 词语的国际化

词语的选择要具有国际眼光，既要符合产品本身的特点或品类的特点，又要便于传播，符合风俗习惯。

英语已经成为世界上的第二种语言。如果准备在全球市场上创立一个品牌，最好用英语取名字，倒不是一定要用英语单词作为名字，但最好听起来像。比如，日本的索尼（Sony），中国的海尔（Haier），等等。另一方面，在将英文广告译为其他语言时必须要注意符合原意，否则有时后果是非常严重的。比如，将"随百事可乐一代一起活跃起来"的英文"come alive with the Pepsi generation"译为"百事可乐使你的祖宗从坟墓中活过来"。当我们鼓励一个品牌体现全球信息时，为了适应不同于英语的其他语言，必须不时地作出一些变化。

9.3.5 连贯法则

一个品牌绝不是一个晚上建立的。成功要以几十年的时光来衡量，而非几年。最常被违反的法则就是连贯法则。

1. 品牌名称和定位的连贯性

市场可能变化，但是，品牌命名和定位不应该变。品牌命名和定位可以轻微地调整或者给出一种倾向，但它们的基本特性（一旦这些特性已经深深地植根在人们的意识中）一般不应该发生变化。和连贯性结合在一起的限制性（保持数十年而非几年的时间）是建设一个品牌的关键所在。

宝马成为最强劲的汽车已有30年了，即使宝马品牌换过三个独立的广告代理商，但它仍保持着自己的定位战略，这一事实是很不寻常的，因为一次代理商的改变常常象征着一个品牌连贯性的结束。

2. 品牌名称或定位的变化应极其小心

在生活中没有什么是绝对的，所以在打造品牌过程中也没有什么永恒是绝对的。每一种规则总有一些例外，而变化法则就是打造品牌规则的最大例外。

变化发生在消费者的意识里，如果想要改变品牌名称或定位，那就把目光盯在顾客的心智中。在以下两种情况下，改变品牌名称或定位是可行的：

（1）品牌形象在消费者的心目中已经弱化或不再存在。这是最容易做的，因为实际上已没有品牌了，所以想怎么做就怎么做。

（2）品牌定位有误。这时可以通过再定位使品牌产生更强的竞争力。比如，王老吉凉茶的定位就是从最初的"消暑解渴"改为后来的"阻止上火"，以"怕上火，喝王老吉"的再定位推向市场，取得了巨大成功。

9.3.6 公关法则

里斯说：品牌的诞生是由公关促成的，而不是广告。广告缺乏可信度，而可信度是打造品牌过程中的关键要素。只有公关能提供让品牌进入顾客心智的可信度。借助公关推出品牌和借助广告推出品牌是两件截然不同的事。当企业借助公关推出品牌时，必须改变所有行动。

1. 公关第一

营销中通常总是公式化地把广告口号放在第一位，于是，公关人员被要求通过把公共关系项目转化为传播口号来增援广告。而事实上，应从公关的角度来发展品牌战略，推出过程包括七个步骤：

（1）透露。新闻函和互联网网站是最好的目标。媒体喜欢讲述将要发生的事情的内部报道，特别是当它是独家媒体时。换言之，就是抢先报道。如果不把新产品或新服务的细节透露给媒体，就浪费了巨大的资源。人们喜欢谈论些什么？当然是流言、闲话和内幕，媒体也是一样。广告刚好相反，广告通常会保守秘密，直到第一则广告片播出。

（2）蓄势。公关规划就像是鲜花开放那样缓慢展开，公司必须让公关规划有足够的时间来蓄势。正因为这个原因，公关通常是在新产品或新服务的细节最终拍板前几个月就开始启动。

（3）招纳盟友。如果别人能帮你传递信息，你为何要单独行动呢？公关规划的缓慢蓄势使得你有足够的时间为你的事业招纳盟友。此外，公关通常会吸引志愿者。公关多以大爆炸方式推出品牌，往往没有充分的时间联合支持者。需注意的是，广告联盟通常会因为谁该为哪个项目付钱的问题不欢而散。

（4）从低往高出场。会走路前必须先学会爬，在跑前必须先学会走路。媒体也是一样，必须从小媒体开始，可能是在一则新闻通信中被提及，然后转移到行业出版物，接着再从行业出版物这一级往梯子上方走，转移到一般商业出版物，最终可能看到新产品或新服务被全国广播电视晚间新闻报道。

（5）调整产品。反馈在公关中是一个重要因素。在产品正式上市前发动公关活动，就有充足的时间在产品上市销售前作修正。

（6）调整信息。当推出新产品时，通常会发现有一大堆特性可以镀金在品牌上，应该聚焦在哪个特性上呢？媒体能提供帮助。记者或编辑认为哪个属性最重要？毕竞，媒体从消费者角度看待新产品，他们的意见不仅对企业有帮助，而且可能对预期顾客而言非常具有说服力。

（7）软性推出。新产品或新服务应该在公关规划执行后才推出。换言之，在媒体报道结束后，不能太早，也不能太迟，时机就是一切。在恰当的时间用恰当的公关策略推出恰当的产品是最佳的组合。

2. 广告第二

品牌一旦诞生，就需要用广告来保持知名度。公共宣传的作用逐渐消失后，每个品牌迟早都会投入大量的广告费用，以保卫它的地位。首先是公共宣传，其后才是广告，这是普遍的规律。

广告是一种非常有力的工具，它虽然不能帮助一个刚刚形成的品牌建立领先地位，但可以维持它已经获得的领先地位。一家公司如果想保护它已经建立起来的良好的品牌，就应当毫不犹豫地运用大量的广告宣传，以遏制竞争。要把广告预算作为一种保险，以防止因为竞争对手的攻击而遭受损失。

里斯说：广告不会为自己付出代价，但如果你是品牌领先者，广告就会使你的竞争者为此竞争付出很高的代价。由于许多公司支付不起广告费用，所以这些公司将不会给你带来什么麻烦。相反，它们只是满足于品尝你所支配的巨大馅饼块周围的一些碎屑。

本章总结

品牌是以某些方式将自己与满足同样需求的其他产品或服务区分开来的产品或服务。这些差别可能体现在功能性、理性或有形性方面，也可能体现在情感性、感性或无形性方面。一个优秀的品牌应该既能反映出产品或服务的品类和定位，又能反映出产品或服务的品质和品位。

品牌化战略过程主要包括确定品牌的品类、品名、定位、品质、品位、形象、发展和传播八个方面，其目的在于提升企业品牌的知名度、美誉度，并不断提高顾客对企业品牌的忠诚度。

创强势品牌，让对方慕名而来，双方名利双收。强势品牌是指在行业和品类里数一数二的品牌，在品牌的知名度、美誉度与忠诚度三个维度都具有极高的指标。打造强势品牌的主要法则是：分化法则、信誉法则、收缩法则、词汇法则、连贯法则、公关法则。

本章关键词

品牌　品牌文化　品牌国际化　品牌资产　品牌联想　品类　品类战略　品牌定位　品牌形象　品牌传播　品牌战略管理　强势品牌　名牌

思考题

1. 如何全面理解品牌的内涵?
2. 如何创建品牌资产?
3. 试述品牌化战略。
4. 打造强势品牌的主要法则是什么?请结合实例来解释。

第四篇

配置营销价值

君子藏器于身,待时而动。

——(春秋)孔子

故兵无常势,水无常形;能因敌变化而取胜者,谓之神。

——(春秋)孙子

善于经营不但要善于选择,而且要善于配置。

配置营销价值包括提供价值和传递价值。提供价值包括提供产品及价格,是一个组织整合内部因素进行有效配置的问题;传递价值(交付价值)包括渠道和物流,是一个组织整合内部与外部因素进行有效配置的问题。

藏器于身。产品或服务就是待时而动的器,没有这个器,就没有了营销的依据。产品或服务是营销的依据,是企业的生命与品牌的承载体。产品的竞争力主要表现在质量、外观、包装、服务和品牌上,最终会聚集在品牌上。

价值定价。产品或服务的价格之谜来自于顾客的认知价值。价格以价值为依据,而有价值与否由对方决定,对方的认知价值决定价格。成本导向定价法就是以企业为导向的定价法,市场导向定价法则是以顾客或竞争为导向的定价法。

渠道成链。商流成链,关系成链,我方不是一个组织在战斗。安排有效的渠道是让商流尽快实现。优质的渠道同样能产生无形资产价值。

物畅其流，物流成链。物流是企业产品实体的转移过程，体现出企业的市场反应速度和配送能力。在现代市场营销中，物流就是一个后勤保障体系，后勤保障体系强，就能物畅其流，竞争力也就大大增强。

产品、价格、渠道、物流策略包括战略与战术两个层面。

第 10 章

产品策略

开篇案例 年轻化的白猫佳美

上海和黄白猫有限公司（简称"和黄白猫"）主要生产经营"白猫""佳美""威煌""凯玛仕"等品牌的各类清洁制品及相关洗化用品，是国内同行业中实力雄厚、技术领先、设备先进、品种齐全、质量过硬，享有相当市场信誉度的知名企业。

作为几十年的老品牌，和黄白猫深知在消费市场和消费理念的不断升级下，必须开发出更加专业化、精细化的产品。佳美作为和黄白猫旗下品牌，也因"加酶"洗衣粉得名，是家喻户晓的民族品牌。如今白猫佳美全新系列产品秉承更高品质、更高追求的品牌理念，是在洞察消费者产品偏好、风格偏好、体验偏好与权益偏好的基础上，进行产品创新和升级打造出的"超级货品"。它定位于追求性价比和享受精致体验的用户，产品内容丰富程度超乎想象。

2021年，企业邀请全球日化行业资深专家 Thomas Jungmann 加入，带来全球化视野；同时将欧洲的产研机构、先进技术、特色原料引入国内，与企业的经验积累快速融合，迸发出更精彩的火花。2021年，企业还与欧洲著名日化清洁用品实验机构、生产机构 IMP 和 MARIO FISSI 建立合作关系，开展配方技术、特色原料长期沟通交流机制，引入诸多具有欧洲风情的、符合欧盟各项认证的原料和技术。

通过对年轻消费者洗护品类的洞察以及对香味趋势的挖掘，企业首先将目光投向处于伊比利亚半岛的西班牙。西班牙作为欧洲的艺术中心，不仅文化气息异常浓烈，还有丰富的自然资源，如石榴花、葡萄籽、橄榄、薰衣草是西班牙极具特色的自然资源。此次，白猫佳美率先将这些元素的香味与洗涤产品相结合，开发出全新的产品，直击年轻消费者的消费理念。实用性已不再是消费者追求的唯一标准，高颜值与质感才是其关注的重点。

1. 高品质是白猫佳美的立足点

年轻消费者更加注重产品的品质，在追求品牌的同时，品质也成为关键要素，只有为他们提供品质过硬的产品，才能获得销售的长久可能性。白猫佳美全新系列在产品研发上,坚持"天然植萃"的自然新主义理念,以天然成分作为产品原材料来源,产品安全无毒。

白猫佳美洗洁精是符合国家 A 类食品级洗洁精,可清洗蔬菜水果以及幼儿餐具,一冲即净,无残留,母婴也可安心使用。白猫佳美洗衣粉在添加植物香氛的同时还加入高效去油因子,在强效去渍的同时不伤衣物颜色,护衣更亮衣。洗衣液&凝珠系列添加天然酵素,除菌99%,除螨100%,多效合一的配方,开启高科技洗衣新时代。彩漂更是添加专业活氧技术,在有效去除各种顽固污渍后温和不伤衣。

2. 高颜值是白猫佳美的差异点

品牌要想击中年轻消费者的消费理念,需创造差异化的产品。颜值已经是我们这个时代绝大多数消费品所必须具备的特征之一。高颜值就意味着相比市场上的普通产品,需要更加精心的包装设计。面对琳琅满目的日化洗涤市场,白猫佳美团队对产品外观进行了全新的设计,中西结合的风格碰撞,满足了年轻消费者对个性和时尚的要求,全面赢得了年轻人的喜爱。在外包装设计上,均采用视觉冲击力大的高饱和度颜色,时尚感与高级感十足,陈列视觉效果也更佳;贴心的导嘴设计可以让消费者直观感受产品的质感与细节。

个性化时代已然全面来临,此次白猫佳美新品荣耀上市也是新的探索,面对迭代的消费群体,日化行业如何持续保持昂扬向上的劲头,获取新一代年轻人的心,是白猫佳美的探索,也是整个日化行业的探索。

资料来源:粟一:《日化巨头的白猫瞄准年轻人》,载"销售与市场"微信公众号,2021年8月23日访问。

产品(包括服务)是企业营销的依据,品牌的基础就是产品,产品是市场提供物的关键因素。能够与顾客交心,才是真正好的产品。一个能够体现顾客价值的产品一定可以带领企业走上领先之路。很多企业在确定产品的价格时,没有理解产品本身并不体现价格,而是体现公司的价值追求。质量是产品竞争力的内在基础,外观是产品竞争力的有形展示,包装是产品竞争力的用心打扮,服务是产品竞争力的承诺保障,品牌是产品竞争力的形象实力。产品有无竞争力最终由顾客决定。科特勒说:产品应该是由谁协助设计?从根本上说,当然是顾客。

如果说互联网思维是整合和传播的线,那么产品思维就是互联网思维依据的点,点加线才能连成更现代、广泛、深入和具有针对性的面,产品思维以顾客需求为点,是营销者最终达成交换的依据点和基本点。

10.1 产品整体策略

产品是市场营销组合中最基本的因素,它提供了企业营销的依据。产品既指有形的产品,也指无形的产品。任何企业在制定策略时,首先需要回答的问题都是用什么产品使企业与目标市场发生联系,进而再进行营销组合中的其他三项决策。产品策略是整个营销组合的基石。

产品整体策略建立在产品整体概念基础上,反映一个产品在市场中的竞争力构成。

10.1.1 产品整体概念

1. 产品整体概念

产品是指能够通过交换满足消费者或用户某种需求和欲望的任何有形的物品和无形的服务。有形的物品如汽车、计算机、衣服等,无形的服务如创意、数字、演讲等。另外,也包括快餐、物流等与有形产品结合的服务产品。

产品整体概念有三层次与五层次之分。产品整体概念的三层次是指产品包括核心产品、有形产品和附加产品三个层次。产品整体概念的五层次是指产品包括核心产品、形式产品、期望产品、延伸产品和潜在产品五个层次,由美国学者西奥多·莱维特在20世纪80年代提出,更完整地表述了产品整体概念的内涵。

(1) 核心产品。核心产品层是指向顾客提供的产品的基本效用或利益。从形式上说,每一种产品的核心层都是提供给顾客的产品实用功能,但从实质上说,每一种产品实质上都是为解决问题而提供的服务。任何产品都必须具有反映顾客核心需求的基本效用或利益,这是形成产品概念的出发点。

(2) 形式产品。形式产品层是指产品的外观形态及其主要特征,由五个方面的特征表现出来,即品质、式样、特征、商标及包装,是核心产品借以实现的形式,无论是有形物品还是无形服务。核心产品和形式产品构成最基本的产品。

(3) 期望产品。期望产品层是指消费者在购买该产品时期望得到的与产品密切相关的一整套属性和条件,即消费者对于提供的产品的某些特定要求,是形式产品差异化定位的集中表现和更进一步的需求。总的来说,期望产品尚未脱离产品实体层,是形式产品更进一步的特定需求。

(4) 延伸产品。延伸产品层是指顾客购买形式产品和期望产品时,附带获得的各种利益的总和,包括产品说明书、保证、安装、维修、送货、技术培训等。在现代竞争市场中,产品实体的作用已经开始下降,延伸产品层将为企业开拓市场增强竞争打开新的局面,企业的产品竞争力将不仅取决于产品本身,还取决于相关服务。

(5) 潜在产品。潜在产品层是指现有产品可能的演变趋势和前景,是对顾客新的需求的满足与延伸。潜在产品指出了产品可能的演变,是一种满足顾客潜在需求的产品,是一种给顾客以惊喜的产品,这促使企业不断进行产品的开发与新产品的上市。比如,计算机的人性化、智能化,就要求企业不断开发出潜在产品。潜在产品也说明产品的整体概念并不是一个封闭性的圆环,而是一个外延不断扩大和更新的开放式的圆环。

产品整体概念的五个层次如图10-1所示。

在产品整体概念实践运用中,其层次划分越细,层次外延越扩展,市场的空间就

图 10-1　产品整体概念的五个层次

越大，企业所能创造的价值也就越大。在产品日趋同质化背景下，如何寻找市场竞争的突破口，如何增加产品的新的价值成为企业在知识经济市场下的新挑战，因此熟练掌握和运用产品整体概念，是企业营销的基本能力。

2. 产品分类

产品有以下分类：

(1) 根据产品是否耐用和是否有形，将产品分为三种类型：易耗品、耐用品和服务。

① 易耗品（nondurable goods），即具有一种或一些用途的低值易耗品。这类产品消费快，购买频率高。合适的营销策略是：使消费者能在许多地点买到这类产品；低毛利；加强广告投放以吸引消费者试用，并促使其形成偏好。

② 耐用品（durable goods），即通常有多种用途，使用时间较长、价值较高的物品。一般需要较多地采用人员推销和服务的形式；应获得较高的利润；需要向购买者提供更多更好的担保条件。

③ 服务（services）。服务提供活动、利益和满意等。服务是无形、不可分离、可变和易消失的。一般要求更多的人为控制、供应者信誉和承诺。

(2) 消费品（consumer product）。消费品可以根据消费的特点区分为便利品、选购品、特殊品和非寻求品四种类型。

① 便利品（convenience goods），指消费者频繁、立即购买的产品，不花费精力，如牛奶、肥皂和报纸等，还包括便利店内干洗、自动售货机等服务产品。便利品可以进一步分为日用品、冲动品以及应急品。日用品是顾客经常购买、不断补充、稳定使用的产品，如饼干、牙膏等；冲动品是顾客没有经过计划或搜寻而购买的产品，受心

理冲动因素影响,如杂志等;应急品是指紧迫情况下购买的产品,如药品和医院急救服务等。对便利品而言,购买地点、产品暴露度、交易的简便性是主要影响因素。

② 选购品(shopping goods),指顾客对适用性、质量、价格和式样等基本方面要作认真权衡比较的产品。如家具、服装、汽车等。选购品可以划分为同质选购品和异质选购品。如购买电冰箱、洗衣机等性能接近但价格差异较大的产品就是同质选购品购买,购买家具、健身课程等产品则是异质选购品购买,消费者在购买选购品前往往需要收集信息和服务。

③ 特殊品(specialty goods),指具备独有特征或受消费者重视的独特属性。比如奢侈品、特殊式样或名牌的商品汽车、名设计师设计的服装、独特的旅游胜地等。特殊品的消费者清楚自己的需求并为之愿意支付,因此个性化的设计、品牌形象的宣传是主要影响因素。

④ 非寻求品(unsought goods),是那些消费者不知道或通常不会想到要买的产品,如消防灭火器、人寿保险等产品。

(3) 产业用品(industrial product),是指用于生产过程的产品。可以分成设备、附属设施、原材料、零部件、易耗品和企业服务。

① 企业设备(installation)。如机器设备、产房等资本投资项目,此类产品需要营销者有专业的背景知识和大型谈判的经验,多为设备制造商直接向用户进行营销。

② 附属设施(accessory equipment)。如工具、小型车床、笔记本电脑等,轻型制造设备和工具以及办公设备等附属设施这种设备不会成为最终产品的组成部分,仅仅起辅助作用。其特点是质量、特色、价格和服务是用户选择时所要考虑的主要因素。

③ 原材料(raw materials)。原材料构成材料与构成部件通常具有标准化的性质,即价格和供应商的可信性是影响购买的最重要因素。

④ 零部件(component parts)。零部件和材料的购买特点是连续不断,营销者一般强调企业与客户形成长期合作关系。

⑤ 易耗品(supplies),是企业生产经营中的便利品,产品单价低、订单规模小、潜在客户多。

⑥ 企业服务(business services)。包括企业购买用于生产和经营的无形产品如财务服务、法律、管理咨询、技术培训等,企业服务是产业用品中的软性因素,具有无形性特点。

(4) 网络产品与服务。它具有跨时空、多媒体、交互式、拟人化、成长性、整合性、超前性、高效性、经济性和技术性等多种特点。

① 网络产品(network product)。它可分为以下几层:互联网基础层(网线、服务器、网卡等);可数字化平台性产品(软件、网站、APP等);可数字化的终极产品(音乐、电影、小说等);传统实物产品中转(网购产品等)。

② 网络服务（network service），是指一些在网络上运行的、面向服务的、基于分布式程序的软件模块。网络服务采用 HTTP 和 XML 等互联网通用标准，使人们可以在不同的地方通过不同的终端设备访问 Web 上的数据，如网上订票、查看订座情况。网络服务在电子商务、电子政务、公司业务流程电子化等应用领域有广泛的应用。

10.1.2 产品整体策略

产品整体策略包括质量、外观、包装、服务和品牌决策。

1. 质量

在现代竞争性市场环境中，质量是企业成功的基本要素，在产品整体策略方面没有其他东西比产品质量更为重要。在全球范围内制造与营销同质产品或服务的努力引发了全面质量管理（TQM）的运动。全面质量管理要求公司所有员工不断完善产品和作业流程，从而实现顾客满意，取得更好的业绩。

质量（quality）是产品或服务满足规定或潜在需求特性的总和。全面质量是创造价值和顾客满意的关键。全面质量管理内涵丰富，包括：

（1）适用性，产品为满足一定的用途所必须具备的各种性能。

（2）一致性，产品的设计和使用与预定标准的吻合程度。

（3）耐用性，衡量一个产品在自然或重压条件下的预期操作寿命。

（4）可靠性，产品在一定时间里将保持不坏的可能性。

（5）安全性，产品在使用中保证人身安全与健康以及环境免遭危害的能力。

美国在 1987 年设立马尔科姆·鲍德里奇（Malcolm Baldrige）国家质量奖，这是美国公司所能获得的最高国家质量奖。欧洲国际标准化组织 ISO（International Standardization Organization）制定的 ISO9002 规定了质量管理和质量保证的标准。另外，ISO9001 申请最为复杂、困难，它要求证明企业有能力设计、生产、安装某种产品，并能保证提供相应的全部服务；ISO9003 只涉及最终控制和检验，多为服务性企业申请；ISO9004 是关于某种质量体系的管理和实施。因此，ISO 认证成为进入欧盟市场体系的必备条件之一，并因此成为世界上其他国家企业贯彻的标准。

质量是企业的第一生命，褚橙的创始人褚时健说：产品的名气是需要一些的，然而更重要的是产品的质量。但质量不是唯一的生命，若只重视质量问题就犯了"营销近视症"的毛病。

2. 外观

外观（shape）是指产品能够满足顾客的视觉和感觉效果的产品形式，包括产品的式样、材料、造型、风格、色彩、重量等因素。

（1）产品形态和材料，是指产品以何种物理属性出现于市场，即是固态还是液态、气态制成的产品，是什么材料制成的产品。

（2）产品式样和色彩，是指产品的款式、造型、色彩配置，是最直接的外在形象，是吸引住顾客的第一感觉。

(3) 产品体积和重量，是指产品的大小、重量，这方面的设计同样会影响顾客对产品的接受和欢迎程度。

(4) 产品风格和设计。独特的产品风格和设计是另一种增加顾客价值的方法。设计是比风格更广泛的概念，优秀的设计既能美化产品外观，又能提高产品的有用性。设计开始于对顾客需要的深刻理解，所以，产品设计要更多地考虑顾客会如何使用以及如何从产品中获益。

3. 包装

包装（packaging）是指设计并生产容器或包扎物的一系列活动。包装涉及产品的容器和包装材料的设计和生产。包装一般就是指有形的包装物，但进一步理解，还包含无形包装，即把产品包装成某种象征、意义、个性等。如可口可乐就把其产品包装成快乐、舒爽的象征。无形包装产生无形的价值，在包装上体现出虚实相间的营销策略。

有形包装可以包括多达三个层次：第一层次的包装是指最接近产品的容器，称为内包装，如瓶装化妆品的瓶子。第二层次的包装是指保护第一层次包装的材料，称为外包装。当产品使用时，它可被丢弃。比如，瓶装化妆品的彩色小纸盒，它为产品提供了进一步的保护和保价机会。流行于营销中的"包装是沉默的推销员"通常是指这个层次，有时也指第一个层次。第三层次的包装是指便于产品辨认、储存、堆放、装卸、运输、保护的运输包装。第一、第二层次的包装称为销售包装。市场营销中注重研究包装的第一、第二层次。

随着科学技术的发展，包装材料、包装技术发生了很大的变化，其在营销中的作用也日益扩大。包装可以保护产品，便于流通；可以促进销售，增加价值和盈利；还可以传递信息。

包装决策主要表现在三个方面：规定某产品的包装是什么，能起什么作用；进行包装设计和可靠性试验，包括包装物大小、形状、色彩、材料、文字说明、牌子标记、标签等设计，以及包装本身质量对保护产品质量的可靠性试验；包装使用策略。其中的包装使用策略有：

(1) 类似包装策略，是指一个企业所有的产品在包装上采用相同的造型、图案、色彩和特征的包装策略。采用这种包装的好处是：第一，可以节约包装设计费用；第二，可以扩大企业销售声势，增强市场印象；第三，有利于新产品上市。采用这种策略应是同一等级的产品，否则会增加低档产品的包装费用或削弱优质产品的形象。

(2) 组合包装策略，组合包装是指将数种有关联的产品盛放在同一包装内同时出售的包装策略。大量实践证明，采用组合包装有以下好处：第一，增加产品销售量；第二，降低营销成本；第三，帮助新产品上市；第四，方便消费者购买与使用；第五，促使企业生产经常保持完整的花色品种。

(3) 双重用途包装策略，是指包装内的产品使用完毕后，原包装仍可当作其他用途的包装策略。这种包装策略的目的是期望通过给予消费者一定的额外利益扩大商品的销售，也期望消费者通过保存原包装保留对企业的印象。因而采用此种策略，包装上通常突出企业的牌子和名称。

（4）差异包装策略，是指企业对不同等级的产品分别采用不同的包装策略。采用此种包装策略主要是期望发挥隔离作用，保护优质产品、高档产品的声誉。

（5）附赠品包装策略，是指在包装物内附有赠品以诱发消费者重复购买的策略。

（6）更新（改变）包装策略，是随着市场需求的变化而改变的包装策略。

标签（tag）包括附着在产品上的简单小标牌，也包括构成包装的一部分复杂图案。标签是包装工作的一部分，有识别和促销的作用。标签可能仅标有品牌名，也可能含有许多信息，主要包括制造者或销售者的名称和地址以及商品名称、商标、成分、品质特点、数量、使用方法及用量、编号、存储应注意的事项、质检号、生产日期和有效期等内容。标签便于产品的识别、分级、说明和促销。

包装决策中要注意不要包装过度，包装价值不能超过产品本身的价值，包装不能名不副实。美国、加拿大政府对欺骗性包装的界定是：包装内有过多的空位；包装与内装物的体积差异过大；无故夸大包装，非技术上所需要者。日本对欺骗性包装的规定是：包装内空位不得超过容器体积的20%，包装成本不得超过产品价值的15%。过大、过豪华和"金玉其外，败絮其内"的包装可能会得逞一时，但最终会让顾客识破，从而失去顾客。

4．服务

服务（service）是一方能够向另一方提供的基本上是无形的任何活动或利益，并且不导致任何所有权的产生。它的产生可能与某种有形产品联系在一起，也可能毫无关联。服务能给产品带来经济价值和心理价值。

企业的市场提供物通常包括一些支持服务，它们是企业整体提供物的很小或者主要的组成部分。本章将把服务作为产品单独进行讨论，这里先讨论产品支持服务。产品支持服务主要是对有形产品的服务支持，是企业竞争力的重要组成部分，包括：

（1）售前服务，包括提供信息与咨询、提供休息的场所和必要的物品、接受预定与邮购、免费电话设立、提供产品说明书、对使用和维修人员的培训等内容。

（2）售中服务，包括让顾客试用、销售人员的解说与示范、销售人员帮助挑选与参谋、销售人员服务热情与真诚等内容。

（3）售后服务，包括交货、送货运输、安装调试、维修、保养、培训、包退、包换、功能配套、销售档案、联系与拜访用户、接受投诉等内容。

现在许多企业通过电话、电子邮件、传真、互联网、微信、微博以及语音系统和数据技术的复杂集成，提供以前根本不可能实现的支持服务。

人员的基本素质、态度及礼仪等都可以构成服务特色。超越顾客期望的服务特色会产生意想不到的营销魅力。

5．品牌

品牌是用以识别某个销售者或某群销售者的产品或服务，并使之与竞争对手的产品或服务区分开来的商业名称及其标志，通常由文字、标记、符号、图案和颜色等要素或这些要素的组合构成。品牌是一个集合概念，一般包括品牌名称（brand name）

和品牌标志（brand mark）两部分，名称是品牌中可用语言文字表达出来的部分，如 IBM、奔驰（Benz）、奥迪（Audi）等；标志是指品牌中可以被认出、易于记忆但一般不能用言语称呼的部分，通常由图案、符号或特殊颜色等构成，如弯钩标志的耐克、三叶草标志的阿迪达斯等。

企业在政府有关主管部门注册登记以后，就享有某个品牌名称或品牌标志的专用权，这个品牌名称或品牌标志受到法律保护，其他任何企业都不得仿效使用。因此，商标（trade mark）实际上是一个法律名词，是指已获得专用权并受法律保护的一个品牌或一个品牌的一部分。

驰名商标是指在中国为相关公众广为知晓并享有较高声誉的商标。中国工商行政管理局根据《中华人民共和国商标法》（以下简称《商标法》）、《中华人民共和国商标法实施条例》（以下简称《商标法实施条例》），制定了《驰名商标认定和保护规定》。驰名商标采用个案认定的方式，认定机构是国家工商行政管理局商标局。驰名商标在世界范围内的经营使用和法律保护上都享有特权：

（1）绝对的注册权。它可以不受"注册在先"原则和各国法律某些禁用条款的约束，继续享有商标注册权。

（2）禁止权。它不仅禁止他人在其指定的相同或近似商品上使用，还将扩大到其他的商品或服务，只要这一使用暗示这些商品或服务与该商标所有人之间存在某种联系或会对该商标所有人的商标信誉造成不良的影响。

（3）自动保护权。《保护工业产权巴黎公约》和《与贸易有关的知识产权协定》对驰名商标进行了全面的保护，尤其是对某些世界级高声誉的驰名商标，如可口可乐、柯达、松下等更给予了充分的保护。这些商标即使不注册，也可在全部的商品或服务类别上给予自动的保护。

商标是一个法律的概念，而品牌是一个市场的概念。品牌可以传达给顾客一组特定的特点、利益和服务，其实质是形象、文化等要素的综合载体。

产品是品牌的承载体。品牌是品质、外观、包装及服务的集中代表，透过品牌可以看到企业的一切。

10.1.3 国际产品策略

国际营销的产品必须适应国际市场的需求。无论产品的设计、包装和品牌，都必须符合目标国家和地区的文化、政治、经济发展水平等环境背景。国际产品策略包括：

1. 产品延伸策略

产品延伸策略又称"产品标准化策略"，是指对现有产品不加任何变动，直接延伸到国际市场的策略。采取这样的策略可以获得规模效应，可以形成购买的平等共识，但也会产生面对国际市场适应性差、不能满足不同消费需求的情况。

2. 产品适应策略

产品适应策略也称"产品差异化策略"，是指对现有产品进行适当的变动，以适应国际市场不同需求的策略。该策略既保留产品核心的部分，又对某些方面进行适应性的改进，这样的产品往往更具针对性，更人性化了。如德国大众汽车公司的"帕萨特"小汽车，既是德国的，采用德国的发动机；又是中国的，外观和配置都进行了一些符合中国人审美观和价值观的改进。

3. 产品开发策略

这是一种全面开发设计新产品，以适应特定国际目标市场需求的策略。企业可在产品的功能、外观、包装、品牌等方面针对目标市场进行重新开发。如肯德基专门为中国人开发的新口味——老北京鸡肉卷。

10.2 服务营销策略

经营产品的企业发现越来越难以在实体产品方面实现差异化，于是开始转向实施服务差异化。实际上，许多企业都由于提供卓越的服务而获得了可观的利润。卓越的服务可以是准时送货，更快、更好地回答顾客的咨询或者是更快地处理顾客的投诉。服务是行动，是承诺，是超越顾客的期望。对于服务提供企业而言，它们深知上述优势的重要性，深入了解服务的特性对营销者至关重要，实施服务营销已经成为经营产品企业和经营服务企业共同的重要理念。

服务必须行动和真实承诺，能给顾客意外惊喜和解除其后顾之忧。服务要提供给顾客整体解决方案，这时的服务是可以增值的，即产生收费的价值，企业服务如果不能增值就没有意义。

10.2.1 服务分类

1. 服务行业分类

（1）政府部门，包括法院、就业服务机构、贷款机构、军事服务部门、警察和消防部门、邮局、管理机关和教育部门等。

（2）非营利部门，包括博物馆、慈善团体、教会、大学、基金会和医院等。

（3）商业部门，包括中间商（批发公司和零售公司）、航空公司、银行、旅店、保险公司、律师事务所、管理咨询公司、医疗机构、电影公司和房地产公司等。

（4）制造业部门。许多工人其实也是服务的提供者，如计算机操作人员、会计师和法律顾问等。事实上，他们已经构成了一个"服务工厂"，专门向"产品工厂"提供服务。

事实上，现在的实体产品一定需要产品的支持服务，而服务业营销同样需要实体产品的支持。实体和服务相互支撑，密不可分。

2. 服务要素分类

服务可分为要素性服务和非要素性服务两类。劳动力是要素性的，而运输、保险等属于非要素性的。在整体的供应物中，按服务要素所占的比例，可以把服务分为以

下五种类型:

(1) 纯粹的有形产品,是产品中没有伴随服务内容的,如牙膏、盐等同质需求的产品。

(2) 辅助服务的有形产品,是附有能提高对顾客吸引力的一种或多种服务的有形产品,如汽车销售等,如果没有修理、保养等附带服务,它对消费者是没有吸引力的。

(3) 混合供应物,包括比重相当的产品和服务,如快餐业,麦当劳等不仅仅只是提供食品,同时也提供服务,是有形产品与服务的混合。

(4) 主体服务加辅助产品或服务,是由一项主体服务和某些附加的产品或服务组成,如航空客运乘客购买的是运输服务,但在一次航程中也包括了某些如饮料或杂志等有形产品消费,这种有形产品依赖于运输服务而存在。

(5) 纯粹的服务。此类供应物主要是服务,如照顾小孩、精神治疗等。

10.2.2 服务特征

服务具有无形性、同步性、可变性和易逝性等特征。

1. 无形性

无形性也称"不可感知性",主要指服务提供的是非物质产品,顾客在购买之前一般不能感觉到。因此,企业应集中介绍服务所能提供的利益。真正无形的服务很少,需借助有形的实物才可以产生。因此,对顾客而言,购买某些产品,只不过因为它们是一些服务的载体,这些载体所承载的服务或者效用才是最重要的,如想做整形美容手术的人在做之前是看不见成效的。

服务是一种特殊的无形产品,是一个独立创造价值的部分,往往提供给消费者的就是一种愉悦感、满足感和情感。

2. 同步性

同步性也称"不可分离性",主要指服务的生产和消费是同时进行的,有时也与销售过程连接在一起,服务的过程是顾客同服务人员广泛接触的过程。服务的供应者往往是以其劳动直接为购买者提供使用价值,生产过程与消费过程同步进行,如照相、理发。这一特征表明,顾客只有而且必须加入服务的生产过程中,才能享受到服务。同时,一个出售劳务的人,在同一时间只能在一个地点提供直接服务。

3. 可变性

可变性主要指服务的构成成分及其质量水平经常变化,很难统一界定。和实行机械化生产的制造业不同,服务是以人为中心的产业,它依赖于谁提供服务以及何时、何地提供服务。由于人与人之间存在差异,即使是同一服务,不同的人提供服务的品质也难以完全相同;即使同一人提供同样的服务,由于时间、地点、环境与心态的变化,作业成果也难完全一致。因此,服务的产品设计须特别注意保持应有的品质,力求始终如一,维持高水准,建立顾客信心,树立优质服务形象。

4. 易逝性

易逝性也称"不可储存性",主要指无形的服务既无法储存,也容易消失。服务的生产与消费同时进行及其无形性,决定了服务具有边生产、边消费或边销售、边生产、边消费的重要特征。服务不能在生产后储存备用,消费者也无法购后储存,如车、船、飞机上和剧院中的空座位,宾馆中的空房间,闲置的服务设施及人员,均为服务业不可补偿的损失。因此,服务要解决的就是需求与供给不平衡的问题。

10.2.3 服务营销策略

服务企业的营销策略与制造企业基本一致,同样需要通过市场分析和细分来确定目标和定位,然而,由于服务不同于有形产品,通常需要对它们增加一些营销策略。

服务营销(service marketing)是指企业通过开展有效无形服务,取得顾客的满意和忠诚以促进交换,最终获取企业长远发展的活动,包括产品支持服务营销和服务业营销。

1. 服务营销组合

随着20世纪70年代以来服务业的迅速发展,越来越多的证据显示,产品营销组合要素构成并不能完全适用于服务营销,因此,有必要重新调整营销组合以适应服务市场营销的新情况。1981年,美国学者布姆斯(Booms)和比特纳(Bitner)在4Ps营销组合的基础上提出了7Ps营销组合,增加了人员(people)、过程(process)和有形展示(physical evidence)这三项元素。7Ps构成了服务营销的基本理论框架。

(1)产品。服务产品的概念也遵循产品的整体概念,包括服务的核心层、服务的形式层和服务的附加层。服务的核心层体现了企业为顾客提供的最基本效用,如航空公司的运输服务、医院的诊疗服务等;服务的形式层表现为环境布置、商品展示、品牌设计等;服务的附加层如定期回访等,用以增加服务的价值或区别于竞争者的服务,有助于实施差异化营销战略。

(2)定价。由于服务的可变性特征,其质量水平难以统一界定,也难以采用统一标准,加上季节、时间因素的重要性,服务定价因此具有较大的灵活性。而在区别一项服务与另一项服务时,价格是一种重要的识别标志,顾客往往从价格中感受到服务价值的高低。

(3)分销。服务产品一般多采取直接销售形式,在分销因素中,服务地点至关重要。商店、电影院、餐厅等服务组织,如能坐落于人口密集、人均收入高、交通方便的地段,服务流通的范围较广,营业收入和利润也就较高。

(4)促销。服务促销包括广告、人员推销、营业推广、直接营销、公共关系等沟通方式和策略。其中,人员推销是服务营销最直接、最灵活的促销及沟通方式。人员往往就代表着服务,代表着企业的形象。

(5)人员。服务人员在顾客心目中实际上是产品的一个重要组成部分,这里的人员指的是为顾客提供服务产品的全部员工。服务是由员工呈现出来的。服务企业的产品特色,往往体现在服务者的服务形象、服务过程和服务销售形式上。企业可以从三个方面进行管理：第一，重视人员的素质培养，严格甄选、训练、激励和控制；第二，重视服务过程的标准化，加强对服务产品的质量控制，尽可能做到规范化，使其服务质量统一；第三，重视顾客与顾客间的关系，根据二八法则，80%的利润来源于20%的顾客贡献，因此，运用关系营销理念，建立长期稳定的客户关系是服务营销的关键之一。松下幸之助说，服务人员在面对顾客时"要把顾客当作亲家"。

（6）过程。在营销过程中，服务的提供者不仅要明确向哪些目标顾客提供服务，提供哪些服务，而且要明确怎样提供目标顾客所需要的服务，也即合理设计服务提供的过程。向顾客提供服务的过程也是一个价值增值的过程，在这个过程中，不同部门都程度不等地为最终更好地满足消费者的需要做出各自的贡献。企业应围绕着以尽可能低的成本向顾客提供尽可能大的价值这一基本宗旨，优化整个价值增值过程，确立自身在市场竞争中的优势。服务业营销服务同样包括售前服务、售中服务和售后服务。

（7）有形展示。服务是无形的，但企业可以通过有形因素向消费者展示无形服务的特点、层次等，即服务营销中的有形展示。企业可以对有形展示的三个方面进行管理和设计：一是服务的物质环境，如服务场所的设计及其整洁程度、企业形象标识、服务设备的档次、服务人员的形象等；二是信息沟通，即沟通本企业与外界的所有宣传，如企业对外的广告宣传、外界对本企业服务质量和形象的评论等；三是价格，由于服务的无形性，价格往往具有很强的暗示作用。

服务营销组合的实施同样建立在营销战略的基础上。首先，通过对市场信息的了解进行市场分析。其次，通过市场细分发现服务营销的市场机会。再次，通过市场目标的确定把握服务市场的营销机会。复次，通过有效的市场定位使服务差别化，从而确定竞争优势。最后，通过服务品牌战略管理，建立品牌形象。

考虑到服务中人员的相对重要性，公司品牌个性也是重要的服务品牌组成部分。公司品牌个性是公司所有员工作为整体所具有的人格特征或特质，它所涉及的内容比产品品牌个性的内容更广。公司品牌个性包括独创性、合作、热烈、同情、敏捷、有纪律六个维度。

2. 服务质量

服务质量是企业为使目标顾客满意而提供的最低服务水平，是顾客对企业所提供的服务的评价。它一般包括服务的可感知性（物品与人员的情况）、可靠性、保证性、反应性和人情味等因素。企业在选择服务水平时，除了考虑以上因素外，还要考虑经济性。

（1）顾客期望。顾客对服务质量的期望是由过去的感受、口碑和广告宣传等因素共同作用而形成的。在一般情况下，顾客会对感知服务和期望服务进行比较。如果感到服务达不到期望的水平，顾客就会对提供者失去兴趣，感到失望。对于成功的企业而言，它们往往在供应物中增加额外的利益，不仅使顾客满意，而且使顾客感到高兴和惊喜。使顾客感到惊喜，就是对顾客期望的一种超越。服务就是要为顾客创造意外的惊喜。

（2）全面服务营销。全面服务营销包括外部营销、内部营销和互动营销三个部分。其中，外部营销（external marketing）是指企业为顾客准备服务、进行定价、分销和促销等常规工作；内部营销（internal marketing）是指对企业员工的培养和激励工作，使其更好地为顾客提供服务；互动营销（interactive marketing）是指员工为顾客提供服务的技能。服务质量的提高取决于服务传递的质量。因此，服务营销者必须精通互动营销的技能。企业可以通过电话、网络和拜访实现互动营销。顾客保留也许是衡量服务质量最好的办法，服务企业抓住顾客的能力取决于它如何向顾客持续地传递价值。所以，服务企业应该只选那些"关心别人的人"，这样才能真正持续地做好服务，让服务质量稳定。

松下幸之助说：服务是否到位决定了人们的满意度，而人们的满意度又决定了商家所得到的支持率，这与社会的繁荣有着密切的关系。

10.3 产品组合策略

产品整体策略解决的是一个产品本身的竞争力问题，产品组合策略解决的是一组产品的竞争力问题。企业产品组合确定之后，其他有关人、财、物以及产、供、销等方面的工作也就基本确定了。

10.3.1 产品组合内涵

1. 概念

产品组合（product mix）是一个特定销售者售予购买者的一组产品，即企业的业务经营范围，它包括所有产品线和产品项目，产品线是指企业经营的产品功能相同的一组密切相关的产品；产品项目是指产品线中一个明确的产品单位。

2. 维度

产品组合是一个集合概念，具体分析，包括产品组合的宽度、长度、深度和关联性四个维度。

（1）产品组合的宽度，是指该企业具有多少条不同的产品线。

（2）产品组合的长度，是指产品组合中的产品项目总数。

（3）产品组合的深度，是指产品线中每一产品有多少花色品种。例如，佳洁士牌牙膏有三种规格和两种配方（普通味和薄荷味），那么它的深度就是6。

（4）产品组合的关联性，是指各条产品线在最终用途、生产条件、分销渠道或者其他方面相互关联的程度。

认识产品组合的宽度、长度、深度和关联性，是为了了解每个企业的资源使用情况与产品构成，了解企业的经营战略状况，从而更有效地进行产品的扩展或收缩，有利于企业的有限资源在动态发展中得到最有效的配置。

10.3.2 产品组合策略

根据产品组合的四种维度，企业可以采取四种方法发展业务组合：一是开拓产品组合的宽度，扩展企业的经营领域，实行多样化经营，分散企业投资风险；二是增加产品组合的长度，使产品线更全面；三是加强产品组合的深度，占领同类产品的更多细分市场，满足更广泛的市场需求，增强行业竞争力；四是加强产品组合的关联性，使企业在某一特定的市场领域加强竞争和赢得良好的声誉。产品组合优化就是企业根据市场需求、竞争形势和企业自身能力对产品组合的宽度、长度、深度和关联性方面作出的决策。

1. 扩大产品组合

扩大产品组合包括开拓产品组合的宽度和加强产品组合的深度，前者指在原产品组合中增加产品线、扩大经营范围；后者指在原产品线内增加新的产品项目。当企业预测现有产品线的销售额和盈利率在未来可能下降时，就应当考虑在现有产品组合中增加新的产品线，或加强其中有发展潜力的产品线。

2. 缩减产品组合

市场不景气或原料、能源供应紧张时期，缩减产品线反而能使总利润上升，因为剔除那些获利小甚至亏损的产品线或产品项目，企业可集中力量发展获利多的产品线和产品项目。缩减产品组合的目的是集中精力经营利润好且比重高的品种。削减竞争处于劣势的产品项目是因为发现竞争对手在相同的项目中占有很大的优势，企业的项目不断走下坡路而企业通过努力又无法与之抗衡，通过缩减可以避免无益的投入。

3. 产品线延伸

产品线延伸指全部或部分地改变原有产品的市场定位，具体有向下延伸、向上延伸和双向延伸三种实现方式。

（1）向下延伸，是在高档产品线中增加低档产品项目。实行这一决策需要具备以下市场条件：一是利用高档名牌产品的声誉，吸引购买力水平较低的顾客慕名购买此产品线中的廉价产品；二是高档产品销售增长缓慢，企业的资源设备没有得到充分利用，为赢得更多的顾客，将产品线向下伸展；三是企业最初进入高档产品市场的目的是建立厂牌信誉，然后再进入中低档市场，以扩大市场占有率和销售增长率；四是补充企业的产品线空白。实行这种战略也有一定的风险，如处理不慎，会影响企业原有产品特别是名牌产品的市场形象，还必须辅之以一套相应的营销组合策略，如对销售系统的重新设置等。所有这些将大大增加企业的营销费用开支。

（2）向上延伸，是在原有的产品线内增加高档产品项目。这种战略适用于：一是高档产品市场具有较高的潜在成长率和利润率的吸引；二是企业的技术设备和营销能力已具备加入高档产品市场的条件；三是企业要重新进行产品线定位。采用这一策略也要承担一定的风险，要改变产品在顾客心目中的地位是相当困难的，处理不慎，还会影响原有产品的市场声誉。

(3) 双向延伸，即原定位于中档产品市场的企业掌握了市场优势以后，向产品线的上下两个方向延伸。

一个企业产品组合越多，就意味着产品线和产品项目越多，顾客对此类产品的选择余地也就越大。有选择好，选择越多越好，这几乎成了人们生活中的常识。但是，选项过多也可能造成负面结果，会使人们陷入游移不定、自责后悔的怪圈。所以，企业在做产品组合时应该求精，并突出重点，推出拳头产品线和拳头产品项目。

10.4 产品生命周期

每一种产品都要经历由盛到衰的演变过程，企业在经营过程中经常面临两个重要决策：一是要了解产品在各个生命周期的特定阶段应采取什么营销策略；二是寻找能为企业的长远发展提供获利机遇的新产品。为做好这两项工作，必须深入理解产品生命周期，运用生命周期理论更好地维护产品、开发产品。

10.4.1 产品生命周期内涵

1. 概念

1957年，美国学者波兹等人根据销售量随着时间的延伸具有由少到多，趋于饱和，转而减少，直至从市场消失的变化规律，提出了产品生命周期概念，并把产品生命周期定义为产品进入市场销售到退出市场销售所经历的全部过程。

产品经研制开发投放市场后，其销售额和利润都会随时间的推移，经历一个由弱到强、由盛而衰的发展变化，直至最后被市场淘汰的过程，这个过程称为产品生命周期（product life cycle，PLC）。它与产品使用生命周期概念不同，前者是根据观察销售额 Q 或利润 R 随着时间 T 的变化而呈现出一个由低到高，再由高到低的一个"S"形曲线轨迹而判断各阶段（具体如图 10-2 所示），而后者是依据产品的质量等物理属性判断使用磨耗的各阶段。

图 10-2 产品生命周期各阶段的销售额和利润

科特勒和阿姆斯特朗在《市场营销原理》一书中认为，产品生命周期包括五个不同的阶段，产品的销售额和利润在各个阶段呈现不同的变化趋势。

（1）开发期（或研发期）（product development stage），指新产品尚处于研发阶段,无销售,只有投资,呈先增加后减少之态,主要营销目标是努力开发和研究市场。

(2) 介绍期(或导入期)(introduction stage),指新产品刚上市,销售额增长缓慢,由于宣传费用高,企业得不到利润,反而可能亏损,主要营销目标是扩大产品知名度,吸引消费者试用。

(3) 成长期(或增长期)(growth stage),指产品被市场迅速接受,销售额快速增长,利润显著上升,往往是利润最高的时期,主要营销目标是提高市场占有率。

(4) 成熟期(maturity stage),指产品已被大部分潜在购买者所接受,销售额继续增长但速度开始减慢;市场竞争最激烈,为了应付竞争,营销费用增加,因而利润持平甚至开始下降,主要营销目标是维持现有市场占有率。

(5) 衰退期(decline stage),指销售额明显下降、利润日益减少的时期,主要营销目标是榨取产品的最后价值。

以上各阶段通常很难规定明确的界限,一般是根据销售曲线的显著变化之处来划分。不同产品生命周期的长短,以及各阶段时间的长短均有所不同。

国际产品生命周期是指某些产品的销售额在一个国家衰退时,在另一个国家可能会上升。后期采用的国家最终会比早期采用的国家生产成本低,并成为领先者,把该产品向其他国家输出。该周期分四个阶段:第一阶段是国内公司生产和出口,这时产品新颖。第二阶段是外国生产开始,原生产企业往往以合资或许可证贸易方式生产和销售。第三阶段是外国产品开始在出口市场上竞争,外国制造商向其他国家出口产品。第四阶段是进口竞争开始,外国制造商开始向原生产出口国出口这种产品,出口国制造商在国内市场的销售额最终会下降。

2. 范围

在营销中,产品生命周期常与种类、形式、品牌、型号款式连在一起,当不同含义的产品与产品生命周期概念联系在一起时,产品生命周期就有了不同状态。

(1) 产品种类。它具有最长的生命周期,许多产品种类的销售中成熟阶段是无期限的,如打印机、报纸、咖啡、电话等。

(2) 产品形式。它比产品种类更能准确地体现标准的产品生命周期的历史,因此研究产品形式的生命周期最有规律,掌握它对于指导企业营销有重要意义。如手动打印机。

(3) 产品品牌。它显示了最不规则的产品生命周期历史,如可口可乐历经百年依然不失辉煌,而我国 20 世纪 80 年代红极一时的金星、小霸王等到 20 世纪 90 年代中后期已经淡出消费者记忆。

(4) 产品型号款式。产品型号款式显示了最短的产品生命周期历史,如某种型号的自动打印机,新型号的诞生一般意味着原有型号的退出。

10.4.2 产品生命周期策略

产品生命周期策略一般包括导入期、成长期、成熟期与衰退期策略。

1. 导入期

新产品刚推向市场时，销售量增长缓慢，企业生产能力尚未全部形成，生产流程和工艺尚未磨合熟练，消费者对其不熟悉或根本不知晓。此阶段的基本战略是突出"快"字，基本思路是尽快让产品进入成长期。

(1) 快速掠取，即以高价格和高促销费用推出新产品。实行高价格是为了在每一单位销售额中获取最大的利润，实行高促销费用是为了引起目标市场的注意，加快市场渗透。成功地实施这一策略，可以赚取较大的利润，尽快收回新产品开发的投资。实施该战略的市场条件是：市场上有较大的需求潜力；目标顾客具有求新心理，急于购买新产品，并愿意为此付出高价；企业面临潜在竞争者的威胁，需要及早树立名牌。

(2) 缓慢掠取，即以高价格和低促销费用推出新产品。高价格和低促销费用结合可以使企业获得更多利润。实施该战略的市场条件是：市场规模相对较小，竞争威胁不大；市场上大多数用户对该产品没有过多疑虑；适当的高价格能被市场接受。

(3) 快速渗透，即以低价格和高促销费用推出新产品。目的在于先发制人，以最快的速度打入市场，该战略可以给企业带来最快的市场渗透率和最高的市场占有率。实施这一战略的条件是：产品市场容量很大；潜在消费者对产品不了解，且对价格十分敏感；潜在竞争比较激烈；产品的单位制造成本可随生产规模和销售量的扩大迅速下降。

(4) 缓慢渗透，即企业以低价格和低促销费用推出新产品。实行低价格是为了促使市场迅速地接受新产品，实行低促销费用则可以实现更多的净利。企业坚信该市场需求价格弹性较高，而促销弹性较小。实施这一战略的基本条件是：市场容量较大；潜在顾客易于或已经了解此项新产品且对价格十分敏感；有相当的潜在竞争者准备加入竞争行列。

2. 成长期

如果新产品被市场接受，那么销售会持续攀升，早期采用者会继续购买，其他采购者也开始购买。由于盈利机会的吸引力，竞争者会进入市场，他们会推出具有新特点的产品。在此期间，企业不但要继续开拓市场，还要接受消费者的选择，因此，企业的基本策略是突出"好"字，基本思路是发展和壮大自己，并力求获得领先优势。

(1) 细分市场，扩展市场容量。由于消费者需求的多样性，一般的市场都显示出一定的异质性。因此，企业的单一产品不可能满足所有用户的需求。这时，企业应进一步细分市场，利用首创效应，使企业的产品成为该细分市场消费者的首选。

(2) 改进产品，开发新的功能。除了主动去发现和创造市场，从而推出相应的产品外，企业还可以通过消费者的购后反应发现问题，并及时改进，以技术或新产品更新来保持领先。

(3) 建立品牌形象，加强促销力度。在成长期，要避免高速增长时的"半途夭折"，从导入期的建立知名度转向建立美誉度，在消费者心目中建立良好的品牌形象，增加产品特色的宣传,培养顾客的品牌忠诚度,为企业的长期发展奠定基础,使消费者从购买产品转变为购买品牌。

在成长阶段要协调好高市场占有率和高利润率之间的矛盾,提高市场占有率势必降低价格,增加营销费用,而这又使得利润降低,这个矛盾看似无法调和,但可以通过品牌来协调,建立具有知名度的品牌,利用名牌的溢出价值获得高的市场利润,同时又不失去高的市场占有率。

3. 成熟期

成熟期又可进一步细分为三个阶段:成长成熟期、稳定成熟期和衰退成熟期。成熟期的基本战略应突出一个"优"字,思路是避免消极防御,采取积极进攻战略,延长产品生命周期中的成熟期。成熟期的营销策略有三种选择:

(1) 市场改良战略,也称"市场多元化策略",即开发新市场,寻求新用户。

(2) 产品改良战略,也称为"产品再推出策略",是指改进产品的品质或服务后再投放市场。

(3) 营销组合改良战略,是指通过改变定价、销售渠道及促销方式来延长产品成熟期。

4. 衰退期

大多数产品的销售会走向衰退。销售衰退的原因主要有:技术进步、消费者偏好发生变化、竞争加剧等。处于衰退期的产品,不仅会给企业带来利润损失,而且还会引起成本、费用的增加。因此,此阶段的基本战略应突出一个"转"字,思路是:一方面,积极培育新产品的成长使其稳步进入成熟期;另一方面,有计划地逐步淘汰老产品。

产品生命周期理论对经营的启发是:要根据产品生命周期规律,建立超前营销的意识。这里的超前营销就是以超前的观点来预先确定本企业产品的生命周期,本企业产品的生命周期要比这类产品的平均生命周期短,目的是尽快推出新产品进入市场,所以企业要进行"产品的战略性计划撤退。"

10.4.3 产品生命周期异型

产品生命周期在理论上是一条光滑的"S"形曲线,但在实践中并不如此,并非所有产品的生命周期都呈"S"形曲线和有明显的四个阶段。在典型曲线之外,还存在着变型的产品生命周期。

1. 前期变异型

前期变异型的产品生命周期曲线,在导入期或成长期与典型产品生命周期曲线有明显的差异。这种变异包括下列几种情况:(1) 产品越过导入阶段,直接进入成长阶段;(2) 产品越过成长阶段.直接进入成熟阶段;(3) 产品进入导入阶段后徘徊不前;(4) 产品进入导入阶段后不久就夭折了。

2. 中期变异型

中期变异型的产品生命周期曲线,在成熟期与典型产品的生命周期曲线有明显的差异。

（1）循环—再循环型，是指产品销售进入成熟期末期或衰退期初期时，由于企业投入大量促销费用后引发消费者的重复需要，销售量再一次回升的特殊形态。此类型形成的原因在于企业在有品牌忠诚的基础上周期性地进行促销活动，如可口可乐能保持长久的较高销售量就是这种类型的表现。（见图10-3）

（2）多循环型，也称为"波浪型"或"贝型"，是指产品销售量在成熟期呈现连续的增长。此类型形成的原因在于企业开发了新产品或新用途，或是开发了新的市场，造成销售量一波一波上升，如杜邦公司的尼龙产品，不断运用在新产品上，从而扩大了市场销售。（见图10-4）

（3）非连续循环型，指的是大多数的时髦产品，这些产品一上市即马上由介绍期进入成熟期，成长期很短，但一旦进入成熟期后不能保持长时间的市场地位，迅速跌入衰退期并从市场上消失，企业无意，也无力延长其生命周期，因为时髦产品的周期性很强，企业可以在下一个周期再开始新的一轮生命周期。（见图10-5）

图10-3 循环—再循环型　　图10-4 多循环型

图10-5 非连续循环型

3. 后期变异型

自20世纪70年代以来，很多企业把产品生命周期奉为万能钥匙，因为其简单通俗，指导性强，但往往出现一个问题，即当产品的销量出现下滑时就想当然地认为进入衰退期了，而不思考是何种原因使得产品销量下滑，这就是"产品生命周期陷阱"的由来，这是把产品生命周期理论工具化导致的。在此情况下，企业需要慎重作出决定，对于产品本身没有问题，只是由于竞争等原因造成的衰退，不应采取盲目的撤退决定，而应采取各种方式尽可能利用原产品的价值。如欧洲汽车厂商"美洲虎"，在经历了漫长无望的衰退后，以16亿英镑的价格把该品牌卖给了福特公司，但由于该品牌在欧洲具有良好的声誉和人缘，在福特的精心打理下，又重获昔日的成绩。

10.5 新产品开发

在激烈的竞争中，企业生存和成长的关键就在于不断地创造新产品。创新是使企业得以永续经营的唯一途径。每一家企业都应该把开发新产品看成关系企业生死存亡的战略重点。

10.5.1 新产品内涵

1. 概念

市场营销学中的新产品比科技领域中的新产品范围更为广泛，它是从市场和企业两个角度进行判断的。只要在功能或形态上得到改进或与原有产品产生差异，并为顾客带来新的利益，即视为新产品，产品整体概念的任何一层发生变化即认为新产品出现。在某个市场上第一次出现的产品可以称为新产品，某个企业第一次生产销售的产品也可以称为新产品。科特勒说：新产品是指企业新开发的产品、改进或调整的产品以及新品牌。具体而言，营销学中的新产品包括以下三种基本类型：

（1）全新产品，是指包含全新的技术发明，对整个人类文明和人类生活方式产生深刻影响，消费者接受过程一般比较缓慢的新产品。比如，20世纪60年代出现的大型计算机即为一种全新的产品。

（2）改良产品，是指在原有产品基础上，经过技术、用途、形状等改进的产品。

① 更新换代的新产品，是指包含部分新技术，在原有产品基础上改进其品质，并用来替代原有产品，消费者接受起来十分迅速的新产品。比如，微软公司的视窗操作系统（从 Windows 95 到 Windows XP）一直在不断更新。

② 用途改良的新产品，是指原有产品经过用途改良增加了功能和效用的产品。如手机不但可以通话，而且还可以摄像和上网。

③ 形态改良的新产品，是指在外观设计、包装等方面比原有产品有所改进，消费者更容易接受的新产品。如服装新款式的开发。

（3）仿效产品，是指市场上已销售的，本企业进行仿制的产品，也即本企业的新产品。推出仿效产品时，企业一要注意该产品的生命周期所处的阶段；二要注意不要生产假冒产品或侵犯别人受法律保护的专利产品。

2. 新产品扩散

人们对新产品的接受过程，客观上存在着一定的规律性。美国市场营销学家罗吉斯调查了数百人接受新产品的实例，总结归纳出人们接受新产品的程序和一般规律，认为消费者接受新产品一般分为以下五个重要阶段：认知、兴趣、评价、试用、正式采用。

在新产品的市场扩散过程中,由于社会地位、消费心理、产品价值观、个人性格等多种因素的影响制约,不同消费者对新产品的反应有很大差异。可以分为五类消费者:

(1) 创新采用者,也称为"消费先驱",通常富有个性,爱冒险,性格活跃,作出消费行为时很少听取他人意见,经济宽裕,社会地位较高,受过高等教育,易受广告等促销手段的影响,是企业投放新产品时的极好目标。此类消费者约占 2.5%。

(2) 早期采用者。这类消费者年轻,富有探索精神,对新事物比较敏感并有较强的适应性,经济状况良好,对早期采用新产品具有自豪感。他们对广告及其他渠道传播的新产品信息少有成见,促销媒体对他们有较大的影响力,但与创新采用者比较,持较为谨慎的态度。此类消费者约占 13.5%。

(3) 早期大众。这部分消费者一般较少有保守思想,接受过一定的教育,有较好的工作环境和固定的收入;对社会中有影响力的人物,特别是自己所崇拜的"舆论领袖"的消费行为具有较强的模仿心理;不甘落后于潮流,但由于特定的经济地位所限,购买高档产品时持非常谨慎的态度。他们经常是在征询了早期采用者的意见之后才采纳新产品。研究他们的心理状态、消费习惯,对提高产品的市场份额具有很重要的意义。此类消费者约占 34%。

(4) 晚期大众,指较晚地跟上消费潮流的人。他们的工作岗位、受教育水平及收入状况往往比早期大众略差,对新事物、新环境多持怀疑态度或观望态度,往往在产品成熟阶段才加入购买。此类消费者约占 34%。

(5) 落后的购买者。这些人受传统思想束缚很深,思想非常保守,怀疑任何变化,对新事物、新变化多持反对态度,固守传统消费行为方式,在产品进入成熟期后期以致衰退期才能接受。此类消费者约占 16%。

10.5.2 新产品开发

新产品开发是一个复杂的过程,一般包括构思产生、构思筛选、概念开发与测试、营销战略制定、商业分析、产品开发、营销测试、商业化八个阶段。

1. 构思产生

开发新产品始于构思产生(idea generation)。所谓构思,是指为满足某种市场需要而提出的设想。企业的新产品构思必须与企业的经营范围、目标、策略和自身的资源状况相吻合。新产品构思的主要来源是企业内部的技术人员与业务人员、顾客意见,竞争者的产品也可以为企业改良现有产品或开发新产品提供思路。此外,随着垂直营销系统的广泛实施,生产企业与上游供应商和下游经销商的合作日益密切,他们可为生产企业提供关于新材料、新技术和市场动态方面的最新信息。最后,新产品构思还可来自展销会、杂志、科研机构等其他途径。

2. 构思筛选

新产品构思是符合本企业目标的大量关于新产品的笼统设想,必须经筛选才能进入下一阶段。筛选时需避免两种偏向：一是误舍，即放弃好的构思；二是误取，即采纳不好的构思。这两种偏向都是因为没有对构思进行认真分析、筛选所致。多数企业要求主管人员将新产品构思写成正式报告，接受新产品委员会的审查。其中要描述产品、目标市场和竞争情况，并对市场规模、产品价格、开发时间和成本、制造成本、投资回收率作初步估算，并由委员会根据一些标准进行评估。

3. 概念开发与测试

经过筛选后的新产品构思，需要进一步形成产品概念。这里还需明确产品构思、产品概念和产品形象三者的区别。产品构思（product idea）是企业从技术角度认为自己可以向市场提供的一种产品构想。与之不同，产品概念（product concept）是指企业从消费者的角度对这种创意所作的详尽描述。而产品形象（product image）则是消费者对某种现实产品或潜在产品所形成的特定形象。

显然，同一个产品构思可以转化为多个产品概念，因此需要经过审慎的测试来选定合适的概念。测试可通过对目标消费者进行问卷调查来进行。根据问卷调查结果提供的答案，企业可以确定最受消费者欢迎的产品概念，这也是企业应当选择的产品概念。

4. 营销战略制定

企业选择了最佳的产品概念之后，必须制订把这种产品引入市场的初步市场营销计划，并在未来的发展阶段不断完善。初拟的营销计划包括三个部分：

（1）描述目标市场的规模和结构、消费者的购买行为、产品的市场定位以及短期（如三个月）的销售量、市场占有率、利润率预期等。

（2）概述产品预期价格、渠道及第一年的营销预算。

（3）分别阐述较长期（如3—5年）的销售额和投资收益率，以及不同时期的市场营销组合等。

5. 商业分析

对选出的产品概念进行实际产品开发与生产以前，需要进行商业分析（business analysis）。商业分析试图估计该产品真正投产后的成本、在未来市场上可能的销售量和销售价格，从而预测该产品的利润水平，估算销售利润率及该项投资的投资收益率。只有这些指标符合企业的既定目标，该产品概念才具有商业可行性。这种商业分析，不仅需要在这一阶段进行，而且在新产品开发的整个过程中还要根据市场的变化不断进行。

6. 产品开发

在这一阶段，新产品由抽象的概念转变为可触摸的物质实体。经过商业分析，可行的产品概念和构思被确定，据此研制新产品模型或样本，为下一步真正投放市场作准备。在此阶段之前，新产品开发主要涉及产品设计、营销、财务等职能部门。此时，生产部门开始介入，进行新产品的试制。生产经理重点考虑的是产品概念中包含的特性能否在实际生产中实现，生产成本能否被控制在预算之内，然后据此对产品构思略作修正。

样品制成以后，首先要在实验室和现场对其性能、成分等进行一系列的测试和技术鉴定。然后进行消费者测试，即将样品展示给消费者，请他们就产品性能提出意见，并且了解他们愿意为此支付的价格水平，确定新产品盈利的可能性。最后，新产品研制与开发部门要将样品向董事会展示并说明，以使董事会同意为此投资，便于大规模生产。

7. 营销测试

在就新产品模型或样品进行多次消费者调查后，企业便可生产小批量新产品，把产品和营销方案（包括定位、品牌、包装、定价、分销、广告等）在典型的消费者环境中推出，以观察市场反应，这一步骤称为营销测试即试销（test marketing）。

对市场反应的测试主要包括顾客的试用率、再购率、正式采用率和购买频率四个指标。即顾客中有多少人首次试用了该产品？其中又有多少人再次购买该产品？他们当中有多少人成为该产品的正式用户？他们的购买频率如何？试销也有助于企业了解中间商对经营该产品的态度。即有多少中间商愿意经营该产品？他们需要与企业订立什么样的条款（如折扣、退货保证等）？他们把产品摆放在货架什么位置？通过试销，企业还可以获得市场潜量、产品定位、分销渠道、广告宣传、价格、包装等方面的信息，为企业修正其营销方案提供依据。

测试的方法因产品性质而异，消费品的试销有以下三种方法，包括模拟试销法、控制试销法和标准试销法。

（1）模拟试销法，是指在一个模拟市场上，选择一些有代表性的消费者参加试销。

（2）控制试销法，是指通过专门的市场调研公司进行市场试销，它们控制着若干商店并和许多有代表性的消费者保持着固定联系。企业只需说明商店的规模、数目、地理位置，调研公司就会把产品送到试销店，并安排货架位置、陈列方法、陈列点的促销活动，还可根据企业的意见制定价格。

（3）标准试销法，是指在全面推出该产品可能面对的类似情形下测试新产品，即将新产品在实际市场上推出。企业选定少数几个有代表性的城市，在这些城市，销售人员努力说服中间商协助开展试销，并取得良好的货架位置。同时，企业将采用类似方法向全国推销，展开全面的广告和促销活动。

产业市场一般不可能像消费品市场那样先制造样品再投放市场观察销售反应。工业品制造商需要采用其他方法来研究新产品的市场反应，常用的方法有使用试销法和陈列试销法。

（1）使用试销法，是指企业的营销人员选择一些同意在一段时间内使用新产品的潜在消费者，由技术人员观察消费者对产品的使用。技术人员可能发现一些预料之外的安全和维护方面的问题，还可以提出有关用户培训和服务的建议。最后请顾客表明其购买意图以及对新产品的意见。

（2）陈列试销法，是指在贸易展览会上展示新产品。展览会能够吸引大量潜在消费者前来对同类商品进行比较、选择，从而使企业能观察到他们对各种产品特性和价格水平的反应，以及对本企业产品表现出的购买兴趣等。该方法的缺点是容易把新产品暴露给竞争者。新的工业品还可在分销商的陈列室内进行试销，并摆放在其他竞争性产品旁边，以便观察消费者的反应。

8. 商业化

商业化（commercialization）是新产品成功的最后一步，也是关键的一步。试销为企业管理者提供的信息决定了产品是否能正式投放市场。如果试销成功后决定大量生产上市，企业将面临一笔巨大的投资。从建立工厂、购买设备、采购原料，到招聘职员、人员培训、制作广告、开展促销等活动，都会使新产品在上市的第一年里耗费巨资。为了使新产品成功上市，企业需要对上市投放市场的时机、区域、目前市场的选择和最初的营销组合等方面作出慎重决策。

新产品开发不仅仅是按部就班地完成这一系列步骤，企业必须采取一套整体的方法来管理这一过程。成功的新产品开发要求以消费者为中心、以团队为基础、作出系统化的努力。新产品开发过程应该是整体性和系统化的，而不是局部分割和杂乱无章的。否则，很少有新的产品构思能够产生，即使有好的构思，也会破碎和夭折。为了避免这些问题的产生，企业可以建立一个创新管理系统来收集、审查、评估和管理新产品构思。

本章总结

产品是市场营销组合中最基本的因素，它提供了企业营销的依据。产品既指有形的产品，也指无形的产品。任何企业在制定策略时，首先需要回答的问题都是用什么产品使企业与目标市场发生联系，进而再进行营销组合中的其他三项决策。产品整体策略建立在产品整体概念基础上，一般可以由质量、外观、包装、服务和品牌构成。

产品组合策略解决的是企业一组产品的竞争力问题，产品组合确定之后，企业其他有关人、财、物以及产、供、销等方面的工作也就基本确定。产品组合是一个集合概念，具体分析，包括宽度、长度、深度和关联性四个维度。

产品生命周期是指从产品投放市场到最后被市场淘汰所经过的整个时间过程。产品生命周期一般包括四个阶段：导入期、成长期、成熟期和衰退期。

新产品开发一般包括构思产生、构思筛选、概念开发与测试、营销战略制定、商业分析、产品开发、营销测试、商业化八个阶段。

本章关键词

产品　商标　包装　标签　服务　服务质量　服务营销　产品组合　产品线　产品项目　产品生命周期　国际产品生命周期　新产品

思考题

1. 产品整体概念包括哪些内容？
2. 产品整体策略包括哪些内容？
3. 什么是产品组合？产品组合的维度包括哪些内容？
4. 服务的特征是什么？
5. 试述服务营销策略内容。
6. 试述产品生命周期策略内容。
7. 新产品有哪几种类型？新产品开发包括哪些阶段？

第 11 章

定价策略

开篇案例 钟薛高的高价策略

2021年6月15日下午，中式雪糕品牌钟薛高创始人说，"钟薛高最贵的一支卖66元，成本就40元，你爱要不要"，引发了网友的争论，相关话题冲上微博热搜第一。不到一分半钟的视频，在发出4个小时之后，收获了3.8亿阅读量，稳居热搜第一。

这款名叫钟薛高的雪糕，是2018年3月才诞生的品牌，却在2018年"双十一"中一举战胜冰激凌老牌巨头哈根达斯，荣登冰品类销量第一的宝座！

什么是钟薛高？据其官网介绍，采集对应的百家姓形成了"钟薛高"这一名字，是中式雪糕品牌，雪糕采用中式瓦片型设计，辅以顶部"回"字花纹，意为"回归"本味。

和大部分国产雪糕不一样，钟薛高一开始就坚持高定价来明确品牌形象。通过一个单品来吸收受众群，奠定品牌基调，即高端雪糕。再通过品牌营销带动其余单品，比起66元一支的"厄瓜多尔粉钻"，十几块钱一支的普通款好像已经可以接受，即使这个价格远远超过了蒙牛、伊利的雪糕产品。钟薛高凭此款雪糕一炮而红，一举战胜了雪糕届的"洋巨头"哈根达斯，荣登冰品类销量第一的宝座。

钟薛高自我定位为中式高端雪糕，处处强调原料的天然、健康和稀有。抖音和小红书上大量钟薛高雪糕测评提到：味道纯天然、原料无添加、低糖低脂、适合减肥人士选择。就连雪糕棍，都是用可降解的秸秆做的，很环保。

中国食品产业分析师朱丹蓬表示，一般来说，雪糕冰激凌的成本不会很高，但网红雪糕冰激凌之所以能卖到60多元甚至80多元，更多是因为被赋予了社交属性、情感需求等附加值，符合新生代主流消费群体的消费思维，使品牌获得了生存和增长空间。而价格贵、爱营销、利润高的高端网红雪糕，就在这样的消费趋势中应运而生了。

说到底，在这场精准的营销之下，雪糕早已不再只是一种简单的食物，反而被赋予了太多的社交属性：拍照好看，发朋友圈有"流量"，等等。当这种属性被商家发觉，网红化就成了这种社交属性的最好表现窗口，连同价值判断、消费导向以及文化认知，均淹没在了这种愿打与愿挨的交易之中。

资料来源：陈思：《"钟薛高雪糕最贵一支66元"冲上热搜》，载"21世纪经济报道"微信公众号，2021年6月16日访问。

产品或服务的"身价"之谜是什么？回答是：价格被价值决定，对方认知价值决定价格。同时，认知可以大于事实，所以理解和获得顾客价值是企业定价的关键。在营销组合中，价格是带来收入的唯一要素，其他要素则只产生成本。价格是营销组合中最灵活的要素，与产品、渠道和促销所不同的是，价格可以非常迅速地变化，而且能向市场传递所期望的价值定位。有效地设计和实施定价策略要求透彻理解顾客的定价心理，还要求掌握制定、调整和改变价格的系统方法。科特勒提出了六步价格决策程序：选择定价目标→确定需求→估算成本→分析竞争者价格→选择定价方法→选定最终价格。

11.1 价格因素

价格（price）是一项以货币为表现形式，为商品、服务及资产所订立的价值数字。在现代社会的日常应用之中，价格一般指进行交易时，买方所需要付出的代价或款项。长期以来，价格一直是影响购买决策的重要因素。科特勒说：作为企业整体价值主张的一部分，价格在创造顾客价值和建立顾客关系中发挥着关键的作用。

定价是一种科学和艺术相结合的活动，需要考虑一系列影响定价的因素，而且定价会引起购买者、渠道成员、竞争者等各方面的反应，这些反应常有相当大的不确定性，使得价格决策变得很复杂。

11.1.1 价值因素

产品价格是否合适，最终由顾客认知价值决定，所以定价策略必须以顾客价值为基础。

1. 顾客价值

当顾客购买产品时，他们交换有价值的东西（价格）以获得另一种有价值的东西（拥有或使用产品的利益）。有效的顾客导向定价包括理解顾客认知价值，并设定获得这一价值的价格。价格决策始于对顾客需求和价值认知的分析，制定的价格符合顾客的认知价值。

韦尔奇说：如果不能以最有竞争力的价格销售最优质的产品，那么你将必定出局。维系顾客的最好方法是不断地挖掘出让消费者少付多得的方法。

2. 基于顾客价值的定价

基于价值的定价方法将顾客对产品价值的观念（而不是销售者的成本）作为定价的关键。这种定价方法意味着营销人员不能设计完一个产品和营销组合再制定价格，而要在制定营销组合的同时就要考虑价格因素和其他营销组合要素。

比较基于成本的定价方法和基于价值的定价方法，其区别主要体现在：基于成本的定价方法属于产品驱动型。企业设计出自认为好的产品，核算出该产品的总成本，然后制定价格弥补成本和获取利润。它是一个产品→成本→价格→价值→顾客的过程。而基于价值的定价方法则恰恰相反，属于顾客驱动型。企业首先根据顾客对产品价值的观念设定目标价格，目标价值和价格推动产品设计和成本核算决策。因此，这种定价方法始于分析顾客的需求和对产品的价值观念，而价格是为了匹配顾客的价值观念，它是一个顾客→价值→价格→成本→产品的过程。

11.1.2　成本因素

从顾客的角度看，价格的本质是一种成本。商品价格构成的四个要素为：生产成本、流通费用、国家税金和企业利润。价格是产品价值的货币表现，以货币表示产品或服务的价值就称为该产品或服务的价格。产品成本是价格的最低限度。营销者应认真分析公司产品的全部成本，以便尽可能地将成本分摊到每一个产品中。成本是价格的下限，而需求分析的结果在很大程度上为产品或服务的价格确定了上限。

1. 成本分类

（1）总成本（total cost，TC），是指一定水平下的固定成本和可变成本的总和。

（2）固定成本（fixed cost，FC），是指支付给各种固定生产要素的费用，如购买机器设备、建设厂房的开支和借贷利息等。这些费用在一定时期和一定的生产能力范围内不随产量的变化而变化，并且通常在产品生产过程中就得支付。

（3）可变成本（variable cost，VC），是指支付给各种变动生产要素的费用，如购买原材料及电力消耗费用和工人工资等。可变成本是直接随产量的变化而变化的成本，常常在实际生产过程开始后才需支付。

（4）边际成本（marginal cost，MC），是指产品在原有数量基础上增加或减少一个单位所带来的总成本的变动量。就增加产品数量而言，边际成本又称为新增成本。

（5）机会成本（opportunity cost，OC）。当企业将资产投入某一用途后，丧失了作为其他最佳用途的收益，这就构成将它投入该用途的机会成本。机会成本不在财务报告中出现，但它与定价相关。

2. 国际市场的价格成本

国际市场的价格成本主要包括：生产成本、代理商佣金、出口税费、运输费用、保险费、银行费用、进口关税、汇率风险成本、进口国内部费用（运输、储存、中间商佣金、加工费、管理费)等。所以，不论企业如何对其国际产品进行定价，其产品在国外的价格总会比国内高。

互联网的发展大大降低了全球的价格差异，因为这时的顾客可以知道全球的价格状况，寻找到价格最低的经销商，从而迫使企业采用更为标准化的国际定价。

11.1.3 需求因素

经济学中的供求规律说明，在多数情况下，价格与需求量呈反比，即价格越高，需求量越小。企业制定价格时要充分考虑需求弹性因素，需求弹性是指因价格和收入等因素而引起的需求的相应变动率，一般分为需求的收入弹性、价格弹性和交叉弹性。

1. 需求收入弹性

需求收入弹性指因收入变动而引起的需求相应的变动率。需求收入弹性大的产品，一般包括耐用消费品、高档食品、娱乐支出等，这类产品在消费者货币收入增加时会导致对它们需求量的大幅度增加；需求收入弹性小的产品，一般包括生活必需品，这类产品在消费者货币收入增加时会导致对它们需求量的增加幅度比较小。

2. 需求价格弹性

需求价格弹性（price elasticity of demand）是指不同产品的市场需求量对价格变动的反应不同，也就是弹性大小不同，即不同产品的需求弹性系数不同。在现实生活中，需求的价格弹性主要有缺乏弹性（inelastic）和具有弹性（elastic）两种情况。（见图11-1）

图11-1 不同的需求价格弹性

需求价格弹性公式如下：

$$E = \frac{\dfrac{Q_2 - Q_1}{Q_1}}{\dfrac{P_2 - P_1}{P_1}}$$

其中，E为需求弹性系数，P为价格，Q为需求量。

（1）E＝1，反映需求量与价格等比例变动。对于这类产品，价格的上升（下降）会引起需求量等比例地减少（增加），也就是说价格的变动与需求量的变动是相适应的。因此，价格变动对销售收入影响不大。定价时，可选择实现预期盈利率的价格或选择通行的市场价格，同时把其他市场营销策略作为提高盈利率的手段。

（2）E＞1，反映需求量的相应变化大于价格自身变动。对于这类产品，价格的上升（下降）会引起需求量较大幅度的减少（增加），称为需求价格弹性大或富于弹性的需求。定价时，应通过降低价格，薄利多销，达到增加盈利的目的。反之，提价时务求谨慎以防需求量锐减，影响企业收入。

（3）E＜1，反映需求量的相应变化小于价格自身变动。对于这类产品，价格的上升（下降）仅会引起需求量较小程度的减少（增加），称为需求价格弹性小或缺乏弹性的需求。定价时，较高水平的价格往往会增加盈利，低价对需求量刺激效果不大，薄利不能多销，反而会降低收入水平。

3. 需求交叉弹性

需求交叉弹性是指具有互补或替代关系的某种产品价格的变动，引起与其相关的产品需求相应发生变动的程度。产品之间存在着相关性，一种产品价格的变动往往会影响其他产品销售量的变化。这种相关性主要有两种：一是产品之间互为补充，组合在一起共同满足消费者某种需要的互补关系，需求交叉弹性为负值，表明当产品 A 的价格上涨时，产品 B 的需求量会下降；二是产品之间由于使用价值相同或相似而可以相互替代或部分替代的替代关系，需求交叉弹性为正值，表明一旦产品 A 的价格上涨，则产品 B 的需求量必然增加。

一般而言，在消费者实际收入不变的情况下，具有替代关系的产品之间，某个产品价格的变化将使其替代产品的需求量出现相应的变化（一般是同方向的变化）；具有互补关系的产品之间，当某产品价格发生变化，其互补产品的需求量会同该产品的需求量发生相一致的变化。

11.1.4 其他因素

在制定价格时，公司还必须考虑其他外部环境因素。

1. 竞争因素

激烈的市场竞争中，价格往往是一种重要的竞争手段，企业必须了解竞争者所提供的产品的质量和价格，考虑比竞争对手更为有利的定价策略。在产品的最高价格和最低价格的幅度内，企业能把产品价格定多高，往往取决于竞争者同种产品的价格水平。

评价竞争者的定价策略时，企业应该思考以下几个问题：首先，企业与竞争者相比，谁的产品或服务能提供更多的顾客价值？如果消费者对企业的产品或服务有更高的感知价值，企业就可以制定更高的价格。如果消费者感到竞争者的产品或服务价值高，企业就只能制定较低的价格，或改变消费者的感知价值，使其相信高价的合理性。

其次，企业目前面临的竞争者有多强？它们的定价策略是什么？如果市场中的竞争者定价高于所递送的价值且规模较小的话，企业可能以低价将较弱的竞争者驱逐出场。如果市场有规模较大的低价竞争者，企业会瞄准未被满足的市场缝隙，以较高的价格提供价值增值的产品。

最后，公司应该思考竞争环境如何影响消费者的价格敏感度。例如，如果消费者在竞争性产品之间找不到差异的话，他们的价格敏感度会提高，从而选择成本最低的产品。消费者在购买之前，对竞争性产品及其价格了解越多，价格敏感度就越高。如今，消费者可以便捷地比较各种产品及其价格，评价不同产品或服务的价值，决定自己愿意支付的价格。因此，只要能够轻易地更换供应商，消费者将具有更高的价格敏感度。

2. 政府调控和法律法规

在一些特别是关系着国计民生的产品中，政府对价格的宏观调控起着举足轻重的作用。例如，在一些重要的农产品（如粮食）供大于求的情况下，为了防止价格急剧下跌，政府就会制定最低限价，以保护农产品生产者的利益。而对于一些消费者必需的日常生活用品，若因一时供不应求，或处于垄断状态，价格不断攀升，政府就可能会推出最高限价，以保护消费者的利益，使消费者的基本生活需要得到满足。有时，政府部门也会对一些产品提出参考性指导价格，以设法引导生产与需求，对市场起到一定的调节作用。

价格的制定要考虑外部的法律环境因素，主要是《中华人民共和国价格法》（简称《价格法》）、《中华人民共和国反不正当竞争法》（简称《反不正当竞争法》）等，保证企业获得正当、正常的利益，防止出现价格垄断、价格歧视、低价倾销、恶意竞争等不当现象。如《价格法》第14条第1款规定，经营者不得"相互串通，操纵市场价格，损害其他经营者或消费者的合法权益"。

3. 经济环境和社会舆论

经济环境对企业的定价有强烈的影响。诸如繁荣或衰退、通货膨胀和利率等经济因素之所以会影响定价决策，是因为它们既影响消费者对产品价格及其价值的感知，也影响产品的制造成本。

企业还需要考虑社会舆论。在制定价格时，对企业的短期销售、市场份额和利润目标要考虑更广泛的社会因素。

11.2 定价方法

合适的价格通常处于极低的无利润价格与极高的无需求价格之间。为了找准价位，企业在定价时应充分考虑三个主要因素，即顾客（customer）的需求、成本（cost）函数及竞争对手（competitor）的价格，简称为定价中的3C因素。顾客对企业产品独有特征的评价是价格的上限；成本是价格的底线，这样形成一个定价的区间，在这个区间内具体定价时，还要考虑竞争对手的价格，作为定价时的参照。

在实践中，企业的定价决策通常包括以下三种具体的定价方法：成本导向定价法、需求导向定价法和竞争导向定价法。其中，需求导向定价法和竞争导向定价法可以统称为市场导向定价法。

11.2.1 成本导向定价法

成本导向定价法就是以产品的总成本为中心来制定价格,这一类定价法主要包括成本加成定价法和目标利润定价法。

1. 成本加成定价法

成本加成定价法(cost-plus pricing)是最基本的定价方法,指在成本的基础上加一个加成,所谓的加成,就是企业期望的一定比率的利润。以下说明如何计算单位成本、基于成本的加成以及基于目标利润的加成。

(1) 计算单位成本。单位成本是可变成本与固定成本除以销售量结果之和,其计算公式为:

$$单位成本 = 可变成本 + \frac{固定成本}{销售量}$$

例如,假设某家制造商生产 A 产品的固定成本为 6000000 美元,可变成本为每个 15 美元,预计销售量为 1200000 台,按照以上公式,每生产一个 A 产品的成本是 20 美元。

$$单位成本 = 15 + \frac{6000000}{1200000} = 20 \text{ 美元}$$

(2) 计算基于成本的加成。如果该制造商只想在成本的基础上获得 20% 的利润,则每个 A 产品的价格应为 24 美元。

$$单价 = 单位成本 \times (1 + 成本的期望利润率) = 20 \times (1 + 20\%) = 24 \text{ 美元}$$

(3) 计算基于目标利润的加成。如果该制造商要在销售额中获取 20% 的利润,则每个 A 产品的价格应为 25 美元。

$$单价 = \frac{单位成本}{1 - 转售价的期望利润} = \frac{20}{1 - 20\%} = 25 \text{ 美元}$$

假设制造商以 25 美元的单价将 A 产品卖给零售商,获利 5 美元。零售商还期望在最终转售价的基础上获毛利率 50%。按照上述公式加成后,最终的零售价为 50 美元。

2. 目标利润定价法

目标利润定价法(target profit pricing)的基础是盈亏平衡定价法(breakeven pricing)。在定价时应先使用盈亏平衡定价法分析盈亏平衡点,然后再考虑实现一定的目标利润。

(1) 计算盈亏平衡点。为了解量、本、利之间的关系,我们首先可以通过"盈亏平衡图"(breakeven chart)观察不同销售量时总成本和总收益情况。

假设图 11-2 是上述 A 产品的盈亏平衡图。在图中,固定成本是 600 万美元,由于固定成本不随产量的变化而变化,因此总成本线是在 600 万美元基础上随着产量的增加而逐渐上升。总收入线以原点为起点,随着销售的增加而逐渐上升,其斜率的大小取决于产品的价格水平。可见,计算盈亏平衡点便是计算达到盈亏平衡的销售量。

图 11-2　决定目标价格的盈亏平衡图

在此例中，假定单价为 25 美元，可变成本为 15 美元，企业至少要销售 60 万个 A 产品才能实现盈亏平衡，因为这时的总收入恰好等于总成本中的盈亏平衡点。盈亏平衡点的销售量可用下列公式计算：

$$销售量 = \frac{固定成本}{单价 - 可变成本} = \frac{6000000}{25 - 15} = 600000 \text{ 个}$$

（2）计算实现目标利润的价格

如果企业确定目标利润为 200 万美元，为实现这一目标，其产品销售量可用下列公式计算：

$$销售量 = \frac{目标利润 + 固定成本}{单价 - 可变成本} = \frac{2000000 + 6000000}{25 - 15} = 800000 \text{ 个}$$

企业的总收入 = 单价 × 销售量 = 25 × 800000 = 2000 万美元

总成本 = 固定成本 + 成本 × 销售量 = 6000000 + 15 × 800000 = 1800 万美元

这时的总收入为 2000 万美元，总成本为 1800 万美元，目标利润达到 200 万美元。如果企业将单价设在高于 25 美元的水平（比如 30 美元），在销量略减的情况下仍能达到既定的利润目标。但如果销量下降幅度太大，就不能实现利润目标。目标利润定价法有一个重要缺陷，是企业以估计的销售量来求出销售价格，但问题是价格却是影响销售量的重要因素。所以，这种定价方法一般在市场潜量大、需求价格弹性不大的情况下使用。

3. 边际成本定价法

边际成本定价法（marginal cost pricing）也称为"边际贡献法"，即仅计算可变成本，忽视固定成本，以预期的边际贡献补偿固定成本并获得收益。边际贡献是指企业每增加一个产品的销售所获得的收入减去边际成本的数值，若边际贡献不足以补偿固定成本，则出现亏损。

边际成本定价法的计算公式是：

$$\text{单价} = \text{可变成本} + \text{边际贡献}$$

以成本加成为代表的成本导向定价法尤其在零售业被广泛地采用,其主要优点是:卖方对自己的成本比对市场需求更了解,成本资料是企业经营管理所需资料中最完备、最容易获得的资料,因此,企业运用成本导向定价法,可简便地计算出价格。

但因成本加成法忽视市场需求和竞争,存在一个致命的缺陷:在大多数行业里,很难在产品定价之前确定产品单位成本,这是因为单位成本是随产品的销量而变化的;而且产品成本中有很大一部分"固定成本"需要"分摊"到每一件产品上,"分摊"量的多少取决于销量的大小,销售量则随价格变动而变动,因此,单位成本是一个变动指标。

11.2.2 需求导向定价法

需求导向定价法的核心是以顾客需求为中心和出发点。现今,需求导向定价法已经成为定价的主流方法。

1. 认知价值定价法

认知价值定价法(perceived-value pricing)也称为"感知价值定价法",是根据购买者对产品价值的认知和理解,而不是卖方的成本来确定价格的一种定价方法。认知价值定价法的关键是要正确估计顾客的全部认知价值。如果估计过高,会导致定价过高,影响产品的销售;如果估计过低,会导致定价过低,产品可能卖出去了,却不能达到定价绩效的目标。

全部市场认知价值包括一般认知价值和个别认知价值。一般认知价值是指市场上对某一类产品或服务的平均认知价值和价格;个别认知价值是指市场上企业个体特有的价值属性,如技术、品牌、服务等的独特性。企业若想提升价格,就需要更多地给予顾客个别认知价值,若企业没有个别认知价值,企业的价格往往只能低于平均价格才可能有一定的竞争力。

有两种基于认知价值的定价方法:高价值定价和价值增值定价。

(1)高价值定价(good-value pricing),是以合适的价格提供优质产品和良好的服务,真正让顾客感受到价廉物美。这可以涉及推出知名品牌的便宜系列,也可以涉及重新设计现有的品牌,还可以涉及按既定价格提供更高的质量或者按更低的价格提供相同的质量。一些企业甚至由于以最低的价格提供较低的价值取得成功。

零售业高价值定价的主要形式是"天天低价"。天天低价是指日常的价格很低,但很少或没有临时的价格折扣。相反,高低定价(high-low pricing)是指平常收取较高的价格,但是经常选择性地对某些产品暂时低价促销。在零售业中,天天低价之王是沃尔玛,实际上是它定义了这一概念。除了每月少数促销的产品项目,沃尔玛承诺每天都按低价销售。

(2)价值增值定价(value-added pricing),是指不为适应竞争而降低价格,企业增添了增加价值的属性和服务,以使其产品或服务差异化,支持高于平均水平的价格。

如美国卡特彼勒公司就是使用价值增值概念来制定价格。它通过提供产品的耐用性、可靠性、优质的服务和零配件的长期保证增加价值，使其价格虽然高于同行不少但仍然畅销全世界。价值增值定价的关键在于准确确定市场对所提供价值的认知，为建立准确的认知价值，市场调研是基本程序和保障。

2. 需求差别定价法

需求差别定价法（demand-range pricing）是指对同一产品采用两种以上的不同价格。这种价格上的差异，并不与成本成比例，它以顾客、产品式样、地点和时间等条件变化所产生的需求差异作为定价的基本依据，企业针对上述差异，决定在基础价格上加价还是减价。

（1）不同的产品式样采用不同的定价。这种定价方法主要根据产品式样的区别对消费者心理的作用来定价。实行这种定价的目的是通过形成局部市场以扩大销售，增加利润。

（2）不同的顾客采用不同的定价。由于职业、阶层、年龄或地区等的不同，不同的顾客有不同的要求，企业在定价时给予相应的优惠或提高价格，可获得良好的促销效果。如一般男性买东西不太注重价格，女性则希望以尽可能少的钱买到尽可能多的东西，不管这些东西是不是自己所需的。

（3）不同的时间采取不同的定价。企业在定价时根据某些产品销售季节和时间的不同特点制定不同价格。例如，旅游景点淡季和旺季收费不同；水泥等建筑材料在寒冷地区的冬季需求少，销售价应定得低一些。

（4）不同的需求场所采用不同的定价。需求场所不同可以制定不同的价格。例如，戏剧票、球赛票等票价可因地点和座位不同有所区别，同一罐饮料在超市、饭店、酒吧的价格也是不同的，这样可以满足不同顾客的需求。

实行需求差别定价法的前提是：市场必须是可以细分的，而且各个细分市场的需求强度不同；商品不可能从低价市场流向高价市场；高价市场上不可能有竞争者削价竞销；不至于违法，或因此引起顾客的不满。

3. 供求关系导向定价法

供求关系导向定价法以市场需求状况为定价的基本依据，价格围绕价值上下波动。供不应求时价格就高，供过于求时就降价。

11.2.3 竞争导向定价法

竞争导向定价法（competition-based pricing）以市场竞争状况为定价的基本依据，其定价的出发点是要保持或强化公司在一定市场条件下价格的竞争力。因此，这种定价方法对于企业合理把握自己在竞争中的位置，努力在竞争中求得生存和发展，有着十分重要的意义。竞争导向定价法包括随行就市定价法和密封投标定价法。

1. 随行就市定价法

采用随行就市定价法（going-rate pricing）时，企业在很大程度上是以竞争对手的价格为定价基础，不太注重自己产品的成本或需求。企业的定价可以等于、高于或低于主要竞争对手的价格。在钢材、造纸、化肥等寡头垄断行业，企业通常制定相同的价格。小企业会追随市场领导者，当市场领导者变动价格时，它们会随之变动，而不管自己的需求或成本是否发生了变化。

随行就市定价法非常普遍。当成本难以估算或竞争对手的反应难以确定时，企业不妨用这种定价方法。一般认为，市价反映了该行业的集体智慧，该价格既带来合理的利润，又不会破坏行业的协调性。

随行就市定价法一般适用于同质产品定价。而如果没有差异化，一般可以提供更低价的产品。特劳特说：如果你没有差异化，你就最好有低价。

2. 密封投标定价法

密封投标定价法（sealed-bid pricing）是人们在参加公开竞标时通常采用的方法。具体的程序是：采购机构（买方）在报刊上登广告或发出函件，说明拟采购商品的品种、规格、数量等具体要求，邀请供应商（卖方）在规定的期限内投标。采购机构在规定的日期内开标，选择报价最低的、最有利的供应商成交，签订采购合同。这种价格是供货企业根据对竞争者报价的估计制定的，而不是按照企业自己的成本费用或市场需求来制定的。供货企业的目的在于赢得合同，所以它的报价常常低于竞争对手的报价。

但是，企业的报价也不能低于边际成本，以免失去获得一定利润的机会。报价过高，虽能增加潜在利润，但会减少取得合同的机会。在竞标过程中，企业可采用概率分布并计算期望值的方法进行决策。

成本导向、需求导向和竞争导向三种定价方法分别强调以成本、顾客和竞争者为中心制定价格。由于三种定价方法出发点不同，在实际工作中，常常会出现矛盾，因此，三种定价方法要协调运用，总原则是以保本价格或边际成本为下限，以需求价格为上限，以市场竞争状况为参照系，合理制定产品价格。

11.3 定价策略

制定价格不仅是一门科学，也是一门艺术，需有一套制定价格的策略。定价策略不但要考虑成本等因素，还要认真对待道德风险。道德风险是指经济行为主体不道德地利用信息不对称可能带来的各种危害，是一种行为主体故意的、违背道德规范的行为。如企业货不真价不实的宣传、虚假标价、虚假折价、隐蔽价格附加条件、虚构原价、不履行价格承诺等都是价格欺诈的表现。

定价策略的内容主要包括：定价目标策略、新产品定价策略、组合定价策略、价格调整策略和价格变动策略。

11.3.1 定价目标策略

企业的总体目标与具体营销目标为制定定价目标提供了指导，反过来，定价目标又指导着具体定价策略和程序的形成与实施。不同企业的营销目标，或同一企业不同时间的营销目标是多种多样的，但归结起来，通常有下列几种：

1. 利润目标

利润是企业经营的主要绩效，反映企业的价值。从企业的营销结果看，利润就是销售收入减去成本。企业以利润最大化为目标。利润最大化目标是追求尽可能大的利润，是企业的最佳目标。它表达了一种获取迅速的投资利润率的欲望，是商业冲动的最本质动力。企业的利润目标将促使它制定高价。企业一般会通过设立目标利润指标表达利润最大化，利润目标是将一种特定的利润水平作为一种目标。

2. 销售目标

销售目标追求单位销售量、货币销售额或市场份额，而不是指向利润的指标。有些企业较多关注销售增长而非利润，认为销售增长总会导致更多的利润。企业确信赢得最高的市场占有率之后将享有最低的成本和最高的长期利润，所以，企业往往通过制定尽可能低的价格追求市场占有率领先地位。企业也可能追求某一特定的市场占有率。设置这个目标是为了让企业的产品或服务占有一定的市场容量，从而为其竞争提供指导。

3. 竞争目标

企业往往设立与本行业中领导者的价格一致的价格，寻求直接应对竞争者。竞争目标不再强调营销组合中的价格因素，而是注重非价格因素。在与竞争对手相比获得差异上既方便又有效的工具就是价格，但是，价格也是最容易被竞争对手模仿的要素，尤其在服务行业，其产品的无形性导致消费者只能在价格差异上进行比较。因此，企业的竞争目标不能局限于价格表现，而应该更多地通过非价格因素体现。

4. 声誉目标

声誉目标属于非直接利润表现的定价目标，企业的形象、组织的声誉、品牌传达的定位等都是企业声誉目标的考虑内容。与企业的产品战略相匹配，适当的声誉目标定价可以起到强化企业形象特征的作用，如优质产品或名牌制定高价格，有助于企业树立高品质和高品位的形象；适当运用低价或折扣，能帮助企业树立平民形象，拉近与普通消费者的距离。从长期来看，价格制定的最终目标还是落实在形象等非直接价格的指标上。

11.3.2 新产品定价策略

新产品如何定价，对于新产品能否尽快打开市场、占领市场并获取满意的利润关系重大。新产品上市的定价要综合考虑企业的战略目标、渠道的成熟程度、产品特点等因素。有三种基本的新产品定价策略：

1. 撇脂定价策略

撇脂定价（skimming pricing）中的撇脂原意是指把牛奶上面的那层奶油撇出，

这里是指产品定高价的一种策略,争取在短时间内收回投资,并取得利润。这种策略的优点是:可以利用消费者求新、求异的心理,获取高利润,尽快收回投资;高价有利于提高产品的声望,可以抑制需求的过快增长,使之与自己的生产能力相适应;有利于企业掌握降价的主动权。

但它也有缺点:新产品价格过高,不利于开拓市场,而且会很快招来竞争者,高价会被市场竞争冲垮,因而它往往只是一种短期的价格策略。

一般说来,当产品具有独特的技术、差异性较大、顾客对价格敏感性小、不易仿制、有专利保护、生产能力不能迅速扩大时,采用这种定价策略效果较佳。

2. 渗透定价策略

渗透定价(penetration pricing)与撇脂定价正好相反,新产品一投入市场就定低价,以吸引广泛的消费者,用大量生产、廉价销售争取市场,尽快扩大市场占有率。特劳特说:扩大市场份额,增长会随之而来。这种策略的优点是:低价可刺激销路,使市场尽快扩张,有利于企业占据市场的领先地位;有利于扩大生产规模,降低成本;低价也是阻止潜在竞争对手进入市场的巨大障碍。因而从长期来看,企业仍然可以获得较高的利润。这是一种更具有竞争性和长远性的价格策略。

但是,这种策略也有缺点:投资回收慢,如果产品不像预期的那样迅速打开市场,或遇上强有力的竞争对手,就会造成重大损失。

一般来说,能尽快实现大批量生产、产品差异小、特点不突出、容易仿制、技术简单、顾客对价格敏感性强的新产品,适宜采用渗透定价策略。

3. 满意定价策略

满意定价是一种介于高价战略与低价战略之间的定价策略。它吸取撇脂定价和渗透定价的优点,采取适中的价格,既保证企业获得一定的初期利润,又能为广大消费者所接受,是一种普遍使用、简便易行的定价策略。

一般来说,这种定价策略适用于销售长期稳定的产品。

11.3.3 组合定价策略

组合定价是指企业营销的是一组相互关联的产品,对这些产品分别采用不同的价格。这类定价策略主要包括以下几种:

1. 产品线定价策略

产品线定价(product line pricing)是指企业必须决定同一条产品线中不同产品项目的价格差距。确定同一产品线中不同产品之间的价格差距,应该考虑不同产品之间的成本差异。更重要的是,应该反映消费者对不同产品属性的感知价值。

2. 备选产品定价策略

备选产品定价(optional-product pricing)是企业为与主要产品一起出售的选择性产品或附加产品定价。汽车销售常常采用此法。

3. 附属产品定价策略

附属产品定价(captive product pricing)也称为"互补品定价",是企业为必须与主要产品一起使用的产品定价。企业常常为其主要产品低利定价，但在耗材上设定较高利润的价格。比如，剃须刀、打印机等。

在服务行业中这样的定价也称为"两段定价"。服务企业通常在收取消费者一定固定费用后，再根据消费者获得服务的多少，加收另外的可变费用。例如，公园、博物馆、游乐场等场所先收门票再通过出售纪念品或其他商品获得额外收入。

4．副产品定价

副产品定价（by-product pricing）是企业为低价值的副产品定价，以弥补处理它们的成本。例如，把家具加工过程中的废木料卖掉以弥补成本。

5．一揽子定价

一揽子定价（product bundle pricing）是指企业常常将几种产品组合在一起，以低于各单价之和的价格出售。例如，快餐店将汉堡、薯条、饮料组合起来以"套餐"价格出售。

11.3.4 价格调整策略

企业经常调整其基础价格，以适应各种消费者差异和不断变化的形势。价格调整策略主要包括：

1．价格折扣与津贴

企业通常在基本定价之外，因促销的需要为顾客提供一些特别价格，这称为折扣或折让。比较典型的折扣或折让方法有：

（1）现金折扣（cash discount），是指鼓励买方在一定时间内付清购货款项所给予的价格折扣。现金折扣目的在于鼓励尽早付款，降低企业的收账成本。

（2）数量折扣（quality discount），是指鼓励买方购买较多数量或金额所给予的折扣。数量折扣可分为累计与非累计数量折扣。累计数量折扣是指规定在一定时期内消费者购买产品达到或超过一定数量或金额时，按其总量的多少，给予不同的折扣。这种策略鼓励消费者长期向本企业采购，与消费者建立长期稳定的关系。非累计数量折扣是指规定消费者一次购买的数量或金额达到一定标准时，对其给予一定折扣优待。采用这种策略不仅对消费者有利，企业也可以节省销售费用。该策略运用时应注意折扣起点、折扣率和折扣率的分档三个方面的因素。

（3）交易折扣（trade discount），通常是指制造商给某些批发商或零售商的一种额外折扣，促使它们愿意执行某种市场营销职能（如推销、储存、服务等）。

（4）季节折扣（seasonal discount），通常是指在业务淡季时所提供的特别折扣。其目的在于使企业的生产和销售在一年四季保持相对稳定。

（5）津贴（allowance），分为交易性津贴与促销性津贴两种。交易性津贴（以旧换新）发生在消费者买新产品时，将自己用旧的产品卖给厂商作为新产品的减价。促销性津贴是为了回报经销商对广告和促销活动的参与而提供的报酬或价格折让。

2. 心理定价策略

采用心理定价（psychological pricing）这一策略时，营销者应考虑价格的心理因素，而不应只考虑经济因素。

（1）声誉定价（prestige pricing），是指公司利用消费者仰慕名牌产品或名店的声望所产生的某种心理来制定产品价格。质量不易鉴别的产品最适宜采用此法，因为消费者有崇尚名牌的心理，往往以价格判断质量，认为高价代表高质量。

（2）尾数定价，又称"奇数定价"（odd-number pricing），即利用消费者数字认知的某种心理制定尾数价格，使消费者产生价格较廉的感觉。尾数定价还能使人感到，有尾数的价格是经过认真核算的价格，使消费者对定价产生信任感。

尾数是奇数更容易让顾客接受，奇数是9会增加销量，奇数是5便于顾客记忆。追求高价位形象的产品如轿车、高级服装等，则应采取整数定价，切忌采用尾数定价。

（3）整数定价，即采用合零凑整的方法，制定整数价格，如将价格定为1000元，而不是999元，这样做可使价格上升到较高一级档次，借以满足消费者的高消费心理。

（4）招徕定价。一些超级市场和百货商店将某几种产品的价格定得特别低，以招徕消费者购买正常价格的产品。采取招徕定价方式时，要注意两个方面：一是特廉价格产品的确定。这种产品既要对顾客有一定的吸引力，又不能价值过高以致大量低价产品的销售会给企业造成较大的损失。二是数量要充足，保证供应。否则没有购买到低价产品的顾客会有一种被愚弄的感觉，会严重损害企业形象。

（5）参考价格。心理定价的另一面是参考价格（reference pricing），即消费者在考察某种特定产品时，心里会想到的价格。企业利用消费者选择产品时对价格进行比较的心理来组合产品，制定价格。消费者可能因为注意到了当前的价格，记起了过去的价格，或者评价当时的购买情境而形成参考价格。企业在制定价格时，可以影响或者利用消费者的参考价格。例如，有的企业把一种产品紧挨着更昂贵的产品陈列，暗示它们属于同一档次。百货商店常常在价位不同的多个部门销售女装，消费者会认为摆放高价位服装区的服装质量更好。

3. 细分市场定价策略

企业常常根据不同的顾客、产品和销售地点，调整其基础价格。在细分市场定价（segmented pricing）策略中，公司以两种或更多种价格出售某种产品或服务，价格差异并不以成本为基础。细分市场定价有多种形式。顾客细分定价的情况下，不同的顾客为相同的产品或服务支付不同的价格。例如，博物馆对学生和老年人收取较低的门票。

细分市场定价是指根据不同销售地点，即使提供产品的成本一样，也收取不同的价格。例如，剧院为不同的座位收取不同的价格，因为观众偏好特定的位置。

要想让细分市场定价策略有效，必须满足一些条件。市场必须是可以细分的，不同的细分市场必须在需求程度上存在差异。细分市场和关注市场的成本不能超过从差别定价中获得的额外收益。当然，细分市场定价必须是合法的。最重要的是，细分市场定价应该反映顾客感知价值的真实差异。支付高价的顾客必须感到他们多付出金钱是值得的。同样，企业必须小心，不要怠慢支付低价的顾客。否则，从长期看，这种差别定价会引起顾客的愤怒和反感。

价格歧视（price discrimination）是指企业在同一时间针对同一产品对不同顾客索取不同的价格。它还可以指一家企业的各种产品价格之间的差额大于其生产成本之间的差额。价格歧视存在的基础是不同顾客对同一产品的需求、行为、支付能力以及边际效用的差异。价格歧视是一种普遍现象，在大多数行业都不同程度地存在。

4. 地理定价策略

地理定价是指依据顾客所在地理位置不同，考虑其运输相关成本的差异，作为产品定价的基础。根据这种定价方法，价格是货物成本加上调整后的运费，常见的有五种地理定价（geographical pricing）策略。

（1）FOB 原产地定价（FOB-origin pricing），是指产品免费装上运输工具，从那一刻起，货物和责任就都转交给购买者。例如，一个上海顾客得到的报价是 FOB（纽约），即卖方负责将货运至纽约，并报出一个以纽约为卖点的价格。自纽约起，买方将自费运至上海，且负责货物的损失。FOB 在国际贸易中习惯上称为"离岸价"或"船上交货价格"。

（2）统一交货定价（uniform-delivered pricing），是指企业向所有顾客，不论地点的远近，都收取统一的价格和运费。运费以平均运输成本计算。

（3）地区定价（zone pricing），是指企业将市场按地理位置划分成几个小区域，针对不同的小区域采取差别定价。一般来说，当运费太高，无法按照相同的运送价格把产品销售到各地的时候，地区定价法是比较合适的。运费越高，所划分的小区域越多，小区域的范围越小。反之，运费越低，小区域越少，小区域的范围越大。

（4）运费补贴定价（freight-absorption pricing），是指当卖方急于开拓某一地区市场时，可能会免收或部分免收运费的做法，以此争取生意。此法适用于市场渗透，以及竞争日趋激烈的市场。

（5）基点定价（basing-point pricing），是指当企业拥有几个生产地的时候，它会以一个主要的生产地作为基点定价，外加由基点送货到目的地的运费，形成实际价格，而不考虑商品实际装运的城市。一个企业所使用的基点必定是它的重要生产点。只有一个基点的情况称为"单一基点制"；存在两个及以上基点的情况称为"多元基点制"。如果有两个及以上的基点，原则上应该从最近的基点起算到购买地的运费。

5. 国际定价策略

随着全球经济一体化的发展，国家间的贸易壁垒逐渐降低，跨国公司间价格竞争的市场化力度在加强，从事国际市场营销的公司必须在不同国家制定价格。有时，公司能够在世界范围内收取统一的价格。现在，国际标准化的价格策略在市场上逐渐退出，取而代之的是更加具有差异性的价格策略。

跨国公司的转移定价活动日益频繁，手段日益丰富。转移定价（transfer-pricing）是指跨国公司根据全球营销目标在母公司与子公司之间或者在不同子公司之间转移商品或劳务时使用的一种内部交易价格，目的在于逃避税收和规避风险，主要涉及所得税和关税。

倾销（dumping）表现为一种价格现象，是指企业在国外市场上的定价低于成本或低于其在本国市场的售价。这样的定价往往会给进口国产业造成损害。产品以低于正常价值或公平价值的价格销售、低价销售的行为对进口国产业造成损害、损害与低价之间存在因果关系构成倾销的三个判别条件，在 WTO 所倡导的自由贸易环境下，价格决策的空间越来越大，但引发的倾销与反倾销也日益加剧。

6. 网络价格策略

常见的网络价格策略有折价、秒杀、团购和消费者定价等策略。

折价是目前网上最常用的策略，借助网络进行幅度大的折价可以促使消费者尽快作出购买决定。

秒杀即限时抢购（flash sale），也是目前网上流行的价格策略，由于成交速度快，甚至得失以秒计算，故称"秒杀"。

团购的价格策略是以足够的购买人数确定价格的策略，最少的团购有两个人参加即可。目前许多国内知名网站其实都是团购网站，如美团、拼多多等。

消费者定价也是网络价格策略之一，即买方定价，买方可以有一定的自由定价空间，从而获得一种购买的参与感和满足感。

11.3.5 价格变动策略

在制定价格结构和策略之后，企业还必须决定何时主动发起价格变动，或者何时及如何回应由竞争对手发起的价格变动。

1. 发动降价

企业进行降价，其原因主要是：生产能力过剩，需扩大销售，通过改进产品、加大促销力度等其他营销方式难以奏效；在强大竞争者的压力之下，企业的市场占有率下降；企业的成本费用比竞争者低，企图通过削价掌握市场或提高市场占有率，从而扩大生产和销售，降低成本费用。

降价策略包括直接降价和间接降价。直接降价即直接在所售的产品上或提供的服务上降价；间接降价就是产品或服务原来的价格不变，但企业通过加量或加服务项目等方式使实际价格降低。

顾客对企业降价的反应可能是：这种产品的式样老了，将被新型产品所代替；这种产品有某些缺点，销售不畅；企业财务困难，难以继续经营下去；价格还要进一步下跌；这种产品的质量下降了。

竞争者对企业降价的对策可能是：维持原价；保持价格不变，但改进产品、服务、沟通等，运用非价格手段反击；降价。降价如果使销量和产量增加，则成本费用就会下降。

2. 发动提价

企业提价的原因主要是：通货膨胀，物价上涨，企业的成本费用提高；企业的产品供不应求，不能满足所有顾客的需要。

提价应事先让顾客知晓，必须存在一种公正的意义，不要事后才向顾客解释，并善于使用不引人注目的价格策略。提价策略主要有取消折扣；限量供应；减产；增加新品牌或产品；改变原材料、包装；服务收费；降低产品质量，减少产品特色服务，使价格间接提高；等等。这一策略可保持一定的利润，但会影响企业声誉和形象，使企业失去忠诚的顾客。

顾客对企业提价的反应可能是：这种产品很畅销，不赶快买就买不到了；这种产品很有价值；卖主想尽量获得更多的利润；这种产品成本提高了。

竞争者对企业提价的对策可能是：维持原价或者也提高价格。

本章总结

价格是买卖双方完成交易的主要因素。定价是一种科学和艺术相结合的活动，需要考虑一系列影响定价的因素，这些因素主要包括顾客认知价值、成本、需求及其他外部因素。

定价方法包括成本导向定价法、需求导向定价法和竞争导向定价法。

定价策略包括定价目标策略、新产品定价策略、组合定价策略、价格调整策略、价格变动策略等。价格的降低和提高都是有原因的，降价和提价都要讲求策略，给顾客合适的理由。

本章关键词

价格　认知价值定价　需求差别定价　撇脂定价　渗透定价　组合定价　价格歧视　转移价格　倾销

思考题

1. 影响企业的定价因素是什么？
2. 试述成本导向定价的主要方法。

3. 如何准确认识价值定价?
4. 需求导向定价包括哪些内容?
5. 竞争导向定价包括哪些内容?
6. 试述定价策略的主要内容。
7. 试述对降价和提价的认识。
8. 国际市场营销中的定价要考虑哪些因素?

第 12 章

渠道策略

开篇案例 小米的全渠道模式

小米是一家互联网公司，也是一家创新型科技企业，由雷军等于2010年4月在北京创立。小米主要经营高端智能手机、互联网电视、智能硬件以及智能家居生态链建设，于2018年7月9日在港交所上市。2021年《财富》中国500强排行榜中，小米位列第45名。

通过多年的努力，小米的渠道建设最终形成了线上线下相融合的全渠道模式。

1. 小米早期的互联网渠道

小米早期通过米聊触达用户，积累早期用户，早期的100个梦想赞助商来自MIUI，小米通过线上（小米社区、新媒体、小米商城促销）方式，利用互联网电商发展了上百万的粉丝，同时通过小米家宴达到粉丝建设的高潮，目前小米家宴成为小米为粉丝量身打造的年度盛宴。小米通过不同模式与用户连接，通过社群方式，建设忠诚的粉丝群体，销售手机数量达到千万部。

2. 小米电商平台

在国内，小米电商平台建设、小米线上第三方代理主要与京东、苏宁合作；在世界其他国家或地区，主要通过Flipkart及亚马逊等第三方电商平台销售。代理商直接购买小米的产品，然后向终端用户分销。

小米线上直营通过小米商城，主打小米手机、平板等数码科技产品，也涉及周边生活用品。同时，小米在天猫开设旗舰店，进行小米产品的自营。2017年，小米推出小米有品，打造精品生活电商平台，这次，小米有品采用了多品牌合作的模式，除了小米和米家的产品，也有第三方独立品牌。

3. 小米线下布局

小米线下布局基本分为这样几种类型：一是小米之家，自建自营，线下直营，进驻一线、二线城市及大型商城，旗舰店面积1000—2000平方米，一般店面积250—300平方米，集形象展示、产品体验咨询和销售功能于一体。二是小米专卖店,他建自营,进驻三线、四线城市,面积150—200平方米,小米与各地优秀服务商、零售商合作,小米直供产品、直接管理运营。三是小米体验店,他建他营,小米指导,类似代理商模式,四线城市以下主推,在产品SKU选取上因地制宜,对城市中心店和郊区店作出了区隔。四是小米直供点,当作C端客户,店主在线申请即可获得销售资质,直接从小米小规模订货,店主可通过微信、电商、抖音等方式推广。

4. 小米社交电商

通过平台赋能模式,2019年,小米有品有鱼开始推广社交电商,发展小米渠道的外部合作力量。

有品是小米的精品购物开放平台,依托小米生态链体系,用小米模式做生活消费品,将来预计有超过20000种商品,是众筹和筛选爆品的平台;小米商城有2000种商品,是小米自己和生态链的产品;每个小米之家大约有200种商品,共同组成小米自营全渠道的三层结构。小米建立了S2B2C的运营模式,平台为优质商家提供物流、客服、品控等全方位的支撑,小米与400余家行业头部企业达成合作。小米有品同时打造会员模式"有品推手",小米有品推手采用邀请制注册,新用户通过邀请码注册开通成为推手会员。小米推手会员享有自购省钱、推广赚钱的权益。

5. 小米物流

物流是全渠道策略成功实施的保障,小米在物流方面不断进行建设。2019年,小米宣布与中国邮政建立战略合作,双方在北京小米科技园举行战略合作签约仪式,签署战略合作协议。在快递物流方面,小米将充分利用邮政优势资源,与中国邮政开展更广泛的业务交流与合作。中国邮政将为小米提供仓储、物流及快递配送和行政办公类文件、物品寄递等服务。

全渠道实质是商家为了使消费者无论通过哪种渠道,都能顺利收集信息,购买商品而提出的横跨渠道战略,以及由此构建的商业模式。小米通过全渠道运作,更大频次加深与粉丝互动的关系,从互联网时代的粉丝模式到移动互联网的社交电商,在模式不断发展中,小米与用户的关系不断升级,通过全渠道、全接触点建设,小米通过多种形式增加了和粉丝之间的情感维系,加深了粉丝的黏性,以及产品的销售转化和高频互动。

全渠道的发展,是科技、经济、商业的进步使然,消费者"无论何时、无论何地",买到适合自身商品的时代,已然来临。全渠道打通企业各个渠道的客流、资金流、物流、信息流成为连接用户的重要方式,基于整体网络布局、物流配送的全渠道模式,实现用户无缝式的购物,打造移动互联环境超越期待的用户体验。

资料来源:赵桐、吴越舟:《小米的全渠道模式》,载"销售与市场"微信公众号,2021年6月20日访问。

成功的价值创造需要价值传递的成功支持。全面市场营销者越来越从价值网络（value network），即从共生或结链（价值链、产业链、利益链）的观点来审视商业。价值网络是企业建立的用于收集资源、创造价值及传递产品的合作伙伴和联盟系统。这时，管理者不仅关注供应商、分销商和顾客，而且考察从原材料、零部件到产成品的整个供应链（supply chain），并分析产品或服务是如何最终到达顾客手中的。

渠道成链，企业不是一个组织在战斗。企业必须建立和管理一个不断进化和日益复杂的渠道系统和价值网络。从营销战略层面看，制造商、渠道商、零售终端之间不应该是交易关系，而是相互依存的共生共赢关系。

12.1 渠 道 概 述

分销过程是指产品生产出来之后，产品的价值转移过程和实体转移过程，也称为产品的"商流"过程和产品的"物流"过程。产品的价值转移是指产品生产出来之后必须要实现产品和货币的交换，这样产品的价值才能得以体现。"商流"的实现和渠道策略密切相关，企业的渠道策略就是如何实现"商流"的策略。

12.1.1 渠道内涵

1. 概念

营销渠道（marketing channels）或称"分销渠道"（distribution channels）是指促使产品或服务顺利地被使用或消费的一整套相互依存的组织。

分销渠道也称"销售渠道"或"通路"，简称"渠道"。分销渠道包括商人中间商（因为他们取得所有权）和代理中间商（因为他们帮助转移所有权），此外还包括处于渠道起点和终点的生产者和最终消费者或用户。但是，它不包括供应商、辅助商。

电子商务渠道指的是企业借助互联网将产品从生产者转移给顾客的中间环节。企业一般会将产品网上销售与线下实体结合，将传统渠道组织商品销售的功能转变为商品的展示、体验服务、仓储、物流、售后服务，消费者通过线下实体获得对产品的认知和体验，然后在网上销售终端进行产品的订购，企业将订单分配给区域渠道商，完成商品的销售。

国际营销渠道包括三个环节：第一个环节是卖方的营销总部，它监管着整个渠道，同时也是渠道的一部分。第二个环节是国家间的渠道，通常通过运输把产品运送到国外的边境。第三个环节是国外的国内销售渠道，将产品从其国外输入点送到最终客户的手中。各国间的国内渠道有很大差异，要灵活区别对待。

2. 功能

分销渠道对产品从生产者转移到消费者的过程中所必须完成的工作加以组织，其目的在于消除产品或服务与使用者之间分离的矛盾。因此，渠道的功能在于：

（1）研究，收集制订计划和进行交换所必需的信息。

（2）促销，进行关于所供应的物品的说服性沟通。

(3) 接洽，寻找可能的顾客并与之进行沟通。

(4) 配合，使所供应的物品符合顾客需要，包括分类、分等、装配、包装等活动。

(5) 谈判，为了转移所供物品的所有权，就其价格及有关条件达成最后协议。

(6) 物流，组织产品的运输、储存。

(7) 融资，为补偿渠道工作的成本费用而对资金进行取得与支出。

(8) 风险承担，承担与渠道工作有关的全部风险。

(9) 信息纽带，为顾客和生产商建立信息共享通道。

(10) 服务和增值。产品的销售和消费还需要附加一定的服务，往往由中间商协助完成。中间商的服务方便了顾客的购买和使用，同时促进了生产商的销售。

3. 意义

企业如果能建立起自己可以控制的渠道，其意义将是深远的。

(1) 渠道是企业最重要的无形资产之一。企业的无形资产包括人、品牌和渠道。渠道一旦成为资产，就可以进行资本运作。经营产品是为了经营资产，经营资产是为了经营资本，而经营资本是为了更好地经营产品。

(2) 渠道是企业最重要和最低廉的融资管道。当然，厂商要想让经销商拿出钱，达到厂商融资的目的，首先应该建立起良好的品牌优势、技术优势和盈利模式。

(3) 渠道对企业经营的产品或服务具有共享性。企业生产的不同产品都可以借助企业已有的渠道迅速进入市场，没有障碍。同时，正因为渠道具有共享性，所以渠道也就具有了创新性。

12.1.2 渠道选择因素

目标市场选择与分销渠道选择是相互依存的。有利的市场加上有利的渠道，才能使企业获得理想的利润。渠道决策的中心问题，是如何确定到达目标市场的最佳途径。选择渠道必须充分考虑以下因素的影响：

1. 顾客特性

渠道的选择首先受到顾客人数、地理分布、购买频率、平均购买数量以及对不同促销方式的敏感性等因素的影响。顾客人数多时，生产者倾向于选择每一层次都有较多中间商参与的较长渠道。如果顾客经常小批量购买，就需要较长的渠道供货。此外，顾客对不同促销方式的敏感性也会影响渠道的选择。例如，越来越多的设备采购商喜欢在产品展销会上采购，这使得这种渠道迅速发展。

2. 产品特性

一般而言，工业用品的顾客数目少，且在地理上比较集中，因此，工业品的分销渠道应短而窄；而消费品的顾客是个人或家庭，数量众多、地理位置分散，所以，消费品的渠道宜长且宽。通常，对于容易腐烂的产品，为了避免拖延时间及重复处理，需要选择直接渠道营销。而对于那些与其价值相比体积较大的产品，如建筑材料、软性材料等，需要选择生产者到最终用户搬运距离最短、搬运次数最少的渠道。非标准化产品如顾客订制的机器和专业化商业表格，由于不易找到具有该类知识的中间商，通常由企业派出推销员直接销售。需要安装、维修的产品，经常由企业自己或授权独家特许商负责销售和保养。单位价值高的产品，一般多由企业的推销员而不是通过中间商销售。

3. 中间商特性

选择渠道还必须考虑所需执行不同任务的营销中间机构的优点和不足。例如，由制造商代表与顾客接触，花在每一位顾客身上的成本较低，但制造商代表对顾客所付出的努力则不如中间商的推销员。一般来讲，中间商在执行运输、广告、储存及接纳顾客等职能方面，以及在信用条件、退货特权、人员训练和进货频率等方面，都有不同的特点和要求。

4. 竞争特性

生产者选择渠道还要考虑竞争者所使用的渠道。有的生产者希望能在与竞争者相同或相近的经销地点与竞争者抗衡。例如，食品企业就希望自己的品牌和竞争品牌摆在一起销售。有时，竞争者所使用的渠道又成为一些企业所应避免使用的渠道。

5. 企业特性

企业特性主要包括企业的财务能力、营销经验、组织框架的设置等。企业的财务能力决定了哪些市场营销职能可由自己执行，哪些应交给中间商执行。财务实力薄弱的企业，一般都采用佣金制的分销方法，并且尽量利用愿意并能够分担部分储存、运输以及融资等成本费用的中间商。

企业过去的渠道经验也会影响渠道的选择。曾通过某种特定类型中间商销售产品的企业，会逐渐形成渠道偏好。

6. 环境特性

企业外部因素包括经济环境、人口统计因素、技术环境、法律法规等宏观环境因素。这些环境因素影响企业的营销行为，包括渠道建设。当经济萧条时，生产者都希望采用能使顾客低价购买的方式将其产品送达市场，这也意味着采用扁平化的渠道会提高产品竞争力。

12.1.3 渠道系统

渠道系统是指企业所采用的营销渠道的整体集合。传统营销渠道（conventional marketing channel）由一个（或一组）独立的生产者、批发商和零售商组成。每个成员都是作为一个独立的企业实体追求自己利润的最大化，表现出松散性、无序性、成员的独立性等特点，没有一个渠道成员对于其他成员拥有全部的或者足够的控制权。渠道不是一成不变的，随着市场的发展和信息技术的进步，新的渠道形式和渠道组织布点出现，一些新的渠道系统出现在企业的实践中，目前，主要有垂直、水平、混合三种组织结构。

1. 垂直营销系统

垂直营销系统（vertical marketing system，VMS）是近年来渠道发展中最重大的发展之一。它是由生产者、批发商和零售商所组成的一种统一的联合体。一个渠道成员作为渠道领袖拥有其他成员的产权，或者它们之间存在一种特许经营关系，或者这个渠道成员拥有相当实力，其他成员愿意与其合作。垂直营销系统可以由生产商支配，也可以由批发商或者零售商支配。垂直营销系统表现出集中性、有序性、成员的计划性等特点。

垂直营销系统有利于控制渠道行动，消除渠道成员为追求各自利益而造成的冲突。它们能够通过其规模、谈判实力和重复服务的减少而获得效益。在消费品销售中，垂直营销系统已经成为一种占主导地位的分销形式，垂直营销系统有公司式、管理式和合同式三种类型。

(1) 公司式垂直营销系统（corporate VMS），是由同一个所有者名下相关生产部门和分销部门组合而成。在同一个企业所有权的控制下是其主要特征。这种通过所有权整合整个渠道系统的方式，不仅可以保证整个渠道统一协调，为着共同的利益发展，保持系统的稳定，而且还可以利用规模效应，获得更大的谈判优势。但是，这种类型需要较高的资本投资，经营风险很高，系统适应变化的灵活性差；此外，还可能使企业处于和自己的供应商或经销商竞争的尴尬境地。

(2) 管理式垂直营销系统（administered VMS），是指由于缺乏所有权的控制，一般由渠道中某个规模大、实力强的企业出面组织的。其主要特征是自愿接受渠道内某企业的管理。这个企业通常在渠道内实力强大，或垄断性地占有资源或技术，或有名牌效应等。它可以是制造商，名牌制造商有能力从再售者那里得到强有力的贸易合作和支持，也可以是零售商。

(3) 合同式垂直营销系统（contractual VMS），是由各自独立的企业在不同的生产和分配水平上组成，以合同来统一它们的行动，以求获得比其独立行动时所能得到的更大的经济和销售效果。这样既获得了公司式垂直营销系统高度集中的优点，又获得了管理式垂直营销系统较独立的特点，因此，合同式垂直营销系统近年来获得了很大的发展。

特许经营组织（franchise organization）是近年来发展最快和最令人感兴趣的零售形式。既有制造商的特许形式，如福特、丰田等的特许生产，或特许经销商销售它们的汽车；也有制造商倡办的批发特许经营系统，如可口可乐特许各个市场上的装瓶商（批发商）购买其浓缩饮料，然后由装瓶商充碳酸气、装瓶，再把它们出售给本地市场的零售商。特许经营组织在服务业中发展很快，如快餐业、旅馆服务业等。

2. 水平营销系统

水平营销系统（horizontal marketing system），也称为"共生营销"（symbiotic marketing），是指由处于同一层次的两个或两个以上的企业联合开发一个市场。这些企业或者由于缺乏资本、技能、生产或营销资源无法独自进行市场开发，或者共同承担风险，或者发现与其他企业联合可以产生巨大的协同作用，企业间的联合行动可以是暂时性的，如计算机硬件和软件联合销售，电脑制造商联合打印机制造商联合销售，电信营运商联合手机品牌联合销售等；也可以是永久性的，可以成立一个专门公司，如联想公司刚进入海外市场时，由于缺乏国际市场的开拓经验，因此与我国香港地区一贸易公司结盟，利用其海外市场渠道和经验共同开发，为此成立了一家合资公司。

3. 混合营销系统

当一个企业利用两个或更多的渠道途径对一个或更多个顾客分别进行研究时，就出现了混合营销系统（multichannel marketing）。

通过增加更多的渠道，企业可以得到三个重要的好处。第一，增加市场覆盖面，企业不断增加渠道是为了获得顾客细分市场，而它当前的渠道是没有的。第二，降低渠道成本，企业可以增加能降低向现有顾客销售成本的新渠道（如电话销售，而不是人员访问）。第三，实行顾客定制化销售，企业可以增加其销售特征更符合顾客要求的渠道。

渠道系统具体如图 12-1 所示。

图 12-1 渠道系统

12.2 渠道策略与渠道管理

渠道策略包括渠道的长度策略、宽度策略和 O2O 策略。

12.2.1 渠道策略

确定分销渠道策略的第一步是确定与企业整体战略和营销目标相吻合的分销结构，分销结构有渠道长度与渠道宽度的结构之分。

1. 渠道长度策略

渠道长度是指产品或服务所经过的环节的多少。渠道长度有两种类型：直接渠道和间接渠道。直接渠道（direct channel）也称"零级渠道"，指产品从生产者流向最终消费者或用户的过程中不经过任何中间环节。直接渠道包括厂家直销、人员直销、电话销售、邮寄目录销售、网上销售、自动贩卖机销售等形式。间接渠道（indirect channel）是指产品从生产者流向最终消费者或用户的过程中经过不同性质中间商环节。间接渠道有一级渠道、二级渠道、三级渠道、多级渠道之分。

（1）直接渠道，对于生产者市场等组织市场而言是常见的渠道，对于消费者市场而言是一种最古老的销售渠道。

（2）一级渠道，也称"短渠道"，经过一个中间环节的渠道，往往在制造商与消费者之间有零售商的参与。

（3）二级渠道，指生产商把产品售给批发商，由批发商转卖给零售商，最后由零售商销往消费者，是消费者市场中较为普遍的一种渠道；或由批发商中的代理商代为联系零售商，再由零售商购进商品卖给消费者。代理商并不取得产品所有权，它只为买卖双方牵线搭桥，以收取佣金。规模较小的生产者，其销售渠道常有代理商的参与。

（4）三级渠道，指生产商经由代理商与批发商发生联系，以此形成一级批发、二级批发，产品再由零售商销往消费者。这种模式在国际市场上常会遇到。

消费品的渠道层次如图 12-2 所示。

图 12-2　消费品的渠道层次

2. 渠道宽度策略

渠道宽度是指在渠道中同一层次同一性质的中间商数目。企业渠道的宽度由产品本身的特点、市场容量的大小和产品需求面的宽窄决定。一般说来，有三种渠道宽度可供企业选择。

（1）密集分销（intensive distribution）。密集分销就是采用尽可能多的中间商去覆盖目标市场。运用这种形式分销的一般是价值低、购买频率高的产品。消费品中的便利品（香烟、肥皂、食品）和工业用品中的标准件、通用小工具等，适于采用这种分销形式，以便为消费者提供最大的便利，取得最大的市场覆盖率。但是，运用如此多的分销商会造成较高的渠道成本，而且也不利于生产商对系统的有效控制。

（2）选择分销（selective distribution）。选择分销是介于密集分销和独家分销之间的分销形式，即有条件地选择几家中间商去覆盖目标市场。一般价值较高、购买频率较低的产品，如消费品中的家用电器、家具和许多工业品适用于选择这种分销形式。与密集分销相比，它不仅降低了费用，并易于控制，还可以在生产商和中间商之间建立长期关系。与独家分销相比，它的市场覆盖面广，能为顾客提供一定的便利。

（3）独家分销（exclusive distribution）。独家分销只选用一家中间商，实行独家经营。独家分销是最窄的分销渠道。独家分销可以对中间商实施最有效的控制，提高它们的经营水平，并有利于树立品牌形象，还可以防止假冒伪劣现象。这一分销形式适用于一些价值高的名优产品。但是这种形式的分销有较高的风险，如果这一家中间商经营不善或有其他意外发生，则会使生产者蒙受损失。独家分销也可以借助连锁分销企业，实现既是独家的又是密集的分销效果。

3. 渠道O2O策略

O2O，是online to offline的缩写，即线上到线下，渠道O2O策略是指将线下的商务机会与互联网结合，让互联网成为线下交易的平台。这个概念最早来源于美国。

以互联网作为支撑的网络营销渠道也应具备传统营销渠道的功能，它涉及信息沟通、资金转移和事物转移等。一个完善的网络营销渠道应有三大功能：订货功能、结算功能和配送功能。

全渠道营销（omni-channel marketing）是指企业为了满足顾客任何时间、地点、方式购买的需求，采取线下实体渠道、线上电子商务渠道和移动电子商务渠道整合的方式，利用最新的科技和最有效的手段，把信息流、资金流、物流重新高效组合，尽可能全面地接触顾客。线上是指云平台，线下是指销售门店或生产商，新物流可消灭库存，减少囤货量。全渠道营销在数据挖掘和识别方面有一定的技术要求。科特勒对全渠道营销的解释是：多渠道无缝配合的营销，以满足每一位目标顾客偏好的购物方式，不管是在线购物、实体店购买，还是手机下单。

实体渠道的类型包括实体自营店、实体加盟店、电子货架、异业联盟等。电子商务渠道的类型包括网络直接渠道和网络间接渠道。网络直接渠道是指没有中间商的渠道，如自建企业官网、自有网上商城；网络间接渠道是指通过采用互联网技术的中间商进行产品销售的渠道，如通过淘宝、天猫、京东等线上传统网络渠道销售产品，以及通过微信、小程序、抖音等线上新型网络渠道销售产品。移动商务渠道的类型包括：自建官方手机商城、自建APP商城、自建微商城、进驻移动商务平台如微淘店等。

线上、线下和物流结合在一起,才会产生新零售。新零售(new retailing)是指个人、企业以互联网为依托,通过运用大数据、人工智能等先进技术手段以及心理学知识,对商品的生产、流通与销售过程进行升级改造,进而重塑业态结构与生态圈,并对线上服务、线下体验以及现代物流进行深度融合的零售新模式。商务部曾给出的定义是:新零售是以消费者体验为中心、以行业降本增效为目的、以技术创新为驱动的要素全面更新的零售。2016年10月,马云在演讲中第一次提出了新零售:"未来的十年、二十年,没有电子商务这一说,只有新零售。"

12.2.2 渠道管理

当一个企业确立渠道策略后,便进入渠道管理工作,主要涉及选择渠道成员、激励渠道成员、解决渠道冲突等内容。

1. 选择渠道成员

中间商选择适当与否,会极大地影响着企业分销渠道系统的效率。选择中间商要依据企业规定的一套标准,这套标准首先应该包括基础的要求,如财力、信誉、销售网络、经营管理水平等方面的标准。其次应包括适用于企业的产品、市场、渠道设计等方面的特殊标准。

(1) 中间商的市场覆盖范围。这个范围是指中间商所在地区是否属于企业的目标地理市场。只有当中间商符合这一条件时,它才有可能把握该地区社会经济状况,包括该地区人口、经济发展、工商业状况以及交通运输等基础设施情况。同时,企业还需了解有关中间商对其所在地区的顾客类型、购买习性有无深刻的认知,能否间接或直接接触和渗透到目标顾客群。

(2) 中间商的实力和管理能力。中间商的实力包括经营规模、经营历史、经营现状、销售队伍、公司结构、财务状况和资质、商业信誉等。其管理能力包括批量订货能力、销售能力、服务能力、运力、储货能力、物流能力以及相关的管理水平。

(3) 中间商是否经营竞争对手的产品。一般情况下,企业不选择同时经营竞争对手产品的经销商,但是在企业对产品竞争力有充分把握的情况下例外。

(4) 中间商的稳定性。选择中间商时必须考虑渠道寿命问题。当某个中间商退出或者不再经营某种产品时,生产商可能失去该地区的分销渠道。

2. 激励渠道成员

中间商经常存在的问题是:不重视某些特定品牌的销售;缺乏产品知识;不认真使用供应商的广告资料;忽略了某些顾客;不能准确地保存销售记录,甚至有时遗漏品牌名称。

生产商要对中间商进行有效的经销或代理激励,但要适度,激励过分或激励不足都会对生产商产生不利的影响。

激励不足体现在:生产商没有正确地理解中间商时,其价格政策和销售条件可能过于苛刻,这时就会出现激励不足的情况,会导致销量减少,利润下降。当出现激励不足时,生产商可以采取提高中间商可获取的毛利率、放宽信用条件、改变交易组合等措施或采取其他人为的方法(如开展中间商销售竞赛等)刺激中间商的销售积极性。

激励过分体现在:生产商给予中间商的优惠条件和奖励超过其与中间商合作所需的条件,这时就会出现激励过分的情况,其结果是销量提高而利润下降,并且生产商为了维持和提高销量还必须不断地加大刺激力度。

生产商通常可以采取以下一些策略来处理好其与中间商之间的关系:

(1) 积极激励。生产商采用各种积极手段激励中间商,如较高的毛利、各种奖金、合作性广告补助、陈列津贴、销售竞赛等;有时,则采取一些惩罚手段,如降低毛利、放慢交货或者终止双方关系等。

(2) 相互配合。生产商要弄清自己在市场覆盖面、产品供应、市场开发、账务要求、技术建议和服务、市场情报等方面,要从经销商那里得到什么,而经销商又有哪些期望。生产商在这些方面希望得到经销商的哪些配合,并根据配合的具体情况确定付酬办法。

(3) 为中间商设计分销规划。这是最先进的联系生产商和中间商的方法。它通过建立一个有计划的、专业管理的纵向营销系统,把生产商和中间商双方的需要结合起来。生产商在市场营销部门内部设立一个分销规划处,负责确认经销商的需要,制订交易计划及其他各种方案,帮助经销商以最佳方式经营。该部门和经销商合作确定交易目标、存货水平、产品陈列计划、销售训练要求、广告与销售促进计划。

在管理与中间商的关系时,生产商的技巧有很大的不同。渠道力(channel power)是改变渠道成员行为使得其采取过去未曾采取过的某种行动的能力。这些能力主要包括:

(1) 报酬力,生产商回报某一渠道成员因改变其行为而得到报酬的能力;

(2) 强制力,生产商惩罚某一渠道成员因没有按照其意愿作出一定行为的能力;

(3) 专家力,生产商拥有中间商认为有价值的知识,使中间商愿意继续与制造商合作;

(4) 法律力,生产商依据合同规定要求中间商作出一定的行为,渠道成员感觉到在通常或既定标准下,有义务接受的法律;

(5) 参照力,生产商的品牌形象使渠道成员对与其合作感到光荣。

3. 解决渠道冲突

当某个渠道成员认为渠道中其他成员的行为妨碍其实现自己的目标时,渠道冲突(channel conflict)就会发生。一个企业的分销体系是由许多独立的企业构建起来的,成员彼此之间的目标和利益不同,就会导致冲突的发生。

(1) 渠道冲突的类型。渠道冲突主要有三种类型:

① 生产商和中间商目标不一致引发的目标性冲突。如生产商希望通过低价获得高市场覆盖率,而经销商却注重通过高价获得高市场利润率。

② 渠道成员内利益分配不一致产生的水平性冲突。如经销商跨越原定的地区到其

他地区销售产品的窜货现象。窜货是指经销商置经销协议和制造商长期利益于不顾，进行产品跨地区降价销售。

③ 渠道调整时导致的结构性冲突。如公司计划在原有的传统分销网络外，增加邮寄和大型超级市场两种渠道，但是传统渠道成员并不甘心让这些新成员享受他们打下来的江山。

需要注意的是，企业管理人员必须分清冲突和竞争的界限，不能混淆。健康的竞争是有益的，是渠道成员在追求整体目标过程中的较量，有利于增强整个渠道的竞争力。而冲突往往是在追求彼此目标过程中的相互排斥和挤兑，对渠道的稳定极为有害。

（2）渠道冲突的解决。渠道冲突的管理在时间上可以分为两个阶段：渠道关系开始前和渠道关系发生后。渠道成员在渠道关系建立前就应尽可能识别潜在的冲突，从而设法避免冲突的发生。即使如此，一旦关系开始了，仍会有许多未预料到的问题发生。渠道冲突往往是不可避免的，因此，企业需要有一套避免和处理渠道冲突的机制和办法。识别和管理冲突是渠道协调的关键。

对于渠道冲突的解决，企业可以同时采取三方面的措施：

① 建立契约机制，包括按照法律条款签署的合同，规定双方权利、义务，必须遵守的一系列规则以及相应的奖惩约定等。

② 建立渠道约定和信任。协调渠道统一目标，基于共同的经营目标和经营理念，这可以使双方受益。

③ 综合培养和运用渠道权力。根据实际情况运用奖罚权、专家权、合法权等，同时，增进沟通和理解，建立信任，有助于减少机会行为和冲突。

4. 评价和改进渠道

（1）评价渠道。制造商必须定期检查渠道成员的绩效，包括销售定额完成情况、平均存货水平、交货的时间、损毁和丢失货物的处理、企业促销和培训计划的配合度以及顾客服务水平。企业应当认可和奖励有卓越表现、为顾客增加价值的中间商；对于表现欠佳的中间商则应给予协助，必要的时候进行替换。当渠道成员不能按计划工作，或消费者的购买方式发生变化，或市场扩大、新的竞争者兴起和创新的分销战略出现，或产品生命周期出现变异时，便有必要对渠道进行改进。

（2）改进渠道。企业分销渠道的改进可从三个方面进行：增加或减少某些渠道成员；增加或减少某些分销渠道；改进整个分销渠道系统。

现代市场经济条件下，中间商经营形式不断变化，相互渗透，新的经营形式时常被创造出来，任何生产企业都不应困于传统的渠道结构，不仅在产品上要创新，在渠道策略上也要创新。

渠道的进一步扁平化（少环节）是企业对高速市场需求变化的响应，IT 技术为其提供了物质基础，扁平化管理方法为其提供了理论基础，渠道扁平化将是决定渠道结构变革的主要要素。

5. 进行渠道合作

渠道成员都希望把权力掌握在自己手中，但是渠道成员之间有着很强的相互依赖性。即使最具影响力的制造商也要依靠经销商为其代理销售；即使最庞大的零售商也要供货商提供产品才能实现销售。不同于过去购买者和销售者之间存在的对立关系，现在的管理理念强调发展渠道成员间紧密的合伙关系。渠道合伙（channel partnering），或称"渠道合作"（channel cooperation），是指所有渠道成员共同努力，建立一条服务客户并具有竞争优势的供应链。如果每个渠道成员都希望从其他成员那里获益，渠道间的合伙关系就尤为重要。通过共同协作，零售商、批发商、制造商以及供应商可以加速存货的补充，改善对消费者的服务，并降低整个营销渠道的成本。

企业希望利用全球合作者的情报资源、实物资源、营销资源，以便能更便捷、有效地进入遥远的市场，从中就可以清楚地看出渠道成员间的联盟及合伙关系的作用。渠道成员间的密切合作，得益于信息技术的发展，也得益于人们对成本降低的欲望。这些相互之间通力合作的渠道成员能够满足顾客的需求，保证适当的产品以更低的价格适时地出现在货架上，刺激销售，提高收益。

生产企业渠道管理的关键是能控制中间商。生产企业可以通过亲自管理库存、管理服务、管理促销，让中间商放弃部分或全部原来应该由它们做的事情，中间商越轻松，就会越依赖，从而越忠诚。

12.3 渠 道 成 员

各类中间商是构成渠道成员的主体。在渠道结构确定后，需要为每个分销环节、功能选择和确定中间商。中间商多种多样，只有了解不同中间商的特性和状况，才能准确地选择中间商，从而为生产企业服务。

12.3.1 中间商类型

按照不同的归类方法，可以将营销中介机构分成不同的类型。这里主要介绍两种分类方法：按所有权转移的归属划分和按商品流通渠道中承担的角色划分。

1. 按照所有权转移的归属划分

按照所有权转移的归属，可以将营销中介机构分为经销中间商、代理中间商和辅助机构三大类。

（1）经销中间商。经销中间商是指在商品流通过程中，取得商品所有权，然后再出售商品的营销中介机构，又称"经销商"，如我们常说的一般批发商，零售商等。除此以外，还有一种经销中间商称为工业品经销商，它们主要是将工业品或耐用消费品直接出售给顾客的中间商。工业品经销商通常同它们的供应者之间建有持久的关系，并在某个特定的区域内拥有独家经销的权利。

（2）代理中间商。代理中间商是指这样一种中间商，在商品流通过程中，它们参与寻找顾客，有时也代表生产厂商同顾客谈判，但不取得商品的所有权，因此也无需垫付商品资金，它们的报酬一般是按照商品销售量的多少，抽取一定比例的佣金。比较常见的有企业代理商、销售代理商、采购代理商、佣金代理商和经纪人。代理商的主要任务是接受订单，然后转交给制造商，由后者直接运送货物给客户，客户则直接付款给制造商。

(3) 辅助机构。在营销中介机构中，还有这样一种类型的机构，它们既不参与买或卖的谈判，也不取得商品的所有权，只是起到支持产品分配的作用，我们把这类机构称为辅助机构。配送中心是这类辅助机构中的重要形式之一，除此之外，辅助机构还包括运输公司、独立仓库、银行和广告代理商等。

2. 按照商品流通渠道中承担的角色划分

按照商品流通渠道中承担的角色，可以将中间商分成经销商和代理商，具体见图 12-3。

(1) 经销商和代理商。中间商可按是否持有实际货物或商品的所有权分成两类：经销商和代理商。经销商拥有商品的实体和所有权，承担商业风险，靠商品进销差价获取利润的中间商。代理商和经纪人不拥有商品的实体和所有权，不承担商业风险，靠佣金获取利益。

(2) 批发商和零售商。经销商按业务性质可分为批发商和零售商。凡是以进一步转卖或加工生产为目的的整批买卖货物或服务的活动，都属于批发交易。专门从事批发交易的组织和个人，称为批发商。作为独立的中间商，批发商将从制造商那里批量采购的商品加工后转售给零售商等中介或企业最终用户，赚取差价，除去分销成本后获利。批发商拥有其存货的所有权。

零售是将货物或服务售给最终消费者，从而满足生活所需的经济活动。从事零售业务的组织和个人称为零售商。

(3) 制造商代表、销售代理商和经纪人。代理商按中间商与生产商和消费者关系的密切程度可分为制造商代表、销售代理商和经纪人（经纪商）。这些代理商没有商品的所有权，只是在买卖双方之间起媒介作用，促成交易，从中赚取佣金。

① 制造商代表（sales representatives），通常代表两家或两家以上产品线互相补充的制造商。它和各制造商就价格政策、地区、订单处理程序、送货服务和商品担保，以及佣金标准等方面，订有书面协议。它熟悉每个制造商的产品线，并且利用自己广泛的接触面推销制造商的产品。制造商代表适用于服装、家具和电器产品等产品线。自己没有推销队伍的小厂和想利用代理商开辟市场的大制造商，都愿意雇用这种代理商。

② 销售代理商（sales agents）。它被授予在契约上规定的销售制造商全部产品的权利。销售代理商犹如一个销售部门，对于产品价格、交易条件等有很大的影响。销售代理商一般没有地区限制。

③ 经纪人（brokers），一般是指专门经营某一方面业务的人。经纪人多见于房地产、证券交易以及保险、广告代理等业务中。

图 12-3 中间商类型

12.3.2 批发商

批发（wholesaling）是指将产品或服务售予那些为了将产品再出售或为企业使用的目的而购买的顾客时所发生的一切活动。批发商一般分为三种类型：独立批发商、代理商和经纪人。

1. 作用

（1）保障作用。小制造商资金有限，无力发展直接销售组织，而有实力的批发商可以为这些小企业提供销售的帮助。

（2）分工作用。即使制造商有足够的资本，它们也宁愿将其资金用来扩大生产，而不愿自营批发业务。

（3）专门作用。批发商经营批发活动看起来更为有效，因为它们经营规模大，与零售商接触更为广泛，同时具有专门技术。

（4）集中作用。经营多种产品的零售商常常愿意从一个批发商那里购买有各种花色品种的产品，而不愿直接从每一个制造商那里购买。

2. 职能

（1）推销和促销。批发商提供推销队伍，使制造商能以较低的成本开支，结识许多小顾客，而且批发商的接触面比较广，常常能比遥远的制造商更多地得到买方的信任。

（2）整买零卖。批发商买进大量商品，化整为零卖给零售商，为它们节省了费用，提供了方便，适应了社会分工的细化。

（3）存储物流管理。批发商要做物流工作的存货、仓库、运输等工作，并承担风险。

(4) 提供信息。批发商作为生产商和零售商之间的中介,可以为它们提供各种有关竞争者、新产品和价格变化等方面的情报。

(5) 管理服务。批发商经常帮助零售商改进其经营活动,如培训它们的推销员,帮助商店进行内部布置和商品陈列以及建立存货控制系统。

批发商面临不断增大的竞争压力、要求更加苛刻的消费者、新兴的技术,以及大型产业、机构和零售商采购者更多的直接购买计划,因此必须重新审视自己的营销战略。

12.3.3 零售商

零售(retailing)是指将产品或服务直接销售给最终消费者,供某个人非商业性使用的过程中所涉及的一切活动。

新的零售业态层出不穷,如今的零售商主要包括百货商店、专业商店、超级市场、便利商店等。不同类型的消费者和产品需要的服务各异。为了满足这些不同的服务需求,零售商可以提供自助服务、有限服务或全面服务。

1. 商店式零售

(1) 百货商店(department store)。百货商店经营多种产品线,通常有服装、家庭用品和日常用品,每一条产品线都作为一个独立的部门,由专职人员管理。19世纪中期在法国巴黎开设了全世界最早的百货商店。现在,百货商店的销售量和获利能力大大降低,其原因是竞争的激化造成费用增加,售价上升,无力与平价商店竞争;市中心区交通堵塞,停车困难,加上市郊购物中心的兴起,顾客兴趣的转移,给百货商店的经营造成了不少困难。

(2) 专业商店(special store)。专业商店是通常经营某一类商品的产品线,而产品线所含的花色品种比较多的零售组织。专业零售店如服装店、运动器材商店、面包房、书店等。大多数专业商店都尽力维持生产厂商建议的价格,提供最低限度的顾客服务,但是有些专业商店却重视广泛的顾客服务。顾客到专业商店购物有两大主要原因:花色齐全的商品和周到、一流的服务。专业商店的成功取决于该商店吸引这类顾客并具有服务于他们的能力。

(3) 超级市场(supermarket)。超级市场是一种大型、廉价、自选式的商店,主要经营食品、杂货以及家用器皿等。自选式商店首创于美国,1930年8月美国零售商库仑在纽约开设了第一家超级市场,实行薄利多销,取得成功。第二次世界大战后,超级市场发展迅速,规模愈来愈大。但是,由于竞争激烈,费用增加,其价格水平已经不再是最低。几种新型的商店,如折扣商店、仓库商店等的兴起,使传统超级市场日益受到威胁。

(4) 便利商店(convenience store)。便利商店相对比较小,位于住宅区附近,经营品种有限且经营周转率高的商品,它的营业时间长(通常24小时营业),但商品价格相对较高。随着竞争的加剧,便利商店也提供一些如冲印、干洗等服务。它常采取特许经营的模式,有效填补了超级市场的空隙,如7-11、可的等便利店。

（5）折扣商店（discount store）。折扣商店出售标准商品，价格低于一般商店，毛利较少，薄利多销，销售量较大。偶然的价格折扣、临时的价格折扣以及低价出售廉价品不属于折扣商店的范畴。真正的折扣商店采用低价定期销售商品，提供流行的品牌商品，如运动品折扣商店等。

（6）仓储大卖场（warehouse market）。仓储大卖场是一种无装饰、价格低廉，而服务有限的销货形式，它追求薄利多销。仓储大卖场等租用郊区的仓库，商品大量存放陈列，顾客选中了商品，就可向销售人员订购；当顾客付清货款，离开时，商品已经准备就绪；通常由顾客自己运送；瞄准购买价格适中、有品牌意识的顾客，这类顾客谋求价格折扣和即时可得的商品；常采取会员制。世界上著名的仓储大卖场有沃尔玛、麦德龙、宜家家居等。

（7）连锁商店（chain stores）。它是在一个核心企业或总部的统一领导下，分散的、经营同类产品或服务的零售商店，通过规范化经营，实现规模效益的联合组织。其特点就是统一形象、统一配送、统一经营、统一价格、统一促销和统一管理。它起源于1859年美国的"太平洋和大西洋茶叶公司"。它主要包括三种形式：

① 公司连锁，是指两个或两个以上商店同属一个所有者。

② 自愿连锁，是一个批发商发起、若干零售商参加的组织，从事大规模的统一买卖。

③ 特许连锁，是特许人和特许经营人之间的一种契约性联合。特许人通常拥有某种独一无二的产品或服务的经营权，加盟方拥有所有权。

特许经营（franchise）是指特许人（franchisor）（如一家制造商、批发商或服务组织）和特许经营人（franchisee）之间的一种契约联合。特许经营组织通常以某种独一无二的产品、服务、商标或者特许人的声誉为基础。

特许经营具有三大特点：一是特许人将自己拥有的商标等给特许经营人使用，并向其收取一定的费用。二是特许经营人为获得特许经营需支付一笔费用。三是特许人向特许经营人提供市场经营体系。工业和知识产权是特许制度的核心。

特许经营对消费者的好处是：使其及时、就近消费与享受知名产品或服务；获得质量一致，甚至价格一致的产品或服务。

特许经营对特许人的好处是：迅速扩大销售范围，形成规模化经营，有利于创出名牌，增强企业竞争力和实力；可以有效利用他人的资本及人力资源。

特许经营可能存在的坏处是：培养了潜在的竞争对手，管理上容易出问题，影响整个公司的声誉。所以，特许人选择加盟方时要注意加盟方的个人素质、经营能力、财力和资信及地理位置。

特许经营对加盟方的好处是：迅速获得规范经营模式和经验，一步走上正轨；迅速打开市场，拥有知名度；节约开拓市场的资本，降低风险。但不利之处是使其受制于人和承担风险。所以，在考察特许人时要注意了解对方的真实情况、市场情况和合同内容。

特许人的补偿包括下列要素：最初的开张费，按销售总额收取的特许权使用费，特许人供应的设备装置的出租费、利润分成;有时还包括正规的许可证费,少数特许人还收取管理咨询费。例如,麦当劳向特许经营人收 15 万美元开张费,并在特许经营人的销售额中提取 3％作为特许费;它还要求新的特许经营人进"汉堡包大学"学习如何管理企业,为期一个星期。特许经营人在购买原料、制作和销售产品时必须遵循一定的操作程序。

(8) 样品目录陈列室(catalog showroom)。样品目录陈列室将商品目录和折扣原则应用于大量可供选择的毛利高、周转快的有品牌产品的销售,包括珠宝、电动工具、皮箱、照相机和摄影器材等。这类商店是在 20 世纪 60 年代后期出现的,现已成为零售业中最热门的新方式之一,甚至成了对传统折扣商店的一种威胁。

(9) 购物中心(shopping mall)。购物中心是集购物、休闲、餐饮、文化娱乐、旅游服务于一体的场所(其中有 2—3 个起支撑作用,百货商店为主力店),为消费者提供一站式服务。它最早起源于 20 世纪 50 年代中期的美国,是美国物质生活高度丰富时期的产物,也是继连锁店、专卖店、折扣店、超市、百货商店之后,在商业领域兴起的新业态。20 世纪 80 年代以后,购物中心突破传统零售业以销售产品为主的概念,转向以服务消费为主。

与传统的商业模式相比,购物中心的特点如下:一是大,多在城市边缘,交通便利,占地面积大、绿地大、停车场大和建筑规模大;二是全,不仅是对各种商业态和商品的集合,而且通过对它们的整合,使其在同一空间发挥各自功能的同时,又能相互补充,实现资源共享,满足了购物、休闲、娱乐等一体化需求,消费者并不是为了买东西而买,而是在体验、游玩中进行消费;三是以较强的购买力为基础,消费者需要有较强的购买力,外部购物环境良好,这是购物中心能得以存在的经济和社会基础。

(10) 网络零售商。网络零售是指交易双方以互联网为媒介进行的商品交易活动,即通过互联网进行的信息的组织和传递,实现了有形商品和无形商品所有权的转移或服务的消费。买卖双方通过电子商务(线上)应用实现交易信息的查询(信息流)、交易(资金流)和交付(物流)等行为。网络零售也称"网络购物",包括 B2C 和 C2C 两种形式。

B2C 市场可以归纳为平台型、自主销售型、平台—自主销售型三种类型。平台型网络零售商并不从事产品销售,而是为厂商代理商提供网络销售平台,此种销售平台类似于 C2C 网络销售平台,但又不尽相同。该平台主要针对品牌代理商和大型经销商,天猫商城是典型代表。自主销售型网络零售商通过建立独立网络零售平台,依托平台进行产品销售,此种模式出现于实体零售商建立的 B2C 网站和大型经销商,苏宁易购是典型代表。平台—自主销售型网络零售商是介于平台型和自主销售型之间的模式,该种模式既为品牌代理商提供销售平台,又利用该平台进行自身产品的销售,京东商城是典型代表。

2. 无店铺式零售

虽然大多数产品或服务是由商店销售的,但是无店铺零售却发展很快。常见的无店铺零售有直接销售、直复营销、自动贩卖机等多种形式。

（1）直接销售。直接销售是一种古老的销售方式，采取挨门挨户推销、逐个人员推销或举办销售聚会等形式。

（2）直复营销。邮购目录营销是直复营销中较普遍的一种，此外还有电话邮购、电视直销、在线直销等多种方式。直复营销是指为了在任何地方都产生可度量的反应和达成交易而使用一种或多种广告媒体的相互作用的营销系统。它借助电话电视、广告目录或互联网等媒体工具扩大销售。

（3）自动贩卖机。自动贩卖机使用钱币控制的机器自动销售生活中的常用品，具有向顾客提供24小时售货、自我服务和无须搬运产品等便利条件。

（4）购物服务公司。购物服务公司是不设店堂的零售商，专为某些特定顾客，通常为学校、医院、工会和政府机关等大型组织提供服务。这些组织的雇员可成为购物服务公司的会员，他们从经过挑选的零售商那里以折扣价购买商品。

（5）多层次直销（multi-level direct selling）。它是指企业不通过店铺销售，而是以"人"为主体，直接利用人和人之间的关系来发展消费者和销售人员，以几何级数增长的方式，达到迅速扩大人际网络的渠道模式。多层次直销的关键在于形成网络人群，只不过这个人群的聚集不是靠广告等方式从广度上一下子聚集起来，而是通过加大网络的深度聚集。一个好的理念（公司价值观、团队价值观、个人价值观），一个好的顾客（自买），一个好的服务，一个好的制度，是做好做深多层次直销的要素。

多层次直销的障碍包括法律的障碍、观念的障碍、心理的障碍、时间的障碍、制度的障碍、产品的障碍、管理的障碍、投资的障碍等。

多层次直销产生于20世纪40年代末的美国，于20世纪90年代传入中国。多层次直销采用直销奖金制度。直销人员有两种取得奖金的基本方法：第一，可以经由销售产品或服务给消费者而获得零售奖金；第二，可以自直属下线的销售额或购买额中赚取佣金。多层次直销为直销人员提供独立创业的机会，为其提供多层次的收入。

据相关资料记载，成立于20世纪40年代初的健而力是美国第一家以直销方式销售产品的公司。它以销售维生素丸为主，首次采用多层次酬金分配制度，并且公司的直销人员除了推销产品以外，还负责建立销售组织，首次将零售与推荐相结合。1945年，该公司改名为纽崔莱。

美国的安利（Amway）公司是多层次直销的典型代表。1959年，纽崔莱公司的两个直销员——杰·温安洛和理查·狄维士带着从纽崔莱公司积累的经验和资金，自立门户，成立了今天家喻户晓的安利公司，在借鉴和改进纽崔莱公司多层次直销模式的基础上，取得了巨大的成功。1972年，纽崔莱公司正式成为安利公司的一员。目前，世界上较为著名的直销公司大多诞生于美国，如雅芳公司和玫琳凯公司等。

多层次直销模式宣称体现了人生的"乘数原理"，是运用倍增原理和建立个人网络部门获得财富的销售方式，是对财富如何进行分配的一次革命。理论上，多层次直销企业的服务会更个性化，体现为"一对一"营销。企业将产品或服务作为自己永续经营的根本，所以，直销企业的产品一般都是世界一流的产品。人们通过做直销，不但可以享受到优质的产品或服务，而且可以扩大自己的交际面，获得较为可观的经济收入，所以，许多国家对这种销售方式给予许可。

但这种销售方式也是最可能产生欺骗、害人又害己的销售方式。老鼠会、拉人头、金字塔式的销售结构，以及快速致富等概念都是多层次直销衍生出来的异类，这些异类会对整个社会、国家和人们的生活产生重大的消极影响，甚至会使社会动荡不安，很多人的利益受到损失，社会上会充斥着欺骗。更有一些居心叵测的人会利用多层次直销建立起来的网络蛊惑人心，形成经济邪教，作出对社会、国家不利的行为。

3. 零售业营销

零售业营销必须按照企业的整体目标和战略规划制定市场营销战略与战术。零售目标可以是增加客流量、扩大销售额、优化企业形象，或是加强公众对零售经营的关注程度。因此，为达到这些目的，零售商可能会采用降价销售、重新装饰和布置店面，或者设计新的广告等各种手段。但在营销手段之中，最为重要的是目标市场的选择和定位，设计营销组合，最终目的是满足目标市场的需求。

（1）确定目标市场。零售商制定的最重要的决策就是确定目标市场。只有在界定和分析目标市场之后，零售商才能决定产品品种、商店布置、广告信息和媒体、价格以及服务水平。

（2）选择营销组合。

① 产品供应决策。零售商经营的产品品种必须与目标市场的购买期望保持一致。

② 价格决策。价格是一个关键的定位因素，在进行价格决策时必须综合考虑目标市场、产品和服务组合以及竞争。

③ 服务与购物环境。服务组合是一家商店区别于其他商店的主要工具之一，人员服务是零售行业的一个重要因素。氛围是产品差异化的另一个重要工具，氛围是指商店的实体布局，它使得商店难以或者易于移动，并且构成商店的"外表"。

④ 传播和促销活动。零售商可以利用多种传播工具提高顾客流量，刺激购买，具体包括广告、特价促销、购物券、老顾客回馈、店内样品、店内赠券等。零售商必须通过传播和促销工具支持及加强自己的形象定位。

⑤ 选址决策。门店位置之所以重要，首先是因为零售商投入了一笔巨大的资金在这一位置上，这一决策降低了未来的灵活性；其次是因为经营位置会影响企业的盈利能力及将来的发展。

（3）零售商自有品牌。自有品牌（private label brand）又称"批发商商标""商店商标""工厂商标""分销商商标"，是零售商或批发商开发的品牌。自有品牌是零售商越来越关注的一个趋势，也是重要的营销决策之一。

零售商自有品牌的意义在于：首先，这样做更有利可图。零售商寻找生产能力过剩并愿意以低成本生产自有品牌产品的制造商,其他成本,如研发、广告、销售促销和物流成本也比较低,因此自有品牌的拥有者即使以较低的价格销售也能获得较高的利润率。其次,零售商开发专门的商店品牌是为了与竞争对手形成差异。

12.3.4 互联网分销渠道

1. 电子商务模式

电子商务是一种依托现代信息技术和网络技术,集金融电子化、管理信息化、商贸信息网络化为一体,旨在实现物流、资金流与信息流和谐统一的新型贸易方式。与传统商业经营场所不同,电子商务主要通过互联网实现商务活动,不需要具体的经营场所,只需要在网上开一个店,建立起经营产品的相关信息,即开始经营,节约了租赁店面和雇用员工的费用,降低了成本。同时,电子商务还具有广告宣传方便、消费者范围广、没有消费时间限制、没有消费区域限制等优点,成为当今各类产品最有效、最经济、最便捷的营销手段。电子商务模式主要有:

(1) B2C (business to customer),商家对个人进行交易,也就是通常说的商业零售,直接面向消费者销售产品或服务。

(2) B2B (business to business),商家对商家进行交易,是指企业与企业之间的营销关系。

(3) C2C (customer to customer),个人对个人进行交易,实际是电子商务的专业用语,指个人与个人之间的电子商务。

(4) O2O (online to offline),是将线下商务的机会与互联网结合在一起,让互联网成为线下交易的前台。这样,线下服务就可以线上揽客,消费者可以线上筛选服务,成交可以在线结算,很快达到规模。该模式最重要的特点是:推广效果可查,每笔交易可跟踪。

2. 互联网分销平台

互联网分销平台是指那些在互联网上提供产品或零售服务的企业。它们自己不销售产品或服务,而是提供那些在互联网上开展零售活动所需要的建立网络商店、结算等服务,更为重要的是吸引顾客访问,为入驻平台的中小分销商提供基本流量。如京东、美团等平台。在网络直播迅速发展的今天,网红主播也可能成为一个大的平台。一个好的互联网分销平台的影响力及业绩甚至可以大大超过一个繁华城市的商业中心。

平台战略是指连接两个以上特定群体,为他们提供互动交流机制,满足所有群体的需求,并从中盈利的商业模式。一个成功的平台并非仅提供渠道和中介服务,精髓在于打造并完善成长潜能强大的"生态圈",平台连接的任意一方的成长都会带动另一方的成长。所谓平台,就是对多种业务价值链所共有的部分进行优化整合,使其成为这些业务必不可少或最佳选择的一部分，这种由价值链的部分环节构成的价值体就成为一个平台。

3. 互联网分销渠道

互联网分销渠道包括网络直接分销渠道和网络间接分销渠道，由此产生了专门的互联网分销商。

（1）网络直接分销渠道，是指生产者直接通过网络把产品转移给顾客。生产者可以直接建网站以销售产品，品牌官网是网络直接分销渠道最具代表性的体现；也可以与一些电子商务的服务机构进行合作（如支付宝等），提供直接支付功能；还可以与一些专业物流公司进行合作，建立有效的物流体系。网络直接分销渠道一般适用于大型产品和生产材料的交易。

（2）网络间接分销渠道，是指由互联网分销商把产品销售给顾客，包括互联网专业分销商、互联网综合分销商和互联网非专业分销商。著名的互联网分销商包括京东、天猫、唯品会等。一般，家庭日用品往往通过网络间接分销渠道来交易。

本章总结

分销系统是企业的一项关键性外部资源，它的建立往往需要许多年。一家企业的产品，要经过一定的方式和路线，才能在适当的时间、地点，以适当的价格和方式提供给顾客。

渠道长度有两种类型：直接渠道和间接渠道。渠道宽度是指渠道中同一层次同一性质的中间商的数目。企业渠道宽度由产品本身的特点、市场容量的大小和产品需求面的宽窄决定。

当一家企业确立了它的渠道系统后，便进入渠道管理工作，主要包括选择渠道成员、激励渠道成员、解决渠道冲突、评价和改进渠道、进行渠道合作。

各类中间商是构成渠道成员的主体。有各种各样的中间商，只有了解不同中间商的特性和状况，才能准确选择中间商，从而为生产企业服务。中间商一般包括批发商、代理商和零售商。随着互联网的发展，产生了互联网分销渠道和互联网分销商。

本章关键词

分销渠道　直接渠道　间接渠道　短渠道　密集分销　选择分销　独家分销　垂直营销系统　串货　批发商　零售商　代理商　经纪人　连锁商店　特许经营

思考题

1. 简述分销渠道的功能和意义。
2. 影响企业渠道选择的主要因素是什么？
3. 试述企业的渠道系统。
4. 垂直营销系统包括哪些主要内容？
5. 试述渠道策略的主要内容。
6. 试述渠道管理的主要内容。
7. 简述零售商类型和零售营销要素。
8. 互联网分销渠道对传统渠道有何影响？

第 13 章

物流策略

开篇案例 京东物流的商业模式

京东集团是我国收入规模最大的互联网企业之一，涉及电商、金融、技术三大领域。2017年4月25日，京东集团宣布内部组织架构调整：京东物流独立运营，组建京东物流子集团（以下简称"京东物流"）。京东物流以轻资产模式运营着全国最大的仓储配送网络（核心仓储资产归属集团），凭借多年积累的品牌和仓配领域的运营管理优势，京东物流为商城（含自营和POP）和其他各类客户提供包含快递、快运、冷链、国际业务、仓配的基础物流服务以及涵盖服饰、生鲜、家电、消费、家居、汽后、3C这七大行业的解决方案。

在2020年年初武汉抗击新冠肺炎疫情中，京东物流的表现异常抢眼。在大多物流公司都放假的春节假期，京东物流短短几天时间就运送了40吨救援物资到武汉。京东的物流策略具有鲜明的特色。

1. 极致服务产品的打造

京东在物流层面打造追求最优客户体验、兼顾运营效率最大的能力，使消费者体验到极致的运营服务能力，消费者体验得到极大升华。例如，在消费者下单时京东可提供211限时达、京准达、极速达服务。

2. 建立内控体系，打造标准化的履约平台

京东通过智慧物流布局、数字化运营和自动化作业，打造标准化智慧履约平台，利用大数据、人工智能等技术，实现路网负载的预测和分析、库存管理、智能推产、最优调度，同时通过自动化技术实现仓内运作流程的优化和提效。京东自主研发WMS（仓促管理系统）、青龙、TMS（运输管理系统）等业务运作系统，保障订单履约时效。

3. 多业务模式管理

京东是综合式购物平台，品类和客户的类别都具备多样性，针对不一样的品类或不一样属性的客户，需要打造专属的一体化服务标准流程和产品，为客户提供更加极致的履约服务。为满足多品类的物流需求（如生鲜、日用百货、图书、3C、家

电、新通路大客户等），京东打造了独有的四张物流网络：生鲜冷链、大件、中小件、B2B 网络。

4. 全流程环节管理

京东物流包裹全环节可视化给消费者，同时具备以客户体验为导向的内部各环节、全流程的考核管控机制，任一订单包裹履约保障必须全流程作业标准化。另外，对于各环节的作业都有严格的标准，尤其对于一线作业要有清晰的认知。

5. 订单全生命周期的控制

京东对订单生成、流转、生产、取消、修改、拒收、支付、退款等全周期进行持久化管理，在消费者进行交易后，有清晰实时的物流、信息流、资金流，并一直持续到交易结束。

6. 退换无忧

建立逆向订单履约标准化的服务流程，保障消费者能够换货或退货。一是售后上门。客户购买商品 15 日内因质量问题提交退换货申请且审核通过后，在京东自营配送范围内，京东提供免费上门取件服务。二是售后到家。自商品售出一年内，如出现质量问题，京东将提供免费上门取送及原厂授权维修服务。

对于未来，京东计划在"用大数据革新供应链""用智能物流重塑城市""用跨境能力连接海内外"三方面实现突破。最近几年来，行业纷纷效仿，追赶京东的自营物流时，京东通过提前布局未来 20 年的物流，为自己的核心竞争力打基础，始终保持着物流方面的优势。

资料来源：根据百度百科等网站资料整理。

商流是帮助企业实现产品或服务的价值转移过程，物流是帮助企业实现产品或服务的实体转移过程。

企业必须决定仓储、装卸和运送产品或服务的最佳方法，在正确的时间和地点为顾客提供想要的产品或服务。物流的效率会对顾客满意和企业成本产生重要的影响。物流在整个供应链领域承担着实体转移的功效，没有物流就没有产品或服务的送达。

13.1 物流概述

商品流通是由商品收购、商品储存、商品运输、商品销售四个环节组成的。商品收购和商品销售是整个商品流通或某个流通阶段的起点和终点，商品储存和商品运输则是为了实现商品实体从购到销过程中的必要滞留和空间转移的中间环节。前一章介绍了主要承担商品收购、商品销售的渠道策略，本章将介绍承担商品储存和商品运输的物流策略。

13.1.1 物流内涵

1. 物流概念

由于生产者和消费者的分离,造成了生产与消费在时间和空间上的背离,导致社会生产与社会消费的矛盾。为了解决这一矛盾,满足消费需要,必须在商品交换的同时,提供商品的时间效用和地点效用,于是出现了与商品交换密切相关的物流概念。

"物流"一词源于英文"logistics",原意是军事后勤保障。二战后,物流的概念被广泛运用于商业领域。所谓物流,是指通过有效安排商品的仓储、管理和运输转移,使商品在需要的时间到达需要的地点的经营活动。物流的功能主要是储存、运输、配送、包装、装卸、搬运、流通加工、信息处理等。

物流是将产品由其生产地转移到消费地,从而创造地点效用。物流规划先从市场开始考虑,并将所获得的信息反馈到原料的需求来源。企业首先考虑目标消费者的位置以及他们对产品运送便利性的要求。其次,企业还必须知道其竞争者所提供的服务水平,然后设法赶上或超过竞争者。最后,企业要制定一个综合策略,其中包括仓库及工厂位置的选择、存货水平、运送方式,进而向目标顾客提供服务。

2. 市场物流

传统物流起源于工厂,其管理者的任务就是选择一系列仓库(库存点)以及可以将产品在最佳时间以最低的成本送到目的地的运输配送商。现在,传统物流已经扩展到一个更宽泛的概念,即供应链管理(supply chain management,SCM)。企业需要研究供货商如何管理它们的投入,对于供应链的洞悉可以帮助企业找到最佳的供应商和分销商,进而帮助其提升生产率,最终降低生产成本。

市场物流(marketing logistics)过去也被称为"实体分配"(physical distribution)。科特勒说:市场物流包括构建满足市场需求的基础结构,进而执行和控制原材料和最终产品从初始状态到使用再到满足顾客需求而获得盈利的整个物流过程。

美国在1963年成立物流管理协会,协会最初的名字是"实物分配协会",1985年更名为"物流管理协会"(council of logistics management,CLM),协会认为"物流是对货物、服务及相关信息从起源地到消费地的有效率、有效益的流动和储存进行计划、执行和控制,以满足顾客要求的过程。该过程包括正向、反向和内部、外部的移动以及环境保护为目的的物料回收"。1998年,CLM对物流再一次进行定义:"物流是供应链流程的一部分,是为了满足客户需求而对商品、服务及相关信息从原产地到消费地的高效率、高效益的正向和反向流动及储存进行的计划、实施与控制过程。"CLM于2005年正式更名为"供应链管理专业协会"(council of supply chain management professionals,CSCMP)。

从实体分配到物流再到供应链管理,物流行业所包括的范围越来越大,供应链在企业中扮演的角色越来越关键。这个演进强调"物流是供应链的一部分",并从需求链角度进一步拓展了物流的内涵与外延,在深度和广度上又有了进一步的含义,反映了随着供应链管理思想的出现,现在不能再单纯地考虑从生产者到顾客的货物配送问题，而应以满足顾客的需求为目标，把制造、运输、销售等市场情况统一起来考虑，把物流纳入企业间互动协作关系的管理范畴。

13.1.2 物流系统

系统是由两个或两个以上元素及元素间形成的特别关系所构成的有机整体。系统的变化是系统元素通过各种关系不断运动变化引起的。系统作为一个整体并具有一定功能，都要通过元素之间的相互联系来实现。用系统观点组织物流活动是现代物流的基本思路。

1. 物流系统

物流系统是由运输、储存、包装、装卸、搬运、配送、流通加工、信息处理等各环节组成的，它们也称为物流的子系统。系统的输入包括运输、储存、搬运、装卸、包装、配送、流通加工、信息处理等环节所消耗的劳务、设备、材料等资源，经过处理转化，变成全系统的输出，即物流服务。整体优化的目的就是使输入最少，即物流成本最低，消耗的资源最少，而作为输出的物流服务效果最佳。

正是由于以上原因，许多企业在进行分销或选择物流机构时，往往会追求以最低的成本将适当的产品在适当的时间运到适当的地点的目标。但实际上，如果企业要求每一个物流机构都尽力降低其成本，反而不能获得物流的效益，物流各环节发生的费用常常是以相反方向相互影响。比如，装运部门会采用简易包装，利用便宜的装运工具进行装运工作，但这无疑会引起商品残损率上升。再如，仓库的负责人总希望存货尽可能少以降低存货成本，但这一政策可能会造成商品脱销，最终因支付快速运货的高昂成本而得不偿失。所以在设计物流系统时，必须以整体最优化为策略基础。

每一个特定的物流系统都包括仓库数目、区位、规模、运输政策及存货政策等构成的一组决策。因此，每一个可能的物流系统都隐含着一套总成本，可表示为：

$$D = T + FW + VW + S$$

式中：D 为物流系统总成本；

T 为该系统的总运输成本；

FW 为该系统的总固定仓储费用；

VW 为该系统的总变动仓储费用；

S 为因延迟分销所造成的销售损失的总机会成本。

在选择和设计物流系统时，要对各种系统的总成本加以检验，最后选择成本最低的物流系统。

2. 物流系统分析

对物流系统进行分析，可以了解物流系统各部分的内在联系，把握物流系统行为的内在规律性。所以说，不论从系统的外部或内部，设计新系统或是改造现有系统，系统分析都是非常重要的。

系统分析是从系统的最优出发，在选定系统目标和准则的基础上，分析构成系统的各级子系统的功能和相互关系，以及系统同环境的相互影响；运用科学的分析工具和方法，对系统的目的、功能、环境、费用和效益进行充分的调研、收集、比较、分析和数据处理，并建立若干替代方案和必要的模型，进行系统仿真试验；把试验、分析、计算的各种结果同早先制订的计划进行比较和评价，寻求使系统整体效益最佳和有限资源配备最佳的方案，为决策者的最后决策提供科学依据和信息。

物流系统分析所涉及的问题范围很广，如搬运系统、系统布置、物流预测、生产及库存系统等。由于系统分析需要的信息量大，为了准确地收集、处理、分析、汇总、传递和储存各种信息，要应用多种数理方法和计算机技术，这样才能分析比较实现不同系统目标和采用不同方案的效果，为系统评价和系统设计提供足够的信息和依据。

13.2 物流策略

企业主要在四个方面对其市场物流作出决策：我们应该怎样处理订单（订单处理）？我们应该在哪里设置仓库（仓储策略）？我们应该怎样管理存货（存货策略）？我们应该如何发送产品（运输策略）？

13.2.1 订单处理

订单是促使整个供应链运作起来的催化剂，尤其是在采取"按订单制造"的生产厂家中更是如此。

1. 订单处理系统

订单处理系统（order processing system）首先处理客户的需求，然后通过物流信息系统将信息输入供应链。制造商的仓储处收到订单后，如果有满足要求的存货，则接受订单，并着手准备装运。如果没有，则向生产车间发出补充存货的请求。

要提供优质的服务，妥当的订单处理至关重要。一旦接到订单，管理部门必须控制好产品和信息两项流动。通常，营销计划的成败与否与订单处理密切相关。显然，销售代表、行管人员、仓储和运输人员之间的良好沟通有利于优化订单的处理。如果运送对象出错，或者只能满足部分订单，就会导致出现如供货困难、运输效率低下等诸多不尽如人意的情况。所以，开票和发货前对物流和信息流的管理必须毫不间断，以免出现差错。

2. 电子数据交换

随着电子数据交换（electronic data interchange，EDI）技术的发展，订单处理已变得越来越自动化。EDI宗旨就是以所需的电子信息的交换来替代传统的文档（如订单和发票）。一条典型的EDI信息包括所有传统的纸单证上的全部信息，如产品代码、商品数量、运输安排等。这些信息通常通过专用网络传送，它比发送标准的邮件信息的网络更加安全可靠。更重要的是，这些信息能通过计算机读取并处理，显著地降低了成本并提高了效率。应用EDI技术的企业以此降低存货水平，加速资金流转，简化操作，并提高信息交换的速度和准确度。EDI在供求双方之间建立起了更加紧密的关系。

　　EDI 技术广泛的使用者是零售商,因为对像沃尔玛等诸如此类的零售商而言,供货速度和准确度在今日竞争激烈的零售行业已成为最为关键的竞争手段。EDI 技术与零售商的"消费者有效反馈"技术一起,发挥协同效用。消费者有效反馈旨在通过改善订单及分销管理来提供式样和颜色都更为合适的产品。

13.2.2　仓储策略

　　生产和销售的过程很难同步,所以,每个企业在产品售出之前都要先将产品保存起来。企业必须决定这些库存点的位置分布。

　1. 仓储策略

　　仓储策略涉及企业是否建仓库,建多少、多大的仓库,是自建还是租用等决策。仓储策略能够帮助制造商管理供给和需求,或者说是生产和消费之间的矛盾。仓储产品直到消费者需要并想要购买时为止,这能提高供求双方的时间效用。

　　很多存货通常被安放在工厂周围,剩下的可能会被放到其他地方的仓库里。企业可能既有自己的仓库,又会租用另一些公共仓库。货物仓库可以长时间地保存产品;分销商仓库一般存有很多来自不同工厂和供货商的产品,而且总是试图尽快清空它们;自动化仓库采用由中央电脑操控的先进的物资处理系统,这样就把分销成本降低了。

　　现在还有一些仓库做了很多以前由工厂来做的事,如装配、包装、搭建促销展台等。它们能提供的各种服务有助于削减成本,更好地匹配市场需求。

　2. 货物处理系统

　　货物处理系统(materials handling system)控制仓库中存货的流入流出。这个系统的功能有:接收货物存储入仓库或者分销中心;确认、分类并标记货物;将货物暂时分送至不同的存储地点;重新整理分类货物以供装运(可能也包括为运输工作进行一定的货物包装)。

　　货物处理的目标是保证货物流动迅速,同时尽可能地减少处理工序。如果运用手动或非自动化的货物处理系统,一项产品可能会被反复处理几次。而每次处理都会有增加成本和损坏的危险,每次运送都会对包装提出不同的要求。因而,现在大多数企业都实行自动化的处理系统。

13.2.3　存货策略

　　存货程度体现了一种成本。营销者当然希望企业能保持库存充足的产品,以便最快地满足顾客需求。然而,这违背了成本效率原则,存货成本增加的速度与顾客服务等级的提升是成正比例的。因而,企业的管理层在作决定之前,要知道他们执行更高的库存水平、提供更快速的订单处理时,销量和利润会增加多少。

　1. 存货管理的目标

　　存货管理的目标就是保证顾客需求的情况下,尽可能降低存货水平。

材料需求计划（materials requirement planning，MRP）管理从供货商到制造商的存货。该系统同样包括查询和采购工作以及由于需要补充存货或追加生产而发生的原材料、易耗品及零部件的购买。分销资源计划（distribution resource planning，DRP）则管理从制造商到最终消费者的产成品存货。两种存货系统都需要各种不同的信息（如销售预期、存货量、未完成订单、订单周期和运输方式）来决定如何以及何时进货以满足供应链的各个环节。从零售商一直追溯到制造商，所有流经这些环节的需求信息都被收集起来。而对先进的 EDI 技术的运用，又使得信息交换的速度大大提高，从而加强了在激烈的市场竞争中迅速反应的需要。

2．最佳订货量

企业在经营过程中到底需要多少存货量，是管理工作中比较复杂的问题。因为库存量太少会脱销，影响企业正常销售活动；而库存量过大，又会造成库存商品积压，影响企业资金正常流转。因此，合理制定一个存货的标准十分重要。在存货管理中较为常见的两个制定标准是最佳订货量和保险储备。

在进行订货决策时，必须同时考虑订单处理成本和存货储存成本。储存成本包括仓库费用、存货占用资金的成本、税收和保险费以及存货破损和变质损失。平均库存量越大，存货储存成本就越高。这意味着，如果管理者希望企业保持较多的存货，就应该证明较大的库存量所增加的毛利能够超过因库存量增加而造成的成本。

随着订货量的增加，订货成本将被分摊到更多的产品上，因而单位订单处理成本下降。但是，由于产品的平均储存时间变长，因而单位储存成本随着订货量的增加而上升。这两条成本曲线垂直相加，即为总成本曲线。总成本曲线最低点的横坐标值就是最佳订货量。

另外，一定量的保险储备对于商业企业保证销售是非常必要的，因为实际需求总是围绕平均需求上下浮动，在商品需求大于平均需求的情况下，没有保险储备，就有可能缺货，带来不可估量的损失。

13.2.4 运输策略

运输的选择影响着产品的定价、递送效率和到达时货物的状况，而这些因素又进一步影响着消费者满意程度。在将产品运送至仓库、经销商和顾客的时候，企业可以选择的运输模式主要有五种：公路、铁路、水路、管道和航空，还有数字产品的递送模式——互联网。

商业运输是商品流通领域的又一重要环节，是整个物流体系的一个重要分支，它如同一面镜子反映出国家各经济区间的联系程度。交通运输网以及运输方式不断发展与变化，尤其是运输方式的变化与更新会对商业运输产生深远的影响，是影响商业运输最重要的因素。

1．公路运输

由于我国现有的商业活动仍以区域性为主，因此公路运输仍是地区性运输的中坚力量。公路运输成为商业运输中最为重要的运输方式。

公路运输具有机动灵活、迅速、装卸方便、覆盖面广等特点，对于深入地区各级市场加入地区间的商品交流具有非常重要的作用。尤其是随着高速公路等高等级公路网的逐步建立，公路运输已经向中长距离运输发展，大大开拓了运输范围，其在商业运输中的作用与地位得到了进一步的提升。

另一方面，作为公路运输主要运载工具的汽车，也在近几年发展迅速。大货运量、长距离运输等功能的加强，使得越来越多的汽车加入中长距离运输队伍，而且汽车还拥有迅速将商品集中、分流的功能，这一点是其他运输方式无法做到的。

2. 铁路运输

铁路运输曾经是我国最主要的运输方式之一，约担负全国 1/2 的货运任务。但是，近年来随着高速公路网的建设、航空运输的发展，铁路运输的地位下降了。尽管如此，由于其货运能力大、运行速度快、连续性强、管理高度集中的特点，迄今仍然在中长途运输中担任着重要的角色。

铁路运输的工具主要是火车。在铁路上使用的装运货物的车辆种类很多，主要包括棚车、邮车、煤车、罐车、保温车和特种车等。

3. 水路运输

水路运输又称"水运"，是我国最为古老的运输方式之一。早在隋唐年间，京杭大运河就承担起了南北水路运输的主要任务。水运具有载重量大、运费低廉的优点，在一定程度上弥补了其速度慢的缺点。

我国的水运主要是利用天然水道结合人工运河形成的纵横交错的水路网进行商品运输。尤其是在东西向的运输中，水路运输承担了相当大的比重。

水运的主要工具是船舶，分为客货船和货船两种。其中，货船是专门用于装运货物的，而客货船则以承担客运为主，并承担部分货运。

4. 航空运输

与水运相比，航空运输属于一种新兴的运输方式。它的特点与水运恰好相反：运输速度快，但装载量小，运费高昂，不适于广泛运送商品，现在常用于鲜活商品（如海鲜、鲜花）和急运商品的运输。

5. 管道运输

作为将石油、天然气以及化工产品从来源地运送至市场的专门运输方式，管道运输也是一种方便快捷的运输方式。绝大多数的管道都由所有者使用，运输自己的产品。

6. 互联网传输

互联网通过人造卫星、电缆和电话线路将数字产品从生产商处传输给消费者。软件企业、媒体、唱片公司以及教育行业都在利用互联网进行数字产品的传输。

由于各种运输方式都有各自的优缺点，因此仅靠单一的运输方式是难以达到商业运输"及时、准确、安全、经济"的总体要求。综合利用各种运输方式，合理调整公路、铁路、水运、航空等主要运输方式的分工，扬长避短，建立既平衡又协调的商业运输体系是运输工作的关键所在。

联合运输是一种综合性的运输业务，它可以使各种运输工具衔接起来，提高工作效率，加速车船周转，减少运费支出。但由于联合运输涉及面广，业务环节多，要使商品从起运地到目的地的整个运输过程能够顺利运行，就必须有严格的规章制度作为保证。现在的托运人越来越多地将两种以上的运输方式结合起来使用。

商品运输的最优化不仅仅需要合理调整商品的运量，而且还要尽力使成本低廉，因此合理控制运输费用也是使商品运输最优化的一个重要因素。

商品运输费用是商业企业为实现商品运输而支付的有关费用，包括将商品从发送地送至目的地所支付的全部费用。商品运输费用包括实际运费、运输中的各项杂费、从事商品运输工作人员的费用、从事运输工作的物资消耗费用以及其他必要的管理费用等。这种核算方法是实行独立核算的专业化运输企业通常使用的方法。

13.2.5 整合物流管理

整合物流管理（integrated logistics management）是要提供更好的客户服务并降低分销成本，需要企业内部及所有营销渠道成员组织之间的团队合作。就企业内部而言，不同的部门必须紧密合作以使企业自身的物流绩效最大化。就企业外部而言，企业必须整合其自身的、供应商的以及顾客的物流系统，以使整个分销网络的绩效最大化。

1. 整合企业内部

多数企业会将物流活动中的不同职能分派给不同的部门——营销、销售、财务、运营以及采购。在很多情况下，各职能部门都会努力使自身的物流绩效达到最优，而忽视了与其他职能部门的配合。然而，运输、存货、仓储和信息管理等各项活动相互影响，且常常是一种相互制约的关系。更低的存货水平虽然使存货持有成本降低，但有可能降低客户服务水平，并因短缺损失、延期交货、特别生产和加急运输而提高成本。由于分销活动涉及多方因素的权衡，因此不同职能部门的决策必须相互协调，才能取得最佳的整体物流绩效。

整合供应链管理的目标是协调企业所有的物流决策。部门间的密切合作可以通过几种方式来实现。一些企业已经建立了由不同实体分销活动的管理者组成的永久性物流委员会。企业还可以设立供应链管理职位来衔接不同职能领域的物流活动；购买复杂的系统供应链管理软件来开展更协调、更科学的营销活动，从而在合理的成本下创造较高的市场满意度。

配送英文为"delivery"，是交货、送货的意思。配送中心专门从事配送的工作。配送中心分为两类：一类是有存储功能的配送中心，另一类是仅有配送功能而无存储功能的配送中心。配送中心的任务是向用户提供配送服务，它的设址既要考虑配送范围的距离、集货渠道的距离、实际交通状况，又要考虑时间、费用和经济效益等因素。当这些因素决定后，可以用数量分析方法进行配送中心地址的选择。

2. 整合外部关系

企业不能仅仅满足于改进自身的物流系统，还必须与其他渠道成员共同协作来改进整个渠道系统。营销渠道成员在创造客户价值和建立客户关系时是不可分离的，一家企业的分销系统就是另一家企业的供应系统。每个渠道成员的成功都取决于整个供应链的绩效。例如，宜家凭借其供应链得以提供样式流行却价格适中的家具，向消费者传递"宜家生活方式"，其中包括成千上万个产品设计师、供应商、运输公司、仓库及服务提供商在内的整条供应链。

企业通过共同项目进行合作，建立起物流伙伴关系。精明的企业总是协调其物流战略，与供应商和客户建立强有力的关系，从而改进客户服务、降低渠道成本。很多企业都已经建立起跨职能、跨企业的团队。例如，很多大型零售商与供应商联合实施店内计划项目。很明显，供应商及其客户都可以从这样的伙伴关系中获益。关键是，所有的供应链成员都必须在"为最终顾客带来价值"的目标下通力合作。

3. 第三方物流

现代物流一个明显区别于传统物流的特点是：传统物流是生产企业自己办物流，其特点是"小而全""大而全"。现代物流则是第三方物流（third-part logistics，3PL），也称"代理物流"。它是指由物流劳务的供需双方以外的第三方（即专业物流公司）完成物流服务的物流运作方式。独立的第三方物流至少占社会的50%时，物流产业才能形成。第三方物流的发展程度反映和体现着一个国家物流业发展的整体水平。

企业会基于以下原因采用第三方物流商：

第一，由于让产品抵达市场是第三方物流商的主业，因此它们通常可以更加有效且低成本地完成这一工作。物流外包一般可以节约15%—30%的成本。

第二，物流外包使企业可以从枯燥的物流工作中解放出来，从而更加专注于核心业务。

第三，物流公司更加了解日益复杂的物流环境。

第四，第三方物流伙伴有助于企业在全球市场中的扩张。例如，企业在欧洲分销其产品时，常常面临令人眼花缭乱的环保限制，包括包装标准、卡车尺寸的限制、噪音和放射性污染控制等。通过物流外包，企业可以直接获得泛欧洲域内的分销系统，而不必承担增加的成本、延迟等风险来建立自己的系统。

13.2.6 电子商务与物流

1. 电子商务与物流

电子商务是一场商业领域的根本性革命，核心内容是商品交易，而商品交易涉及四个方面：商品所有权的转移、货币的支付、有关信息的获取与应用、商品本身的转交，即商流、资金流、信息流、物流。在电子商务环境下，这四个部分都与传统情况有所不同。商流、资金流与信息流这三种流的处理都可以通过计算机和网络通信设备实现。对于大多数商品和服务来说，物流仍要经由物理方式传输，因此物流对电子商

第 13 章 物流策略

务的实现很重要。

2. 电子商务对物流的影响

由于电子商务与物流关系密切,电子商务这场革命必然对物流产生极大的影响。这个影响是全方位的,从物流业的地位到物流组织模式,再到物流各作业、功能环节,都将在电子商务的影响下发生巨大的变化。

(1) 物流业的地位大大提高。物流企业越来越得到强化,是因为它在电子商务环境里必须承担更重要的任务:既要把虚拟商店的货物送到用户手中,还要从生产企业及时进货入库。物流公司既是生产企业的仓库,又是用户的实物供应者。物流业成为生产链条上的领导者和协调者,为社会提供全方位的物流服务。电子商务把物流业提升到了前所未有的高度,为其提供了空前发展的机遇。

(2) 供应链管理发生变化。在电子商务环境下,供应链实现了一体化,供应商与零售商、消费者三方通过互联网连在一起,供应商可以及时且准确地掌握商品销售信息和顾客信息。此时,存货管理采用反应方法,按所获信息组织商品生产和对零售商供货,存货的流动变成"拉动式",实现销售方面的"零库存"。

(3) 第三方物流成为物流业的主要组织形式。第三方物流将在电子商务环境下得到极大的发展,因为跨区域物流要求其物流活动也具有跨区域或国际化特征,电子商务时代的物流重组需要第三方物流的发展。

3. 电子商务对供应链的影响

(1) 采购。传统的采购极其复杂,采购员要完成寻找合适的供应商、检验产品、下订单、接取发货通知单和货物发票等一系列复杂烦琐的工作。而在电子商务环境下,企业的采购过程会变得简单、顺畅。互联网可降低采购成本,通过互联网采购,可以接触到更大范围的供应商,因而也就产生了更为激烈的竞争,又从另一方面降低了采购成本。

(2) 配送。配送业的地位得到强化。配送在其发展初期,发展并不快,而在电子商务时代,B2C 的物流支持都要靠配送来提供,B2B 的物流业务会逐渐外包给第三方物流,其供货方式也是配送制。没有配送,电子商务物流就无法实现。配送中心成为商流、信息流和物流的汇集中心。信息化、社会化和现代化的物流配送中心把三者有机地结合在一起,商流和物流都在信息流的指令下运作。

■ 本章总结

物流是指通过有效安排商品的仓储、管理和转移,使商品在需要的时间到达需要的地点的经营活动。物流系统由运输、储存、包装、装卸、搬运、配送、流通加工、信息处理等各环节组成,它们也称为物流的子系统。

企业主要在四个方面对其市场物流作出决策:我们应该怎样处理订单?我们应该在哪里设置仓库?我们应该怎样管理存货?我们应该如何发送产品?

整合物流管理要提供更好的客户服务并降低分销成本,需要企业内部及所有营销渠道成员组织之间的团队合作。

现代物流一个明显区别于传统物流的特点是：传统物流是生产企业自己办物流，其特点是"小而全""大而全"。现代物流则是第三方物流，是指由物流劳务的供需双方以外的第三方完成物流服务的物流运作方式。

电子商务对物流的影响巨大，物流未来的发展与电子商务的影响密不可分。

 本章关键词

物流　物流系统　整合物流管理　第三方物流

 思考题

1. 试述对物流内涵的理解。
2. 物流策略包括哪些主要内容？
3. 企业采用第三方物流商的原因是什么？

第五篇

传播营销价值

是故言悖而出者，亦悖而入；货悖而入者，亦悖而出。
——（春秋）孔子

凡出言，信为先。诈与妄，奚可焉？
——（清）李毓秀

选择营销价值和配置营销价值构成了企业的经营，传播营销价值是把企业经营的内容告知顾客。沟通即达成交情和交易。沟通和促销广义上也是经营的组成部分，整合营销传播也是一种战略体现，当然还包括具体的战术。

过去把营销传播称为"促销"（promotion），它是市场营销4P组合的最后一个要素。促销不是简单的工具，而是多种工具的组合。促销组合（promotion mix）由人员销售、广告、销售促进、直接营销和公共关系等工具构成，用于有说服力地沟通顾客价值和建立顾客关系。

整合营销传播（integrated marketing communication，IMC）是指将与企业进行市场营销有关的一切传播活动一元化的过程。整合营销传播一方面把人员销售、广告、销售促进、直接营销、公共关系等一切传播活动都涵盖于营销活动的范围之内；另一方面则使企业能够将统一的传播资讯传达给顾客。其中心思想是以通过企业与顾客的沟通满足顾客需要的价值为取向，确定企业统一的促销策略，协调使用各种不同的传播手段，发挥不同传播工具的优势，从而使企业实现促销宣传的低成本化，以高强冲击力形成促销高潮。整合营销传播就是要求传播者在沟通过程中尽量保持信息的一致性，希望能为其组织和品牌创造"一种形象和一种声音"。整合营销传播理论已经得到了企业界和营销理论界的广泛认同。

整合营销传播也称为"整合营销沟通",是20世纪90年代发展出来的理论,美国营销专家唐·舒尔茨(Don E. Schultz)教授被认为是整合营销传播理论的开创者。舒尔茨说:整合营销传播是一种战略性经营流程,用于长期规划、发展、执行并用于评估那些协调一致的、可衡量的、有说服力的品牌传播计划,是以消费者、客户、潜在客户和其他内外相关目标群体为受众的。

整合营销传播策略包括推式策略和拉式策略。推式策略(push strategy)将产品通过分销渠道向最终消费者推广。制造商对渠道成员开展营销努力(主要是人员销售和交易促销),旨在吸引它们购买产品并向最终消费者促销。拉式策略(pull strategy)是制造商将其营销努力(主要是广告和消费者促销)集中在最终消费者身上,引导他们购买产品。如果拉式策略有效的话,消费者会向中间商求购产品,中间商会向制造商订货。因此,在拉式策略下,消费者需求在整个渠道中拉动产品。一般来说,大多数产品的销售不能仅仅依赖推或拉的策略,而应当有所侧重地双管齐下,既拉又推,实现整合营销传播策略的综合效果。

面对信息化的市场,没有传播和促销,企业的影响力会大打折扣。一般而言,面对消费者市场,最重要的传播、促销手段是广告和销售促进;面对组织市场,最重要的传播、促销手段是人员推销和销售促进。组织沟通效率大于个人沟通效率。互联网让沟通更加丰富、理性、隐蔽和有针对性。如果传播与促销效果不佳,问题可能出在沟通的手段和策略上,但也有可能出在经营战略布局上,不要用战术的勤快去掩盖战略的懒惰。叶子黄了不是叶子的问题,而是根的问题。

沟通攻心为上,有的放矢,整合聚力量。整合沟通包括10个相互联系或支持的力量:

现实的力量——让沟通灵活多变;
创意的力量——让沟通吸引眼球;
持续的力量——让沟通深入内心;
公关的力量——让沟通成为喜爱;
承诺的力量——让沟通有备无患;
体验的力量——让沟通有感而发;
口碑的力量——让沟通有口皆碑;
柔和的力量——让沟通以柔克刚;
技巧的力量——让沟通计上心来;
人文的力量——让沟通善始善终。

第14章

人员销售

> **开篇案例** 乔·吉拉德的销售秘诀

乔·吉拉德是世界上最伟大的销售员,连续12年荣登吉尼斯世界纪录大全全球销售第一的宝座,他所保持的世界汽车销售纪录"连续12年平均每天销售6辆车",至今无人能破。销售是需要智慧和策略的事业。乔的推销业绩如此辉煌,他的秘诀是什么呢?

1. 250定律:不得罪任何一个顾客

在每位顾客的背后,都大约站着250个人,这是与他关系比较亲近的人,包括同事、邻居、亲戚、朋友。这就是乔的250定律。由此,乔得出结论:在任何情况下,都不要得罪哪怕是一个顾客。乔说:"你只要赶走一个顾客,就等于赶走了潜在的250个顾客。"

2. 名片满天飞:向每一个人推销

每一个人都使用名片,但乔的做法与众不同:他到处递送名片,在餐馆就餐付账时,他要把名片夹在账单中;在运动场上,他把名片大把地抛向空中。有人就有顾客,如果你让顾客知道你在哪里,你卖的是什么,你就有可能得到更多做生意的机会。

3. 建立顾客档案:更多地了解顾客

乔说:"不论你推销的是什么东西,最有效的办法都是让顾客相信你喜欢他,关心他。"乔中肯地指出:"如果你想要把东西卖给某人,你就应该尽自己的力量去收集他与你生意有关的情报……不论你推销的是什么东西。如果你每天肯花一点时间来了解自己的顾客,做好准备,铺平道路,那么,你就不愁没有自己的顾客。"

4. 猎犬计划:让顾客帮助你寻找顾客

乔认为,干推销这一行需要别人的帮助。乔的很多生意都是由"猎犬"(那些会让别人到他那里买东西的顾客)帮助的结果。乔的一句名言就是:"买过我汽车的顾客都会帮我推销。"在生意成交之后,乔总是把一叠名片和猎犬计划的说明书交给顾客。说明书告诉顾客，如果他你绍别人来买车，每辆车成交之后，你都会得到相应的酬劳。

5. 推销产品的味道：让产品吸引顾客

每一种产品都有自己的味道，乔特别善于推销产品的味道。与"请勿触摸"的做法不同，乔在和顾客接触时总是想方设法让顾客先"闻一闻"新车的味道。他让顾客坐进驾驶室，握住方向盘，自己触摸操作一番。顾客会很快地被新车的"味道"陶醉了，难以忘怀。

6. 诚实：推销的最佳策略

诚实，是推销的最佳策略，而且是唯一的策略。但推销也可以有"善意谎言"原则。乔善于把握诚实与奉承的关系，尽管顾客知道乔所说的不尽是真话，但他们还是喜欢听乔的夸奖和赞美。几句赞美，可以使气氛变得更愉快，没有敌意，推销也就更容易实现。

7. 每月一卡：真正的销售始于售后

乔说："我相信推销活动真正的开始在成交之后，而不是之前。"推销是一个连续的过程。乔每月要给他的顾客寄去一张贺卡：一月份祝贺新年，二月份纪念华盛顿诞辰日，三月份祝贺圣帕特里克日……凡是在他那里买了汽车的人，都会收到贺卡。正因为他没有忘记自己的顾客，顾客才不会忘记他。

8. 自信：自信让人成功

缺乏自信的人生必是不完整的人生。没有自信心，推销便难以成功。成功决定于自己坚定的信心、坚韧不拔的意志。

除了自信，乔相信，成功的起点是要热爱自己的职业。另外，还有两种推销素质非常重要：一是倾听；二是微笑。乔说："推销的要点是，不是在推销商品，而是在推销自己。"

资料来源：根据百度百科网站相关资料整理。

销售是一种影响力和说服力。美国营销专家罗伯特·西奥迪尼（Robert B. Cialdini）认为，要产生良好的影响力和说服力，有六项普遍性原则：互惠、承诺与一致、权威、社会认同、投其所好、目标与机会稀缺。美国营销学教授杰拉尔德·曼宁（Gerald L. Manning）在《现代销售学》一书说："人员销售通常基于三种方式建立人员销售哲学：采用营销观念、重视人员销售和成为问题解决者或伙伴。"

14.1　人员销售概述

人员销售（也称为"推销"）是一种古老的销售方式，是消费者市场购买过程后期和组织市场销售最有效的一种沟通手段，特别是在使顾客产生品牌偏好、信服并最终购买方面尤其有效。任何企业的推销活动都少不了推销人员、推销品和推销对象，即推销主体、推销客体和推销对象构成推销活动的三个基本要素。

14.1.1 人员销售内涵

1. 概念

人员销售（personal selling）是世界上最古老的职业之一。因为是面对面的销售，更体现出其个性化、灵活性和现实感。从狭义来看，人员销售就是指企业人员通过与顾客（或潜在顾客）的人际接触，介绍相关产品或服务信息，以推动销售的促销过程。

广义的人员销售泛指人们在社会生活中，通过一定的形式传递信息，让他人接受自己的一系列行为活动。自我推销就是获得他人理解的行为，是一种沟通行为。生活中的自我推销无处不在，每个人都是不同意义上的推销员。

2. 素质

推销首先是推自己，其次是推销整体解决方案。推自己是推自己的个性形象和基本经营素质。三流销售只卖产品，二流销售卖顾客利益，一流销售卖整体解决方案。美国营销专家莱维特说，顾客真正购买的不是商品，而是解决问题的方案。

顾问式销售（consultative selling）是营销观念的扩展，产生于20世纪60年代末，是指销售人员充当顾问的角色，提供考虑周全的参考建议。销售人员奠定长期伙伴关系，以商谈取代操纵。倾听、识别客户问题以及提供一个或多个解决方案，这些都是顾问式销售人员所应具备的关键能力。顾问式销售展示流程图是：

需求发现→解决方案选择→需求满足展示→售后服务。

成功的人员销售的基本素质要求是：

(1) 性格：善意、认真、乐观、行动和坚韧不拔。

(2) 学习：学习的时间越长，推销成功的时间越短。

(3) 倾听："三分讲，七分听"，要把注意力集中在顾客的需求与问题上，引导顾客讲话。

(4) 帮助：销售是出于帮助顾客而销售，使双方获益。

(5) 服务：奉行真正的销售始于服务，包括售前、售中和售后服务。

(6) 换位：站在对方角度思考问题，成为换位思考者（empathizer）。

(7) 针对：针对不同对象灵活应对，提供个性化的解决方案。

(8) 承诺：承诺意味着责任与义务，是让顾客放心、化解风险的保证。

(9) 人脉：人脉即钱脉。一个人与人相处的能力和资源是影响人员销售的重要因素。

3. 职责

虽然由于推销对象存在差别，对销售工作和推销人员的要求也不同，推销人员的具体活动也不尽一致，但一些基本的销售工作是绝大多数销售人员都应该完成的，属于推销人员的职责。

(1) 提供信息反馈。销售人员在实际推销过程中必须收集有关的信息资料,包括有关本企业产品销售、竞争对手和市场现状及发展趋势等,并及时提供信息反馈。

(2) 制订销售计划。销售人员掌握了必要的信息资料之后,就应着手做销售前的准备工作,在销售经理和公司计划的指导下,制订好自己的销售计划。

(3) 进行实际推销。在实际推销过程中,销售人员要争取引起顾客的注意和兴趣,促进顾客的购买欲望;利用提供产品鉴定证明、示范使用产品、请顾客亲自试用产品等方法,取得其信任;善于正确处理反对意见;运用一些策略和技巧达成交易。

(4) 做好售后服务。在产品销售出去以后,销售人员还必须与顾客保持经常的联系并继续为其服务;定期了解顾客对产品的意见和建议,并采取改进措施,提供安装、维修、退货等服务方面的保证。

14.1.2 推销方格理论

美国营销专家罗伯特·布莱克(Robert R. Blake)等人在 1970 年提出了推销方格理论,从推销员对推销和对顾客的关注程度,以及顾客对推销员和对产品的关注程度方面,对推销活动进行了分析。

1. 顾客方格

方格理论认为,根据顾客对推销员和产品关注程度的大小,可以将顾客分为五种类型,形成顾客方格。

(1) 漠不关心型。这类顾客既不关心推销员,也不关注产品,不愿意和推销员沟通,抱着无所谓的态度。

(2) 防卫型。这类顾客对推销员有很强的防卫心理,当心自己上当受骗,但对产品很关注,想在产品上多占便宜。

(3) 软心肠型。这类顾客更关心推销员的态度,而对自己的购买行为不关心。这类顾客容易被自己的情绪支配,只要推销员热情、反复,他们就可能产生购买行为。

(4) 干练型。这类顾客对推销员和产品的关注程度都不高不低,较为理智,不轻信,但也不固执己见,乐于听取推销员的意见,显得比较自信和干练。

(5) 寻求答案型。这类顾客对推销员和产品的关注程度都很高,希望能满足自己的需求,知道自己的弱点,也理解推销员的角色,所以他们欢迎能够解决问题的推销员及其产品。

2. 推销员方格

方格理论认为,根据推销员对顾客的关心程度和对推销产品的关注程度,可以将推销员分为五种类型:

(1) 事不关己型:"要买就买,不买拉倒"。推销员无明确工作目的,缺乏成就感,对顾客实际需要漠不关心,对公司业绩也不在乎。

(2) 顾客关系型:只知道关心顾客,不关心销售,十分重视推销工作中的人际关系,自认为是顾客的好朋友,处处顺从顾客的心意。他们把建立和保持良好的人际关系作为自己推销工作的首要目标,为达此目标,可以不考虑推销工作本身的效果。

(3) 强力推销型:只关心推销效果,不管顾客的实际需要和购买心理。

(4) 推销技巧型:既不一味取悦于顾客,也不一味强行推销于顾客,往往采用一种比较可行的推销战术,稳扎稳打,力求成交。他们十分注重顾客的购买心理,但可能忽略顾客的实际需求。常常费尽心机,说服顾客高高兴兴购买了一些不该买的东西。

(5) 解决问题型:既了解自己,也了解顾客,既知道所推销的东西有何用途,也知道顾客到底需要什么样的东西;既工作积极主动,又不强加于人。他们善于研究顾客心理,发现顾客的真实需求,把握顾客的问题,然后展开有针对性的推销,利用所推销的产品,帮助顾客解决问题,消除烦恼,同时,自己也完成任务。

一般认为,解决问题型推销员针对不同的顾客类型都有可能成功,效果最好;事不关己型推销员则基本上不能成功;强力推销型和推销技巧型推销员在推销中,针对一些顾客类型时就会遇到障碍。研究表明,解决问题型推销员推销业绩是推销技巧型的 3 倍以上,是强力推销型的 9 倍以上。

14.1.3 人员销售管理

人员销售管理是指企业根据外部环境变化和内部资源条件设计和管理销售队伍的一系列活动。它包括确定销售目标、确定销售规模、分配销售任务、组织和控制销售活动。

1. 组织结构

人员推销采取何种组织结构,以便使它产生最高的工作效率是一个重要问题。在实践中,推销人员的组织结构可依企业的销售区域、产品、顾客类型以及这三个因素的结合来设置。

(1) 区域式组织结构。区域式组织结构是指企业将目标市场划分为若干个销售区域,每个销售人员负责一个区域的全部销售业务。这是一种最简单的组织结构形式。

(2) 产品式组织结构。产品式组织结构是指企业将产品分成若干类,每一个销售人员或每几个销售人员为一组,负责销售其中的一种或几种产品的推销组织结构形式。这种组织形式适合于产品类型较多,且技术性较强、产品间无关联的情况下的产品推销。

(3) 顾客式组织结构。顾客式组织结构是指企业将其目标市场按顾客的属性进行分类,不同的推销人员负责向不同类型的顾客进行推销活动的组织结构形式。

(4) 复合式组织结构。复合式组织结构是指当企业的产品类别多、顾客的类别多且分散时,综合考虑区域、产品和顾客因素,按区域—产品、区域—顾客、产品—顾客或者区域—产品—顾客来分派销售人员的形式。一个销售人员可能要同时对数个产品经理或几个部门负责。

2. 人员规模

推销人员的规模是否适当,直接影响着企业的经济效益。销售人员过少,不利于企业开拓市场和争取最大销售额；反之，销售人员过多，又会增加销售成本。所以，合理确定推销人员的规模是企业人员推销决策中重要的一环。确定推销人员规模的方法主要有三种：销售百分比法、销售能力法和工作量法。

（1）销售百分比法，是指企业根据历史资料计划出销售队伍的各种耗费占销售额的百分比以及销售人员的平均成本，然后对未来销售额进行预测，从而确定推销人员规模的方法。

（2）销售能力法，是指企业通过测量每个销售人员在范围大小不同、销售潜力不同的区域内的销售能力，计算在各种可能的销售人员规模下公司的销售额和投资报酬率，以确定推销人员规模的方法。

（3）工作量法，是指企业根据不同顾客的需要，确定总的工作量，从而确定推销人员规模的方法。

3．人员招聘

要组建一支高效率的销售队伍，关键在于选择有能力的、优秀的销售代表。一般的销售代表与优秀的销售代表的业务水平有很大差异。

甄选推销人员的程序因企业而异。较复杂的甄选程序一般包括以下几个步骤：先行接见，填申请表，面谈，测验，调查，销售部门初步决定，高层主管最后决定，正式录用。每个步骤合格后才能进入下一步骤，以确保选出优秀的销售人才，把好第一道关。

4．人员培训

有远见的企业在招聘人员之后，都要对其进行几周乃至数月的专业推销培训。培训时间随着销售工作的复杂程度与招进销售机构的人员类型不同而有所不同。

培训工作程序一般包括：明确企业经营方针与目标、明确营销人员现状及有待解决的问题、问题分析、关键要素分类、制订培训方案、分出人员层次、课程设计、确定培训方式、按计划实施培训、评估培训效果（培训成效、遗留问题）。

5．人员激励

激励在管理学中被解释为一种精神力量或状态，具有加强、激发和推动作用，并指导和引导行为指向目标。一般来说，组织中的任何成员都需要激励，推销人员更是如此。企业可以通过环境激励、目标激励、物质激励和精神激励等方式提高推销人员的工作积极性。

（1）环境激励，是指企业创造一种良好的工作氛围，使推销人员能心情愉快地开展工作。

（2）目标激励，是指为销售代表确定一些拟达到的目标，以目标来激励销售人员努力工作。企业应建立的主要目标有制定销售定额、毛利额、访问户数、新客户数、访问费用和货款回收等。其中，制定销售定额是普遍做法。

（3）物质激励，是指对作出优异成绩的销售人员给予晋级、奖金、奖品和额外报酬等实际利益，以此调动销售人员的积极性。物质激励往往与目标激励联系起来使用。

（4）精神激励，是指对作出优异成绩的销售人员给予表扬、颁发奖状、颁发奖旗、授予荣誉称号等，以此激励销售人员进步。

6. 人员考核

要评估销售人员的绩效，一定要有良好而合理的标准。绩效标准不能一概而论，管理人员应充分了解整个市场的潜力以及每一位销售人员在适应工作环境和销售能力上的差异。绩效标准应与销售额、利润额和企业目标相一致。

建立绩效标准的方法有两种：一是对每种工作因素制定特别的标准，如访问次数；二是将每位销售人员的绩效与销售人员的平均绩效进行比较。

常用的推销人员绩效指标主要有销售量、毛利、访问率、平均订单数目、销售费用、销售费用率、新客户数目等。

为了实现最佳考评效果，企业在判定考评标准时应注意以下问题：

（1）销售区域的潜量以及区域形状的差异、地理分布状况、交通条件等对推销效果的影响。

（2）一些非数量化的标准很难求得平均值，如合作性、工作热情、责任感、判断力度。

14.2 人员销售策略

人员销售过程一般包括五个基本步骤：寻找顾客、访问准备、接近顾客、沟通洽谈和成交成情。相应的人员销售策略就在其中。

14.2.1 寻找顾客

顾客在哪里。要在芸芸众生中确定要走访的顾客确实是一件困难的工作，而这项工作却非做不可。对于大多数商品来说，二八定律是成立的。也就是说，商品80%的销售额来自这种商品所拥有的顾客中的20%。如果能顺利地找到那20%的顾客，就事半功倍了。

1. 圈定推销对象的范围

在寻找顾客之前，首先要确定推销对象的范围，进行市场细分。

2. 列出潜在顾客的名单

（1）客户利用法。即利用以往曾有往来的顾客来寻找、确定新的顾客，对有往来的顾客应设法保留。

（2）社会关系法。即通过同学、朋友、亲戚等社会关系来寻找可能的客户，通过这种方法联系到的客户一般说来初访成功率应较高。

（3）运用人名录法。即细心研究你能找到的同学录、行业、团体、工会名录、电话簿、户籍名册等，从中找到潜在顾客。

(4) 家谱式介绍法。即如果顾客对你的产品满意并与推销员之间保持良好的人际关系，那么你不妨请他将产品介绍给他的亲朋好友或是与其有联系的顾客。

(5) 逐户寻访法。即通过广泛搜寻的方法，进行"地毯式"的寻找，可以获得一定数量的准顾客。这种方法遵循"平均法则"，即准顾客的数量与走访的人数成正比，走访的越多，准顾客也会越多。

3. 对潜在顾客进行分类

潜在顾客根据成交的紧迫性可分为：一个月可能成交，为渴望顾客；两个月可能成交，为有望顾客；三个月可能成交，为观望顾客。根据顾客的重要性可以把顾客分为：A 类顾客，即重要顾客；B 类顾客，即次要顾客；C 类顾客，即一般顾客。

14.2.2 访问准备

推销准备至关重要，访问准备的好坏直接关系到推销活动的成败。一般来说，访问准备主要包括以下几个方面：

1. 塑造自我

推销自己是每个人都具有的才能，而当我们进入现实的商业世界，需要我们有意识地去运用这种推销才能时，许多人就感到无所适从了。

首先要相信自己。相信自己会成功，这一点至关重要。其次要树立目标。作为推销员，他的既定目标就是"自我暗示"。最后要创造魅力。推销员的外形不一定要美丽迷人或英俊潇洒，但却一定要让人感觉舒服。语言是一个推销员的得力武器，销售人员应该仔细审视一下自己平日的语言习惯。

推销礼仪是指推销人员在从事推销活动中应该遵循的一系列的礼仪规范。良好的礼仪可以让对方产生美的享受，给人良好的印象，是一种有修养的体现，更易于沟通交流。推销礼仪一般包括：

(1) 介绍：一般包括姓名、职业、单位等，主动介绍自己，但不强行介绍自己。

(2) 举止：大方、文雅，主动握手，不乱碰东西，不先坐，向所有人点头微笑，不随意擦鼻涕、掏耳朵、剔牙齿、修指甲、打呵欠、乱咳嗽、扔果皮纸屑和跷二郎腿。

(3) 谈吐：热情诚恳、措辞得体、谦虚、注视、倾听、"说三分，听七分"、注意禁忌。

(4) 称呼：符合对方身份、礼貌。

(5) 握手：注视对方、时间恰当（1—3 秒）、力度适中、上下摆动、双手干净、不戴手套。

(6) 通信：规范、简练、诚恳。

(7) 电话：开头与结束有礼貌、响两遍就接、客气对待话筒、不与别人说笑、一般以上午 10 点左右和下午上班后为宜。

(8) 名片：代表企业形象，不要从裤子口袋里拿出，递名片最好用双手，名片正面向上，名字向着对方。

(9) 宴会：出席与招待都应礼让、文雅、注意清洁。

2. 研究产品

推销员在作好了充分的心理准备之后，应该对自己推销的产品进行了解、研究。在出发前对产品作好各项准备是必不可少的。我们不要求顾客是产品专家，但推销员一定要成为自己所推销产品的专家。

3. 认识顾客

认识顾客就是要对顾客心理有全面又深入的认识与了解，并针对不同顾客的需求和动机，准备好多套应对措施。

4. 了解竞争

了解市场竞争状况是人员销售中重要的准备工作，销售不但要顾客导向，也要竞争导向，而且从某种意义上说，了解竞争对手的状况比了解顾客更为迫切，通过了解竞争对手的状况和行为也可以分析顾客的心理与行为。

不要去指责竞争对手。曼宁说：准确、公正和诚实的事实描述会被客户欣赏，对竞争对手的激烈批评通常会令人反感。避免不惜代价地揭人隐私，公正是备受推崇的美德。

5. 拟订计划

(1) 确定梦想清单。一切事情源于想法，应设立做最好推销员的奋斗目标和收入目标。

(2) 设定年、月、周、日销售活动计划并进行时间管理，按期完成；填写每日活动记录、客户资料卡和次日计划；填写每周活动检查表并及时改进。

(3) 确定见面的具体时间、地点、人物。

(4) 准备销售工具，一般包括材料、产品目录、名片、计算器、电脑、价目表、客户档案、礼品、票据、合同、客户记录本、地图等。当然还应放上一些达成交易所需的材料，如订单、合同文本、预收定金凭证等。

如果面对的是一项较为复杂的推销任务或开发新的市场，可以成立推销小组，制订出推销小组的规划。小组推销可以将对手的注意力分散，可以给每个人留下一段思考时间，有利于观察顾客，作出正确的反应。小组成员可以在知识、经验上相互弥补，相互促进。

14.2.3 接近顾客

推销准备工作做好以后，就进入推销活动过程的下一个阶段：接近顾客。接近顾客是指推销人员在拜访前事先征得顾客同意后再进行见面的过程，包括约见顾客和接近顾客。

1. 约见顾客

在进行推销活动时，通常需要先取得"面谈约见"的机会，然后按约定的时间去访问，同时再做好下次面谈的约见工作。约见可以节省时间和精力，少吃闭门羹；不打扰顾客的正常工作；便于双方作较充分的准备；有利于整体规划。约见要认真了解顾客，确定时间、地点、内容，准时赴约。约会被拒绝是推销员的家常便饭。约见顾客主要有以下几种方式：

(1) 电话约见法。如果是初次电话中约见，在有介绍人介绍的情况下，需要简短地告知对方介绍者的姓名、自己所属的公司与姓名、打电话的事由，然后请求与他面谈后就可放下电话了。另外，要强调不会占用对方太多时间。

(2) 信函约见法。虽然随着时代的进步出现了许多新的信息传递方式，但多数人始终认为信函比电话显得尊重他人一些。使用信函来约见，所受的拒绝比电话约见要少。另外，运用信函约见还可将广告、商品目录、广告小册子等一起寄上，以增加顾客对你所推销产品的了解。这种方法有效与否，在于使用方法是否得当。当今，信函广告泛滥，如果不精心准备一番，信函很可能被顾客随手丢掉，这样一来就失策了。

(3) 访问约见法。一般情况下，试探访问中，能够与具体有决定权的人直接面谈的机会较少。因此，应在初次访问时争取与具体有决定权的人预约面谈。

除了以上三种约见方法，还有互联网上约见、发布广告约见、托人约见等方法。

2. 接近顾客

初次访问时，顾客的心里总是存有"是否就要求我购买呢"的抗拒心理，同时也有一种"见面也好，听听他说什么"的心理，这两种是混合而复杂的心理。使用高明的接近法能顺利地与顾客进入商谈，而使用笨拙的接近法，当时就有可能遭到拒绝。接近顾客主要有以下几种方法：

(1) 以提出问题接近。在这种接近中，销售人员可以找出一个与顾客的需要有关系的，同时又是所推销产品能满足的，会使顾客做答复的问题。要小心的是，不要提出对方可能答"不"的问题。例如，你可以问："你希望降低20%的原料消耗吗？"

(2) 以赞美别人接近。这是销售人员利用人们希望赞美自己的愿望来达到接近顾客的目的。卡耐基在《人性的弱点》一书中指出："每个人的天性都是喜欢别人的赞美的"。当然，赞美对方并不只是随便夸上两句就能奏效的，如果方法不当反而会起反作用。

(3) 以引证别人接近。如果你能够找到一个顾客认识的人，告诉顾客你认识这个人或者是这个人介绍你来见面的，这时，顾客对你自然会感到比较亲切。

(4) 以赠送礼品接近。以赠送诸如纪念品等一类的小礼品作为开场，所赠送的礼品一定要与所推销的产品有关系，这点很重要，因为这样一来完全可以在送礼品的同时，顺便地提到你想进行的销售。

(5) 以请教方式接近。请教会让对方感觉受到了尊重和重视，从而让对方产生一种想表现的心理和行为。

14.2.4 沟通洽谈

有效的销售沟通，可以有目的地向对方提供信息，说服对方，同时也可以进行反馈，它是整个推销过程中内容最丰富的阶段，这个环节处理好了，推销就基本成功了。良好的沟通需要理解与合作，应该是"三分讲，七分听"。沟通的润滑剂是懂得适时的赞赏、幽默和委婉。

良好沟通的技巧＝点头＋微笑＋倾听＋回应（先认同、赞美，再表达）＋记录。

除了进行语言沟通外，还有非语言沟通。非语言沟通包括：副语言，即说话音调的高低、节奏的快慢，它们伴随着语言表达信息的真正含义；表情，传递个人的情绪状况或态度；目光，即通过眼睛表达情感和态度；体姿，反映个人的紧张或放松程度；服饰与发型，传递企业形象和个人素质、特点。

还有非语言的肢体语言。如果对方面部表情为生气、紧张、紧锁双眉，身体角度为突然起身、向后倾斜、环顾左右，动作姿势是双臂抱胸、双腿交叉、握手无力等，就表示亮了红灯，沟通是不成功的。如果对方面部表情是困惑、躲避，身体角度为远离对方，动作姿势是握手无力等，则表示沟通亮起了黄灯，要特别小心了。如果对方面部表情是愉快、微笑、目光与你接触，身体角度为前倾、双手放开，动作姿势是双臂放松、双腿交叉朝向你，这时亮的是绿灯，说明沟通目前是成功的。

沟通洽谈过程是整个推销过程的重点，是正式进入推销的核心，处理好这个过程中的关系就意味着推销的成功。

1. 寒暄

寒暄是为了创造和谐的沟通氛围。闲聊是有效缓解紧张的方法，一开始不谈推销，而是谈一些公共话题或者热门话题。如与潜在顾客讨论一个互相都认识的人，询问潜在顾客对某一特定事件的看法，使用幽默的方式夸奖潜在顾客，找到对方的兴趣点。

2. 兴趣

销售人员应找到顾客兴趣所在，并能与顾客进行交流。特别要指出的是，这里所说的兴趣并不是指顾客对推销产品的兴趣，而是顾客的爱好或者关注的东西或事件。

3. 需求

销售人员关心的应该是顾客的需求，而非本公司的产品或服务，顾客不是在购买销售人员的产品或服务，而是在购买需求的满足和解决问题的方案。刺激对方的购买欲就是要让顾客明确地认识到其需求是什么，而你的产品正好能满足顾客的需求。

4. 简报

简报就是对产品或服务的简明扼要的说明。简报能够提升可信程度，要借助视觉手段，善用成功案例。产品说明要针对客户需求和问题，提出正确的解决方案，适时展示老客户证言和证据资料，还可以进行精彩的示范，在示范过程中，销售人员一定要做到动作熟练、自然，给顾客留下利索、能干的印象，同时也会对自己驾驭产品产生信心。销售人员在示范时一定要注意对产品不时流露出爱惜的感情，谨慎而细心的触摸会使顾客在无形中感受到产品的尊贵与价值，切不可野蛮操作。

销售人员可以根据现场具体情况进行主动提问，以进一步找到问题所在。不要一

开始就问顾客,这样会吓跑顾客。提问的主要方式是:

(1) 求教式提问。比如,您是行家,请多提宝贵意见。

(2) 启发式提问。比如,您不觉得它符合趋势吗?

(3) 协商式提问。比如,您看今天给您介绍些什么?

(4) 限定式提问。比如,要贵一点还是便宜点的?

5. 处理异议

处理异议是指推销人员对顾客怀疑、否定意见的处理。异议主要包括需求异议、选择异议、产品异议、价格异议、购买时机异议等。

处理异议的基本态度是:认真倾听,缓和气氛,让对方将问题重复一遍,了解问题的症结所在,不惊慌,运用记录来表示对别人意见的尊重。处理异议的主要方法包括:

(1) 转折处理法。这种方法是销售工作中的常用方法,销售人员根据有关事实和理由间接否定顾客的意见,应用这种方法首先要承认顾客的看法有一定道理,也就是先向顾客作出一定让步再讲出自己的看法。要注意,此法一旦使用不当可能会使顾客提出更多的意见。在使用过程中要尽量少使用"但是"一词,这样效果会更好。

(2) 转化处理法。这种方法是利用顾客的反对意见本身来进行处理。顾客的反对意见是有双重属性的,它是交易的障碍,同时又是很好的交易机会。推销员要是能利用顾客意见的积极因素去抵消其消极因素,未尝不是一件好事。比如,你推销的产品是办公自动化用品,当你敲开顾客办公室的门时,他对你说:"对不起,我很忙,没有时间和你谈话。"这时你不妨说:"正因为你忙,你一定想过要设法节省时间吧,我们的产品一定会帮助你节省时间。"这样一来,顾客就会对你的产品留意并产生兴趣。

(3) 以优补劣法。如果顾客的反对意见的确切中了你的产品或你的公司所提供的服务中的缺陷,千万不可以回避或直接否定,明智的方法是肯定有关缺点,然后淡化处理,利用产品的优点来补偿甚至抵消这些缺点。这样有利于使顾客的心理达到一定程度的平衡,有利于使顾客作出购买决策。

(4) 冷处理法。对于顾客的一些不影响成交的反对意见,销售人员最好不要反驳,采用不理睬的方法是最佳的。千万不能顾客一有反对意见,你就反驳或以其他方法处理,那样就会给顾客造成你总在挑其毛病的印象。

6. 识别

顾客有了购买愿望时往往会发出一些购买信号,有时这种信号是下意识地发出的,顾客自己也许并没有强烈地感觉到或不愿意承认自己已经被说服,但他的语言或行为会告诉你可以和他做买卖了。

信号可以通过表情信号、语言信号和行为信号表现出来。比如,顾客要求降价、认真倾听、主动介绍他人、要求详细介绍产品或服务、表示对其他产品的不满、由静变动、轻松、找笔、拿订货单看、表示友好、愿意接受安排等都是购买信号的体现。面对顾客发出了这么多信号,应及时判断,把握时机,机不可失,时不再来。

14.2.5 成交成情

成交成情包括建议成交和留住人情两个方面的内容。

1. 建议成交

建议成交是整个推销工作中的关键时刻，掌握建议成交的时机是一种艺术，要把握好这个分寸。找到合适的时机时，应该立即建议，建议的最终目的是让顾客主动说出要买这个产品。建议成交的策略一般包括：

(1) 承诺成交法。即在不管成交与否的条件下，对方仍稍有疑问时，你便以对方当然会购买的认识，通过承诺促使对方达成交易的方法。此法重要的是承诺的推动力量，尽管顾客迟早会下决心的，但如果没有这种推动力，他也许决心会下得慢一点，或者最后根本不想买了。

(2) 肯定成交法。这种方法的用意在于逐步使顾客对于某些要点表示赞同，尽量让对方作出肯定的回答，如仍不购买，自然是不合理了。该策略所含的压力比承诺法还要大一些，这对于一位处处为自己打算的顾客是很有效的。

(3) 选择成交法。这种方法往往是把最后的决定集中到两种购买选择上，然后让顾客从二者中挑选出一种。这样的策略是基于假设成交，只是成交的数量或者品种、款式不同而已。

(4) 总结成交法。此法就是当你在即将结束一次买卖交流时，可将你所提到过的产品或服务的内容用语言或者文字加以简单的总结，列出利弊，进行分析，然后向对方提出请其购买的要求。这种结束方法所含的压力比较小，当你与一位内行顾客接洽时，此法比较有效，因为这些人大都不喜欢别人对他施加任何压力。

(5) 优惠成交法。此法是通过给予特殊优惠的方法来完成交易。当然，这可能也就等于向顾客开了一个很坏的头，即表示你是可以讨价还价的，以后顾客就会不断地要求你采取这种做法。但是，运用这种方法往往不会产生恶果，而是效果明显。

(6) 小狗成交法。此法是让顾客先免费试用产品或服务一段时间，然后再让其决定是否购买的成交方法。

2. 留住人情

关系营销的核心是与顾客建立交情。交易顺利达成后，销售人员千万不要让顾客感觉出你的态度开始变得冷淡，一旦买卖做成，就开始敷衍顾客，这会让顾客失去安全感，从一个生意人手中买下产品的感觉和从朋友手中买下产品的感觉是大相径庭的。

交易成功后，企业还要为客户建立详细的客户资料档案，按计划进行定期、不定期售后服务，访问客户，建立企业和客户的联谊会，在送货、交货、维修、保养等方面提供及时周到的服务，在适当的时机还可以赠送纪念品，以各种方式联络培育客户忠诚度。通过优质的服务来影响顾客的心理是最佳的销售策略，最好的服务就是要超越顾客的期望。优质的售后服务可以进一步扩展顾客群或再销售。

交易成功后，销售人员容易做到与顾客再沟通、再交流，而一旦交易不成，许多销售人员容易草草收场。优秀的推销员能做到"买卖不成人情在",对拒绝自己的顾客依然彬彬有礼,感谢他们给自己机会,并向他们致歉说耽搁了他们的宝贵时间,如有可能要留下些顾客材料,以备下次再访。推销始于拒绝,销售人员的耐心和信心是非常重要的心理素质。

先做交情,再做交易,达成了交易,更要再达成交情。

本章总结

人员销售是指企业人员通过与顾客(或潜在顾客)的人际接触来推动销售的促销方法。人员销售管理是指企业根据外部环境变化和内部资源条件设计和管理销售队伍的一系列活动。

推销方格理论包括顾客方格和推销员方格。顾客方格把顾客分为漠不关心型、防卫型、干练型、软心肠型和寻求答案型。推销员方格分为事不关己型、强力推销型、推销技巧型、顾客关系型和解决问题型。

人员销售过程一般包括五个基本步骤:寻找顾客、访问准备、接近顾客、沟通洽谈和成交成情。沟通洽谈一般又包括六个具体步骤:寒暄、兴趣、需求、简报、处理异议和识别。

本章关键词

人员销售　接近顾客　处理异议

思考题

1. 人员销售的内涵及其基本的素质要求是什么?
2. 试述推销方格理论。
3. 试述人员销售过程及其策略。

第15章

广告传播

开篇案例 宝洁引领整合营销传播迭代

宝洁（P&G）是源于美国的跨国消费日用品公司，于1837年在美国辛辛那提联合创立。1988年，宝洁进入中国市场，2021年6月，宝洁位列2021年《财富》美国500强排行榜第43名。

宝洁是全球市场营销领域的实战派领导者，其广告策略闻名世界。宝洁广告策略经常运用很多方式，主要有比较法、数据法和证言法。

宝洁经常在广告中与同类型产品相比较，达到突出产品功效的作用。不管是洗发水、牙膏还是香皂，进行各个维度的比较，突显出产品更有效、更便宜、更实用的特质，从而吸引消费者，提升知名度。比如，佳洁士广告：没有蛀牙。广告中用鸡蛋的两半进行对比："鸡蛋为什么会一半变软了呢"，"因为一半受到了酸的腐蚀，就像我们的牙齿，时间长了不注意保护也会像这个鸡蛋一样"，"有了佳洁士牙膏，其中独特的配方，可以有效地防止蛀牙"。

数据展示也是广告中常用的手法，宝洁深谙此道。比如，玉兰油活肤沐浴露广告：24小时不断滋润，令肌肤持续得以改善，一星期内，肌肤会更有光泽，更富弹性。数字运用增强了科学性解释力度及理性诉求，易于理解，提升了信任度。

证言就是通过产品使用者的说明、评价，证明、表现产品的优良。既可以用明星、名人证言，也可以用普通消费者证言。宝洁SK-Ⅱ广告用郑秀文、舒淇、刘嘉玲、汤唯等影视演员来代言，对公众判别产生了极大的推动力。

2013年左右，宝洁开发出整合营销传播的POE模型：付费媒体（paid media）、自有媒体（owned media）和赚得媒体（earned media）。

付费媒体是企业需要付费购买才能用的媒体，包括传统广告和数字营销等需要向媒体方付费的媒体。自有媒体是企业自己拥有，不需要付费购买就能用的媒体，包括企业官方网站、APP和微信号、微博号、头条号、抖音号等。赚得媒体是既不需要付费购买，也不是自己拥有，而是因为客户或合作伙伴的口碑传播、二次传播而让企业受益的媒体，包括公共软文、在各种社交媒体上客户自发产生和自发传播的信息。企业有"白赚"的意味，所以被称为赚得媒体。再加上一个S，就升级成为POES模型，S代表销售平台（sales platform），是所有线下和线上的销售场景，包括传统线下实体店以及线上天猫店、京东店、淘宝店、微店等，甚至还包括驱动客户重复购买和老客户带新客户的工具和平台。

POES模型的操作逻辑是：先用付费媒体解决客户的认知，然后用自有媒体和赚得媒体解决客户的兴趣和二次传播，最后用销售平台解决客户的购买。中小企业在运用时可以先用自有媒体和赚得媒体，再用付费媒体，将品牌认知和流量规模推上一个台阶。

资料来源：百度百科网站；胡超：《极简市场营销》，北京联合出版公司2021年版。

大卫·奥格威说：广告不应该视为一种艺术形式的表现，广告唯一正当的功能就是销售，不是娱乐大众，也不是运用你的原创力或美学天赋，使人们留下深刻的印象。他的座右铭是：我们做广告是为了销售产品，否则就不是做广告。科特勒说：最好的广告是由满意的顾客作出的。

15.1 广告传播概述

现代经济中广告的作用越来越重要了，广告已经成了市场的重要支柱，被称为"无烟工业"。衡量一个国家的经济实力如何，通过广告市场的表现即可看出，经济的增长伴随着广告业的增长，市场的活跃程度伴随着广告的多样化。

广告是整合营销传播中十分重要的组成部分，是运用最为广泛和最为有效的促销手段。市场上、社会中处处可以看见广告的踪影。广告用其迷人的效应让企业对它乐此不疲，但企业也会觉得广告有时就是一个"无底洞"，不知该投入多少钱才能取得真正的效果。

15.1.1 广告内涵

"广告"一词起源于拉丁语"adverture"，意为大喊大叫以吸引或诱导人们注意，后演变为英文"advertise"，意为引起人们注意，告知某人某事。这与汉语"广告"的字面含义"广而告之"接近。到17世纪末，随着英国在世界范围内大规模展开商业活动，"广告"一词便广泛地流行并被使用。广告有广义和狭义之分，广义的广告包括经济广告和非经济广告，是与信息社会紧密相连的，是维持与促进现代社会生存与发展的一种大众性的信息传播工具与手段。而狭义的广告，主要是指营利性广告，亦称"商业广告"，这种广告只传播有关促进商品和劳务销售的信息。

商业广告（advertising）是指广告主以付款的方式，通过广告公司和一定的媒介，向一定的人传达一定的信息，以期达到一定交换目的的有责任的信息传播活动。

1. 广告的本质是信息沟通

广告是一种高度大众化的信息传递方式,并不只是在销售产品,它销售的是有关产品或服务的信息,在消费者和企业之间建立信息沟通渠道。因此,其本质是信息沟通。广告的信息通过各种宣传工具,包括报纸、杂志、电视、无线电广播、互联网及直接邮送等,传递给它所想要吸引的观众或听众。

2. 广告是双向沟通模式

传统的广告是一种单向沟通模式,如电视广告,并不具有明确的受众针对性,也不能做到信息及时反馈。单向沟通是目前广告沟通的主要模式,但已经发生变化,发展迅猛的互联网和电话营销等,开展了双向或多向沟通,因此,双向或多向沟通才是广告的主要沟通模式。

3. 广告是付费的信息沟通

广告是由广告主通过付费的方式,选择广告媒体进行信息传播,这与新闻等传播信息不同。有偿性是区分商业广告与新闻的标准。

4. 广告的最终目的是促销

无论是企业形象广告还是社会公益广告,都脱离不了广告的最终目的——增进销售产品,这是广告作为促销要素的基本特征。

广告构成的要素有:广告主,是指发布广告的团体或个人,是广告活动的主体,是广告内容的决定者;广告媒体,是在广告主与广告宣传对象之间起媒介作用的传播媒体;广告信息,指广告所要宣传的内容,也称"广告物";广告费用,指广告主必须为使用广告媒介而支付给媒介所有者的一定费用,并从中提取佣金支付给广告制作单位,如广告公司。

15.1.2 广告分类

1. 根据广告在不同生命周期实现目标的不同进行分类

(1) 通知广告(information advertising)。通知广告用于一种新产品刚导入市场时,广告目标主要是将此信息告诉目标顾客,使之知晓并产生兴趣,促成初始需求,如说明产品名称、效用、价格、使用方法以及企业提供的各项附加服务等。

(2) 劝说广告(persuasive advertising)。产品的成长期应用劝说广告较多,这个时期需求的特点是具有选择性,即顾客对某一种产品有需求,但还没有形成品牌偏好,可在不同的品牌中进行选择。此时,企业的主要广告目标应是劝导顾客购买自己的产品,突出产品特色,介绍本产品优越于其他产品之处,促使顾客形成品牌偏好。

(3) 提示广告(reminder advertising)。提示广告适用于产品成熟期,广告目标是提示顾客购买。例如,青岛啤酒和可口可乐是众所周知的产品,早已处于成熟期,它的广告目标就不再是介绍和劝说人们购买,而是提示人们购买。

2. 根据广告表现形式的不同进行分类

(1) 企业产品或服务广告。这类广告主要传递的是企业产品或服务的品牌、质量、性能、特点等信息，以宣传、销售企业的产品或服务，其数量在广告中占据主要部分。

（2）企业形象广告。这类广告也称为"企业声誉广告"，目的在于塑造企业或行业形象，致力于对企业总体做宣传，从而建立、改变或维持企业的形象特征。企业形象广告通常不要求观众直接购买，但会建立消费者与企业形象之间的关联。一种是为解决负面影响而做的形象广告，如汽车生产商针对潜在车祸的担心而做的交通安全广告；另一种是为巩固正面影响而设计的形象广告，如保险公司的公益广告等。

3. 根据广告诉求方式的不同进行分类

（1）感性诉求广告。即通过广告对无生命的产品赋予一定生动、感性的色彩，与消费者对某种情感的追求相吻合，动之以情，使其在好感和共鸣的基础上作出购买行为。

（2）理性诉求广告。即通过直接或间接的形式科学论证产品的优点，理性地说服受众，晓之以理，使其在信服的基础上作出购买行为。

除此之外，按照传播的地域范围，可将广告划分为地方性广告、区域性广告、全国性广告和国际性广告；按照媒体方式不同，可将广告划分为报纸广告、杂志广告、广播广告、电视广告、互联网广告、户外广告、POP广告（售点广告）、邮寄广告等；按照作用期不同，可将广告划分为即时广告、近期广告和战略广告等。

15.1.3　广告基本策略

1. 感性广告策略

感性广告策略是指根据消费者重视感性消费的心理特征（重视个性的满足、象征意义、时尚、情感等），在广告宣传中诉求消费者感性认识的策略。比如，洋河蓝色经典的广告词：世界上最宽广的是海，比海更高远的是天空，比天空更博大的是男人的情怀。

2. 细分广告策略

细分广告策略是指广告宣传基于企业产品或服务的细分，针对细分消费者的特点和可能的要求进行目标性很强的宣传策略。例如，"其实，男人更需要关怀"的丽珠得乐胃药广告，让男人倍感亲切。在服装、食品、日用小商品、电器商品等销售市场上，细分广告策略有较广泛的运用。

3. 概念广告策略

这种广告策略是企业以捕获消费者的注意力为中心，赋予产品或服务丰富独特的想象内涵和特色的广告宣传策略。概念广告要避免只有概念，没有实质内容。比如，海信的"变频空调"概念、飘柔的"柔顺头发"概念、海飞丝的"去除头屑"概念、潘婷的"营养头发"概念等。

4. SP广告策略

SP（sales promotion）广告策略是指在企业进行产品或服务的宣传时，为了进一步刺激消费者需求，引发购买行为而采取的特别促销手段。SP 广告无论是在国内还是在国外，都能取得较好的促销效果，所以受到企业重视和运用。

做 SP 广告应该注意运用的时间、场合和理由，不能滥用。许多节日（如元旦、春节、劳动节、儿童节、中秋节、国庆节、企业的厂庆日和店庆日等）、季节和各种体育、文化、政治活动都可能成为企业做 SP 广告的契机与理由。

5. 重复广告策略

重复广告策略是指为加深接受者的印象，以增加广告的效力，而让同一广告在媒体上反复刊播的策略。

广告重复能提高并加强品牌的知名度。事实上，绝大多数知名品牌或企业之所以知名，跟广告的频繁重复是分不开的，无论是国外知名品牌还是国内知名品牌。企业家史玉柱说：要播广告，至少要坚持一年。能让人记住的广告，特点就是不停地重复。

15.1.4 国际广告

国际广告就是指企业进入他国市场而采取的广告策略。国际营销企业的产品进入国际市场时，广告通常是促销的先导，它可以帮助产品实现预期定位，也有助于树立国际营销企业的形象。在国际市场上做广告或进行推销活动，其基本活动规律与国内市场相同，有些做法也是通用的。但由于国际市场环境比较复杂，各个国家经济发展水平不同和民族文化习惯不同，对广告所持的态度也不相同。国际广告促销中要注意以下方面：

1. 广告限制因素

（1）法律限制。不同国家对广告制定不同法规，必须遵守这些国家的广告法。

（2）媒体限制。不同国家广告媒体的可利用性、质量、覆盖面及成本是不同的，必须根据媒体的具体情况作出选择。

（3）受众限制。不同国家的居民有自己的价值观、审美观及宗教信仰，必须认真进行分析，使广告能真正符合当地民风民俗，符合需要。

2. 广告标准化和差异化

广告标准化是指在不同的目标市场对同一产品做同一广告。这种选择突出了国际市场基本需求的一致性，并能节约广告费用，但其缺点是针对性不强。

广告差异化则是充分关注国际市场需求的差异性，对同一产品在不同目标市场做不同的广告，其优点是针对性强，但缺点是广告成本相对较高。

15.2 广告策略实施

广告策略实施需要通过一个 5M 程序：任务（mission），广告的目的是什么；资金（money），要花多少钱；信息（message），要传送什么信息；媒体（media），使用什么媒体；衡量（measurement），如何评价结果。

15.2.1 拟订广告目标

所谓广告目标，是企业借助广告活动，在规划期内所期望达到的最终效果。广告目标对广告总体活动具有指导意义，也是制定广告策略的首要步骤及准则。

广告活动的目的体现了企业经营目标和市场竞争的要求，相对比较抽象。而广告目标则是对广告活动的目的进行具体化、数量化，比较实际。

1. 广告目标内容

完整的广告目标一般包括五个方面的内容：

（1）时间跨度，即广告活动的规划期，从何时起至何时完成。

（2）地域界限，即广告活动传播的地域范围。

（3）目标受众，面向哪一部分广告受众进行宣传应在广告目标中明确界定。

（4）性质描述，即期望通过广告活动达到什么样的效果。

（5）数量指标，这也是广告实施后进行效果评定的重要依据。

2. 广告目标分类

一个企业的广告目标往往不是唯一的，且可以根据不同的标准进行分类。从时间上可以分为长期目标、中期目标和短期目标，从地区上可以分为全国性目标、区域性目标和地方性目标。而最具有实际意义的是按其具体内容进行分类，可分为以下四类：

（1）销售增长目标。销售增长目标是企业广告活动中较为常见的广告目标，旨在使企业的销售业绩有所增长。它往往通过销售额、销售量等指标来衡量。以此为重点的广告策略一般注重于对消费者购买欲望的刺激，它适用于在市场上已具备一定影响和销路的产品。

（2）市场拓展目标。以市场拓展为目标的广告战略旨在拓展新的市场，期望通过一段时期的广告活动能使一批新的消费者加入本企业产品的消费行列，所以以市场拓展为目标的广告策略一般注重于在新的消费群体中加强商品或品牌的知晓度及偏好度。而由于新的消费群体很可能是竞争对手过去或现存的购买者，因此以市场拓展为目标的广告策略一般具有较强的竞争性和挑战性。

（3）产品推广目标。以产品推广为目标的广告战略旨在扩大产品的认知度或知晓度，期望通过一个阶段的广告活动能使企业的某一种产品或品牌为目标市场的消费者了解和接受，所以以产品推广为目标的广告策略一般注重于对消费者消费观念的改变及品牌知名度的提高，重视广告的覆盖面和目标受众对广告的接触率。这类广告目标比较适用于企业新产品的宣传。

（4）企业形象目标。以企业形象为目标的广告战略旨在扩大企业在社会上的影响，期望通过一段时期的广告活动能使企业整体的知名度和美誉度得到提高，所以以企业形象为目标的广告策略不单纯追求短期内产品销售量的增长，而注重同目标受众之间的信息和情感沟通，追求目标受众对本企业的文化理念及视觉形象的认同，努力增强目标受众对企业的好感和信任。

15.2.2 制定广告预算

确定了广告目标后,企业要为广告的产品或服务制定广告预算。

1. 影响广告预算的因素

在制定广告预算时要考虑五个特定的因素:

(1) 产品生命周期阶段。新产品一般需花费大量广告预算以便建立知晓度和取得消费者的试用。已经建立知晓度的品牌所需预算在销售额中所占的比例通常较低。

(2) 市场份额和消费者基础。市场份额高的品牌,只求维持其市场份额,因此其广告预算在销售额中所占的比例通常较低。而通过增加市场销售或从竞争者手中夺取份额来提高市场份额,则需要大量的广告费用。

(3) 竞争与干扰。在一个有很多竞争者和广告开支很大的市场上,一种品牌必须更加大力宣传,以便高过市场的干扰声,让人们听见和看见。即使市场上一般的广告干扰声不是直接针对品牌竞争,也有必要大做广告,以使目标受众知晓其差异性。

(4) 广告频率。把品牌信息传达到顾客需要的重复次数,也会决定广告预算的大小。

(5) 产品替代性。同商品种类中的各种品牌需要做大量广告,以树立有差别的形象。如果品牌可提供独特的利益或特色,广告就起着重要的作用。

2. 确定广告预算的方法

很多企业对广告预算有这样或那样的错误认识,认为广告预算是个无底洞,永远都看不到底,因而存在畏惧心理或模糊不清的认识,不知道该依据什么标准投入多少而一筹莫展。在确定广告预算时常用以下几种方法:

(1) 量力支出法,即广告预算的大小根据企业自身的情况决定。它的优点是简便易行,缺点是预算额可能随销售额变化忽高忽低,难以制订长期的促销计划。同时,完全忽视了广告支出作为一种投资对销售量的直接影响。

(2) 销售额比例法,即根据目前或预期的销售额确定广告费用水平,使广告费用占销售额的一定比例。

(3) 竞争对等法,即在激烈的市场竞争中,企业制定广告预算向竞争对手看齐。采用这种方法要先了解同行业中主要竞争对手的大致广告预算,然后据以确定自己的预算,使自己的预算与竞争对手的预算大致相当。

(4) 目标任务法,即企业首先确定广告目标究竟是什么,然后确定达到这些目标所要完成的任务,最后再估算完成这些任务所需要的广告费用。

15.2.3 设计广告信息

广告信息设计的基本原则是:真实性、独特性、趣味性、充分性和艺术性。设计广告信息包括以下内容:

1. 广告调查

广告调查是为了制作有效的广告所做的一系列市场信息的收集、分析工作，分为事前调查和事后调查（广告效果的测定）。广告调查是广告策划的基础，只有掌握准确的信息，广告活动才能成功。广告调查的内容主要包括：

（1）环境调查，即调查政治、法律、文化、经济、技术等宏观环境对广告的影响。

（2）广告主调查，即广告主的发展历程、实力水平、资信状况等情况的调查。

（3）产品或服务调查，即广告主产品或服务的质量、产品生命周期、售后服务等情况的调查。

（4）市场调查，即顾客需求、竞争者状况的调查。

（5）媒体调查，即媒体的覆盖率、收费标准、技术水平等情况的调查。

2. 广告定位

广告定位就是指企业根据顾客的不同需求，确定宣传产品或服务的主题和特色，树立产品或服务市场形象的活动。史玉柱说："做广告，定位的准确比广告形式更重要。"

广告定位是广告策划的关键，它使企业的产品或服务与众不同。广告定位实质上是企业在营销策划中市场定位和品牌定位的反映，市场定位和品牌定位是广告定位的基础。企业决定要做什么及其理由，而广告公司决定怎样宣传企业已经确定的理由（定位）。

3. 广告创意

广告信息的表现形式是通过广告创意实现的。广告创意是指创意者通过特定的艺术构思，将与众不同的广告主题准确、凝练、引人入胜地表现出来的创造性思维活动。独特的创意有助于夺人眼目，提高广告效用。有创意才有吸引力，有创意才有竞争力。大卫·奥格威说："我认为创意功能是广告公司运作最重要的一环。"

广告创意的基本方法有垂直创意法、水平创意法和激荡创意法。垂直创意法是指根据以往的经验、模式，进行改良的创意。水平创意法是指打破常规和经验，与众不同的创意。激荡创意法是指开小型会议，各人抒发奇思异想，集思广益，最后综合得出意见的创意方法。

广告创意需要通过广告文案来表现。广告文案（advertising copy）是指通过一定的媒体向公众介绍和推销产品或服务内容的应用文。广义上的文案是指整个广告作品内容，包括文字、绘画、照片、色彩、音乐、布局等。广告策划书包括标题、目录、正文、附录、广告词、署名等，正文为核心部分。正文包括前言（广告目标、项目由来、客户简介）、市场分析（广告受众与竞争者）、广告策略（广告定位、广告创意及媒体选择）、广告计划（广告费用预算表、广告实施发布时间、广告配套活动如公关活动、广告效果测定）等内容。附录包括业务委托书、合作协议、各媒体上的具体广告文案设计等。

（1）标题（headline），是用来引人注意的语言文字。看广告先看标题的人比先看正文的人多五倍。标题包括直接标题、间接标题和复合标题。直接标题是指直接以某种商品、品牌或企业名称做的标题，如"可口可乐饮料"。间接标题是用艺术手法来暗示和诱导消费者进一步关注广告内容的标题，题好一半文，如"给太太一份安全感"。复合标题是直接标题与间接标题的组合，如"岁岁平安，三九胃泰的承诺"。

（2）正文（body copy），是阐述广告要向受众宣传的产品或服务或企业等方面内容的文字。正文主要以说明文、散文、诗歌为文体表现出来。

（3）附录，是指广告信息中的商标、企业名称、地址、账户、电话传真号码、批准文号、获奖状况、销售点、生产及保质日期等内容的总称，是广告正文的附加说明。

（4）广告词（slogan），是指集中贯注了广告主题、中心思想的文字，是企业或品牌的标志性短语，具有长期性、精练感、口语化的特点。比如，冷酸灵的"酸甜冷热都不怕"，农夫山泉的"农夫山泉有点甜"，TCL的"为顾客创造价值"等。

创意策略一般包括文字、画面、人物、色彩和音乐等方面的创意。

（1）文字创意。文字创意的基本要求就是生动、简明、易记。文字创意主要体现在广告词和广告间接标题的创意上。

① 俗语文字广告。这是利用人们的日常用语来做广告的方法。比如，"拥有桑塔纳，走遍天下都不怕"；"车到山前必有路，有路必有丰田车"；"味道好极了"；"爱拼才会赢"；等等。

② 幽默文字广告。这是利用轻松、诙谐、调侃的文字来做广告的方法。比如，"只要青春不要痘"；"欢迎顾客踩在我们身上"；"自讨苦吃"；等等。

③ 夸张文字广告。这是利用夸大、张扬的文字来做广告的方法。比如，"今年20，明年18"；"不老宣言"；等等。

④ 诗联文字广告。这是利用诗词、对联的文字来做广告的方法。这种广告文字往往在服务业有广泛的运用。比如，"香分花上露，水吸石中泉，尘虑一时净，清风两腋生"；"皮张之厚无以复加，利润之薄无以复减，天下第一厚皮"；等等。

⑤ 顶针文字广告。这是让下句起始的字或词与上句末尾的字或词相同的方法。比如，"静静地吸，吸得净净"；"加佳进家家，家家爱加佳"；等等。

⑥ 回环文字广告。这是把一个词组顺序颠倒，构成一个新词的方法。比如，"万家乐，乐万家"；"长城电扇，电扇长城"；等等。

⑦ 设问文字广告。这是提出问题，寻求解答的方法。比如，"牛肉在哪里"；"病口不治，笑口何来"；"人类失去联想，世界将会怎样"；等等。

⑧ 感性文字广告。这是诉求情感、个性、价值等感性认识的方法。比如，"面对面的爱"；"好东西要与好朋友分享"；"只要我喜欢，有什么不可以"；"钻石恒久远，一颗永留传"；等等。

⑨ 谐音文字广告。这是采用仿语修辞格，以同音字或近音字取代原词语中的个别字的方法。比如，随心所"浴"；"烧"胜一筹；"咳"不容缓；默默无"蚊"；"闲"

妻良母;"鸡"不可失;"骑"乐无穷;"酒"负盛名;等等。

（2）画面创意。画面创意的基本要求是有艺术性、新颖、精练。

① 意境美画面，即富有美感、寓意和象征意义，产品或服务是与某种形象联系在一起的。比如，经典的万宝路广告，画面是广阔的原野，有骏马和牛仔在尽情飞奔，象征着自由、奔放、豪迈的个性与生活。

② 人情味画面，即富有情感、情趣，温暖人心，感人的画面。比如，南方黑芝麻糊广告，古朴的小巷，和蔼的大妈，馋嘴的小男孩，温柔的目光，体现出人与人之间的关心和爱护，善良之情溢出画面，感人至深。

③ 新奇特画面，即新颖、奇异、有特色的画面。包括惊险画面广告、对比画面广告、破坏画面广告、夸张画面广告、悬念画面广告、证言画面广告、重复画面广告和系列画面广告等。

（3）人物创意。人物创意的一般要求是要恰当、有针对性和真实。

① 一般人物选择。同样的产品，不同人的宣传会产生不同的效果。如 Wendy 快餐店，请三位老太太做广告，产生了闻名世界的"牛肉在哪里"的调侃语言。目标明确的产品，一般让目标对象来做广告。要避免美女广告的误区，不是所有产品或服务都可以用美女做广告。要注意家庭及孩子的力量，不同家庭购买角色对购买行为的影响。

② 名人广告效应。名人可以满足一般人追求成功、时尚、浪漫的心理需求。名人广告往往可以迅速提高企业的知名度，改变产品或服务形象，产生轰动效应。名人广告要注意真实、有针对性和号召力。

（4）色彩创意。色彩创意的一般要求是鲜明、有对比、突出。

色彩的重轻顺序为：黑、紫、青、蓝、绿、黄、橙、红、白。色彩的暖冷顺序为：红、橙、黄、绿、紫、青、蓝。色彩的诱目效果：红＞蓝＞黄＞绿＞白。

（5）音乐创意。音乐创意的基本要求是悦耳、动听、恰当。

创意过程中要注意音乐的选择：用新创还是旧有音乐，用古典还是现代音乐，用民族还是外国音乐。用音乐创造形象要注意：是快乐还是安静，是怀念还是奋进。好的音乐可以代表品牌和企业形象。

15.2.4　选择广告媒体

广告媒体就是指在广告者与广告受众之间起媒介作用的物质。各类广告媒体都有不同的特点，适合不同的广告要求。因此，选择好广告媒体对取得良好的广告效果有重要的影响。这一步骤也包括选择广告媒体的标准、比较不同的广告媒体等内容。

1. 选择广告媒体时考虑的因素

不同的广告媒体有不同的特性，这决定了企业从事广告活动必须正确地选择广告媒体，否则将影响广告效果。正确地选择广告媒体，一般要考虑以下影响因素：

（1）产品的性质。不同性质的产品，有不同的使用价值、使用范围和宣传要求。广告媒体只有适应产品的性质，才能取得较好的广告效果。

（2）消费者接触媒体的习惯。选择广告媒体，还要考虑目标市场上消费者接触广告媒体的习惯。一般认为，能使广告信息传到目标市场的媒体是最有效的媒体。

（3）媒体的传播范围。媒体传播范围的大小直接影响广告信息传播区域的广窄。适合全国各地使用的产品，应以全国性发放的报纸、杂志、广播、电视等作为广告媒体；属地方性销售的产品，可通过地方性报刊、电台、电视台、霓虹灯等传播信息。

（4）媒体的影响力。广告媒体的影响力是通过报刊的发行量和电视、广播的视听率来体现的。选择广告媒体应把目标市场与媒体影响程度结合起来，能影响到目标市场每一个角落的媒体是最佳选择，这样既能使广告信息传递效果最佳，又不会造成不必要的浪费。

（5）媒体的费用。各广告媒体的收费标准不同，即使同一种媒体，也因传播范围和影响力的大小而有价格差别。考虑媒体费用，应该注意其相对费用，即考虑广告促销效果。

总之，企业应根据各类媒体的特点和上述其他诸因素选择适当的媒体，即将总的广告预算在各类媒体之间作适当分配。

2. 广告媒体的发展

广告媒体是广告主用来与用户进行沟通的渠道，传统的四大媒体分别是报纸、电视、杂志和广播。随着电子媒体的发展，涌现出许多新的媒体工具。

电梯广告（elevator advertising）是一种独特而具有实效的优质新媒体，是指城市高层楼宇电梯厢壁上悬挂的特制有机玻璃印刷品镶嵌式广告载体。它很好地利用了人们在电梯里的空白心理，广告受众对广告信息较少具有抗拒性，受众无法完全回避、拒绝注目电梯，在电视频道增多、国际互联网兴起、受众分流（或流失）的情况下，这种非选择性或强制性使电梯广告具有其他媒介广告所不可替代的功能和价值。

植入式广告是指将产品或品牌及其代表性的视觉符号甚至服务内容策略性融入电影、电视剧或电视节目内容中，通过场景的再现，让观众留下对产品及品牌的印象，继而达到营销的目的。植入式广告与传媒载体相互融合，共同构建受众现实生活或理想情境的一部分，将产品或服务信息以非广告的表现方法，在受众无意识的情况下，悄无声息地灌输给受众，是企业为产品能有一个更现实的形象而进行的媒体选择。

互联网广告是为了增加企业与消费者的互动，企业在互联网上与消费者进行沟通的方式。一开始互联网广告主要有横幅式、按钮式、插播式、电子邮件式、互动式等多种类型。如今，新媒体的迅速发展成为互联网广告新形式。在我国，新媒体主要包括微信、微博、抖音、快手、小红书等。

在运用互联网媒体时，引起注意是关键。互联网带来信息的巨量化使得消费者无法区别企业的广告诉求，同时消费者转换信息的成本极低，因此，如何保持消费者的集中注意和长久注意是互联网广告的关键。粘住（stick in）是基本策略，通过一些互动的游戏或竞赛，让消费者参与其中，体验产品或服务，尽可能使得消费者在企业的在线广告上停留，达到交互的目的。

15.2.5 评价广告效果

广告发布之后，企业应对广告效果进行持续的评估。在众多评估内容中，主要是对两个目标开展评估：信息传递效果和销售效果。

1. 信息传递效果

评估广告是否将信息有效地传递给目标受众，这种评估在事前和事后都应进行。事前，可邀请顾客代表对已经制作好的广告进行评估，了解他们是否喜欢这则广告，广告信息中存在哪些问题。事后，可再邀请一些目标顾客，向他们了解是否见到或听到过这一广告，是否还能回忆起广告内容等。此外，还可利用一些现代科学技术手段进行测试。

2. 销售效果的评估

广告主企业很想了解和评估广告发布后，销售额增长了多少，然而，这种评估困难重重，原因是销售的增长不仅取决于广告，还取决于其他许多因素，如经济发展水平、顾客可支配收入增加程度、产品本身的质量和功能、分销渠道效率、价格水平、其他沟通方式的效果等。在实践中，很难清楚地剥离这些因素来单独衡量广告对销售的影响。

本章总结

广告是整合营销传播中运用最为广泛和最为有效的促销手段。广告是指广告主以付款的方式，通过广告公司和一定的媒介，向一定的人传达一定的信息，以期达到一定交换目的的有责任的信息传播活动。

广告构成要素是广告主、广告媒体、广告信息和广告费用。广告的基本策略包括感性广告策略、细分广告策略、概念广告策略、SP 广告策略和重复广告策略。

广告策略实施需要通过一个 5M 程序，即任务、资金、信息、媒体、衡量。

本章关键词

广告　广告目标　广告媒体　广告创意　植入式广告

思考题

1. 如何创造出一个具有销售力的广告？
2. 广告的基本策略体现在哪些方面？
3. 试述广告策略实施的过程。
4. 广告创意的基本内容是什么？试举例说明。

第 16 章

销售促进

开篇案例 美团的"随心飞，任意玩"

美团，全称"北京三快在线科技有限公司"，是由王兴于2010年3月4日成立的团购网站，总部位于北京市朝阳区。美团的使命是"帮大家吃得更好，生活更好"。作为中国领先的生活服务电子商务平台，公司拥有美团、大众点评、美团外卖等消费者熟知的APP，服务涵盖餐饮、外卖、生鲜零售、打车、共享单车、酒店旅游、电影、休闲娱乐等200多个品类，业务覆盖全国2800个县区市。2021年《财富》中国500强排行榜发布，美团位列第90名。

在大众旺盛的旅游消费需求下，2020年9月17日晚7点，一场"超值养眼"的旅游产品带货直播开播。美团联手抖音开启以"随心飞，任意玩"为主题的抖音直播首秀，为用户提供超值优质旅游产品。直播邀请曾环游7大洲80国的旅游达人"北石同学"，以及各大航空公司空姐组成高颜值带货天团，带来优价出游好物。

美食0元抢，全国机票低至99元起！此次直播带货的重头戏非"交通产品套餐"莫属。直播间产品不仅包含机票、火车票、出租车和骑行优惠券，满足长短途出行需求，还有99元全国通用特价秒杀机票。届时，昆明航空、海南航空、厦门航空等热门路线的航空公司也将带来各类优惠创新的飞行产品，包括各大航空公司的随心飞产品、特价商务舱、无限升舱卡等多重优惠选择，方便用户在国庆出游时尽享折扣任性飞。

美团还精选打包了美团火车、打车、电单车、单车等出行服务全家桶产品，以超强优惠力度和产品组合助力游客黄金周出行不受限。其中，美团火车票VIP抢票卡、国庆往返通兑特惠卡等产品，让用户在国庆出行高峰抢票更省钱省力。美团打车、电单车、单车则提供各类周卡、月卡、季卡和年卡等优惠套餐卡，直播间还将有价值1万元的免费打车年卡抽奖送出，超值城内交通产品组合不仅适用于旅游场景，也可满足日常通勤出行需求。

对于旅行必打卡美食的吃货们来说，0元吃霸王餐的福利可算得上是重磅了。此次美团超级直播间独具美团特色，"0元霸王餐""满减优惠券"等美食抽奖福利

> 贯穿整场直播，抽中的幸运观众可在国庆游中，除了有美景可看，更有美食一路相伴。
>
> 此次美团联手抖音，充分发挥抖音电商和美团深耕"吃喝玩乐行"服务的双平台优势，为用户送出高质量、高性价比的产品和服务。
>
> 资料来源：《美团的"随心飞，任意玩"》，http://www.cmmo.cn/article-219216-1.html，2021年8月23日访问。

如果说广告是一把火，那么销售促进就是一桶油，火上浇油，促销的效果将更为明显和有效。科特勒说：广告提供了购买的原因，那销售促进提供了购买所需的激励。与其他促销工具相比，销售促进的优点是能够给消费者带来有形的激励，提高消费者感知的价值，降低购买者的购买风险，是典型的让利或给利行为，应用十分广泛。

16.1 销售促进概述

许多组织，包括制造商、批发商、零售商和非营利组织，都采用销售促进手段。它们的目标有最终顾客（消费者促销）、零售商和批发商（交易促销）、产业顾客（产业促销），以及销售团队的成员（销售人员促销）。今天，在一般的消费品企业中，销售促进费用占整个市场营销费用总数的一半以上。

16.1.1 销售促进内涵

销售促进（sales promotion）又称"营业推广"，简称"SP"，是指企业运用各种短期诱因鼓励消费者和中间商购买、经销企业产品或服务的促销活动。销售促进是促进企业销售迅速增长的一种策略，销售促进的作用主要体现在能吸引新顾客购买、保留老顾客购买和有效辅助其他促销策略。作为促销的一个重要手段，销售促进有以下特点：

1. 吸引顾客

各种形式的销售促进，都是为了有效地招揽顾客，引起购买欲望，并提供某些商品信息。销售促进能使消费者因为厌倦现有产品而尝试新产品。

2. 刺激购买

销售促进一般都是通过提供某些优惠刺激和引诱顾客购买。销售部门利用激励型的促销方式吸引新的试用者和奖励忠诚的顾客，提高偶然性用户的重复购买率。销售促进主要用以吸引那些品牌转换者，品牌转换者首先寻找的是低价格、高价值或让利机会。

3. 短期效果

销售促进是为了进一步推销产品，或是为了在短期内迅速收回现金和实现产品价值而采用。因此，这种沟通方式的效果也往往是短期的，如果运用不当，可能会使顾客对产品产生怀疑，不利于长期效果。

企业要注意的是：大量使用销售促进会降低品牌忠诚度，增加顾客对价格的敏感性，淡化品牌质量概念，偏重短期行为。

16.1.2 销售促进对象

销售促进包括针对消费者和针对中间商的营业推广，后者亦称"商业推广"。针对消费者的营业推广通常是为了鼓励老顾客更多地购买这种产品，或吸引新顾客试用这种产品，争夺其他品牌的顾客等。针对中间商的营业推广主要用以激励零售商，使后者感到值得推广某个品牌，并愿意大量进货，增加库存（特别是在特定的季节里）；或鼓励中间商持续经营本企业产品，建立固定的产销关系等。

1. 针对消费者的销售促进

（1）降价。降价是商家推广产品的有效手段之一，效果直接、明显。当遇到销售阻力时，最简单的促销手段就是降价。但降价也减少了企业利润，并受到相关法律的制约。

（2）抽奖。抽奖也是一种吸引关注和促销的有效方法，如可口可乐、百事可乐为推广产品，曾经发动收集可乐瓶盖的抽奖活动，吸引了大批消费者踊跃参加。

（3）派送。派送是企业上市新产品时经常采用的有效渗透方法，如洗发香波在新产品推广期派送小包试用装。派送方式能吸引相当一部分顾客试用产品，使其对产品产生兴趣，并自费购买。

（4）赠券。赠券是企业或商店发放的一种印有减价金额的票证，既可用于吸引消费者试用新产品，也可用以促销知名的老产品。以前，制造商和零售商惯于将赠券印制在报纸和杂志广告中；如今，他们将赠券印制在单独的报纸增刊或产品的包装上，或制成传单在店内发放，或直接邮寄，有的甚至在网上发放电子赠券（e-coupons）。

（5）附赠品。这种礼品往往是在消费者购买某产品之后赠送的物品，属于零售点和商场常用的一种促销方式。

（6）竞赛。企业积极赞助的大多数竞赛并非直接宣传产品或服务，只是通过出资或馈赠产品引起公众对企业品牌的关注。

（7）回扣或返现。即在销售产品时给买主一笔回扣或返现，以吸引其购买产品。具体的做法是，首先通过售点广告告示某产品的正常价格和回扣金额，当消费者按明码标价付款后，将个人信息填入表格，并出示购物发票，消费者约在一个月后就能收到回扣金额的现金支票。在发达国家，这种做法经常用于服装、家电产品的促销。

（8）配套产品。将两种相互配套的产品组合定价、一起销售，如打印机和墨盒、剃须刀架和刀片。

（9）消费积分，即积分奖励。首先兴起这类奖励的是航空公司，如今各家航空公司都实行常客计划（frequent flier plans），通过对乘坐里程的积分激励乘客始终乘坐某公司的飞机。如今这一做法已经流传到相关的宾馆酒店等服务行业。

（10）红包。传统意义上的红包也称"压岁钱"，是过农历春节时长辈给小孩儿用红纸包裹的钱。现在红包概念被广泛应用到企业营销中进行促销，一般称为"购物促销红包"。电子红包是微信在2014年推出的。2015年2月9日，支付宝、微信、QQ、百度纷纷发布春节红包发送额度，仅腾讯和阿里两家公司，春节期间就送出超过6亿元的现金红包，附加以各种产品优惠券等形式出现的64亿元购物红包。

（11）拼购。拼购是指两个及以上的顾客一起购买某一产品。现在有许多专门提供拼购的互联网零售商，如拼多多等。

（12）秒杀。秒杀是指卖方在特定时间以低于正常价格水平的报价限量销售特定产品。网购是全天候的，秒杀也可以是全天候的。

（13）竞拍。竞拍是指在竞拍时间里由消费者对竞拍品竞相出价，在限定时间内出价最高者获得竞拍品。竞拍品通常以很低的价格甚至零价格起步，这对消费者会形成巨大的吸引力。

（14）众筹购买。众筹购买是指集众人之财购买某件产品，所得产品通常归众筹中的一人或几人所有，其他参与者则一无所获，也可以为参与者共同拥有。众筹购买本质上是一种抽奖。

红包、拼购、秒杀、竞拍、众筹购买等都是互联网促销新形式。

2. 针对中间商的销售促进

（1）折扣与折让。上架折让，相当于我国零售商场的进场费。当层出不穷的新产品争抢有限的零售商场货架时，零售商就通过收取上架折让或进场费来决定让哪个品牌使用货架。反之，从制造商的角度，这一支出被视为赢得分销机会的营业推广费用。

发票外折扣是一种基本和简单的减价方式。制造商期望零售商将折扣让渡给消费者，以期增加购买量。零售商一般会积极进货和按要求给消费者让利，但也要预防在促销期末多进货，到非促销期按正常价销售的投机行为。

广告折让的优惠流行于包装消费品的分销活动中，制造商以价格优惠激励零售商为特定品牌做广告。

回购折让发生在制造商产品推陈出新时，制造商为推广新品系列，主动从经销商处买回旧产品系列的货品。有的制造商甚至向经销商保证回购在特定时段内卖不动的产品，以确保经销商愿意经销其产品。

（2）合作广告。零售终端的广告对促进消费者购买的作用很明显，所以，很多制造商按照零售商采购总额的一定比例提供合作广告基金。当零售商在某地为某个制造商品牌刊播广告后，广告费将出自这个基金，以鼓励前者为后者建树品牌的行动。

（3）经销商竞赛。为激励经销商及其销售人员积极进货或尽力完成销售指标，制造商通常给他们诸如免费旅游等奖励，奖励的多少与销售业绩水平挂钩，形成经销商之间的竞赛。

（4）设备馈赠。这是一种制造商激励经销商的方式。当经销商进货额较高，或采购了一些特别的品类后，制造商将某些设备或装置，如陈列柜、载货小汽车、大卡车等馈赠给零售商。有的制造商在展销完一批软饮料后，将陈列软饮料的冷藏柜留赠给零售商，以资奖励。

（5）展示与推广。展会是聚集相关买卖方的场所，通常具有行业及专业特点，也是一种企业买卖方之间比较有效的沟通方式。企业参展的目的是介绍新品、展示成就和实力、吸引新客户、会见老客户、通过面对面的商务交流争取较多和较大的订单。这种方式在国际市场营销中使用较多。

16.2　销售促进策略

销售促进有着很好的短期促销效果，顾客的心目中甚至形成了 SP 期待，所以，有效运用 SP 策略可以使企业的销售量得到很大的提高。现在市场上的 SP 策略五花八门、不胜枚举，运用非常广泛，下面介绍一些主要的 SP 策略。

16.2.1　折价促销

折价促销是企业最常用的销售促进策略。折价促销是指企业在一定时期内调低一定数量商品售价，也可以说是适当地减少自己的利润以回馈消费者的销售促进活动。企业之所以采用折价促销，主要是为了与竞争品牌的价格相抗衡；同时，折价促销可积极地用来增加销售，扩大市场份额。从长远角度来讲，折价促销也可增加企业利润。

大部分厂商惯用折价掌握已有消费者群，或利用这一促销方式抵制竞争者的活动，甚至可刺激消费者购买一些单价较高的商品。一般，折价在 6—8 折最为常见。

1. 折价促销的运用方式

折价促销的运用方式灵活，较为常见的有下列几种：

（1）标签上的运用。在商品的正式标签上可以运用锯齿形设计、旗形设计或其他创意，将折价优待醒目地展示给消费者。

（2）软质包装上的运用。通常情况下，可将折价标示运用在软质包装上。

（3）套袋式包装上的运用。当几个商品包在一起做折价促销时，可以将折价金额标示在套袋上。此方式常在香皂、糖果等商品上采用。

现在，商家越来越多地采用开架型自动式售货方式，销售人员也越来越相信消费者多数是在店门口或货架前才作购买决定，所以，折价促销在现今的营销活动中日益成为促销的重要手段。

2. 折价促销的优缺点

(1) 优点：能给顾客真正的实惠，刺激顾客的购买欲望和愿望，提高商品的注目率，提高销售量，有效地对付和打击竞争对手。

(2) 缺点：可能只能暂时增加销售量，难以让顾客产生品牌忠诚度，不利于产品高质量形象的塑造。

16.2.2 赠品促销

赠品促销是指企业以较低的代价或免费向消费者提供某一物品，刺激其购买某一特定产品的策略。它包括酬谢赠品、附包装赠品、独立赠品、邮寄赠品和付费赠品等。

1. 酬谢赠品

酬谢赠品是以标准包装的原价格供给较标准包装更大的包装或以标准包装另外再附加商品来酬谢顾客的策略。比如，"买一送一""买二送一"等，深受顾客喜爱，并能吸引顾客积极参与。这种策略在消费品中得以广泛运用，效果明显。这里要注意的是赠品的确定和说明，以免造成麻烦。

2. 包装赠品

包装赠品的主要目的，就是通过提供特殊的包装，在零售店的货架上显出独特的一面，以吸引消费者。特别是当商品差异性不大时，更具有突出的效果。通过包装内、包装上、包装外或可利用包装等进行促销，在激励消费者尝试购买方面特别见效。尤其是当消费者因赠品而买了本产品，经试用后对产品深感满意时，他们自然会继续使用，从而成为这一商品的忠实顾客。此类促销运用也十分广泛，它能在现场刺激顾客的购买欲望，转移顾客的品牌视线。

可利用包装是一种独特的包装策略。其包装物在产品用完后，仍可作为再利用的物品，甚至可作为收藏品收藏。

3. 邮寄赠品

这是通过邮寄对顾客提供免费赠品或礼物的方法。其特点是顾客要把已购商品可作为凭证的发票或者特别的小标志寄回公司，公司再免费邮寄赠品。

4. 付费赠品

付费赠品是指企业为吸引顾客而采取的只要顾客在购买某种特定商品的同时提供赠品的部分费用即获得赠品的销售促进方式。成功的付费赠品促销活动，关键在于所提供的赠品只能从此赠送中获得，而很难从别处寻找。一般来讲，这些赠品与此种特定商品为成套组合或是互有关联的商品组合。

付费赠品最重要的是赠品的选择，应考虑的主要因素是看能否提高产品形象或加深使用者的品牌记忆。

16.2.3 有奖促销

企业在特定情况下，在消费者购物后，会向他们提供赢得现金、旅游或物品的各种获奖机会，包括抽奖和竞赛获奖。

1. 抽奖

（1）直接式抽奖。即从来件中直接抽出中奖者。

（2）对奖式抽奖。即由奖励方事先选定好数字或标志，当一组奖券送完或到指定的日期后，由媒体告知顾客或自己宣布已中奖状况的方法。目前比较流行的是刮刮卡方式，参加者获得卡片后，可在指定的期限内将卡片上显示的数字或标志与奖励方选定的数字或标志相对比，符合者中奖。

2. 竞赛

竞赛是一种请顾客运用和发挥自己的才能以解决或完成某一特定问题的活动。竞赛要靠才能和运气获胜，获胜者可以获得主办方的奖励。

3. 运作

有奖促销的运作首先要确定奖品的选择。通常，奖品组合均采用金字塔型，即一个高价值的大奖，接着是一些中价位奖品，最后是数量最多的低价位奖品。

有奖促销应该有明确的规则，规则包括的主要内容有：活动的起止日期、奖励方法、奖励条件、奖品及数量金额、奖励机构和监督机构、中奖名单发布时间和方式、领奖方式等。

有奖促销在我国20世纪八九十年代风靡一时，大小城市，各种零售形式都纷纷推出"巨奖销售"，所赠送的奖品包括普通商品、金银珠宝、大型家用电器、汽车、房子等。

有奖促销出现过不少问题，如欺骗问题，顾客根本就拿不到所谓的大奖，大奖只不过是一个促销的噱头而已。所以，我国在《关于禁止有奖销售活动中不正当竞争行为的若干规定》中明确规定：采取不正当的手段故意让内定人员中奖，故意将设有中奖标志的商品、奖券不投放市场或者不与商品、奖券同时投放市场，将带有不同奖金金额或者奖品标志的商品、奖券按不同时间投放市场等行为都认作欺骗行为；同时规定抽奖式有奖销售，最高奖金额不得超过5000元。

16.2.4 样品促销

将样品免费送达顾客手中的销售促进方式就是样品促销。顾客无需具备任何条件即可以得到样品。实践证明，这种方式是吸引顾客试用其产品的好方法，特别是新产品进入市场时运用最为有效。它不仅可以有效地刺激顾客的兴趣，而且可以提高顾客尝试购买的意愿。样品促销要保证货源充足，以避免顾客正式使用时却找不到产品的情况。

1. 样品促销的分类

（1）直接邮寄，即样品通过邮政部门，或利用专门的快递公司或促销公司，直接把样品送到潜在顾客手中。此方法邮寄费用较贵，而且可能会受到地址等隐私的限制。

（2）逐户派送，即将样品以专人的方式送到顾客手中。通常会委托专业的样品服务公司或企业直接派人去执行。

（3）定点派送，即选择在零售店、购物中心、主要街头、车站、人员集散地等公共场所派送样品。

（4）媒体派送，即随报纸、杂志等直接将样品派发给潜在顾客。

（5）包装派送，即选择非竞争性产品派送样品。

2. 样品促销的优缺点

（1）优点：可提供快速的商品信息，顾客没有负担和风险，可促使顾客尝试并转换品牌，可协助已有的品牌强化分销渠道。

（2）缺点：经济效益低，仅适用于大众化、价格比较低的消费品。

16.2.5　发券促销

发券促销也称为"优惠券促销"，是指企业通过发放优惠券吸引顾客，使其尽快产生购买行为的促销策略。优惠券可分为两大类，即零售商型优惠券和厂商型优惠券。

1. 零售商型优惠券

零售商型优惠券只能在某一特定的商店或连锁店使用。通常，此类型优惠券由总经销者或零售店策划，并在平面媒体广告或店内小传单上运用此类优惠券，是以吸引消费者光临某一特定商店为主要目的，而不是为了吸引顾客购买某一特别品牌的商品。另外，它也被广泛用来协助刺激顾客对店内各种商品的购买欲望。虽然零售商型优惠券种类繁多，但不外乎下列三种类型：

（1）直接折价式优惠券，即指某特定零售店在特定期间内，针对某特定品牌，可凭券购买以享有某金额的折价优待。这种促销方式也可运用在多量购买上。

（2）免费送赠品优惠券，即买 A 产品可凭此券免费获赠 B 产品。

（3）积分点券优惠券，即购买某商品时，可获赠积分点券，凭这些点券可在该零售店兑换自己喜欢的赠品。

2. 厂商型优惠券

厂商型优惠券是由产品制造商的营销人员所规划和散发的，通常可在各零售点兑换，并获得购买该品牌商品的特别优待。对厂商型优惠券而言，零售店如同厂商的活动代理，负责回收优惠券，统一整理后退回厂商。之后，厂商再依据优惠券面额外加处理费用，一并支付给零售店。此种优惠券对于经销各种品牌或商品的零售店均适用。其主要目的是增加消费者对厂商生产的同一品牌系列产品的购买欲望，同时对零售商也起到吸引顾客的目的。厂商型优惠券因散发方式的不同又可分为以下四类：

（1）直接送予消费者的优惠券。它通常是通过挨户递送或邮寄方式直接送到消费者手里。它既可采用单独寄送方式，也可附带介绍或宣传性资料一起寄送。另外，还可采用在街头散发方式，置于展示台上任人自取，通过商店"欢迎取用"告示牌来吸引顾客索取等。

（2）通过媒体散发的优惠券。因传播媒体的对象不同，各种类别的优惠券应选择对口的媒体。

报纸上的优惠券可单刊或多家联刊。单刊通常是由一家广告主单独将优惠券刊登在报纸广告上，联刊则是几个品牌的优惠券组合起来刊出广告。联刊式优惠券由非竞争性的厂商组合起来，可通过专营优惠卡的公司将其集结在一起。所有联刊厂商的优惠券均在其中共同主标题下，按统一格式排列刊登。联刊式优惠券的优点是：既可争取较大的篇幅刊登，又可吸引消费者注意多种商品，使彼此间产生积极互助的效果。

刊于杂志上的优惠券有两种形式，一种是刊于内页广告上，即在杂志内页中的商品广告上附带该商品的优惠券；另一种是彩色插页式优待卡，通常设计成独立的优惠券，插在商品的正常广告页间，或是附连在正常广告页上，其用纸质量较好，尺寸较小，常直接装订或粘贴在杂志上。

（3）随商品发放的优惠券。此为吸引消费者再次购买时享受优惠的一种形式。它包括将优惠券直接附在商品里面和将优惠券放在包装上。

另外，某商品的优惠券可以放在其他不同类别的商品包装内或包装上，此方式称为"交叉取胜"，多用于互补性商品。如某品牌咖啡在其包装内或包装外附一张优惠券，凭此券购买咖啡伴侣可享优惠。

（4）特殊渠道发放的优惠券。目前出现数种小型但却发展迅速的优惠券发送方式，特别是在零售业中更为流行。较常见的有：将优惠券印在收银机打出的收款条背面、商店的购物袋上、食品盒上、冷冻食品包装袋上、街头促销宣传单上等。这类优惠券散发渠道多，运用灵活，但正因为其发放方法新颖，缺乏长期的记录轨迹可循，所以运用时要慎重。

16.2.6 会议促销

会议促销是指企业通过各种途径收集顾客的资料，经过分析、整理后建立数据库，然后从中筛选出所要针对的目标顾客，运用组织会议的形式并结合各种不同的促销手段，进行有针对性的销售的一种营销模式。它是直接针对目标人群进行的营销模式，减少了广告宣传的盲目性和不确定性，节约广告宣传资源，资源利用效率高。

会议，是一个比较宽泛的概念，论坛、研讨会、高峰会、展览会、招商会等，都可以算是会议的范畴，甚至营销中为了销售产品而组织的会议、俱乐部等形式也可以算是会议的特殊形态，都属于商业性质的会议，都以展示、销售某种观点或产品为直接目的。

会议促销的核心在于通过会议的方式解决用户信任度问题，让企业的产品或品牌深入顾客心坎里，让顾客认识品牌、了解品牌、信任品牌到最后依赖品牌，而会议前的口碑传播也很重要。会议营销的前身就是活动营销，活动营销分室内与室外，会议营销就是室内活动营销。室内活动营销具体而言是把顾客从室外请进室内进行直销的过程，而这个过程的演变源于市场环境的变化。

会议促销按会议内容可分为有影响力的行业和专业展销会、有社会影响力的专题研讨会、有社会影响力的节会、大型人才招聘会、单位内部工作会议（含培训会）、联谊会等。按会议的主体可分为主办的会议，参加的会议，合办、承办、赞助的会议等。

1. 会议前策略

会议之前要收集顾客名单，将适合自己产品功效的顾客通过不同渠道收集，要求名单真实、客观、实用，收集完名单后，确定时间、地点进行会议营销中间部分的准备工作，如现场部分的布置、控制与实施；之后，对名单根据不同的状况进行分类处理，然后通知顾客到会议现场。

通过各种渠道收集准顾客信息，这些信息包括准顾客的姓名、年龄、家庭住址、联系电话、家庭收入、健康状况等，建立准顾客档案，并对这些档案进行分析整理。根据准顾客需求状况，对准顾客档案进行分类，分析哪些准顾客是企业需要的，是对企业有用的，确定目标消费人群，并且用适当的方法进行会前电话沟通与上门沟通。

为了确保联谊会每个环节都能顺利进行，会议组（包括策划人员、主持人、专家、音响师、检查人员、销售代表）等应在会前进行模拟演练，发现漏洞应及时调整。比如，销售代表应何时配合主持人鼓掌，音乐何时响起，专家何时出场，如何激励顾客互动等细节。

2. 会议中策略

在现场进行促销活动，要尽最大的效能去激发消费者的购买欲望，具体的做法与一般活动促销差不多，促销策略要根据企业文化、产品功效、服务对象、环境因素等的改变而灵活运用。

（1）推荐专家。对专家包装要得当，在某个领域要体现出专家的权威性。

（2）产品讲解。由主持人借助专家讲座中提到的专业知识，结合实际功效，提出本品牌与其他品牌有何不同，有何优势。

（3）专家讲座。可以通过专家的专业知识来解决顾客心中的疑问，突出产品的专业性和科技含量。员工要注意听，注意观察顾客的反应，配合专家讲解进行销售工作。针对理性的顾客，仅让他们听专家讲座是不够的，必须依靠专家一对一的沟通来解决他们的具体问题。要求专家除了具备专业知识外，最好还要具有营销意识。

（4）区分顾客。专家讲座之后，根据顾客意向性的高低，可以把顾客分为三类：营销人员可对意向程度高的A类顾客直接进行促销，将B类、C类顾客分别送至体验区、咨询区排队等候，以延长沟通时间，不浪费顾客资源。

（5）有奖问答。针对顾客关注和希望顾客记住的问题，提出一些简单明了的问题，以加深顾客对产品的印象。

（6）顾客发言。这是会议促销中的一个重要环节，目的是让顾客现身说法，顾客的话比销售代表更有说服力。一般要求销售代表与发言顾客事先做好沟通，确认发言顾客可以到会，并且把发言顾客介绍给主持人认识和了解。发言顾客的发言要求简单、质朴，不要有过多的修饰，时间最好控制在三分钟左右。在会场准备三四个发言顾客为宜。

（7）宣布优惠。具体的好消息主要是现场优惠政策，主持人的语言重点要放在优惠政策的机会难得上。这也是会议促销的重点。

（8）开单把关。对陌生顾客销售，这是个重要的环节。单据最好以三联单为宜，上面必须有顾客、员工的签名，对于订货的顾客要在单据上注明回款时间、家庭住址、电话等相关信息。如果订货的顾客已经交完订金，要让顾客把所得的赠品拿走。

（9）结束送宾。这是体现服务的环节，不可轻视。在这个环节中，对已买产品和不买产品的顾客要一致对待。如果是在酒店，应该要求员工将顾客送至电梯口。

（10）送货回款。这是指按顾客指定的时间送货上门并及时收回货款。

3. 会议后策略

对参与活动的顾客进行再次筛选，确定名单的有效性，通过会议促销扩大宣传途径与宣传范围。对已购买产品的顾客一定要进行售后跟踪服务，指导他们使用，并对使用前后的效果进行比较，形成良好的口碑宣传。对没有购买产品的顾客也要继续进行跟踪，通过一对一的沟通，找出他们不买的原因，消除他们的顾虑，促成他们下次购买。售后服务的重要性还在于，能够通过老顾客良好的转介绍发展新顾客，同时维护好老顾客，让他们成为稳定的流通会员，并且长期购买。

会后总结也十分重要，内容包括通报销量、到会人数、销售冠军、经验总结推广、奖励等。会议尽量简短，以先表扬、后建议和批评为好。

16.2.7 退费促销

退费促销是指企业根据顾客提供的购买某种商品的购物凭证给予一定金额的部分退费或全额退费，以吸引顾客，促进销售。

退费促销适用于各行各业，而且效果明显。同时，退费促销也适用于绝大部分的商品，只是其中有些商品及商品类别较其他商品的反应更好一些。有些厂商在促销过程中，运用全额退费优待，但事实上该方式只适用于较低价格的商品。而目前更多的营销人员喜欢采用退还某一固定金额作为退费促销的方式。

1. 退费促销的形式

（1）单一商品购买优待。这是为单一商品购买而举办的退费优待，常偏重于理性购买型商品，或几千元高价位的食品、药品、健康和美容品等。

（2）同一商品重复购买优待。此种方式是指两次以上购买同一种商品时所采用的退费优待。

（3）同一厂商多种商品的购买优待。厂商在举办本促销活动时，常可提供不同的商品系列，以便顾客任意选购所需商品，同时收集不同的标签，从而确定获得相应的退费优待。

（4）相关性商品的购买优待。这是将相关性商品并在一起提供退费优待，是促销中最普遍的一种方式。

2. 退费促销的优缺点

（1）优点：可以协助建立品牌忠诚度，激励顾客购买价值、价格高的商品。

（2）缺点：顾客对于凭购物凭证享受退费感到麻烦，对品牌忠诚度高的顾客吸引力不大，退费促销的成效难以评估，有时还会弄巧成拙，无法收场。

16.2.8 会员促销

会员促销是最能体现长期效果的销售促进方式。它是一种运用会员制的方式，顾客免费或交一小笔会费，成为会员后，让同在一个组织内或一个俱乐部内的会员享受购物或服务优惠的促销方式。

1. 会员促销对顾客的激励

（1）享受低价优惠或特殊服务。对于顾客来说，加入俱乐部会费的一次性支出远小于此后享受到的低价所带来的好处，因此，顾客往往都愿意加入。

（2）方便购物。成为会员后，顾客往往会定期收到有关新到商品的宣传资料、样品等，会员不出户即可知道商品信息，而且可以通过电话等方式让人送货上门。

（3）利用会员卡传播。会员卡可以本人使用，也可以转借他人使用，还可以馈赠亲朋好友，所以能有效进行传播，吸引更多的人加入。

2. 会员促销对企业的利益

（1）建立长期稳定的市场。以会员的方式促销与以降价的方式促销的区别在于，会员促销以有组织、有约束的形式为企业的产品销售建立一个长期稳定的市场，而降价促销就没有这样的功能。

（2）培养忠诚的顾客。会员促销往往在价格、送货、质量、保险等方面都得到保障，所以有利于培养长期顾客，稳定客源。

16.2.9 团购促销

团购是新兴的一种促销方式。团购（group purchase）就是团体购物，是指认识的或者不认识的消费者联合起来，加大与商家的谈判能力，以求得最优价格的一种购物方式。根据薄利多销、量大价优的原理，商家可以给出低于零售价格的团购折扣和单独购买得不到的优质服务。团购的目的就是让每一个人都能找到更优惠的团购商品，让不相识的消费者共同享受物美价廉的服务。两人拼购是人数最少的团购。

分级团购就是网民和商家都可以从自己的需求出发，发起团购，根据不同团购级别量体裁衣，设立各级团购价格，等待卖家或买家前来参与团购，从而为广大网民提供与商家"砍价"的话语权，也为卖家扩大销售额提供了一种新选择，是网上团购商业模式的一种创新。网民联合团购可形象地称为"团结起来力量大"。

1. 团购优势

（1）团购价格低于产品市场最低零售价。参加团购能够有效降低消费者的交易成本，在保证质量和服务的前提下，获得合理的低价格。团购实质上相当于批发，团购价格相当于产品在团购数量时的批发价格。通过网络团购，可以将被动的分散购买变成主动的大宗购买，所以购买同样质量的产品，能够享受更低的价格和更优质的服务。

（2）产品的质量和服务能够得到有效的保证。团购能够彻底转变传统消费行为中因市场不透明和信息不对称而导致的消费者弱势地位。通过参加团购能够更多地了解产品的规格、性能、合理价格区间，并参考团购组织者和其他购买者对产品客观公正的评价，在购买和服务过程中占据主动地位，真正买到质量好、服务好、价格合理、称心如意的产品，达到省时、省心、省力、省钱的目的。

（3）给商家带来人气。例如，消费者每天面对形形色色的美食，很多时候会被其价格阻挡在门外。对于一家环境优美、品位时尚的餐厅，没有足够的消费者会很可惜，这时，团购平台的创建不仅可以满足消费者的口味，也能给团购商家带去充足的客源和人气。

2．团购形式

现在团购的主要形式是网络团购和电视团购。

（1）网络团购。网络团购作为一种新兴的电子商务模式，通过消费者自行组团、专业团购网站、商家组织团购等形式，提升用户与商家的议价能力，并极大程度地获得商品让利，引起消费者及业内厂商甚至是资本市场的关注。目前，网络团购已经成为众多消费者追求的一种现代、时尚的购物方式，因为它有效地防止了不成熟市场的暴利、个人消费的盲目。

（2）电视团购。电视团购运用电视这样的大众传播媒体，再借助著名电视节目主持人代表消费者一方和产品或服务提供方进行交易的一种销售促进方式。电视团购运用电视的大众传播特性，借助电视节目主持人的公信力和魅力支持，往往能获得高涨的现场人气和促销效果。

16.2.10 节事促销

节事（festival & special event）是一个外来的组合概念，是节庆和特殊事件的统称。节庆通常是指有主题的公共庆典，特殊事件可以用来形容精心策划和举办的某个特定的仪式、演讲、表演或庆典，包括国庆日、庆典、重大的市民活动、独特的文化演出、重要的体育比赛、社团活动、贸易促销和产品推介等。

节事促销就是企业运用不同的节事进行沟通，推广自己品牌和产品的促销活动。比如，利用元旦、春节、情人节、妇女节、劳动节、儿童节、教师节、圣诞节等进行促销；利用近几年新造出的双十一、双十二、618购物节等进行促销。

1．选择节事机会

由于参与或组织节事促销要花费大量的金钱，而且节事太多，很多营销人员对节事促销不再热衷。节事促销要与营销目标和品牌传播战略相匹配，同时节事传达的信息必须与品牌的受众市场相符合。节事必须有足够的知名度，并且能在市场中产生预期的效果，消费者必须愿意介入这些节事。

2. 设计赞助计划

销售促进策略可以和节事捆绑在一起。企业可以成为节事相关活动的唯一或指定赞助商,但赞助节事相关的营销活动费用可能至少是赞助费用的两倍到三倍。比如,利用赞助节事而采取的折价或赠送促销等。

3. 衡量节事促销

应直接追踪与赞助相关的销售促进。衡量供给方的方法是通过媒体报道的范围确定品牌的集中展示;衡量需求方的方法是面对消费者的展示效果。

本章总结

销售促进是指企业运用各种短期诱因鼓励消费者和中间商购买、经销企业产品或服务的促销活动。销售促进是促进企业销售量迅速增长的一种策略,销售促进的作用体现在能吸引新顾客购买、保留老顾客购买和有效辅助其他促销策略。

销售促进有着很好的短期促销效果,顾客的心目中甚至形成了 SP 期待。所以,有效运用 SP 策略可以使企业的销售量得到很大的提高。主要的销售促进策略有折价促销、赠品促销、有奖促销、样品促销、发券促销、会议促销、退费促销、会员促销、团购促销和节事促销等。

本章关键词

销售促进　折价促销　赠品促销　有奖促销　样品促销　发券促销　会议促销　退费促销　会员促销　团购　节事促销

思考题

1. 销售促进的作用是什么?
2. 销售促进的对象包括哪些?
3. 试述主要销售促进策略的内容。

第17章

直复营销

开篇案例 快乐购物

快乐购物股份有限公司（以下简称"快乐购"）于2005年年底由湖南广播影视集团与湖南卫视联合注资成立，2006年3月开业运营。快乐购从"电视百货、连锁经营"起步，定位"媒体零售、电子商务"，致力于跨行业、跨媒体、跨地区发展，成立以来已经成为国内新一代家庭电视购物行业领军者。快乐购依托湖南卫视品牌优势，整合电视、网站、型录、广播"四合一"无店铺销售通路，降低消费者购物成本，让消费者真正体验到随心所欲的购物快乐。快乐购为消费者提供从3C家电、家居用品到珠宝精品、美容服饰，乃至保险、旅游等全方位的高品质商品与服务选择。快乐购汇聚湖南广电专业节目制作人才，打造一流全天候LIVE直播节目，采取实时销售的方式，传达现代时尚购物理念，每天直播12小时，是我国直播时间最长的电视频道。

快乐购在行业内率先推出"快乐购严选品质保证、24小时免费客服、7天免费送货到府、开箱验货、货到付款信用卡免息分期、免费退换货"六大服务承诺，给消费者带来安心、快速、便捷的优质服务。

传统电视直销是以贩卖"新奇特"产品谋取暴利为特征，而快乐购是以销售"家庭百货"、薄利多销为特征。百货产品是人所共有、人所共用的，是透明的、可比对的；"新奇特"产品往往以"专有"面貌出现，但却没有技术标准、质量标准、价格标准，信息不对称、不可比，含有大量虚假、欺诈成分。快乐购正是从商业的本质出发，向市场的需求靠近，把被传统电视直销颠倒了的价值观重新扳回来，为电视购物正名。

快乐购在充分整合信息流、物流、资金流的基础上，实行统一商品开发、统一节目制作与播出、统一电话呼叫、统一物流配送，并通过与各目标城市电视台、网络公司的合作，实现跨地区覆盖与无店铺连锁经营。作为渠道商，快乐购以代销、购销、自营等多种形式与上游供应商合作开发商品，通过电视、网络、型录等多媒体通路向终端消费者推荐，采取免费电话订购、免费送货到府的方式实现销售，并提供完备的售后服务。

资料来源：百度百科网站。

所谓大众营销,是指用标准化的信息和由中间商分销的产品瞄准更宽泛的目标市场。但是,今天,越来越精准的目标营销已成为趋势,许多企业将直复营销作为传播的一个重要方法,直复营销的爆炸性发展正在到来。

科特勒说:对于营销来说,将沟通个性化,并在正确的时间,对正确的人,表达而且做出正确的事情,是非常重要的。

17.1 直复营销概述

直复营销与其他营销方式都在寻求劝说消费者购买产品或服务,但在直复营销方式中,存在着一些比普通营销方式更为特殊的内容,其中最重要的内容是其针对个体的单独沟通。这包括针对个体的广告与销售的结合,客户服务的特征,强调针对性的目标市场,以及产生顾客立即回复信息的能力,最后是直复营销活动的可监控性及可测量性。

17.1.1 直复营销内涵

1. 概念

直复营销,源于英文词汇"direct marketing",简称"DM",即"直接回应的营销"。它是以营利为目标,通过个性化的沟通媒介向目标市场成员发布信息,以寻求对方直接回应(问询或订购)的社会和管理过程。这个定义揭示了直复营销的三个基本要素:互动性、可衡量性和空间上的广泛性。

美国直复营销协会(direct marketing association,DMA)将直复营销定义为一种互动的营销系统,是一种为了在任何地方都产生可度量的反应和达成交易而使用的一种或多种广告媒体的交互作用的营销体系。因为"可度量"多是指顾客的订单,所以它也被称为直接订货营销。美国是迄今为止采用直复营销最多的国家,早在19世纪初期,就有美国公司通过邮寄目录销售产品。

2. 工具

直复营销的工具是顾客数据库,被用于有组织地收集关于个人顾客或预期顾客的综合数据,包括个人的年龄、收入、家庭成员、生日、活动、兴趣、意见、过去的购买情况和其他相关信息。

数据库营销是建立、维持、使用顾客数据库和其他数据库(产品、供应商、零售商)的过程,其目的是联系和交易。使用数据库营销主要包括:确定预期顾客;决定哪些顾客应收到特定的报价单;强化顾客忠诚(发出适当的礼物、折扣赠券和有趣读物);促进顾客再购买。

3. 形式

直复营销包括传统的形式和现代的形式。传统直复营销形式主要包括直邮营销、电话营销、电视营销等,是在互联网发展之前出现的。现代直复营销形式主要包括网络营销、移动营销和社交媒体营销等。

17.1.2 直复营销特点

对于很多企业来说，直复营销已不仅仅是补充渠道或补充媒体，直复营销，尤其是其最新形式网络营销，已构成一种完整的商业模式。有些企业将这种直复营销新模式作为自己唯一的营销方式，而不是把直复营销及其网络营销作为一种补充方式。与传统营销相比，直复营销具有以下特点：

1. 互动性

直复营销具有互动性，营销者和顾客之间可以进行双向沟通。营销者通过某个（或几个）特定的媒介（电视、目录、邮件、印刷媒介、广播、电话、互联网）向目标顾客或准顾客传递产品或服务信息，顾客通过邮件、电话、在线等方式向企业的发盘进行回应，订购企业发盘中提供的产品或服务，或者要求提供进一步的信息。

直复营销的互动性给目标市场成员以回应的机会。同时，这种回应信息又是企业规划后续直复营销项目的重要依据。

2. 可衡量性

直复营销互动活动的效果更易于衡量。目标市场成员对企业直复营销活动项目回应与否，与每个目录邮件、每次电视广告、每次广播广告或每个直邮直接相关。另外，直复营销者还可以借助于营销数据库，分析消费者个体或家庭的购买行为等方面的信息，进而得出对顾客某方面特征的判断，以规划新的直复营销活动。数据库在直复营销活动中的地位是非常重要的，可以说是所有直复营销活动的基础或前提。

3. 个性化

直复营销活动具有很强的目标指向性。直复营销者的营销对象就是具体的个人、家庭或企业，而不是通过大众媒体指向大众市场。顾客与直复营销者之间的互动都是以一对一为基础的，这在直邮或目录营销中显得更为明显，这时企业向目标市场成员的产品或服务发盘和目标市场成员对该发盘的回应都是个性化的。对于电视、广播、互联网等媒介，虽然营销者向目标市场成员传递产品或服务发盘信息类似于传统营销，但是，顾客对该发盘的回应仍是个性化的。

4. 隐秘性

这主要是针对"一对一"式的直复营销工具而言。通过直邮、目录、电话和网络等手段，直复营销活动是在竞争对手不知情的情况下进行的，具有一定的隐秘性。当竞争对手可能获知本企业的直复营销策略时，企业可能已经占领市场并获得销售量。由于具有这种隐秘性，尤其方便于在大规模营销活动开展前进行隐秘性的营销测试。

5. 广泛性

直复营销对于各种规模的企业都适用。对于实力雄厚的大企业，直复营销是其增加竞争优势的利器；对于资源有限的小企业，则是其到达目标市场，实现销售的良好渠道和传播途径。由于直复营销以能够到达具有不同需要的、分散的市场而见长，使企业能够更有效地利用营销资源，使每个单位营销投入都有明确的配比收入，因此对于小型企业来说尤为重要。

17.2 直复营销策略

直复营销包括传统的形式和现代的形式。这里主要介绍传统的直复营销策略。

17.2.1 直邮营销

1. 概念

直邮营销（direct mail marketing）简称"直邮"，是指为单个的顾客提供建议、说明、提醒或者其他项目。根据详细筛选和分类的邮件详单，直复营销人员每年都会寄出上万封的邮件，包括信件、插页、宣传单等。

直邮是一种历史悠久的营销方式，直复营销的最初形态就是邮购。邮购始于1872年8月的美国，第一家邮购商店在美国创立。直邮是通过邮局寄给目标客户邮件，传递各种可以影响目标客户作出相关决策的营销信息，包括向一个有具体地址的人寄发报价单、通知、纪念品、服务介绍或其他项目。它能更有效地选择目标市场，实现个性化，强化顾客关系，且比较容易检测各种结果。

直邮传递形式主要有邮件书面传送、传真传送等。新兴的直邮传递形式主要有手机短信、网络电子邮件等。

2. 优势

近年来，随着科学技术的进步、媒体分割的飞速发展，直邮成为近几年来增长最快的媒体之一。大部分企业对接收直邮信函都持较积极的态度，将其视为有效的传播方式。

直邮的优势表现为：成本低廉，性价比高；包括的信息十分详细、全面；用邮件的方式寄给目标客户，缩短了双方间的心理距离；特别能巩固与老客户之间的关系；其对象是经过认真筛选的，具有很强的针对性，减少了营销的盲目性；不需要较多的人员投入；整体回应率较高；便于设计制作色彩绚丽、充满创意且富激励性的广告文稿。

3. 策略

信函是直邮中最重要的要素，所以直邮的主要策略在于如何制作有效的信函。

（1）使用信头和信尾。普通信件中的信头和信尾包含大量的信息，过多的信息挤在一起易导致阅读者注意力分散，很难对信息进行区分，所以信头应尽可能简洁并使顾客感到方便。信尾则可传递一些简短的服务信息。

（2）篇幅。切忌重复啰唆，力求简洁。

（3）使用问候语。这是一种能增加亲近感的介绍方式。问候语应恰当使用，并注意收信人的感受，让收信人会因此愿意进行沟通。

(4) 使用标题。像海报一样叙述事情实质并激发顾客阅读兴趣的标题，能够帮助顾客了解可以获得的利益。

(5) 使用副标题。可将正文分成易读的段落，并给每段加上一个副标题。副标题是对每段内容的浓缩，顾客可以从中选择自己需要的信息。

(6) 使用下划线和黑体字。这样能吸引顾客的视线，并强调有关部分的重要性。但频繁使用会降低该效果，并影响信函的整洁。

(7) 使用色彩。与下划线和黑体字一样，不要过于频繁使用色彩。此外，色彩还必须与产品或服务的基调一致。

(8) 写作风格。可使用具有戏剧性效果的首起段落；以私人的语气写作；让顾客了解寄信人的期望；让顾客首肯；有一个清晰的结构。

4. 目录营销

目录营销是指运用目录作为传播信息的载体，并通过直邮渠道向目标市场成员发布，从而获得对方直接反应的营销活动。公司把一种或更多的产品目录邮寄给有可能签订单或购买的地址。它是直邮营销的一种特有形式。世界上第一个目录诞生于15世纪的欧洲，是一个关于书籍的目录。在美国，本·富兰克林（Ben Franklin）于1744年印制了美国第一份目录，其中列出了数百本图书。

根据目录营销的对象，可以将目录分为针对消费者的目录和针对企业组织的目录两种。前者发行量大，后者发行量小。前者又可以根据所登载的商品类型、目标市场、目录形象和质量等进行分类。近年来，专卖品（specialty goods）目录在当今的目录营销市场中处于主导地位，而且逐渐取代传统的一般商品目录，更具有专业性。通过专卖品目录销售的商品范围涵盖服装、食品等产品种类。这类目录可以针对不同生活方式的偏好，如兴趣、活动、态度和价值观等方面的差异。

跨国的目录营销也是近年发展起来的。如日本许多消费者就通过800免费电话，从美国的目录营销商那里购买商品。由于目录营销和直接邮购在实际操作中有许多相似和重复之处，所以这两种方式通常统称为直邮营销。

17.2.2 电话营销

1. 概念

电话营销（telephone marketing）是指利用电话，以即兴推销或全自动语音服务方式来进行营销的方法。

有些电话营销系统是全自动的。如自动拨号录音信息处理机可以自动拨号，播放有声广告信息，通过答复机装置或将电话转给总机接线员接受感兴趣的顾客的订货。

随着企业业务量、业务人员的增加，业务费用也在不断增加，电话营销必将成为企业以后开展业务工作的重要手段之一。据研究，电话营销的平均费用只有现场销售的1/10，其经济性是其他销售手段无法比拟的。电话的无界性和快速性也是任何其他手段都比不上的，几秒钟内就可以跨过千山万水，和任何人联系、沟通。另外，电话营销时不与客户直接接触，可以避免直接面对客户时万一出现的尴尬。只要自己适当调节个人心态，把声音控制好就可以了。当然，电话营销时要注意避免侵犯个人隐私问题。

2. 策略

电话营销的传播策略贯穿于整个流程中，包括：

(1) 准备。电话营销前的准备工作包括以下几个方面：

① 打电话的目的。在打电话前，你应该很清楚地知道是想成功地销售产品，还是想与客户建立一种长久的合作关系；你是想做售后服务还是想推荐新的产品给客户。只有目的明确，在打电话时才能抓住重点，向那个方向努力。

② 打电话的目标。目标是打完电话后要达到的效果。打完电话后，应检查是否达到了目标，达到了应该总结经验，没有达到则应该反思，看问题出在哪里，下次不再犯同样的错误。

③ 为了达到目标必须提出的问题。为了达到目标，需要得到哪些信息、提出哪些问题，在打电话之前就应该明确。

④ 客户会提出的问题及如何回答。对客户常见问题必须学会如何回答，不然客户会因为你不够专业或者速度慢而挂断电话。

⑤ 所需要的资料。为了更好地完成与客户的通话，应该准备必要的资料在身边。

⑥ 心理上的准备。电话营销人员每天打的电话非常多，遭受的拒绝也很多，在精神上容易疲倦。要在心理上作好准备，这样许多问题都会迎刃而解。另外，要养成恰到好处地发出友善的微笑的习惯，放松心情。

(2) 通话。在与一个客户通话时最难处理的事是什么？是客户不怎么说话，即使说了也只有几个字。能让客户多说话，我们已经向成功迈进了一大步。通话时要注意：

① 设计好自己的开场白。当我们主动打电话给陌生客户时，目的是让这个客户能购买我们介绍的产品或服务。然而，大多数时候，电话销售人员会发现，刚说完一个开头，就被礼貌或粗鲁地拒绝。一般来说，接通电话后的 20 秒钟是至关重要的。那怎样有效组织开篇，来提高电话销售的成功率呢？这其中包括：自我介绍、相关的人或物的说明、介绍打电话的目的、确认对方时间的可行性、探询需求等。

② 语速要适中。音量要适中，太小了客户听不到，太大了让人感觉没有礼貌，会扰乱人的正常情绪。

③ 发音要清晰。说话不清楚的人不可以打电话。要善于停顿，如果一直说下去，就不知道客户是否在听，是否听明白了，只有你停下来了，客户才有机会表达他的看法与想法。

④ 说话要有逻辑性和专业性。要善于运用条理性强的文字，在说一些专业性的名词时，尽量考虑客户的接受性，不可以说方言。

⑤ 倾听时要有足够的耐心。特别是面对一些很爱说话的客户，更要学会倾听。同时，要集中注意力，不要干其他事，只有这样才能了解细节，更重要的是，你的注意力分散时客户会有感觉。对客户反映的问题不要抱有成见，不能先入为主，应当让客

户开诚布公地把真实想法说出来。

⑥ 运用技巧让客户满意。比如，提问题时可以让客户说出更多你需要了解的东西；说出鼓励的话或者发出肯定的声音会让客户感觉到你一直在听他讲话，对他很重视；复述他的话可以确保你没听错，甚至可以得到对方的肯定；对于暴跳如雷、情绪低落的客户，最好的办法是不要打断他，保持沉默。

(3) 推荐。无论接电话还是打电话，最终都是为了给客户推荐企业的产品或服务，因此在这个过程中要注意以下几个问题：不要忘记主题；应该主动要求客户下订单，不要不好意思；控制时间，时间太长，客户就会失去兴趣，感到厌烦。

(4) 处理异议。异议的处理贯穿始终。电话营销过程中，要始终注意运用销售策略，根据客户的个性特征进行匹配并调整营销策略，以尽量减少异议。

① 保持良好的心态。在电话营销过程中，保持良好的心态是第一重要的事情。尤其是初次从事电话营销的人员，更加需要克服对异议的恐惧感，快速调整自己的心态。

② 转换问题的定义。客户对你说："太贵了"。"太贵了"可能意味着客户真的认为太贵，也可能是他在考虑"凭什么你的产品值这个价钱"。这时，需要转换问题的定义，将问题的解决向着有利于销售的方向引导。

③ 确定客户真正的障碍或阻力。在对问题的定义进行转化解释后，需要进一步确定客户认为贵或不购买的真正原因。

④ 变阻力为卖点。在知道客户产生阻力的真正原因后，抓住客户关注的核心点，引导客户，帮助其解决问题，那么成交的概率就会大大增加。

(5) 结束（挂断电话）。电话营销人员的时间相对比较紧张，对于没有购买意图的客户或者比较健谈的客户，适当地结束话题也是很重要的。同时，对于已经谈好的客户或者已经约访好的客户也要尽快结束话题，不要节外生枝。注意要等客户挂断电话后你才能挂电话。

以上五点构成电话营销的基本过程，如果能够运用自如，就能吸引更多的客户，更好地树立公司形象，走向成功。

17.2.3 电视直销

1. 概念

电视直销（direct-response television marketing）是指利用电视直接向消费者传播、销售产品的方法。通过电视对商品进行全方位的操作演示，使观众对新产品的功能有一个全方位的了解，只需拨打一个电话，便会有人把商品送上门。电视直销最大的特点就是形象、便利，消费者不用出门就能看到形象的商品，送货上门省时又省力。电视直销的历史并不长，起源于 20 世纪 60 年代末期的美国。

电视直销这种新的销售方式于 1991 年年底开始传入我国。目前，我国绝大多数电视台，从省级台到地市级台甚至县级台，从卫星台到有线台，都开播了电视直销。

2. 方式

（1）直接回复广告。采用这种方式的营销者通常买下长达60秒或者120秒的电视广告时间，并向观众提供一个免费电话号码，以供观众订货或者进行进一步的咨询。电视观众也经常会遇到关于某产品的30分钟或是更长时间的广告节目或商业信息片。

（2）家庭购物频道。这种频道是专门为销售产品或者服务而开设的，大多提供全天24小时的电视购物服务。家庭购物频道与其他购物频道都在证明一点，尽管反对广告的声浪不断，但也总有数目可观的人群愿意观赏这样的电视广告。

（3）视频双向信息系统。这是通过有线电视网或者电话线和销售方的计算机数据库连接成一个系统，消费者只需通过操作一个特制的键盘装置和系统就可以进行双向交流的营销方式。

3. 策略

（1）产品策略。涉足电视购物行业，一定要抓好产品选择这一关。在对市场消费者需求与潜在市场容量进行充分的调研分析之后，推出具备足够技术含金量的好产品。电视购物经营者必须以长久做好品牌为出发点，而不是投机。

（2）服务策略。加强服务，讲信用、重信誉是当前电视直销走向规范化的关键所在，没有信誉的买卖是成不了气候的，一定要给合作商家和顾客以安全感。

（3）渠道策略。电视直销最初包括"产品选择、广告片制作、投放，呼叫中心订购服务，物流送货及回款，售后服务"这几个环节。中间渠道的跨越节省了操作的成本。

（4）价格策略。应合理制定产品价格，有效降低成本，给人以更低价格的感受，这样才能让消费者接受。

（5）促销策略。电视直销中的促销应该具体且实事求是。广告如果只播出一次，肯定是无效的，应该依据观众的收视习惯滚动播出。电视直销节目往往都有主持人，他们介绍产品的有关知识和使用情况，充当与观众实话实说拉家常的朋友。电视直销节目播出时，除了要介绍产品性能、用途外，还要告诉观众产品在哪里、如何联系等事项，应不断重复电话号码，让更多的观众听到，进而推动产品销售。

本章总结

直复营销是以营利为目标，通过个性化的沟通媒介向目标市场成员发布信息，以寻求对方直接回应（问询或订购）的社会和管理过程。这个定义揭示了直复营销的三个基本要素：互动性、可衡量性和空间上的广泛性。直复营销的形式包括传统直复营销和现代直复营销。

直复营销的成功，关键还在于企业对适合进入目标市场、接触目标顾客的媒介的选择。传统的直复营销策略包括直邮营销、电话营销、电视直销等策略。

本章关键词

直复营销　直邮营销　目录营销　电话营销　电视直销

 思考题

1. 与传统营销相比,直复营销的主要特点是什么?
2. 直邮营销的内容和策略是什么?
3. 电话营销的内容和策略是什么?
4. 电视直销的内容和策略是什么?

第18章

网络传播

开篇案例 完美日记的网络传播

2017年完美日记创立时期，正值网络传播时代的风口浪尖，这为美妆行业以及其他各行业带了契机。2016年被称为"视频直播"元年，多个平台和应用进军短视频市场，短视频逐渐成为下一个互联网风口。小红书、抖音、快手、B站、微信、淘宝直播，这些颠覆性、动态的社交和内容平台，已经成为用户发现和购买美妆产品的重要渠道，是品牌不可能放弃的流量高地。

2020年10月，完美日记官宣，演员周迅成为其首位全球品牌代言人，在社交媒体上引发讨论热潮。当时，完美日记试图向外传达女孩子活出真我、美不设限、敢于探索的价值观，突出了"女性力量"的主题。2021年3月，完美日记成为中国体操队官方合作伙伴，还请来了郭颖（Yamy）、惠若琪、姜逸磊（papi酱）和杨笠出演短片，突出她们虽遭遇质疑，但都敢于对标签进行突破，最后"出色"登场。当前，完美日记邀请了演员周迅、赵露思与金晨等代言，达成品牌溢价的目标。

相比其他品牌，完美日记最大的特色之一，是很早就开始与KOL合作。完美日记自称中国首批大规模使用KOL的美妆公司之一。和一些人理解的与KOL合作就是吆喝卖货、交易是一锤子买卖不同，完美日记更倾向于直接与KOL合作，而不是通过中介，这样与KOL之间能有更深层的连接。这让完美日记与KOL之间不只是单纯的流量买卖，更利于交易的促成和品牌的建立。

完美日记给人的感觉是一个年轻、懂社群，一点都不端着，同时又具备国际化审美，像大牌一样的品牌。为了强化这种品牌形象，营销是关键的一环。不论早期在小红书"种草"，还是后来在淘宝直播带货，或者是近两年热得发烫的短视频，完美日记都没有缺席。完美日记从2018年起开始加大在微信渠道的运营力度，通过微信社群等渠道沉淀粉丝，提高复购率和转化率，提高用户的生命周期价值，这比机械式的流量采买高效得多。例如，一位完美日记的用户加入"小完子"微信群，从此下单频次提高了很多，经常是一个产品还没用完，在群里看到其他人分享，就被种草，又想买新品。"它慢慢地从一个彩妆品牌变为少女、年轻女性生活的陪伴，以及美好的生活方式。"截至2021年3月31日，公司全网官方账户有6000万粉丝，这为作精细化的筛选管理奠定了基础。

与现在大部分新兴彩妆护肤品牌一样，完美日记的主要用户是90后甚至00后。年轻人容易被"种草"，容易被推荐，也更容易作决策，更看重品牌背后的东西。没有感情的流量，打动不了年轻人，但有生命力和调性的品牌可以。有用户这样总结在完美日记购物的感受："完美日记分享的很多东西，是一个平等的视角和沟通话术，这种东西给人的感觉很真实，无形之中就植入消费者的心智里面去了。"完美日记与同类产品存在差异的关键就在于，能做出很接近于年轻消费者心智和审美的产品，且用短平快的方式来推出新品。比如，它的品牌合作人，要么来自现在年轻人爱看的综艺，要么是年轻人谈论的热门话题里最火的那个人。

根据久谦中台提供的数据，过去几年，在天猫上的彩妆香水类目中，完美日记的市场占有率一直在上涨，从2018年的4.4%，涨到2019年的7.1%，2020年年底进一步提升至8.4%。对于品牌而言，营销是一项长期工作，也是一项投资。品牌资产需要沉淀，品牌打造需要耐心。这些年轻的消费品牌，能否一直保持旺盛的生命力，要看它们能否打动年轻人，并让年轻人心甘情愿为之买单。

资料来源：黎明：《完美日记的钱，花得值不值？》，www.cmmo.cn/article-220647-1.html，2021年6月16日访问。

当今的直复营销已经脱胎换骨，直复营销的现代形式是网络传播。互联网及其数字技术为网络传播提供了保证。网络传播为营销者和消费者提供了更大程度上的互动和个性化的机会。

科特勒说：向消费者进行传播和直接销售的最新和发展最快的营销渠道就是数字渠道。科特勒把直复营销的现代形式称为直复和数字营销（direct and digital marketing）。

18.1 网络传播概述

网络传播是一种以多媒体为终端、以光纤为通道，将所有的个人和组织都联结在一起并能与"个人化"受众进行互动沟通的信息交流形式。网络传播中的信息，以数字形式存储在光、磁等介质上，通过计算机网络高速传播，并可通过计算机或类似设备阅读使用。

营销中的网络传播有两层含义：一是基于互联网的传播，二是网络化传播。网络传播营销的主要形式包括网络营销、移动营销和社交媒体营销等。

18.1.1 网络营销

1. 概念

网络营销（online marketing）也称为"在线营销"，是指组织或个人利用网络通信技术进行营销的一种电子化商务活动，是直复营销的数字化体现。企业使用网络进行营销，最直接的效益来源于网络营销的功能：简化销售渠道、降低销售成本、减少管理费用。

互联网的广泛使用对消费者以及为其提供服务的营销者都产生了重要的影响。企业营销一定要有互联网思维。互联网思维的特征主要体现在：

（1）专注。专注品类第一，简明扼要，形成专门的标签。定位准确，少即是多。

（2）极致。找到焦点，解决痛点，产品或服务超越消费者期望，让消费者"尖叫"。

（3）口碑。有粉丝，有互动，产品或服务有爆点。

（4）迭代。迭代快，由于互联网时代从产品供应到消费的时间非常短，同时消费者反馈意见的成本也低，这就要求企业实时、如实把握消费者需求，不断进行调整和创新。

（5）流量。流量意味着体量，流量即金钱。获取流量最初往往是免费的，以便快速聚集流量。但当体量达到一定的临界点时，可以采取基础免费、增值收费或者短期免费、长期收费等营销策略。

2. 形式

开展网络营销主要有四种形式：创建网站、在网上刊登广告和促销、建立或参与社交网站、使用电子邮件。

（1）创建网站。对于大多数企业来说，网络营销的第一步是创建网站。但是，除了简单地创建一个网站，营销者必须设计具有吸引力的网页，并想方设法吸引顾客访问、浏览并经常登录。

创建一个网站是一回事，但是让人们来此访问又是另外一回事。为了吸引访问者，企业可通过线下印刷品和广播广告，以及通过其他网站的广告和链接大力推广其网站。但是，今天的网络使用者会很快抛弃那些不合格的网站。创造具有足够价值和刺激体验的网站的关键因素是让访问网站的消费者在此逗留并再次访问。这意味着，企业必须持续更新网站以使其保持时尚、新鲜和有用。

设计一个让人第一眼看到就会被吸引并足够有趣让人想再次访问的网站是关键。许多营销者创建的网站五彩缤纷、生动精致，并结合文字、声音和具有吸引力的动画。

（2）在网上刊登广告和促销。由于消费者将越来越多的时间用于网络，许多企业将更多的营销支出投向网络广告（online advertising），以此建立企业的品牌或吸引访问者访问其网站。网络广告正成为一种主流媒体，其主要形式包括展示广告、插播广告等。展示广告可能出现在任何一个上网者的屏幕上，最常见的形式是横幅广告（banner），这些广告可位于网页顶端、底部、右侧、左侧或中心。插播广告（interstitial）是在网页转换时出现的网络广告，尤其当一个新网页正在缓冲时。

许多企业正开发令人兴奋的新型富媒体（rich media）展示广告，这些广告包含动画、视频、声音和互动。比起传统的横幅广告，富媒体广告能更好地吸引并牢牢抓住消费者的注意力。在回到原始位置之前，它们通过浮动、飘移、闪动等动画技术弹出并游走在网页上。

另一个快速发展的网络广告领域是相关搜索（search-related）广告。这些广告基于搜索内容的广告和链接出现在如谷歌这类搜索引擎的搜索结果旁边。搜索广告是一种将消费者与其他形式网络推广相联系的有效方式。

（3）建立或参与社交网站。无数独立的商业网站应运而生，为消费者提供了一个聚集、交际以及交流观点和信息的地方。营销者可以通过两种方式参与到网络社群中：加入已存在的网络社群或者建立自己的网络社群。加入已存在的社群是最简单的。为了避免进入已有网络社交圈的困惑和难题，许多企业正建设有针对性的网络社群。

（4）使用电子邮件。电子邮件是一种重要的并处于不断发展中的网络营销工具。企业为了能在这个越来越杂乱的电子邮件环境中更有效地竞争，正设计内容丰富的电子邮件信息——以音频和视频方式呈现的生动的、互动的个性化信息。营销者更认真地瞄准那些希望参加互动的信息接受者。但是，随着电子邮件营销越来越广泛地使用，它的负面影响逐渐显现。垃圾邮件泛滥，那些不请自来将我们的电子邮箱塞得满满的商业电子邮件，已经使消费者感到愤怒和困惑。为了解决这个难题，大多数合法的营销者目前正在实施获得许可的电子邮件营销，仅向那些"选择加入"的顾客发送电子邮件广告。

网络营销区别于传统营销最显著的特点是网络的互动性。卖方可以随时随地与买方互动式地进行交易，而买方也可以以一种新的方式与卖方互动交流。这种交流是双向的，而非单向的。利用互动媒介进行营销的首要特点，就是传递信息的成本远比传统营销方式低廉得多，这也是互动式直接营销吸引众多企业的一大优点。

互动式营销的另一项特点是，需要消费者变被动为主动。消费者是否有主动查询信息的动机将是互动式营销能否有效发挥潜力的关键因素，在消费者搜索信息动机强烈的市场中，互动式媒介是强有力的营销工具，其力量超过零售商店等传统销售方式。里斯说：没有互动，你的网站和品牌将一无所成。

资料 18-1　4I 营销理论

网络整合营销 4I 原则（简称"4I 理论"）最早由清华大学、北京大学总裁班授课专家刘东明先生于 2009 年在其《网络整合营销兵器谱》一书中提出，它的核心即趣味（interesting）、利益（interests）、互动（interaction）和个性（individuality）四原则。

（1）趣味原则。在新媒体经济时代，信息海量化、碎片化，需要通过娱乐性去把握绝大多数客户的心理，抓住客户眼球，才能更好地激发客户的兴趣，完成营销的传播和推广。

（2）利益原则。通过利益获取分享传播或者关注，可以最大幅度提升传播效率，同时及早培养客户对产品的兴趣，提高客户的忠诚度。

（3）互动原则。新媒体特征就是双向互动性，互动形式和效果将直接影响营销效果。客户会主动参与感兴趣的话题，通过营销设计，使客户在互动和参与的过程中接触广告信息，从而大大提升营销效果；同时，客户也更容易成为信息的分享者，从而大大提升企业传播效果。

（4）个性原则。现代市场不断分化，也是基于用户追求个性化、差异化，具体到传媒营销领域，客户已经从传统的单向大众化被传播，转变为追求小众个性化的产品或服务。个性化原则就是要充分考虑客户差异性和个性化需求，从而得到更多的关注、更高的推广精度，实现更多的产品收益。

4I理论是根据网络整合营销的大量实践与特点总结出来的，是传统营销在新媒体环境下的发展应用。该理论具有较强的指导性和实用性，迎合了新媒体营销的发展趋势，是新媒体经济下创造营销效果的有力武器。

18.1.2 移动营销

1. 概念

移动营销（mobile marketing）是指面向移动终端（手机或平板电脑）用户，向目标受众传递营销信息、促销和其他营销内容的行为。移动营销是在强大的数据库支持下，利用手机通过无线广告把个性化即时信息精确有效地传递给消费者个人，达到"一对一"的互动营销目的。

大多数人喜欢用手机，并且严重依赖手机。尽管电视机在人们的生活中仍然很重要，但手机已经迅速成为人们的"首选屏幕"，离开家后，手机几乎就是人们唯一关注的屏幕。据麦卡锡公司2021年报告，中国8.55亿消费者每天花在手机上的时间平均高达6个小时，是美国消费者的两倍，每天通过手机购买的产品或服务高达2万亿美元。自新冠疫情暴发以来，消费者通过手机购买更多类别的产品，包括之前去商店购买的食品、杂货等。

2. 类型

移动营销的主要类型包括二维码、LBS、移动广告、APP、HTML5、微信小程序等。

（1）二维码。二维码（又称"二维条码"）是指在一维条码的基础上扩展出另一维具有可读性的条码，使用黑白矩形图案表示二进制数据，被设备扫描后可获取其中所包含的信息。不论是电子凭证，还是博物馆、媒体或产品信息，用户用手机扫描二维码，就可以进入它对应的地址，获得完整的数据。二维码营销主要包括线下虚拟商店、线上线下广告、实体包装印刷和线上预订、线下消费四种类型。

（2）LBS。LBS（local-based service）即基于地理位置的服务。智能手机的定位技术是这种服务的基础。常见的 LBS 营销模式包括生活服务模式和社交模式。生活服务模式以生活服务为出发点，与人们的日常生活、旅游、购买等紧密结合。比如，大众点评等外卖类 APP，就是基于地理位置为特定商圈内的居民提供相关服务。这一模式的最大特点是实用性极强，可以随时记录用户的相关信息。社交模式的主要方式是地点交友，不同的用户只要在同一时间出现在同一地点，就可以建立关联，然后商家可以在关联用户之间发起宣传、团购、优惠信息推送等活动，也可以基于地理位置建立小型社区等。

（3）移动广告。移动广告就是移动终端发布的广告。常见的移动广告包括短信广告、语音类广告和植入式广告。植入式广告主要有终端植入式和内容植入式两种。终端植入式广告是指通过 SIM 卡、客户端软件嵌入等方式制作的广告，这种广告可以通过屏保、壁纸、开关机画面等呈现。内容植入式广告是指通过手机游戏、手机电视等各种软件植入的广告。

（4）APP。APP 营销指的是应用程序营销，这里的 APP 就是应用程序（application）。用户通过应用程序可以获得生活、学习、工作方面的帮助，这是手机的必备功能，每一款手机都或多或少有一些应用。与传统营销模式更大的不同是，从接触顾客、吸引顾客、黏住顾客，到管理顾客、发起促销，再到最终达成销售，整个营销过程都可以只在 APP 这一个小小的端口内发生。APP 营销的功能策略一般分为全功能品牌策略和单一功能品牌策略。全功能品牌策略指的是，一款 APP 除推广品牌以外，还带有多种功能，如提供产品信息、门店信息、服务信息等。单一功能品牌策略指的是，一款 APP 实现一个功能，或是推广品牌文化，或是发布品牌产品信息，或是提供一款小游戏，清晰明确。一款 APP 应用的流行，优先取决于定位，其次是品质，最后才是促销。这意味着平庸的产品无法靠强促销赢得市场。

（5）HTML5。HTML（超文本标记语言）是万维网的核心语言，已经经历了五次重大修改，因此称为 HTML5。这种营销方式由于链接内容丰富、交互性强，同时具有低成本、传播效果好的特点，在移动营销中迅速风靡。

（6）微信小程序。微信小程序是于 2017 年 1 月上线的微信新功能。这种小程序不需要下载、安装即可使用。用户扫一扫或搜一下就可以打开应用，实现了用完即走的理念。微信小程序能够帮助企业实现基于线下场景的即时服务，如停车场的扫码服务等。

18.1.3 社交媒体营销

1. 内涵

社交媒体营销（social media marketing）是指企业利用社交网络、在线社区、论坛、微博、微信等进行的营销。微博、微信等新媒体作为人们的社交媒体，其营销更要体现出交情在前、交易在后的原则。人际传播代表的是人与人之间以及社群与社群之间的联系，并没有商业性内容。

企业看到了社交媒体的"连接红利"，社交媒体营销因而得到快速发展。社群成员在社群中获得归属感,进而在社群中消费,社群成员通过一对一、一对多等人际和群体传播,产生口碑效应,沉淀客户资产,信息传递快速直接,人与人之间既有交际和交往,又有商业。

传统媒体一般包括电视、报纸、广播、杂志等,而新媒体一般指利用数字技术、网络技术,通过互联网、宽带局域网、无线通信网、卫星等渠道,以及电脑、手机、数字电视机等终端,向用户提供信息和娱乐服务的传播形态。如国外的Facebook、Twitter,国内的微信、微博、直播平台等已经成为新媒体的代名词。

新媒体营销即企业通过新媒体进行的营销活动,是由新数字技术支撑的新型传播媒介。新媒体的普及使企业与消费者可以进行更加直接的沟通,为直复营销增添了新的路径。

新媒体构成了社交媒体营销的主要内容。根据内容的表现形式,它主要包括三大类:

(1) 图文新媒体平台。它包括自媒体类平台(比如,百家号、今日头条、企鹅号等)、社交类平台(比如,微信、微博、QQ、百度贴吧、豆瓣、小红书等)和问答类平台(比如,百度知道、知乎、天涯问答等)。

(2) 音频新媒体平台。比如,喜马拉雅FM、荔枝FM、企鹅FM等。

(3) 视频新媒体平台。比如,抖音直播、快手直播、斗鱼直播、虎牙直播、花椒直播等。

精准营销(precision marketing)就是在精准定位的基础上,依托现代信息技术手段建立个性化的顾客沟通服务体系,实现企业可度量的低成本扩张之路,是网络营销理念中的核心观点之一。精准营销充分利用各种新媒体,将营销信息推送到比较准确的受众群体中,既节省营销成本,又能起到最大化的营销效果。

2. 类型

社交媒体营销主要包括微信营销、微博营销和直播营销。

(1) 微信营销。微信营销(wechat marketing)是网络经济时代企业或个人营销模式的一种,是伴随着微信的火热而兴起的一种网络营销方式。微信不存在距离的限制,用户注册微信后,可与周围同样注册微信的"朋友"形成一种联系,用户订阅自己所需的信息,商家通过提供用户需要的信息推广自己的产品,从而实现点对点的营销。

微信营销主要体现为通过安卓系统、苹果系统的手机或者平板电脑中的移动客户端进行的区域定位营销,商家通过微信公众平台,结合转介率微信会员管理系统展示商家微官网、微会员、微推送、微支付、微活动,已经形成了一种主流的线上线下微信互动营销方式。

① 微信公众号营销。微信公众平台,即微信公众号,是企业在微信平台上申请的一个应用账号。企业可以利用该公众平台进行自媒体活动,如展示企业信息、产品信息、促销信息及消费者感兴趣的其他信息等,搭建企业与消费者的直接沟通渠道,提高消费者与企业的信息沟通效率,并有效增强用户黏性。微信公众号可以分为服务

号、订阅号与企业号,类别不同,其侧重点也有差异。

服务号可以为企业提供强大的客户服务及业务处理能力,比如,在南方航空的服务号上,顾客不仅可以轻松查询并预定南方航空国内、国际机票产品,还可以了解南方航空的最新促销活动,体验便捷的一站式商旅服务。服务号虽然拥有强大的客户服务能力,但却在信息推送上有所不足,即一个月内仅能向粉丝发送4条群发信息,不过该群发信息会出现在粉丝的聊天列表中,并会提醒用户收到信息。

相比服务号来说,订阅号的信息推送能力更强,每天可以群发推送一次,每次最多可以推送8条图文内容,这体现出订阅号的自媒体属性更强。企业可以通过订阅号发布目标受众感兴趣的图文内容,不局限于营销信息,如运动品牌可以推送健身、健康饮食、运动咨询等相关内容,增强用户黏性,也可以通过撰写软文达到营销效果。

企业号是微信为企业客户提供的移动服务,旨在提供企业移动应用入口。它可以帮助企业建立员工、上下游供应链与企业IT系统间的连接。利用企业号,企业或第三方服务商可以快速、低成本地实现高质量的企业移动轻应用,实现生产、管理、协作、运营的移动化。企业号作为企业IT移动化解决方案,相比企业自己开发APP具有快速移动化办公、开发成本低、零门槛使用等明显优势。企业可以根据自己的需求进行选择。

② 微信群组营销。通过建立微信群,培养属于自己的粉丝团,就是建立社群最简单的办法。由于微信的高度普及,微信群已经成为最常见的社群营销实现途径。企业或个人可以通过微信群聚集对企业或其产品有兴趣的客户,并可以和他们进行实时沟通,传递产品信息、营销活动信息,解答客户疑问,并通过发布相关资讯、发红包、建立人脉等方式维持消费者的忠诚度,进而达成营销目标。

建立微信群首先要有明确的定位以及清晰的目标人群,企业或个人通常以消费者的消费需求、兴趣爱好、购买行为等作为突破口,把消费者分为若干个圈层,寻找适合自己定位的圈层。此外,微信群通常需要一个意见领袖,也就是某一领域的专家或者权威,这样比较容易树立信任感和传递价值。比如,一个投资产品群会邀请知名投资人加入以提高微信群的可信度和吸引力。企业或个人通过微信群的营销方式可以做到与消费者实时沟通,更具有人情味,还可以避免营销资源浪费。此外,群中的成员还可以利用自己的社交圈邀请潜在消费者入群,扩大微信群的规模。

③ 微信朋友圈营销。微信朋友圈营销是指商家把产品信息分享到自己的朋友圈,利用用户与其朋友间的强关系宣传品牌或售卖产品。受众可以通过朋友圈对商品广告进行评论与咨询,商家可以直接进行回复,做到有效沟通。如发现有购买意愿的消费者,也可以进行单独的微信咨询,传递更详细的营销活动信息或产品信息。每天推送的营销信息不应过多,1—2条为宜,否则会引起受众反感,反而有损品牌形象。如需要推送的产品信息较多,可以把目标受众导流到微信群中,再进行营销信息的传播。

微商(wechat business)是基于微信生态,集移动与社交于一体的新型电商模式,是一种社会化分销模式。它是企业或个人基于社交媒体开店的新型电商,从模式上可以分为两种:基于微信公众号的微商,称为B2C微商;基于朋友圈的微商,称为

C2C 微商。微商能够实现产品的社交分享、熟人推荐与朋友圈展示。基于微信平台的电商模式往往通过微店实现。微店开通成本低，只需利用碎片时间和个人社交圈就可以进行营销推广，并且可以借助微信平台进行一对一精准营销，增强了用户黏性，相比淘宝店铺来说具有独特的优势。

（2）微博营销。微博营销（microblog marketing）是指通过微博平台为商家、个人等创造价值而执行的一种营销方式，也是指商家或个人通过微博平台发现并满足用户的各类需求的商业行为方式。微博营销以微博作为营销平台，每一个读者（粉丝）都是潜在的营销对象，企业通过更新自己的微博向网友传播企业信息、产品信息，树立良好的企业形象和产品形象。每天更新内容，或者发布大家感兴趣的话题，这样就可以跟大家交流互动，从而达到营销的目的。

微博营销方式注重价值的传递、内容的互动、系统的布局、准确的定位，微博的火热发展也使得其营销效果尤为显著。微博营销涉及认证、有效粉丝、朋友、话题、名博、开放平台、整体运营等方面。自 2012 年 12 月，新浪微博推出企业服务商平台，为企业在微博上进行营销提供了一定的帮助。

"微博"是"微型博客"的简称，英文为 microblog，最早由知名社交网站 Twitter 的创始人提出。作为 web2.0 时代的产物，微博凭借其用户规模庞大、互动性强、方便快捷、门槛低、内容多样性等特点成为企业品牌推广的重要新媒体。越来越多的企业在微博上申请官方账号，利用微博宣传企业、品牌及产品，推广营销活动，培养消费者认知度和喜爱度，并通过官方微博处理各种危机事件。

今天的微博不仅可以做产品品牌宣传，还能够直接引导消费者在线购买和支付，实现完整的业务闭环。此外，微博最显著的特征是传播速度快，一条微博在触发微博引爆点后短时间内就可以通过互动转发使信息迅速传播。因此，企业可以请名人微博主动帮助转发自己的营销微博，借助其力量使营销信息快速扩散。

企业在微博上注册完毕后，还应即时申请企业认证，保证官方微博的唯一性及可信度，认证完成后可以享受广告、营销、运营、数据四大特权服务，为企业微博营销提供更好的服务。值得注意的是，企业在用微博进行信息发布时，应更加注重发布内容的趣味性及亲和度，消费者更加愿意关注一个像朋友一样的企业微博而不是一个死板的企业宣传号。企业应该更像"一个人"，有自己的个性和风格，让关注者感觉到温度，从而真的吸引消费者的注意，得到消费者的喜爱，而不是逼着消费者进行关注。比如，海尔产品的微博就把自己拟人化，并在一些热门微博下评论，语言风格亲切幽默，得到了微博用户的热烈回应，无形中增加了消费者对企业的好感。

（3）直播营销。直播营销是指在现场随着事件的发生、发展同时制作和播出节目的方式，该营销活动以直播平台为载体，达到企业获得品牌提升或销量增长的目的。网络直播最大的特点是可以让用户和现场进行实时链接，具备最真实、最直接的体验。直播过程中主播可以和观看直播的用户实时互动，实现双向沟通，及时解决用户的问题，实现了良好的促销效果。

直播不但有真实、详细、亲切、近在眼前的感受，甚至还有私密、被重视、个性化的感受。随着移动时代的到来,智能手机得到普及,手机像素大幅提高,以及网络提速等,为直播营销的快速发展提供了土壤。现在流行的网络直播确切地说应该称为UGC(user generated content)直播,即主播通过手机直播平台进行生活记录、表演与关注互动等活动。

企业直播营销方式通常有以下几种:

① 直播＋发布会。传统发布会以线下活动为主,宣传主要依靠新闻媒体进行报道,成本较高,而且传播效果往往不尽如人意,随着网络直播的发展,越来越多的企业选择线下发布会和线上直播相结合的方式进行新品宣传。比如,苹果、小米、百度等都通过直播平台同步直播发布会,吸引了大量粉丝。

② 直播＋活动。除了发布会外,企业也可以借助直播平台直播任何企业线下活动,如名人代言、企业赞助体育赛事、企业路演等活动。活动直播突破了以往纯线下活动的局限性,不受场地容量影响,可以让尽可能多的消费者接收到活动信息,还可以达到让消费者"边看边买"的目的。美宝莲品牌曾与九大电商平台联手就演员杨颖(Angelababy)代言美宝莲口红的活动进行直播,一位随行人员全程直播Angelababy赶赴现场的细节,为活动预热;随后更是对活动现场进行了全方位直播。熊猫TV、美拍等分别同时从各自的角度直播了发布会现场的情况。不同的直播主持人、不同的视角、不同的实时画面,意味着每一个APP平台上的直播都是不会重复的,这让整个活动更具社交属性。除此之外,直播页面下方还设置了购物车图标,有购买兴趣的消费者可以点击图标直接购买,此次活动因为直播的加入得到了很好的反响,仅两小时卖出1万支口红。

③ 直播＋电商。直播成为电商销售中非常重要的场景,受到很多品牌的青睐。直播使电商更具社交属性,主播通过直播平台可以更好地介绍产品,并与消费者实时互动,随时解答消费者的疑问,并现场演示产品效果等,使消费者得到更好的购物体验。直播还让电商购物环节的抢购氛围更浓,消费者参与的实时评论,会增加其他消费者对商品的好感度。淘宝利用自己得天独厚的优势推出淘宝直播平台,更方便淘宝平台的电商卖家进行直播营销,该平台不但具有一般直播平台的功能,还设置了购物车图标,消费者点击购物车即可查看产品详情,并直接进入购买页面,方便消费者购物。此外,商家可以通过淘宝直播平台直接发放店铺优惠券、红包等,吸引消费者观看。

④ 直播＋企业日常。企业直播的应用场景非常广泛,基本上企业日常运行的很多方面都可以用到直播,如企业的开业典礼、投标融资的项目路演、领导参加或公司主导的行业论坛峰会、公司举办的大型文化团建活动、一年一度的企业年会等都可以通过企业直播的方式展现。万达集团就曾经进驻花椒直播,开通官方账号,向网友全方位展示万达的企业文化,包括办公场地、员工宿舍、食堂等,调动了消费者的兴趣,提升了消费者对企业的好感度。

18.2 网络传播策略

网络传播策略主要包括口碑营销、场景营销、社群营销、内容营销、知识营销、粉丝营销、裂变营销、事件营销、互动营销、娱乐营销、意见领袖营销、跨界营销等策略。

网络传播策略以数字技术为依据,其特征主要表现为大数据、精准、简约、经济、高效、共享、组团、趣味、互动、线上线下协调、娱乐化、平民化、身临其境等,是离生活化、个性化更近的营销传播策略。

18.2.1 口碑营销

1. 概念

"口碑"(word of mouth)一词来源于传播学,应用于营销领域。口碑是由生产者以外的个人,通过明示或暗示的方式,不经过第三方处理加工,传递关于某一特定或某一种类的产品、品牌、厂商、销售者,以及能够使人联想到上述对象的任何组织或个人信息,从而导致受众获得信息、改变态度,甚至影响其购买行为的一种双向互动的传播行为。这种以口碑传播为途径的营销方式,称为口碑营销。

口碑是一条比商业化大众沟通更加可靠、更加可信和值得信赖的信息渠道。口碑信息会对消费者的购买行为产生巨大的影响力。消费者因为口碑而产生的购买次数是广告的三倍,口碑在让消费者知晓创新产品、促使消费者试用新产品方面,比广告更有效果。口碑的影响力还体现在它的两面性上,即口碑不但能传递正面信息,也能传递负面信息。负面口碑对消费者影响更大,所谓"好事不出门,坏事传千里"。

网络营销者使用病毒营销(viral marketing)方式,它是口碑营销的网络版,是指利用公众的积极性和人际网络,让营销信息像病毒一样传播和扩散,营销信息被快速复制传向数以万计甚至数以百万计的观众。病毒营销的成本非常低廉,当信息来自一个朋友时,收信人就很可能打开并阅读它。一位病毒营销专家说:"病毒营销的想法就是让你的顾客帮你做营销。"

2. 策略

(1) 质量策略。产品或服务质量是产生良好口碑的最基本保证。质量策略也是价值的最基本体现,主要体现为在功能性价值上能给消费者带来好处。

(2) 体验策略。百闻不如一见,一见不如体验。有了亲身的体验才能有感而发,触景生情。企业不但要给予消费者体验,还应该通过一定的奖励鼓励消费者把体验的感觉和心情发布出来,共享好评。

(3) 意见领袖策略。口碑营销不仅需要明星口碑,还需要普通的消费者口碑,发挥消费者意见领袖的作用。人们有时更愿意相信普通人的使用感受,相信身边亲朋好友的推荐。

(4) 网络传播策略。社交媒体让品牌传播变得更迅速、方便和简单。微信、直播、微博、朋友圈上一次又一次积极的点赞、评论、转发，可以使品牌价值迅速发酵、增长，在社交媒体的环境中带动消费是比较容易成功的。

(5) 方便提交策略。企业网站或其他网站可以专门为消费者设计一个展示页，精心安排一些内容，表达人们的满意感受、反馈，甚至包括一些短视频、感谢信等。总之，让消费者觉得自己被重视、被珍惜，从而进一步增强消费者对品牌的好感。

18.2.2 场景营销

1. 概念

场景营销（scene marketing）是指为顾客设计和创造一个现实或虚拟场景的营销活动。场景营销基于大数据找到合适的消费者群体，根据其消费行为模式和购买决策规律安排信息内容，针对不同的消费者群体，在最合适的情境下为其推送最合适的产品或服务。

场景营销按人们生活的场景可分为现实生活里的场景营销和互联网使用的场景营销。按互联网的种类，后者又可细分为PC场景营销和移动场景营销。

互联网使用的场景营销是基于网民的上网行为始终处于输入场景、搜索场景和浏览场景这三大场景之一的一种新营销理念。线上场景与线下场景往往同时出现。移动客户端的APP应用成为典型的场景营销，它以软件的形式为用户提供各种体验场景。

2. 策略

(1) 时空加心智策略。场景就是时空加心智，时空指什么时间、什么地点，心智是强关系，占领场景就是占领心智。例如，雀巢咖啡涉及的场景是礼品及茶歇时间；神州专车定位安全之后，为了在竞争中更具有优势，做了六个场景细分：接送机、会务用车、带子出行、孕妇、异地出差和夜晚加班。

极致的场景是指在正确的时间、正确的地点、集中的需求环境下，把消费者需求与企业打造的场景有机融合起来，为消费者创造价值。例如，"困了，累了喝红牛"抓住了消费者"困"和"累"两个需求最集中的时机，营造了消费场景。又如，双十一购物节，在实物上实现了价格的折扣，在心理上使消费者具有购物狂欢节的感觉，使其实现心理上的满足感，需求和情绪都被集中到了特定的时间、地点，营造了全民消费的极致场景。

(2) 差异化策略。现实生活里的场景营销可以转换产品的使用情景，不同场景下产品的体验不同，让产品在新情景中有新作用。如根据酒在不同场景下的体验，包括结婚场景、庆功场景、朋友小聚场景等，可以对客户活动进行梳理和划分，进行差异化营销。同时，根据不同客户的使用习惯和感知关注点，推送不同的产品，最大限度满足客户需求，增强使用黏性。场景营销的动人之处在于它不仅仅是在出售产品，更是在出售一种生活方式，传播新的生活观念，塑造新的消费态度。这既是对消费者的引导，也是对消费者的教育。

18.2.3 社群营销

1. 概念

在社交媒体环境下,具有互动黏性的社群能够帮助企业创造价值。社群是在自媒体兴起时,有共同需求、兴趣爱好和亚文化特征的人聚集起来的群体。社群营销(social marketing)是基于相同的兴趣爱好,借助某种载体聚集人气,通过产品或服务满足群体需求而产生的商业形态。

从消费者需求角度,社群可以分为兴趣社群、人际关系社群、幻想社群、交易社群;从消费者市场角度,社群可以分为区域型社群、人口结构型社群、主题社群。企业不仅需要找到社群,更要构建自己的社群,抓住用户,实现更大的企业价值。

2. 策略

(1) 找到兴趣点。网络社群营销通过将有共同兴趣爱好的人聚集在一起,将一个兴趣圈打造成消费家园,如猫扑专门为七喜建立了一个品牌 Club,将喜爱七喜品牌且具有相同爱好的网友聚集在七喜 Club 里,使七喜独有的虚拟形象在网友中得到了最大化的延伸。网络社群营销是一个口碑传播的过程,通过一些元素引起口碑,汇聚人群,口碑再扩散,周而复始。

(2) 价值观相似。这是社群的动力,是社群维系的核心,求同存异。物以类聚,人以群分,这就是圈子,这就是社群。

(3) 定期举办活动。小米品牌的成功就源于在构建"米粉"上形成了自己的社群。企业需要增加互动黏性,创造与消费者交流的机会,才能让消费者重复消费。如收集客户评论和意见反馈,与消费者互动。小米手机发表新品之前,会大量采集客户使用产品的心得以及"米粉"想要的手机功能,这些成为产品开发的基础,用以创造符合消费者需求的产品。小米不仅重视线上平台,也极其关注线下与米粉的互动体验。小米在线下举办米粉节、爆米花、同城会等活动,还定期发布《爆米花》杂志,米粉及用户参加小米的活动就有机会登上杂志。小米还创建了线下营销渠道"小米之家"。"小米之家"就是一个实体的线下粉丝群,具有相同爱好和价值观的用户会逐渐聚集到小米之家,从而进一步巩固米粉的黏度和亲密度。

(4) 开展社区团购。社区团购成为社群营销新的方式。社区团购也可以理解为"拼团买菜",主要采取"预售+自提"模式。例如,2020 年 7 月,美团推出美团优选;8 月,拼多多推出多多买菜。社区团购是由平台解决供应链,采用二级代理制度,以小区业主或小区内小店为团长,通过拼团的方式,以更低的价格为居民提供产品的一种社区社交商业模式。

18.2.4 内容营销

1. 概念

内容营销(content marketing)是指企业通过合理的内容创建、发布及传播,向用户传递有价值的信息，从而实现营销的目的。内容营销的内容主要包括当前社会的热点新闻、与企业有关的故事、促销的创意等。

美国内容营销协会创始人乔·普利兹（Joe Pulizzi）在2001年就提出并使用了"内容营销"一词，认为内容营销是创建和传递有价值和引人注目的内容，以吸引现实或潜在的目标顾客的商业营销过程。

2. 策略

（1）热点性内容策略。热点性内容即某段时间内搜索量迅速提高、人气关注度节节攀升的内容。利用热点性内容能够在短时间内为网站创造流量，获得非常不错的利益。

（2）时效性内容策略。时效性内容是指在特定的某段时间内具有最高价值的内容。营销者可利用时效性创造有价值的内容展现给用户。

（3）即时性内容策略。即时性内容是指充分展现当下最新发生的事件的内容。该策略必须第一时间完成内容写作。

（4）持续性内容策略。持续性内容是指含金量不因时间变化而变化，无论在哪个时间段都不受时效性限制的内容。

（5）促销性内容策略。促销性内容是指在特定时间内进行促销活动产生的营销内容。特定时间主要是指节日前后，内容能够充分体现优惠活动，使消费者尽快产生购买行为。

18.2.5 知识营销

1. 概念

知识营销（knowledge marketing）是指通过有效的知识传播方法和途径，将企业所拥有的对用户有价值的知识（包括产品知识、专业研究成果、经营理念、管理思想以及企业文化等）传递给潜在用户，使其逐渐形成对企业品牌和产品的认知，将潜在用户最终转化为用户的过程。随着知识经济时代的到来，企业在进行科研开发的同时，还要想到知识的推广，使一项新产品研制成功的市场风险降到最低，而要做到这一点，就必须运用知识营销。

用知识推动营销，需要提高营销活动策划中的知识含量，重视和强调知识作为纽带的作用，帮助消费者获取某一方面的知识，也可以直接提供有关产品或服务的知识。

2. 策略

（1）搭建技术平台。企业的技术平台按开放程度可以分为内网和外网，内网只对企业内部员工开放，为员工进行知识交流、提高知识学习与共享能力提供技术支持；外网是企业获取外部信息、截取情报资料、传播产品知识、宣传企业形象的接口。企业通过内网和外网的对接与交流融合掌握全面的有关企业市场营销的知识，为营销的高效率提供保证。内网和外网建设对于企业知识流动具有重要促进意义。

（2）理性诉求。知识营销主要是介绍产品的功能、材料、效果等内容，是一种理性诉求，目的是让消费者得到有价值的产品知识，理性消费，并让消费者能通过获取知识与产品或品牌产生更持久的情感共鸣。

18.2.6 粉丝营销

1. 概念

粉丝营销（fans marketing）是指企业利用优秀的产品或企业知名度吸引消费者群体作为粉丝，利用粉丝相互传导的方式，达到营销目标的营销策略。粉丝营销以消费者为主角，由消费者主导营销手段，从消费者的情感出发，企业借力使力，达到为品牌与偶像增值的目的。

粉丝经济泛指架构在粉丝和被关注者关系之上的经营性创收行为，是一种通过增强用户黏性并以口碑营销形式获取经济利益与社会效益的商业运作模式。起初，被关注者多为影视演员、偶像和行业名人等。粉丝愿意购买歌手的专辑、演唱会门票，以及影视演员所喜欢或代言的商品等。由于互联网突破了时间、空间上的束缚，粉丝经济现在已经被广泛地应用于文化娱乐、销售商品、提供服务等多领域。

2. 策略

（1）交情营销。所有拥有"粉丝"的品牌，背后都有一个狂热的推动者和一群忠诚的拥戴者。向粉丝们营销的秘诀正是"不营销"，并且置身于他们之中，了解他们的感受与喜好，并且成为他们的一部分。消费者讨厌推销员，讨厌骗人的广告商，但有谁会拒绝自己的朋友呢？

（2）兴趣营销。一方面是找到粉丝的兴趣点。商家借助一定的平台，通过某个兴趣点聚集朋友圈、粉丝圈，给粉丝用户提供多样化、个性化的产品或服务，最终转化成消费，实现盈利。弄清楚粉丝爱什么和憎什么，才能使得品牌和偶像更强烈地印入人的脑海，也更能激起其情感认同或者情感排斥。品牌和偶像，也正是通过这样的爱和憎被定位了。

另一方面是找到品牌管理者的兴趣点。品牌的创始人都热爱自己的产品或者所从事的工作。乔布斯狂热地追求用户体验和本源，才有了 iMac 与 iPod 这样伟大的产品；郭德纲的粉丝未必个个都懂相声，但是感染他们的正是郭德纲对传统相声艺术的热爱。

18.2.7 裂变营销

1. 概念

裂变营销（fission marketing）是指传播个体通过社交分享（包括奖励、福利、趣味内容等），帮助企业进行拉新运营，以达到一个老用户带来多个新用户的增长目标。在裂变营销中，最想实现的结果只有一个，就是以最低的成本、最大的限度获得用户增长。

2. 策略

（1）分享策略。必须通过老用户的分享行为带来新用户，这样成本最低、获客最广。

（2）后付奖励。将原来事前拉新获客的广告费用，分解成老用户推荐的奖励费用与新用户注册的奖励费用，这些奖励基本都采取后付模式，用户只有注册或完成行为之后才能获得奖励，从而降低了企业的广告投放风险。

$$广告成本＝老用户拉新奖励＋新用户注册奖励$$

（3）其他策略。主要有拉新奖励、红包奖励、IP 裂变（与其他资源合作）、储值裂变（分享给亲人朋友）、个体福利裂变（通过分享可以免费得到后续的东西）、团购裂变、线下裂变（通过扫码获取现金或积分实现裂变）等。

18.2.8 事件营销

1. 概念

事件营销（event marketing）是指利用有新闻价值、社会影响以及名人效应的人物或事件，通过策划、组织等技巧吸引媒体、消费者的兴趣和关注。它主要是为了提高企业产品或服务的认知度和美誉度，为品牌的建立树立良好的形象。

事件营销是国内外十分流行的一种公关传播与市场推广手段，集新闻效应、广告效应、公共关系、形象传播、客户关系于一体，并为新产品推介、品牌展示创造机会，建立品牌识别和品牌定位，从而快速提升品牌知名度与美誉度。20 世纪 90 年代后期，互联网的飞速发展给事件营销带来了巨大契机，通过网络，一个事件或者一个话题可以更轻松地进行传播和引起关注，成功的事件营销案例开始大量出现。

2. 策略

（1）主题词。事件营销中必须有简短且辨识度高的主题词，还必须有强化统一的视觉符号，创意要干净简单。在事件营销的整个过程中，必须紧跟自己产品的核心卖点，这样营销活动才能落地。比如，神州专车的卖点是"安全"，这样就可以围绕安全针对发生的黑专车事件进行营销。

（2）时间节点。在事件营销中，关键人物和时间节点都很重要。正常的事件营销时间最好安排在周二到周四，因为许多人这段时间都在上班，能够比较容易看到一个事件的爆发。周末休息时间，话题一般容易遇冷。

（3）借势和造势。事件营销是一个借势和造势的过程。借势就是借助热点，迅速上位。而造势则是企业"无中生有"，自己制造事件和话题。许多一线品牌都以自己造势活动为主，一是权威专业，二是可控性强。

企业可借名人之势，名人可以来自歌唱界、影视界、体育界和文化界，选择的关键在于企业的需求、资源和时机。也可借突发或特定事件进行一些特定的活动，在活动中达到企业的目的。事件基本分为政治事件、自然事件和社会事件。例如，统一润滑油的广告就曾经借用战争话题，以"多一些润滑，少一些摩擦"的创意，非常贴切地迎合了我国观众对和平的期待，给人们留下了深刻的印象。

18.2.9　互动营销

1. 概念

互动营销（interactive marketing）是指由企业策划，让企业和消费者或公众双方共同参与和行动的营销策略。新媒体相较于传统媒体，最大的特点就是能够互动。而想要有互动，首先就要抓住彼此双方的利益共同点，找到其中巧妙的沟通时间和方法，将彼此紧密连接在一起。

互动营销最大的好处就是可以促进消费者重复购买，有效地支撑关联销售，了解消费者的真正痛点，建立长期的消费者忠诚，实现消费者利益最大化。未来，许多企业都会把互动营销作为沟通策略的重要组成部分。

2. 策略

互动营销可以是现场互动，也可以是网上互动。其主要策略包括：

（1）会议互动。会议营销投资小、见效快，风险也小。通过会议既可以进一步了解产品或服务的具体情况，也可以加深与消费者之间的联系；同时，消费者可以及时表达意见，企业可以及时解决相关的问题。

（2）路演互动。路演（roadshow）是国际上广泛采用的证券发行推广方式，指证券发行商发行证券前针对机构投资者的推介活动。现在路演的概念和内涵已经延伸，成为包括产品发布会、产品展示、产品试用、优惠热卖、现场咨询、填表抽奖、礼品派送、有奖问答、文艺表演、游戏比赛等多项内容的现场活动。

（3）利益互动。比如，网络调查可以进行有奖调查、产品的免费试用。想要访问者参与互动营销，对访问者必须要有利益的驱动，否则，其参与的概率会大为降低。

（4）事件互动。互动营销有两种事件模式，一种是借助热点事件进行互动，另一种是自己制造事件进行互动。

（5）意见领袖互动。意见领袖可以是名人，也可以是网络红人，还可以是普通消费者。互联网媒体上的消费者更看重他们之间的认同和组织，以成为某个群体中的偶像、"达人"为目标。买方成为市场主导的时候，发掘、调动消费者的主动性就成为市场领先的关键。

（6）便捷互动。互动营销是要访问者很方便地参与其中，而不是要经过复杂的过程才能参与其中，否则访问者参与互动的概率就会小很多。人是有惰性的，特别是网民。若参与互动比较复杂，就会点点鼠标离开。比如，申请试用产品、参与调查等，程序应该便捷，申请表格应该简单明了，不涉及隐私等。

18.2.10　娱乐营销

1. 概念

娱乐营销（entertainment marketing）是指借助娱乐活动，通过各种活动形式与消费者进行互动,将娱乐因素融入产品或服务,从而促进产品或服务取得良好的市场表现。从广义上讲,凡是使受众欢愉喜悦的营销行为都可以称作娱乐营销。

娱乐营销有两大特点:实体、媒体、消费者三位一体和互动性。网络时代,娱乐营销最大的特点就是互动性高和传播快。

2. 策略

(1) 联合策略。联合策略是指与名人、媒体及其节目联合在一起产生娱乐效果的营销策略。雪花 superX 是一款主打年轻人市场的啤酒品牌,为博年轻人喜欢,新品定位"生而无畏",瓶身选择酷炫的蓝色和圆滑流畅的流线型设计,还签下唱跳俱佳的歌手王嘉尔,加码娱乐营销。除了街舞选拔类节目《这就是街舞2》,SuperX 还赞助竞技类真人秀节目《热血街舞团》,从而不断强化年轻、潮酷的品牌形象。另外,勇闯天涯 superX 还以超两亿元的价格独家冠名音乐节目《明日之子》第二季,不断加码娱乐营销。

(2) 扩展策略。扩展策略是指拓展体验,开发关联产品,给消费者创造更多的机会,让他们以购买其他东西的方式享受企业所提供的情感联系。电影产业化的成功是这一策略的具体体现,《侏罗纪公园》的副产品就有午餐盒、笔记本、床单、人物玩偶,还有游戏拉线盘等。

(3) 更新策略。如果和消费者在情感上建立联系,则能够让消费者的体验再次更新。保持神秘感、不断创新是持续成功的关键。比如,一个节目可以不断有"新季";一个故事可以拍续集。

18.2.11 意见领袖营销

1. 概念

意见领袖(opinion leader)是指在人际传播网络中经常为他人提供信息,同时对他人施加影响的"活跃分子",他们在大众传播效果的形成过程中起着重要的中介或过滤作用,由他们将信息扩散给受众,形成信息传递的两级传播。

意见领袖具有影响他人态度的能力,他们介入大众传播,加快了传播速度并扩大了影响。开展网络营销,必须抓住意见领袖,因为企业所发布的信息可以影响消费者对产品和品牌的认知态度,既是口碑营销的中介,也是口碑营销影响力的源头。名人、企业高层管理人员、家庭成员、朋友或媒体、虚拟社区消息灵通的权威人士常常充当意见领袖。

2. 策略

意见领袖营销策略可分为关键意见领袖营销策略和网红营销策略。

(1) 关键意见领袖营销。在营销方面,为各企业宣传的专家或权威称为"关键意见领袖"即KOL,通常被定义为:拥有更多、更准确的产品信息,且为相关群体所接受或信任,并对该群体的购买行为有较大影响力的人。与"意见领袖"不同的是,KOL通常是某行业或领域的权威人士,在信息传播中,他们即使不依赖其自身活跃

度,也容易被承认和识别出来。KOL 有如下特征:

① 持久介入特征。KOL 对某类产品较之群体中的其他人有着更为长期和深入的介入,因此对产品更了解,有更广的信息来源、更多的知识和更丰富的经验。

② 人际沟通特征。KOL 较常人更合群和健谈,他们具有极强的社交能力和人际沟通技巧,且积极参加各类活动,善于结交朋友,喜欢高谈阔论,是群体的舆论中心和信息发布中心,对他人有强大的感染力。

③ 性格特征。KOL 观念开放,接受新事物快,关心时尚、流行趋势的变化,愿意优先使用新产品,是营销学上新产品的早期使用者。

(2) 网红营销。"网红"也就是网络红人,是现实或者网络中因为某些事物或行为被广大网民关注而走红的人。这些人之所以成为网红是因为其本身所具有的某种特质在网络平台上被放大,与众多网民的审美、审丑、刺激、娱乐、臆想、品位等心理相投,从而有意或无意间被网络群众追捧。网红一般是在网络平台上,网络推手、传统媒介、受众心理等利益共同体综合作用下形成的。网红也是关键意见领袖之一。

网红营销(influencer marketing)是指针对互联网所产生的内容,通过固定粉丝群体展开营销的一种形式。网红通过视频、音频、图片、游戏等形式不断创造、传播网络内容。网红大部分是指人,如靠才华出名的罗永浩,靠短视频出名的李子柒等;网红也可以是指动物、植物等。网红营销归根结底走的是粉丝经济路线,在互联网上只要有粉丝,就有消费者,就能获利。

18.2.12 跨界营销

1. 概念

跨界营销(crossover marketing)是指根据不同行业、不同产品、不同偏好的消费者之间所拥有的共性和联系,使一些原本毫不相干的元素融合、互相渗透,进而彰显出一种时尚的生活态度与审美方式,赢得目标消费者的好感,使得跨界合作的企业都能够得到最大化营销效果的活动。跨界营销是一种合作营销。

跨界营销的实质,是实现多个品牌从不同角度诠释同一个用户特征。可以建立跨界关系的不同品牌,一定是互补性而非竞争性品牌。这里所说的互补,并非功能上的互补,而是用户体验上的互补。另外,跨界营销个性要搭。品牌跨界的背后其实是双方品牌对于价值观、生活方式、用户体验等信息和理念的共享。吸引力法则中有这样八个字:同频共振,同质相吸。找准双方的契合点,通过创意最大限度地吸引消费者的眼球,互利双赢。

联名营销(co-branded marketing)是指两个或两个以上品牌间合作并在市场上相互促进共同开展的营销活动。联名营销是跨界营销最主要的表现形式。当一个文化符号无法诠释一种生活方式或者再现一种综合消费体验时,就需要几种文化符号联合起来进行诠释和再现,而这些文化符号的载体,就是不同的品牌。

2. 策略

跨界营销策略主要包括产品、渠道、传播、产品研发、文化地域五个方面。

（1）产品策略。即通过现有的不同产品和场景满足同一消费者对消费体验的进一步丰富和联想。产品跨界场景其实就是在存量市场之外找一个增量市场，打造一个看起来没见过的使用场景，就原理和原则而言，是这个场景适应用户的潜在情绪。

（2）渠道策略。即通过共用渠道丰富消费者的产品体验。

（3）传播策略。即传播中注重合作企业的价值观及产生品牌联想，实现两个品牌相关联或者让两个品牌之间在特定的时候画上等号。

（4）产品研发策略。即根据不同企业的产品特征，创新产品，形成产品的独特性，甚至稀缺性。

（5）文化地域策略。通过文化借势或者地域借势赋予产品更丰富的内容。

例如，钟薛高与泸州老窖合作，推出一款"断片"雪糕："断片雪糕，一片敬过去，一片敬过不去！"让人浮想联翩。RIO与六神合作，推出RIO花露水味鸡尾酒："一口入魂，二口驱蚊"，冲突感与"无法想象"给消费者带来了非比寻常的精神刺激。

联名营销可以是品牌之间的联名，也可以是品牌与个人之间的联名，还可以是品牌与IP之间的联名。IP，即知识产权，包括各种智力创造，如发明、外观设计、文学和艺术作品。西游记、迪士尼、故宫、小猪佩奇、王者荣耀等，这些大热的超级IP背后，隐藏着巨大的商业价值。品牌通过IP授权、内容共建、推广联动等多种形式，与其产生交汇，打通IP资源链路，挖掘共通的价值契合点，触达不同的场景和受众，撬动IP原生粉丝。

2021年7月，在717骑行节来临之际，著名品牌红牛饮料与雅迪电动车联合推出联名款G5电动车，还在线下打造了一场"能量满贯，骑趣无限"的骑行之旅，全国数百场"能量满贯更来电"的嘉年华活动由此展开。

■ 本章总结

网络传播构成了现代直复营销形式，包括网络营销、移动营销、社交媒体营销等新形式。

网络传播策略主要包括口碑营销、场景营销、社群营销、内容营销、知识营销、粉丝营销、裂变营销、事件营销、互动营销、娱乐营销、意见领袖营销和跨界营销等策略。

网络传播策略以数字技术为依据，其特征主要表现为大数据、精准、简约、经济、高效、共享、组团、趣味、互动、线上线下协调、娱乐化、平民化、身临其境等，是离生活化、个性化更近的营销传播策略。

本章关键词

网络营销 微信营销 微博营销 直播营销 APP营销 口碑营销 场景营销 社群营销 内容营销 知识营销 粉丝营销 裂变营销 事件营销 互动营销 娱乐营销 网红营销 关键意见领袖营销 跨界营销 联名营销

思考题

1. 网络营销的特点和主要内容是什么？
2. 试述移动营销的类型及主要内容。
3. 试述社交媒体营销的类型及主要内容。
3. 网络传播的主要策略是什么？请分别举例说明。

第 19 章

公共关系

开篇案例 爱运动,中国有安踏

安踏集团是一家专门从事设计、生产、销售运动鞋服、配饰等运动装备的综合性、多品牌的体育用品集团。公司创立于 1991 年,2007 年在中国香港上市。公司市值在 2021 年 6 月超过了 5000 亿港币,位列全球体育用品行业第三位。

安心创业,踏实做人,正是"安踏"名字的来源。"anta"在希腊语中译为"大地之母",体现无比宽广的胸怀和对世界与人类的奉献。希腊是奥林匹克运动会的发源地,"anta"喻指其品牌所奉行的奥运精神和产品运动性,涵盖了安踏文化、灵魂及现代体育精神。

"将超越自我的体育精神融入每个人的生活"是安踏的企业使命。"成为中国市场品牌美誉度和市场份额双第一,受人尊重,并可持续发展的世界级体育用品公司"是安踏的企业愿景,"Keep Moving……永不止步"是安踏对于未来、对于中国体育的庄重承诺。

企业也是社会的一份子,安踏从创立的第一天起,就对社会公益事业和企业社会责任非常重视。对于安踏来说,企业社会责任不是一种品牌形象,而是战略选择。2017 年,在公司上市 10 周年之际,安踏系统性地提出了企业社会责任战略,一方面通过持续加大科技研发帮助中国的运动健儿和体育代表队在国际上取得更好的成绩,另一方面通过专业的体育教育、体育公益深入中国乡村地区惠及青少年。在可持续发展方面,安踏已经连续 6 年披露 ESG 报告,践行绿色转型,推动供应链体系的可持续发展。这也是安踏坚守多年的价值观,以感恩回馈社会为己任。安踏相信体育不仅是一盘生意,更是一份责任、一种态度、一种精神、一种影响力。

2017 年 12 月,安踏茁壮成长公益计划首个 3 年实施计划在云南省普洱市澜沧县芒景小学启动。安踏在 2017 年 7 月至 2020 年 7 月期间,通过中国青少年发展基金会向农村贫困地区青少年捐赠价值 9000 万元的运动装备。同时,安踏将新公益 IP "乐动汇"带入茁壮成长公益计划。

> 2021年7月21日，安踏体育官方微博发文：近日极端降雨令河南遭遇特大水灾，中原大地的灾情牵动着全体安踏人的心。安踏集团决定向河南省慈善总会捐赠总计5000万元的现金及装备物资，用于采购救灾物资，支援灾区前线的救援工作，帮助受灾地区群众尽快恢复正常生活。
>
> 　　企业从优秀到卓越应该具备哪些特质？主要有四个方面：首先是一家企业存在的价值是什么，市场经营业绩要立得住；其次是企业与周围生态的关系如何，是否创造了共生价值链，实现了所有利益相关者共同成长；再次是企业与社会的关系，是否在视野范围和战略格局里考虑到可持续发展和社会责任；最后是企业与员工的关系，企业首先要成为伟大的雇主，最终才能成为伟大的企业。
>
> 资料来源：根据安踏官网相关资料整理。

　　促销是让他人知道你，公关是让他人喜欢你。公关首先要实现的是非营利性交换，即达成交情，现在的市场营销往往就是要先达成交情，然后才可能达成交易。公共关系已经成为企业建立良好形象的最重要传播手段。

19.1　公共关系概述

　　企业处理好公共关系是为了树立良好的企业形象，企业形象的建立和扩展是企业公共关系活动的核心。因为只有当广大的社会公众，包括目标市场的消费者对企业有比较深刻的印象和好感时，他们才会对企业的营销活动给予积极的支持，使企业获得良好的经营环境。

19.1.1　内涵

1. 含义

　　公共关系（public relationship，PR）简称为"公关"，是企业在市场营销活动中正确处理企业与社会公众的关系，树立良好的企业形象，从而促进销售的一种社会活动。科特勒说：公共关系即通过获得有利宣传与有关公众建立良好的关系，树立良好的公司形象，处理不利的谣言、传闻和事件。

　　公共关系用于推广产品、人物、地点、点子、活动、组织甚至国家。企业运用公共关系与消费者、投资者、媒体和社区建立良好的关系。公共关系能够以比做广告低得多的成本，对公众的认知产生强烈影响。企业不需要向媒体提供的版面或时间付费，但它要雇用专职人员创作并传播信息以及应对一些情况。如果企业想出了一个有趣的素材或事件，可能被多家媒体选中报道，其效果与花费几百万元的商业广告是一样的，但可信度却超过广告。

　　里斯认为，过去的营销战略中，公共关系被视为广告的第二功能，所以会把广告放在第一位。公关人员被要求通过把公共关系项目转化为传播口号来增援广告。但今天的品牌是通过公关宣传建立起来并通过广告维持的,是公关第一,广告第二。里斯说:品牌的诞生是由公关促成的,而不是广告。就公共关系而言,核心就是品牌塑造。

2. 特点

公共关系与广告等宣传有很大的不同之处,其特点主要体现为:

(1) 注重长期系统性。公共关系要达到的目标是树立企业良好的社会形象,创造良好的社会关系环境。实现这一目标并不强调即刻见效,而是一个长期的过程。企业通过各种公共关系的运用,能树立良好的产品形象和企业形象,从而长时间地促进销售和占领市场。长期系统性是公共关系在企业经营活动中战略性的表现。

(2) 注重双向沟通性。公共关系的工作对象是各种社会关系,包括企业内部和外部公众两大方面。它是全方位的关系网络,强调企业与公众之间的真情传播与沟通。在企业内部和外部的各种关系中,关系处理得当,企业会获得良好的发展环境,企业通过公共关系听取公众意见,接受监督,也有利于企业全面考虑问题,追求更高的社会形象目标。双向沟通是公共关系的基本模式。

(3) 注重形象塑造性。公共关系传播信息,并不是直接介绍和推销商品,而是通过积极参与各种社会活动宣传企业营销宗旨,联络感情,扩大知名度,从而加深社会各界对企业的了解和信任,达到间接促进销售的目的。

(4) 注重信息开放性。公关的主要沟通方式是通过新闻发布会发布新产品或企业资产重组的信息。对于与股民利益相关的上市公司,公共关系尤为重要。亟待渗透市场的新公司,在发展过程中非常需要良好的媒体声誉,以吸引投资者和公众的注意。信息的公开公正、透明化操作,不仅是现代经济的要求,也是公共关系本身的要求。

19.1.2 职能

为塑造形象,公共关系部门应负责下述活动:

1. 密切与新闻界的关系

这是指在新闻媒体上刊登正面的、有报道价值的信息,以吸引消费者对企业产品或服务以及企业相关人物的注意力。密切与新闻界的关系的目的,在于将有新闻价值的信息通过新闻媒介予以传播,以吸引公众对某人、某产品或服务的注意力,借助媒体保证企业与公众的信息渠道畅通。

2. 进行产品的宣传报道

这是为宣传某些特定产品进行的各种尝试。公共宣传是企业推广新产品或服务项目的有力武器。公共宣传有助于广告商站在自己的立场上采取新闻故事的形式解释自身产品的独特之处。公关专业人士为激起外界对新产品的新闻关注而努力创作新闻稿,拍摄广告片。他们会借助重要场合(如流行的电视节目和新闻访谈,或有影响力的名人出场)着力宣传自身的产品或服务项目。

3. 开展企业沟通活动

这一活动包括为增进公众对企业的了解而进行的各种内部、外部沟通。对外沟通通过活动赞助、社区劳动等形式开展，对内沟通则通过企业内部活动、教育培训等形式开展。对内而言，公关人员做好上情下达与下情上传的工作，借助情感沟通和心理认同，增强企业的凝聚力。对外而言，公关人员要积极争取公众对企业的理解和信任，一旦出现矛盾和纠纷，应设法及时进行有效的沟通，防止矛盾扩大，消除不良后果。

企业要开展咨询活动，鼓励企业内部和外部人员，在企业面临良好时机或困境时，就公众事件问题、企业地位和形象问题向管理层提出建议。

4. 游说

游说是指为了防止不利于本企业的法令、规定的颁布实施，或为了促使有利于本企业的法令、规定的颁布实施，尽力与立法机关、政府官员打交道，扭转对企业不利的环境因素，或加强优势打击对手。

5. 活动赞助

为了使本企业能够在本地新闻中得到宣传，应赞助那些有新闻价值的大型活动和社区活动；同时，这些活动也能提升企业的品牌形象。

现代社会中存在着大量的行业协会、职业协会及其他形形色色的团体，这些协会或团体能够对企业的生存、发展、声誉等产生重要影响，并且能为企业提供多种服务。企业应善于对这些协会或团体提供支持、赞助，加强沟通。

6. 处理危机

企业要及时对不利的公众宣传或负面事件作出反应。危机管理（crisis management）就是协调处理失败的宣传效果，从而保证在紧急情况下进行快速和精确的交流沟通。企业要有一批善于处理公共关系的人员，不管是平常时期还是危机时期都是如此。企业在危机来临之前就应该很好地制定沟通政策，因为危机何时发生是难以把握的。

19.1.3 形式

公共关系的形式可按以下方式进行分类：

1. 按公共关系所起作用不同进行分类

（1）矫正型公共关系。这种公共关系主要是为了处理各种突发事件和公众意外问题。如社会组织由于决策失误，或者受到外界不可控因素的影响，自己的社会形象受到损害，这时就要确立以"恢复组织形象""重建组织形象""争取公众谅解"等为目标的矫正型公共关系，让公众了解组织处理事故的过程和采取的方法，向公众解释事故产生的原因以及组织正在作出的努力，这些都是矫正型公共关系起作用的范围。

（2）维系型公共关系。这是当组织处于稳定发展之际，用以巩固组织与公众良好关系的公共关系。它通过定期的信息沟通，联络与公众的感情，密切与公众的关系，使组织的良好形象始终保持在公众的记忆之中。

（3）发展型公共关系。这是组织扩大社会影响，争取公众，寻求新的发展机遇的公共关系。它确立在组织规模扩大，新理念推出，新技术、新产品开发，资产重新组合，公众市场开拓之际。

2. 按公共关系手段不同进行分类

（1）进攻型公共关系。即通过传播行为，主动扩大组织影响的公关。它以积极的自我调整和适应环境条件为特点，充分利用一切有利时机和有利公众环境，进行公关策划，设计产生较大公众舆论影响的公关活动。它是组织适应公众环境与拓展公共关系事业而采取的一种进攻型公共关系。

（2）防御型公共关系。即组织为防止自身与公众关系不协调而采取的一种公共关系。其目的是将不协调因素和摩擦苗头尽量消除，防患于未然。防御型公共关系的特点是防守与引导相结合、预防与处理相结合，以退守防御的方式，开创更为有利的时机和局面，将可能出现的问题与发生的危机控制起来，以便争取时间采取有力措施改善形象，达到重新构建组织形象的目的。

3. 按公共关系作用对象不同进行分类

（1）内部公共关系。这是针对组织内部公众而制定的。制定内部公共关系主要从改善组织内部人员之间的关系、增强组织内部的凝聚力等因素入手，使组织内部充满活力，齐心协力为组织的发展服务。

（2）外部公共关系。这是针对组织外部公众而制定的。制定外部公关目标要以公众利益为出发点，协调与外部公众的利益关系，增进相互之间的理解和信任，增进相互之间的友谊等，取得外部公众的支持与合作。外部公共关系主要处理好企业与顾客、企业与政府、企业与社会团体、企业与新闻媒体、企业与企业五种主要的关系。公关还可以分为高层公关和公众公关。

除此之外，公共关系根据活动形式的不同，也可分为宣传型公共关系、新闻型公共关系、咨询型公共关系、服务型公共关系等。

19.2 公共关系策略

公共关系策略内容主要包括确定公关目标、选择公关主题内容和策略、实施公关计划、评估公关效果。其中，公关主题内容和策略主要包括新闻公关、交际公关、公益公关、服务公关、危机公关和公关形象等方面。

19.2.1 新闻公关

新闻公关是指企业以媒体为手段，通过新闻报道的形式对公众进行宣传并与其进行沟通，传播组织形象的过程。新闻公关包括新闻报道、制造新闻、事件公关等。

1. 新闻报道

一个组织可以将其形象塑造作为传播的中心内容，传播组织的管理经验、经济效益、社会效益和已获得的社会声誉等；还可以采取新闻报道的形式，通过新闻、专题通信、记者专访和经验介绍等宣传自己。新闻报道权威性高，比较客观，易为公众所接受，且不用花钱。不过，这种机会不多，主动权不在组织这里。

企业应定期在新闻媒体上发布信息，保持一定的"出镜率"，确定目标公众对企业形象、产品品牌等的注意力。新闻媒体如同一面凸面镜，能对企业的信息进行更大接触面的扩散。

2. 制造新闻

对组织来说，可以巧借媒介"制造新闻"；可以综合运用各种传播方式，如记者招待会、新产品展览会、经验或技术交流会、印发公共关系系列刊物、制作视听资料等；可以根据需要选用不同的媒介，如报纸、杂志、电台、电视等；还可以组织一些活动，利用一些事件进行宣传。企业公共关系部门或者人员可编写有关企业、产品和员工的新闻，或举行活动，创造机会吸引新闻界和公众的注意，扩大影响，提高知名度。

但企业在运用新闻媒体运作公共关系时，要注意合理、适度、多样化的问题。应发展或创造对企业或产品或个人有利的新闻；加强与新闻界的交往，获得较好的新闻报道；及时纠正对企业不利的宣传，争取公众的了解和理解。

里斯说：潜在消费者也不会在一条评论信息中觉察到任何的强迫性。恰恰相反，潜在消费者认为媒体在试图提醒他们，又一种优质的新产品或新服务问世了。

3. 事件公关

利用或创造某一特定的事件来创建有意义的活动，从而塑造企业的良好形象，这样的企业活动称为事件公关。企业可以通过利用或者创造事件，创建特定的活动、场面和气氛，以吸引目标受众的参与和公众对本企业品牌的高度关注。

企业可以造势，也可以借势，制造事件，这个事件的特点是媒介关注、消费者关心，能成为公众话题。企业作为事件的主角在话题的形成、传播、讨论、反馈的过程中，自然而然地被消费者的头脑所接受，从而在消费者（包括潜在的消费者）的心目中占有一席之地。事件公关先有事件，后有公关的传播，事件是载体。

19.2.2 交际公关

交际公关以人际接触为手段，与公众进行协调沟通，为组织广结良缘，建立广泛的社会关系网络，形成有利于组织发展的人际环境。所以，交际公关活动实施的重心是：创造直接接触的机会，加强感情的交流。交际公关包括一般人际交往和演讲行为。

1. 一般人际交往

交际公关活动可以分为群体性交往和个人交往。群体性交往包括招待会、座谈会、工作午餐会、宴会、茶话会、联谊会、现场参观团队、考察团、团拜和慰问等形式。个人交往有单独交谈、上门拜访、祝贺、信件往来、个别参观、定期联络、问候等形式。

交际公关具有直接、灵活的特征，是公共关系活动中应用最多、极为有效的一种模式。不过，在开展交际工作时，应该以真诚为基础，不能使用不正当的手段，如欺骗、行贿等；还应明确社会交际只是公共关系的一种手段，绝不是公共关系的目的，不要把私人间的一切交际活动都混同于公共关系。

2. 演讲

演讲也是一种交际，只是更体现出企业的主动性和目的性。演讲是提高企业及产品知名度的又一种方法，通过企业相关领导或人员的宣传，创造企业或产品知名度。如海尔、小米总裁在各种论坛上做演讲，或是在一些媒体如电视台的经济栏目中做演讲或分析等，建立起企业及领导人的形象。在欧美国家，企业的CEO更多的是扮演公共关系家的角色，为企业的发展创造一个良好的企业管理者形象和外部环境，刺激投资者购买该公司的股票。在演讲或报告会之前，必须通过各种渠道搜集问题，以求针对性更强。

路演（road show）是股票发行人和承销商面向投资者所举行的股票推介报告活动的简称。早期的路演方式是由华尔街股票经纪人在马路上兜售手中的债券，后来演变为在豪华的酒店和富丽的会堂开展宣讲。如今通过使用电视、电话和网络，路演传播的信息更加丰富、迅捷。如宝洁在推出新洗发水时，通常会做一次大规模的全国性路演，以达到宣传新产品、巩固企业形象的目的。路演的优势在于能直接和用户零距离接触，不管是消费品还是工业品，通过路演都能直观地增加用户对企业形象的认识。

19.2.3 公益公关

公益公关是组织通过举办各种社会性、公益性、赞助性的活动，塑造良好组织形象的模式。它实施的重点是突出活动的公益性特点，为组织塑造一种关心社会、关爱他人的良好形象。其目的是通过积极的社会活动，扩大组织的社会影响，提高其社会声誉，赢得公众的支持。

1. 支持公益

企业可以通过向某些公益事业捐赠一定的金钱提高企业的美誉度和信誉，还可以通过参与社会公益活动提高品牌形象，扩大社会影响。如剧院为残疾人举行义演；酒店开展拯救大熊猫的义卖活动；海内外企业纷纷赞助希望工程，帮助贫困生入学、捐资助教；等等。赈灾救难也是企业表现爱心和社会责任感的重要时机。

企业不仅有政府、法律等大环境，还有社区等小环境，公共关系注重企业从身边的小环境做起，一点一滴地建立企业形象，因此，应多参与社区的服务和公益活动，融洽企业与周边社区的关系，回报社会，为企业发展创造良好的社区环境。

2. 赞助活动

赞助是一种常见的公共关系手段，如赞助体育活动、文化活动、教育活动、各类出版物、科学研究等。

企业进行赞助活动时要考虑赞助的项目是否具有积极的社会意义和广泛的社会影响；要考虑赞助的项目是否具有良好的传播效果。赞助是一种直接提供金钱和物质而进行的传播活动，因此，必须讲究传播效果，所赞助的项目应有利于增加组织的知名度和美誉度；要考虑赞助项目的费用，企业应根据组织的实际情况（财力、物力）选择项目，不能超越组织的实际能力，应量力而行；赞助活动应实行规范化、科学化的管理，必须制定严格的赞助管理条例，并把条例公布于众，一切赞助活动均按管理条例举办，杜绝人情赞助或虚假赞助。

赞助对企业开展公共关系来说，具有简便、快速、短时间内就能看到效果等特点，但在具体运用时，要注意对赞助对象与企业战略目标的匹配性、赞助的长期性经济投入等因素的考虑。

19.2.4 服务公关

服务公关是一种以提供优质服务为主要手段的公共关系活动模式，其目的是以实际服务行动获取社会的了解和好评，从而建立自己的良好形象。对于一个企业或者社会组织来说，要想获得良好的社会形象，宣传固然重要，但更重要的还是在于自己的工作，在于自己公众服务的程度和水平。所谓"公共关系就是百分之九十九要靠自己做好"，其含义即在于此。组织应依靠向公众提供实在、优质的服务开展公共关系，获得公众的美誉度。离开了优良的服务，再多再大的宣传也必将一事无成。

1. 服务在于用心和细节

服务在于真正用心去做，而不只是形式上的应付和敷衍了事。服务的过程在于细节的把握，一个眼神、一个动作、一个布置都处处体现出细节的力量。用实际行动向公众证明组织的诚意，用实际行动来说话，每个组织应对服务行为提出具体的目标，让组织对公众的一切诚意和善意变成看得见、摸得着的实实在在的东西。对公众做的事情越实在、越具体，越可能对公众产生吸引力，最好能让公众产生"雪中送炭""及时雨"的感觉。

2. 服务就是要超越期望

消费者期望的服务可分为渴望的服务、可接受的服务、预期的服务以及在渴望的服务与可接受的服务之间的容忍区。取悦是指因服务远远超出消费者期望而产生的令人感动的情形，它是消费者意想不到的、随机的、令人吃惊的，取悦的实质是给消费者带来意想不到的惊喜。

服务就是要超越消费者的期望，让消费者感到惊喜和喜出望外。惊喜往往会激发消费者的潜在需求，能更进一步让消费者产生对企业及产品的兴趣，进而使消费者产生更大的满意和忠诚。

19.2.5 危机公关

有时，企业因一时疏忽或外界原因造成对消费者的损害和对公司形象的不利。危机公关能够帮助企业处理因一时疏忽造成的公众意见和逆反心理。

危机公关是指对已经发生的危机事件的处理过程。危机处理实际上是一种公共关系的处理，必须做好与这一事件中相关公众的协调沟通，以求得谅解和支持。企业要想成功地应对危机，取决于以下因素：

1. 真正为消费者着想

企业管理人员对消费者的利益要真正负责，这一点说起来容易做起来难，连享誉全球的大公司也难免出错。切实关心消费者利益、提高消费者满意程度和使用产品及服务的方便性并不是一句空话，当消费者的切身利益受到损害时，企业必须站在消费者的立场上，把消费者的利益落到实处，这样才能培养消费者对企业及其产品品牌的忠诚，从而为企业培养稳定的顾客群。

2. 采取果断的整合营销沟通措施

产品出现问题之后，企业应该本着对消费者负责的态度，果断采取措施，如回收产品、调查原因。原因找到后，必须即刻采取整改措施，提高或保护产品质量；同时修复形象、恢复消费者信心的种种整合营销沟通措施应尽快跟上，如做广告、道歉、劝说恢复使用、送赠券、免费置换产品等。

3. 与新闻媒体及时沟通

消费者了解事件的主要渠道就是新闻媒体，而新闻媒体也都热衷于把各种危机事件当成自己的报道热点。所以，企业要善于利用媒体平息危机、化解危机。通过媒体，以真诚的态度，迅速把事件的真相告诉公众，是最好的方法和最有效率的渠道。

19.2.6 公关形象

处理好与各方面的关系，建立良好的企业形象是公关的最根本目的。企业竞争到最后就是形象的竞争，形象代表了企业的一切。

1. 企业形象

企业形象是指企业的关系者对企业的整体感觉、印象和认知。企业的关系者包括消费者、客户、竞争者、股东、投资者、员工、希望就职者、金融机构、原材料供应者、大众媒体、政府、公共团体等。企业形象策略是一种美化企业形象，注入新鲜感，使企业更能引起外界注意，进而提升企业的知名度、信赖度和美誉度的经营活动。

企业形象通过企业识别系统实现。企业识别系统（corporate identity system，CIS）是将企业经营理念与企业文化，包括企业的个性、目标、特征和相关信息，融入现代设计及企业管理的理论、观念、手段，且综合运用各种传播媒介，表现企业个性，突出企业精神，与企业内外的公众建立双向沟通、互相理解和支持的关系，使消费者产生强烈的认同感，从而达到促销目的的经营活动。

理念及视觉形象可通过企业的广告标识、文件、小册子、招牌、模型、业务名片、建筑物、制服标记来传播。

企业识别系统由企业理念识别（mind identity，MI）、行为识别（behavior identity，BI）和视觉识别（visual identity，VI）三个系统构成。

（1）MI，是指在经营过程中的经营理念和经营战略的统一。它具体表现为最高决策层次导入 CIS 的原动力：企业使命、愿景、价值观等。

（2）BI，是指在实际经营过程中所有员工行为及企业活动的规范化、协调化。它具体分为两部分：对外活动，包括参与、反馈各种市场活动等；对内活动，包括管理、教育、培训等。BI 是在企业理念指导下逐渐培养起来的全体员工自觉的行为方式和工作方法。

（3）VI，是指视觉信息传递的各种形式的统一。它分为两部分：基本要素，如名称、标志、标准字、标准色；应用要素，如办公品、产品、交通工具、广告等。VI 是企业所独有的一套识别标志，是最外在、最直观的一部分，也称为企业的 logo。

MI、BI、VI 三者整合统一，相辅相成，带动企业的发展，塑造企业独特的形象。国际设计协会早在 1987 年就告知，企业在形象建设上每投入 1 美元，就可以获得 227 美元的收益。

2. 公关形象

公关形象是指一个组织通过公关活动在公众心目中树立的形象。它是组织的总体特征和实际表现在社会公众中获得的认知和评价，是组织的公共关系状态和社会舆论状态的总和。公关形象主要包括组织的信誉、效率、社会责任、价值取向、道德水准、管理水平、进取精神、服务质量以及对公众的基本态度等。公关形象的优劣直接影响组织的生存和发展。

建立公关形象的意义主要表现为：

（1）对外可以形成差异竞争。企业的市场营销活动主要依赖于企业的三大力量，即产品力、促销力和形象力。为了突出企业的个性特色和视觉冲击力，需要企业管理者通过企业形象识别进行形象塑造，企业形象的个性化便于识别和认知，以品牌形象、企业形象培养忠诚的消费者。

（2）对内可以形成内凝力。企业形象的建立使得企业的基础长期稳固，内部的向心力和凝聚力增强，能鼓舞员工士气，形成良好的积极向上的企业文化氛围，对于上市公司，还能增强股东的凝聚力和在社会上的号召力。

3. 实施企业形象战略

企业形象战略是一个系统化的整体形象战略，在导入和实施过程中，必须从战略内容的系统性、战略实施的组织性和计划性、战略导入的整体性等方面进行把握，不断提高战略水准，促进企业形象战略的推广应用。

（1）进行沟通和培训。一是对外进行沟通，包括召开企业形象方案发布会，散发企业的企业形象手册，利用新闻媒体和广告媒体进行宣传等；二是对内进行培训，包括举办高层管理者、部门经理的企业形象战略研讨会，有计划地对全体员工进行企业形象知识培训，进行规范化的行为训练。

（2）跟踪管理落实和实施企业形象战略活动计划，包括改善公司环境；规范员工行为；落实公益性活动、公共关系活动计划。

(3)企业形象宣传广告,是指企业向公众展示企业实力、社会责任感和使命感的广告,通过同消费者和广告受众进行深层交流,增强企业的知名度和美誉度,使消费者和广告受众产生对企业及其产品的信赖感。企业形象宣传广告具有社会性和公益性的特征。企业对社会公共事业和公益事业的响应,是以企业名义倡导一种精神文明观念,是对社会的一种看法,它展示一个企业的高度社会责任感,以此获取消费者的赞同或支持,产生一种关注效应,再将这种关注转嫁到企业或产品上,提高品牌的知名度和亲和力。

(4)监督和控制企业形象战略的实施,包括监督和管理企业形象战略的执行;对各项活动的实施绩效进行测定;定期检查、评估企业形象战略的实施情况及实施效果;对企业形象战略进行调整和修正。

本章总结

公共关系是企业在市场营销活动中正确处理企业与社会公众的关系,树立企业良好形象,从而促进销售的一种社会活动。企业不仅要与它的顾客、供应商和经销商建立关系,而且也要与大量的公众建立关系,还要与新闻界联系,进行产品公共宣传,传播企业信息与形象,游说立法者和政府官员,提供咨询。

公关主题内容和策略主要包括新闻公关、交际公关、公益公关、服务公关、危机公关和公关形象等方面。

本章关键词

公共关系　新闻公关　事件公关　交际公关　服务公关　危机公关　企业形象　公关形象　企业形象宣传广告

思考题

1. 公共关系是如何塑造企业形象的?
2. 试述公共关系的职能。
3. 试述公共关系的形式。
4. 谈谈对事件公关的理解。
5. 谈谈对危机公关的理解。
6. 企业 CIS 由哪些要素构成?

第六篇

管理营销价值

一曰道，二曰天，三曰地，四曰将，五曰法。

——（春秋）孙子

己所不欲，勿施于人。

——（春秋）孔子

管理是为了实现组织的共同目标，是在特定的时空中，对组织成员在目标活动中的行为进行协调的过程。管理的核心是人的行为，管理的本质是协调。计划、组织、控制和领导是一切管理活动最基本的职能。

管理的目的是达成交换。做管理就是明理管人、管人理事，实现交换。明理是明为人处世，达成交换之道理。为人处世表现在如何认识世界、人性和需求上。管人是要知彼知己，实现对人心的控制。管人是认识、把握、引导、控制人心的过程，管人既管别人，也管自己，管理好自己是管理的开端，正人先正己，正己后化人。理事是指管理自己或者他人要去做的事情。

经营是选择做对事情，管理是把事情做对。管理做什么，必须由经营决定，经营第一，管理第二，逻辑关系非常清晰。评价企业管理的关键是看绩效。通常情况下，薄利多销经营，对应规模化和成本管理；一分价钱一分货经营，对应品质和品牌管理；服务化经营，对应过程化管理；定制化经营，对应柔性化管理；等等。一家企业的管理能力大于经营能力，常常意味着亏损。这就是有的企业制度健全、文化理念先进、人才优秀，但经营就是不景气的原因。

管人的关键是控制人心。有效控制人心的方法可以总结为"五以",即以利诱人、以势压人、以德化人、以礼待人、以理服人。

管理团队要把握关键,凝聚团队,达成交换。管理团队的关键不是做事的能力,而是为人的道德和格局。凝聚团队的基础是人品,关键是格局。见多识广、远见卓识都是格局问题。

管理者即交换者,交换者即市场营销者。里斯对管理者的定义是:一个能读懂资产负债表和损益报告表的市场营销者。广义上的市场营销管理者是为实现交换而进行管理的人,即通常所称的管理者,他们可以是企业层管理者,也可以是业务层和职能层管理者,包括董事长、总经理以及营销、财务、人力资源等职能的全部管理者,所有管理都是为了实现交换。

市场营销管理者是"三懂两交"的管理者。"三懂"是指懂市场、懂经营、懂销售,"两交"是指达成交情和交易。

第20章

市场营销管理

> **开篇案例** 海尔的组织变革

海尔的"人单合一"中的"人"是指员工。进一步延伸,首先,"人"是开放的,不局限于企业内部,任何人都可以凭借有竞争力的预案竞争上岗;其次,员工不再是被动执行者,而是拥有"三权"(现场决策权、用人权和分配权)的创业者和动态合伙人。"单"是指用户价值。进一步延伸,首先,"单"是抢来的,而不是上级分配的;其次,"单"是引领的,并动态优化的,而不是狭义的订单,更不是封闭固化的。"合一"是指员工的价值实现与所创造的用户价值合一。每个员工都应直接面对用户,创造用户价值,并在为用户创造价值过程中实现自己的价值分享。

以前,员工被企业的科层制、雇佣制等制度"套牢",如果从组织变革开始,是否就是"释放"能量的最好办法?于是,海尔提出三化:企业平台化、员工创客化、用户个性化。

用"企业平台化"颠覆"科层制"为"网络化组织"。海尔之于"企业平台"有自己的独到见解。张瑞敏说:现在全世界平台就是三大平台,第一是聚合平台,比如现在的电商平台;第二是社交平台,比如Facebook;第三是移动平台,像物流体系。但是所有这一切,都缺少用户体验。应该有一个新的平台,叫"共创共赢平台",利益攸关各方在这个平台上共同创造价值,共同获得自己的利益,这是前三类平台都没有的。张瑞敏认为,互联网时代的企业不应该把自己看成一个系统,而应该看成整个生态系统中的一个节点。这样一来,曾经认为制约企业发展的人才问题、研发问题就都有解决路径了。

在互联网时代,分布式管理是企业获得快速成长的较好方式。张瑞敏相信分布式发展比中控式发展更能让海尔实现第二次高速成长。"小微"便是这种分布式组织的重要组织形态。

实行网络化组织后,海尔没有中层管理者了,只有三类人:一是平台主,平台主不是领导,是看平台上有多少创业公司,创业公司成功、成长与否,能冒出多少新的跨界创业公司。平台主的作用是提供最合适的土壤、水分、养料。二是小微主,也就是小型创业公司，看能不能自主找寻机会创业。三是创客。"所有的员工都应该是创客。"企业不再开工资，所有人自己在市场上创造价值（然后分享）。企业从原来制造产品的加速器变成孵化创客的加速器，海尔称其为"共创共赢的生态圈"。

用"员工创客化"颠覆"雇佣制"为"创业者""动态合伙人"。这个理念来自于海尔内部常说的一句话即"每个人都是自己的CEO"。海尔内部有八个字："竞单上岗，按单聚散"。这个"单"不是订单，而是项目的目标。一个项目的目标明确之后，不管是谁，只要有这个能力，都可以竞单上岗，在做的过程当中按单聚散。聚散的一个基本原则是：一定要面向全球最好的资源。如果是分布式的，可以整合全球资源，可以跨边界，这样一来，曾经看得见的组织的边界就消失了。

海尔让渡"三权"和实行"三自"。决策权、用人权、分配权即人、财、物三权都让渡给小微公司。所谓"三自"体系，就是自创业、自组织、自驱动。同时，海尔还将原先组织中的财务、人力、法律等职能部门变成两个平台：共享平台和驱动平台，驱动企业往前走。

用"用户个性化"颠覆"产销分离制"为"交互节点"。这就意味着企业体系会从产销分离变为产销合一。用户将需求报到工厂，工厂根据需求进行定制，定制完成后不需要线下店，也不需要电商，而是直接送到用户家里。

在张瑞敏看来，对一个传统企业的战略转型来说，战略和组织架构的调整比技术更加基础。未来，小微公司将成为海尔组织的基本单元，海尔借小微公司实现互联网转型，改变传统制造企业的发展路径。

资料来源：根据海尔官网相关资料整理。

企业在市场营销中不但要善于营销，还要重视管理。市场营销管理过程需要计划、组织、执行、控制和领导。市场营销管理需要优秀的市场营销管理者。

20.1 市场营销管理

市场营销管理（marketing management）是指为实现企业目标，创造、建立和保持与目标市场之间的互利交换关系而进行的计划、组织、执行、控制和领导。

20.1.1 市场营销管理实质

管理的核心是人的行为。做好管理首先应该了解人的需求。科特勒说：营销管理就是需求管理，并随之进行客户关系的管理。市场上的需求状态不断变化，多种多样，其中有八种典型的需求状态，不同的需求状态实施不同的营销管理。

1. 负需求

负需求是指大多数人对某个产品或服务感到厌恶，甚至愿意出钱回避它的一种需求状况。这时，企业需做扭转营销。

营销者要分析消费者为什么不喜欢这种产品，可能是因为观念的问题，性格、价值观念、风俗习惯等原因都可能导致负需求的出现。比如，20世纪80年代初，在我国，许多人认为穿牛仔裤是不良形象的体现，因而拒绝消费此产品，这时，企业可以引导消费者改变原有的消费观念，进而产生购买行为。负需求的产生也可能是因为产品本身出现了问题，这时，企业可以考虑通过改变产品、替换产品或者积极促销来改变消费者的负需求状况，将负需求转变为有需求。

2. 无需求

无需求是指消费者对产品或服务毫无兴趣或漠不关心的一种需求状况。这时，企业需做刺激营销。

在买方市场上，许多企业，特别是中小企业所提供的产品或服务往往就处于消费者无需求的状况。企业一方面要通过不断重复的促销和沟通刺激消费者需求，影响消费者的潜意识，努力将产品所能提供的利益与人的需要和兴趣联系起来；另一方面要努力使自己的产品或服务有特色，在市场上能独树一帜。当然，企业也可以通过借势（借组织和个人之势）实现"借力使力不费力"的效果。

重复营销就是针对企业的营销目标，不断地把有关产品或服务的信息重复传递给顾客的过程。重复内容既可以是产品或服务的介绍和陈述，也可以是一种新观念的引导，还可以是一种担心的解除。重复产生力量，许多营销不成功，一个重要原因就是没有进行过足够的重复。重复的次数应该是多少？这是个相对的概念，只要目标是准确的，那么重复的次数可以直至消费者由此产生了购买行为。"水滴石穿""锲而不舍，金石可镂"等典故都是在讲人的重复行为的价值。企业营销中的重复行为就是为了进入顾客的潜意识，进入顾客的心智，进而让其产生最终的购买行为。稻盛和夫说：持续就是力量，持续的力量能将平凡变为非凡。

3. 下降需求

下降需求是指消费者对一个或几个产品或服务的需求呈下降趋势的一种需求状况。这时，企业需做恢复营销。

企业应分析需求衰退的原因，进而开拓新的目标市场。企业或进一步的改进产品，建立特色；或采用更有效的沟通手段，重新刺激需求，使老产品开始新的生命周期，从而扭转需求下降的趋势。

4. 不规则需求

不规则需求是指某些产品或服务的市场需求在一年不同季节或一周不同日子甚至一天不同时间上下波动很大的一种需求状况。这时，企业需做协调营销。

企业可以通过灵活定价、大力促销及其他刺激手段改变需求的时间模式，使产品或服务的市场供给与需求在时间上协调一致。企业也可以通过增加新产品协调不规则的需求。比如，做冷饮的企业可以通过增加热饮协调消费者因为季节的不同而产生的不同需求。

5. 充足需求

充足需求是指某种产品或服务的目前需求水平和时间正好等于预期的需求水平和时间的一种需求状况。这时，企业需做维持营销。

企业可以通过保证产品质量，经常测量消费者满意程度，通过降低成本保持合理价格，并激励推销人员和经销商大力推销，千方百计维持目前需求水平。维持市场营销可以是静态的产量和消费量都不变的维持，也可以是动态的产量和消费量都发生变化的维持。

6. 过量需求

过量需求，是指某种产品或服务的市场需求超过了企业所能提供或所愿提供的水平的一种需求状况。

企业面对过量需求的一种营销对策是通过提高价格、合理分销产品、减少服务和促销等措施，暂时降低市场需求水平；或者设法降低盈利较少的产品或服务的市场需求水平。企业采取这样的措施一般只是让需求暂时降低，但随后还是会通过扩大再生产满足市场的需求。

企业面对过量需求的另一种营销对策是做饥饿营销。饥饿营销是指商品提供者有意调低或保持目前的产量，从而调控供求关系，制造供不应求的现象，以维护产品形象并维持商品较高售价和利润率的营销策略。即有意让消费者消费此产品或服务有"饥饿感"，从而树立企业的"物以稀为贵"形象。但这种策略的运用一般需要企业已经有独有的被市场认可的品牌或技术、秘方等，不然可能会导致消费者流失和反感。

企业面对过量需求还有一种营销对策，是做联合营销。企业的联合营销可以通过贴牌、合同、资本入股甚至被联合等方式进行，这样可以帮助产生过量需求的企业迅速做大做强，从而迅速提高自己的竞争力和市场份额。

7. 潜在需求

潜在需求是指消费者未来一定时间内可能产生的对某种产品或服务具有货币支付能力的需求。潜在需求是消费者的购买愿望、愿望产品及购买能力三者不能完全统一的状况，是不能马上实现的需求。

企业面对潜在需求应做开发营销。发现和开发消费者的潜在需求是一项十分重要的工作，企业通过开展市场研究和对潜在市场范围的测量，进而开发有效的产品或服务满足这些需求，将潜在需求变为现实需求。

8. 有害需求

有害需求是指消费者对某些有害产品或服务的需求。比如，对毒品、枪支、黄色产品或服务、烈性酒和香烟等产品的需求。消费者的这些需求可能会对社会或个人产生有害的影响。

面对有害需求，企业应该抵制，劝说喜欢有害产品或服务的人放弃这种需求，大力宣传有害产品或服务的严重危害性。但事实上，对于许多有害需求，企业仍在提供，如香烟和烈酒，企业可以通过大幅度提高价格，以及限制供应等措施限制这方面的有害需求。

人性中既有善的一面，也有恶的一面。不少企业往往利用人心中的有害需求，通过暗地供应、打"擦边球"等促销方式吸引消费者对产品或服务的注意力和关注度，进而让消费者产生购买行为。更有铤而走险的某些组织或者个人，直接满足消费者的有害需求。

人的需求多种多样，善恶皆在，变化多端。潜在需求、无需求和有害需求都是人的需求的常态。

20.1.2 市场营销管理过程

市场营销管理过程就是价值的创造及实现过程。"市场"是去识别价值，去发现需求、引导需求和满足需求；"经营"是去创造价值；"销售"是去把价值变现。市场营销管理过程包括识别营销价值，选择营销价值，提供、传递和沟通营销价值等一系列营销活动，以及围绕价值实现进行的计划、组织、执行、控制和领导等管理活动。

1. 识别营销价值

识别营销价值就是识别市场价值。了解市场信息、进行市场调研是市场营销管理活动的开端。市场分析是指对市场的竞争状况、顾客行为及市场机会进行分析和描述，确定企业在不同市场中的成长机会。SWOT 分析法（strengths, weaknesses, opportunities, threats），即分析企业内部的优势和劣势、企业外部的机会和威胁，是分析市场机会、识别价值的主要方法之一。

2. 选择营销价值

选择是经营战略的第一步。选择要把握两大方面，解决六个问题。一方面要把握方向性，要明确成为什么样的组织，做什么业务，业务做给谁，凭什么让对方接受业务；另一方面要把握主动权，即通过建立什么样的商业模式和竞争优势取得主动权。

3. 提供、传递和沟通营销价值

在选择营销价值后，就要实施提供、传递和沟通策略，即市场营销组合。市场营销组合是企业针对确定的目标市场，综合运用各种可能的营销手段，组合成一个系统化的整体策略，以期达到企业的经营目标。这个营销组合核心就是 4P 组合，即产品、价格、渠道和促销。

4. 计划、组织、执行、控制和领导等管理活动

市场营销始于市场调研，在市场调研基础上确定企业的经营战略和销售策略，主

要包括 STP 战略与 4P 策略。可通过管理的职能,即计划、组织、执行、控制和领导实现营销战略和策略。

20.1.3 市场营销管理职能

1. 市场营销计划

市场营销计划(marketing plan)是企业指导、协调市场营销活动的主要依据。企业要为每一次的市场营销活动精心准备计划,并分析、预见实施中可能遇到的各种问题,思考防范的措施。一份市场营销计划重要的不是篇幅大小,而是说明目标、战略和执行计划必需的成本。

市场营销计划以市场营销策划书为基本依据,应建立两种目标:财务目标和营销目标。

(1) 财务目标。每一个公司都在寻求一定的财务目标,如销售收入、投资回报率、利润等。股东们将会寻找一个既定的长期的投资报酬率,并且希望知道他们在本年度所能获得的利润。

(2) 营销目标。财务目标应转化为营销目标,营销目标包括市场占有率、分销网点等。

在行动计划中,要说明支持该方案的预算,即列出一张实质性的预计损益表。在收入的那一方,指出预估的销售数量和平均实现价格。在开支方面,表明生产成本、实体分销成本和营销费用以及再细分下去的细节项目。收入和开支之差就是预计利润。当预算编制好后,上一级的管理者将审核这个预算,并提出赞同或修改的意见。如果认为要求的预算太高了,那么就必须作一些削减。批准之后,该预算就是制订计划和对材料进行采购、生产调度、人力补充、营销活动安排的基础。

市场营销策划(marketing planning)是指在营销原理的指导下,通过收集客观事物的各种信息和预测发展变化趋势来确定目标,面对市场进行创造性的谋划,设计能产生最佳效果的资源配置与行动方式,为企业营销活动提供战略性、策略性的依据。策划与计划是两个不同的概念,策划在前,计划在后。营销策划为营销计划的制订提供了基本内容和方向。史玉柱说:策划是一个企业的灵魂。在营销活动中,我们付出的最高成本就是策划成本,不是电视、报纸的费用,最好的策划导师就是消费者。

一份市场营销策划书的基本构架如表 20-1 所示。

2. 市场营销组织

市场营销计划需要一定的组织去完成,所以企业营销组织结构的设计和执行同样是十分重要的管理内容。

表20-1 市场营销策划书基本构架

```
绪论：时间、目的、背景、方法、意义、期待等。
一、使命陈述及营销目标、财务目标的确定。
二、市场分析：SWOT 分析。
三、顾客心理分析，提出让顾客满意和忠诚的措施。
四、确定商业模式及竞争优势。
五、STP 战略：市场细分、选定目标市场、市场定位。
六、品牌战略：确定品类、品名、定位、品质、品位、形象、发展和传播。
七、产品策略：产品整体策略、组合策略、生命周期策略及新产品开发。
八、价格策略：市场导向（顾客导向、竞争导向）定价策略。
九、分销策略：销售渠道策略及物流策略。
十、沟通策略：整合营销传播策略。
十一、市场营销策划的实施：确定组织和领导，何时、何地、何人实施，费用预算和效益分析，
     控制方法和风险预测。
附件：现有的销售量、利润、市场占有率、行业及竞争状态等的资料和财务报表。
     数据资料、问卷样本和其他背景材料。
```

（1）职能型组织。（见图20-1）这是传统市场营销组织形式。它根据市场营销需要完成的工作设立机构，是直线职能制。其优点是行政管理工作简化，缺点是由于各机构独立性较强，各功能会强调自己重要，不利于内部协调行动。

图20-1 职能型组织

（2）产品/品牌管理型组织。（见图20-2）即随着产品品种的增多，为了突出对产品的重视，把产品作为独立部门。其优点是经营的所有产品都受到一视同仁的对待，产品销售量普遍提高；同时，营销人员负责一种或几种产品，易于熟悉产品知识和特点。其缺点是可能需要增加营销人员，同时会出现几个部门的人员在同一地区重复销售的状况。

产品/品牌管理型组织始创于1927年，最先为美国宝洁公司所采用。宝洁要求旗下的每个品牌都"独一无二"，都必须自我建立顾客忠诚度。同类产品的宝洁不同品牌相互竞争但又各有所长，为消费者提供不同的好处，从而保持各自的吸引力。

（3）地区型组织。（见图20-3）即在营销副总经理主管下，按层次设全国销售经理、大区销售经理、地区销售经理、销售人员。这种组织形式能使产品销售范围更广，大多为大企业所采用。由于各地区特点不同，这种形式可以在不同地区采取不同

图 20-2 产品/品牌管理型组织

的营销策略,以实现共同的目标;同时,结构简单,分工明确,便于考核营销人员业绩。其缺点是机构分散,各地区容易各自为政,不易协调。

图 20-3 地区型组织

(4) 市场/顾客管理型组织。(见图 20-4)它是指按照本企业所销售的产品的市场(顾客)差异设立市场营销组织,由专人负责不同购买者的营销业务。市场细分化理论要求企业根据顾客特有的购买习惯和产品偏好等细分和区别对待不同的市场,针对不同购买行为和特点的市场,建立市场/顾客管理型营销组织是公司的一种理想选择。这种组织结构的特点是由一个总市场经理管辖若干个子市场经理,各子市场经理负责自己所管辖市场的年度计划和长期计划,他们开展工作所需要的功能性服务由其他功能性组织提供。分管重要市场的市场经理,有时可以增设几名功能性服务的专业人员辅助其开展工作。

图 20-4　市场/顾客管理型组织

(5) 矩阵型组织，也称为产品/市场管理型组织。(见图 20-5) 很多大规模企业，生产多种不同的产品，面向不同的市场，在决策其营销组织结构时面临两难境地：是采用产品型组织，还是采用市场管理型组织？如果采用产品型组织，那么许多重点市场缺乏专人管理，而需求能力弱的市场又会占用太多的企业资源；如果选择市场管理型组织，则容易导致获利能力强的产品遭受冷落。为了解决这一问题，企业可以设置一种既有市场经理，又有产品经理的二维矩阵组织，即所谓的产品/市场管理型组织。这种组织把产品与市场管理两者有机结合起来，以解决产品经理对各种高度分化、高度分散的市场不熟悉，而市场经理又对其所负责市场的各类产品难以掌握的难题。

这种矩阵型组织吸收了产品型和市场型两种组织的优点，适合那些多品种、多市场的企业采用。但是这种组织结构管理费用极高，而且内部极容易产生矛盾与冲突。另外，企业还将面临权力与责任难以具体落实的问题。

图 20-5　产品/市场管理型组织

(6) 事业部制。许多大公司或集团公司下的子公司或事业部，都是经济独立核算的利润中心，这些子公司都有自己的职能部门。这样就产生了一个问题，集团公司总部应当保留哪些营销功能和怎样开展营销活动？这应根据各公司的具体情况分别处理，目前主要有以下三种结构：

① 集团公司设营销部门，下属子公司不设营销部门。这种模式适合于产品种类较少的生产型集权公司或超市等商业集团。公司的营销部门制订企业营销计划，开展统一的市场调研活动，统一安排广告，统一开展促销活动，统一进行行政管理。

② 集团公司保持适当的营销部门，子公司也设营销部门。这是国际上比较流行的一种组织管理结构，适合于集权与分权相结合的大型集团公司。

③ 集团公司基本不设营销部门，子公司设很强的营销组织。这种模式适合于多元化经营或实行分权式管理的集团公司。集团公司主要向子公司提供市场和竞争信息，

做必要的指导工作，而放手让子公司的营销部门从事市场研究与开发工作。

在国际营销中，公司可以通过至少三种不同的方式管理其国际营销活动，多数公司一开始组织一个出口部门，然后设立国际事业部，最后成为一个全球组织。

随着营销实践的发展和市场竞争的加剧，越来越多的企业管理者认识到营销部门与其他职能部门不同。企业管理者对营销部门地位的认识经历了这样一个过程：

① 具有一般功能。最开始营销部门在公司只具有一般功能，与生产、财务、人事等部门被同等看待。

② 具有比较重要的功能。随着营销实践的发展和市场竞争的加剧，越来越多的企业管理者认识到营销部门的功能更为重要。

③ 具有中心功能。要想成就企业经营，必须将营销部门置于企业的中心地位。

④ 以顾客为核心。企业各个管理职能部门都以顾客为中心。

⑤ 以顾客和营销为核心。以顾客为中心，营销部门具有基础性和整合性职能，是企业各个部门管理者应有的共同理念。

(7) 增长组织。进入互联网经济时代，为了更好地应对市场环境的变化，企业要构建基于信息技术的网络化、扁平化、平台化的组织结构，增加营销组织的灵活性和开放性；同时，加强与其他职能部门的协同，加强与其他企业组织的战略合作，合作共赢，价值共生，以获得进一步的增长。

增长黑客（growth hacking）是 2017 年由美国的肖恩·埃利斯（Sean Ellis）和摩根·布朗（Morgan Brown）在他们的著作《增长黑客》一书中率先提出。增长黑客也可以称为"增长用户"。与传统的营销增长不一样，增长黑客是互联网的增长，它可以通过将技术和营销相结合，把这个增长做到低成本、高效率。建立增长黑客组织和数字营销组织机构，是互联网时代对营销组织的丰富，其实质是用高速度、跨职能的试验来驱动五种增长（客户拉新、激活、销售、留存和推荐），尽一切可能挖掘一个产品或服务的增长潜能。

2017 年，可口可乐宣布不再设立首席营销官 CMO（chief marketing officer），取而代之的是首席增长官 CGO（chief growth officer），可见增长在营销中的重要性。

3. 市场营销执行

市场营销执行（marketing implementation）是将营销计划转化为行动任务，保证这种任务的完成，以实现既定目标的过程。营销实施主要强调执行过程中"谁去执行"，以及"在什么时间""什么地点"和"怎样进行"的问题。

(1) 市场营销执行技能。为了有效地执行营销方案，公司的每个层次，即功能、方案、战略等都必须运用一整套技能，主要包括四种，即分配、调控、组织和相互影响技能。

① 分配技能，是指营销经理在职能、战略和方案三个层次上分配时间、资金和人员的能力。例如，确定究竟花多少钱用于展销会（职能层次），或对"边际"产品应做好哪些保证工作（战略层次），这些都涉及分配职能的问题。

② 调控技能，包括建立和管理一个对营销活动效果进行追踪的控制系统。控制有

四种类型：年度计划控制、利润控制、效率控制和战略控制。

③ 组织技能，常用于开展有效工作的组织中，理解正式和非正式的市场营销组织对于开展有效的营销执行活动是非常重要的。

④ 相互影响技能，是指经理影响他人把事情办好的能力。营销人员不仅必须有能力推动本组织的人员有效执行理想的战略，还必须推动组织外的人或企业，如营销调研企业、广告代理商、经销商、批发商、代理商来执行理想的战略，哪怕它们的目标与本公司的目标不尽相同。

(2) 市场营销执行内容。市场营销执行包括相互联系的五项内容：

① 制定行动方案，应包括具体的时间表，制定行动的确切时间。

② 建立相应的组织结构。组织结构必须与企业战略相一致，与企业本身的特点和环境相适应。

③ 设计决策、报酬制度。这些制度直接关系到战略实施的成败。

④ 开发人力资源。这涉及人员的考核、选拔、安置培训和激励等问题。在考核选拔管理人员时，要注意将适当的工作分配给适当的人，做到人尽其才；同时，为了激励员工的积极性，必须建立完善的工资、福利和奖惩制度。不同的战略还要求具有不同性格和能力的管理人员。

⑤ 建设企业文化和管理风格。企业文化包括企业环境、价值观念、模范人员、仪式和文化网五方面的内容。

4. 市场营销控制

在市场营销计划落实过程中，常常会发生许多意想不到的情况，企业需要通过控制行动保证市场营销目标的实现。市场营销控制（marketing controller）是指度量和评价市场营销战略、计划的结果，采取纠正措施保证目标的达成。其基本流程如图20-6 所示。

图 20-6 营销控制基本流程

市场营销控制的主要内容包括：

(1) 年度计划控制。这是对销售额、市场占有率、费用率等进行控制。年度计划控制的目的，是确保年度计划规定的销售额、利润和其他目标的实现。年度计划控制过程分为四个步骤：确定年度计划中的月份目标或季度目标；监督市场营销计划的实施情况；如果市场营销计划在执行过程中有较大偏差，要找出其中的原因；采取必要的补救或调整措施，缩小计划与实际之间的差距。

① 销售额分析。销售额分析衡量并评估实际销售额与计划销售额的差距。具体有两种方法：销售额差距分析和地区销售量分析。

② 市场占有率分析。销售额分析一般不反映企业在竞争中的地位，因此还要分析

市场占有率，揭示企业同竞争者之间的相对市场占有比例。

③ 费用率分析。年度计划控制要确保企业在达到计划指标时，市场营销费用没有超支，因此需要对各项费用率加以分析，并控制在一定限度。如果费用率的变化不大，在安全范围内可不采取任何措施；如果变化幅度过大、上升速度过快，接近或超出上限，就必须采取措施。

(2) 盈利控制。企业必须定期分析不同产品、顾客群、批零渠道上的实际获利情况。尽管会计系统很少能真正及时反映出营销活动的盈利情况，但营销主管还是要想尽办法完成和超额完成利润计划任务。

① 盈利能力分析。即通过对财务报表和数据的处理，把所获利润分摊到诸如产品、地区、渠道、顾客等上面，衡量每个因素对企业最终盈利的贡献大小、获利水平如何。

② 最佳调整措施的选择。盈利能力分析的目的在于找出妨碍获利的因素，排除或者削弱这些不利因素的影响。由于可供选择的调整措施很多，企业必须全面考虑，作出定夺。

为了评估和控制市场营销活动，国外有的企业专门设置"市场营销控制员"岗位。他们一般都在财务管理和市场营销方面受过良好的专业培训，能担负复杂的财务分析以及制定市场营销预算的工作。

(3) 效率控制。它具体包括以下方面：

① 销售队伍的效率。销售队伍的效率包括每次推销访问平均所需时间、平均收入、平均成本、订货单数量；每次推销发展的新客户数量，丧失的老客户数量；销售队伍成本占总成本的百分比；等等。

② 广告效率。广告效率可以通过以下几个方面衡量：以每种媒体和工具触及一千人次为标准，广告成本是多少；各种工具引起人们注意、联想和欣喜的程度；受到影响的人在整个受众中所占比重；顾客对广告内容、方法的意见，以及广告前后对品牌、产品的态度。

③ 促销效率。促销效率包括各种激发顾客兴趣和试用的方式、方法及其效果，每次促销活动的成本，对整个市场营销活动的影响。

④ 分销效率。分销效率包括分销网点的市场覆盖面，销售渠道各级、各类成员包括经销商、制造商代表、经纪人和代理商的作用和潜力，分销系统的结构、布局以及改进方案，存货控制、仓库位置和运输方式的效果，等等。

(4) 战略控制。由于市场营销的内外环境是不断变化的，企业的目标、计划和战略极易过时，很多企业都因没有注意瞬息万变的市场变化而招致困境。战略控制的一个主要工具就是营销审计（marketing audit），即企业需定期检查市场营销环境、战略、战术、系统运行、组织功能等情况，以加强控制。为此，需要通过企业营销各系统之间的密切合作，以实行计划执行过程中的及时控制。

市场营销工作的量化指标可以分为顶层量化指标和市场营销部关键指标。顶层量化指标包括流量型量化指标（包括广告曝光数、点击率、网站浏览人数、时间等）和品牌型量化指标（包括品牌认知度、品牌美誉度、百度搜索指数、品牌占有率等）。

潜客数量、销售额和市场投入产出比（ROI）越来越成为互联网公司的三大考核指标。

20.2 市场营销管理者

广义上的市场营销管理者即管理者，可以是企业层管理者，也可以是业务层和职能层管理者，包括董事长、总经理及营销、财务、人力资源等职能的全部管理者。所有管理都是为了实现交换。

20.2.1 管理者类型

企业是一系列部门与职能的总和，它们共同协作将具体的产品或服务提供给市场。在绝大多数企业中，存在着两类管理者（manager）：一类是总体管理者，他们负责企业总体绩效或者其中某一自足的单位或部门的绩效；另一类是职能管理者，他们对某一具体职能负责，其中包括任务、活动或运营，如企业中的财务、营销、研发、信息技术或物料管理等。具体可以涉及三种管理类型：企业层、业务层和职能层，总体管理者位于前两个层次。

1. 企业层

企业层（公司层）管理者包括首席执行官（CEO）、其他高级管理者、董事会和企业层职员。这些人占据组织内决策的最高点。其中，CEO 是总体管理者的核心。在其他高级主管的协助下，企业层管理者的任务是负责组织的整体战略。这一角色包括确定组织的使命和目标，决定开展哪些业务，在不同的业务间分配资源，制定和实施跨业务的战略，领导整个组织。

2. 业务层

业务层管理者是指对一个业务单位的管理。业务单位是一个自足的事业部（具备各种职能，如财务、采购、生产和营销），为某一特定的市场提供产品或服务。业务层的主管总经理，即业务层经理，是事业部的负责人。这些经理的战略角色是将企业层的指示和意图转换成具体的业务战略。企业层的总体管理者关注跨业务战略，业务层的总体管理者关心具体业务的战略。

3. 职能层

职能层管理者负责组织企业或事业部的具体业务的职能或运营（如人力资源、采购、产品开发、销售、客户服务等）。他们的职责范围通常局限于某一具体的组织活动，而总体管理者则要检查企业或事业部的总体运营。职能层管理者也有自己的重要战略角色：制定涉及本领域的职能战略，协助达成业务层和企业层的战略目标。他们的另一项同样重大的责任是战略实施，他们必须执行企业层和业务层的战略。

20.2.2 管理者特性

管理是一场控制性活动，通过控制自己及控制他人达到管理的目的。好的管理控制是对人心的控制，控制人心包括控制他人之心和自控，只有能控制好自己才能控制好他人。广义上，每个人都是管理者，因为每个人首先都是对自己的管理者，管理好别人先要管理好自己。德鲁克说：卓有成效的管理者正在成为社会的一项极为重要的资源，能够成为卓有成效的管理者已经成了个人获取成功的主要标志。而卓有成效的基础在于管理者的自我管理。优秀管理者的特性主要表现为以下几个方面：

1. 有思想

中国古代的管理思想对现代管理有着重要的启发意义。法家强调以利诱人，以势压人；儒家强调以德化人，以礼待人；佛家、道家则强调以理服人。这里的以理服人的"理"包括三个方面的内容：一是做事之理，即个人专业知识掌握的深浅度。二是做势之理，这里的"势"是指一个人的见识和格局状况。见多识广、远见卓识都是格局问题。三是做人之理，即做人的原则和道德等。控制和得到人心的关键在于能以理服人。台塑集团创始人王永庆说：人有多大的气度，就做多大的生意。

做事是宽度，是专业，是实力和落实；做势是高度，是眼光，是格局和保证；做人是底线，是道德，是气度和根本。无与伦比的管理通过"五以伦比"来实现：以理服人、以德化人、以礼待人、以利诱人和以势压人（法律、权力、制度、监控）。软硬兼施、恩威并重、刚柔并济。具体实施过程中表现为如何教育、授权、激励、惩罚、协调和各项指标等的设计。

好的管理制度可以让人的行为变好，坏的管理制度则会让人的行为变坏。制度管理是对道德管理的重要支持和帮助，在现实中，两者相辅相成，缺一不可。只有制度管理而没有道德管理就没有根基，只靠道德管理而没有制度管理则不可靠，道德也需要制度的约束。中国古代的制度是专制制度，专制制度缺乏的是监督和制衡，缺乏透明度和公信力。古代管理者用严刑峻法来约束人可能产生的不道德行为，但这种约束往往最后只是对老百姓实施，而不对管理者实施，正所谓"只许州官放火，不许百姓点灯"，体现出制度是为管理者服务的虚伪性和不公平性。好的制度一定是民主制度，就是建立起由对方监督、制衡，对方可以自由选择的制度，这才是制度管理有效性的本质。市场机制是民主制度的基础。

德鲁克认为，所有组织的管理者都要面对决策，要作人事决策，而人的问题几乎是一样的。在所有组织中，90%左右的问题是共同的，不同的只有10%。只有这10%需要适应这个组织特定的使命、文化和语言。换言之，一个成功的企业领导人同样能领导好一家非营利机构，反之亦然。

2. 有精神

这里的精神是指企业家精神。企业家精神（entrepreneurship）是企业家组织建立和经营管理企业的综合才能的表述方式，是一种重要而特殊的无形生产要素。企业家精神也是企业家这个特殊群体所具有的共同特征，是他们所具有的独特的个人素质、价值取向以及思维模式的抽象表达，是对企业家理性和非理性逻辑结构的一种超越、升华。企业家精神是企业核心竞争力的重要来源。

企业家精神主要包括创业精神、创新精神、工匠精神、冒险精神、合作精神、诚信精神、宽容精神、服务精神、爱国精神和社会责任等。企业家要主动为国担当、为国分忧,正所谓"利于国者爱之,害于国者恶之"。企业营销无国界,企业家有祖国。

企业家要勇于承担社会责任。作为企业家,应做到大力回报社会,积极承担社会责任,这样会得到社会的认可和尊重。除了捐赠资金,支持教育、乡村振兴,企业家也要主动关心特殊群体,企业家的关怀应该成为社会最重要的关怀之一。

3. 有格局

管理者的性格决定管理的效果和结果。性格的核心是为主体意识所支配的处世原则,包括为人处世的道德状况和格局状况。格局是指对人生及事物的广度、深度及系统性的认知状况,是一种见识和远见的表现。做人的格局体现在道德状况上,做事的格局体现在对全局和布局的认知上,核心是如何布局。格局是一种胸怀和远见,胸怀天下、心胸开阔、境界高远是大格局的表现。

一家企业能走多远,最终取决于其管理者是否具有战略思维和能力。战略思维就是一种全局意识和布局意识的体现,是判断一个人格局大小的关键。吴晓波在《大败局》一书里说:"商业是一场与自己的欲望进行搏斗的精神游戏,但归根到底,商业是一场有节制的游戏。所有的天意或宿命,其实都是企业家性格的投射。"

一个组织在管理中要产生强大的团队凝聚力,其关键一是来自组织内部中高层管理者对共同价值观的认同(做人),二是来自组织内部管理者对专业知识的认同(做事),三是来自组织中高层管理者对各自格局的认同(做势)。格局决定结局。组织凝聚力强弱的关键来自管理者的格局。

4. 简单化

大道至简。管理者要善于把复杂的问题简单化,简单的问题重点化,重点的问题重复化。特劳特说:把简单的东西复杂化,是造成营销混乱的罪魁祸首,用显而易见的常识思考商业世界的真相,则是终结营销混乱的解决方案。稻盛和夫说:高层次的人,善于把复杂问题简单化。

越是看似复杂的问题,越是要赶快回到原点,回到最基本的常识中去,直接抓住事物的规律,抓住那个万变不离其宗的本质,把事情简单化。

5. 情商高

优秀的企业管理者是企业经营持续成功的关键,它来自管理者自身对世界及事物的深刻认知、高情商和坚定的意志力。能力更多体现出一个人的智商状况,性格则更多体现出一个人的情商状况。同人打交道情商要高,同事情打交道智商要高。美国心理学家丹尼尔·戈尔曼在《情商》一书中说:"要想成功,情商比智商更重要。"他认为,情商包括自我认知、管理情绪、有同理心、处理人际关系等内容。高情商表现为善意、自信、乐观、平和、抗压、主动、同理心、亲和力、善沟通、自我激励、百折不挠、控制冲动和延迟满足等特征。

总经理或者经理应该是懂经营和管理的人。美国战略管理专家希尔等人在其著作《战略管理》中,归纳了许多战略管理专家总结的成功管理者、领导者应具备的几项关键特性：有愿景、有使命感、有口才、始终如一；有清晰的商业模式；有奉献精神；信息灵通；愿意授权；灵活运用权力；情商较高。

优秀的市场营销管理者是具有现实主义和人文情怀、有勇有谋的人。现实主义成真，人文情怀成善，有勇有谋成美，和对方达成真善美的交换。

本章总结

市场营销管理的本质就是需求管理。市场营销管理过程包括识别营销价值、选择营销价值、提供营销价值、传递营销价值、沟通营销价值，以及计划、组织、执行和控制营销活动。

现实中存在着两类管理者：一类是总体管理者，他们负责企业总体绩效或其中某一自足的单位或部门的绩效；另一类是职能管理者，他们对某一具体职能负责，其中包括任务、活动或运营，如企业中的财务、营销、研发、信息技术或物料管理等。具体可以涉及三种管理类型：企业层、业务层和职能层，总体管理者位于前两个层次中。

无与伦比的管理通过"五以伦比"来实现：以理服人、以德化人、以礼待人、以利诱人和以势压人（法律、权力、制度、监控）。软硬兼施、恩威并重、刚柔并济。具体实施中表现为如何教育、授权、激励、惩罚、协调和各项指标等的设计。

优秀的市场营销管理者是具有现实主义和人文情怀、有勇有谋的人，和对方达成真善美的交换。

本章关键词

市场营销管理　负需求　无需求　有害需求　市场营销计划　市场营销执行　市场营销控制

思考题

1. 试述市场营销管理过程。
2. 市场策划的主要内容是什么？
3. 试比较不同的营销管理组织模式。
4. 市场营销执行的技能和内容是什么？
5. 市场营销控制的主要内容是什么？
6. 企业管理者的类型有哪些？
7. 优秀管理者的特性主要表现在哪些方面？

延伸阅读一

非营利组织营销

开篇案例 慈济慈善事业

慈济慈善事业于1966年由我国台湾地区的证严法师创立于台湾花莲,最初由30位家庭主妇每天省下五角钱,投入竹筒里,六位同修弟子,每人每天增产一双婴儿鞋,以克己、克勤、克俭、克难的精神创立慈济,开始济助贫困、拔苦予乐的工作。慈济的志业,涉及慈善、医疗、教育、人文多个领域,从偏远的花莲开展至全球五大洲,已在47个国家设有分支或联络处,迄今援助超过70个国家或地区。慈济人以感恩之心,付出无所求,给每一位受难者真诚的关怀与帮助。

慈悲汇聚善与爱的力量,人人力行克己复礼,回归简朴生活。力邀天下善士,同耕一方福田;勤植万蕊心莲,同造爱的社会。祈愿为达到人心净化、社会祥和、天下无灾无难共同努力。

慈济人共同秉持着内修诚、正、信、实,外行慈、悲、喜、舍的理念,以"人伤我痛,人苦我悲"的人文情怀,超越种族、国家、语言、肤色、宗教信仰的界限,以出世的精神从事入世的志业,不仅使大爱成为一种普世价值,更将中华文化底蕴中的人文精神发挥到极致。

慈济人所推动的包括慈善、医疗、教育、人文四项,统称为"四大志业";另投入骨髓捐赠、环境保护、小区志工、海外赈灾,此八项同时推动,称为"一步八法印"。

慈济慈善事业基金会是获我国国务院批准于大陆成立的基金会,成为大陆第一家,也是唯一一家由境外非营利组织所成立的全国性基金会,并于2010年8月20日于苏州静思书院举行挂牌典礼。慈济在大陆成立基金会,将有助于扩大大陆各项救灾与扶贫工作之力度,并对社会的均富与和谐承担起更积极的责任。

慈济在大陆的慈善工作开始于1991年华东与华中的世纪水患,慈济在遭受重创的三省四县进行大规模的急难救助,并落实中长期援建工作,使灾民安心、安身与安生活。30多年来,在当年援建的县市,慈济的慈善脚步仍持续进行。慈济累计

> 援建 4400 余户（慈济大爱屋）、援建 50 余所学校、重建敬老院、援建妇幼中心、兴建医疗大楼与持续地进行义诊。除硬件建设外，还通过人文交流，分享"感恩付出、行善行孝不能等"之人文精神。
>
> 2008 年 5 月 12 日发生汶川大地震，举国上下悲痛欲绝，慈济志工 5 月 14 日即赶赴灾区，自是日起，慈济志工始终在四川陪伴着乡亲，帮助其走出伤痛，恢复生活；并陆续援建 13 所学校，为学子提供良好的学习环境。另外，慈济在当地成功地推动了小区环保。
>
> 慈济共援助我国 28 个省、市、自治区，重点工作项目包括汶川大地震灾后重建、甘肃集水抗旱水窖工程暨移民迁村援助、贵州扶贫暨迁村工程、冬令发放、定期的慈善访视个案关怀、各地学校援建、贫困学生助学项目、骨髓捐赠、医疗援助、环境保护资源回收等，务实推动和谐社会的建设工作，并于 2006 年、2008 年获得民政部颁发中华慈善奖之殊荣。
>
> 慈济推动各项志业都以人为本，期待人人依循伦理，敬天爱地，培养内在品德，而仪表言行都能守分合宜，让人欢喜。证严法师的《静思语》已经被翻译成 11 种语言，由于内容与生活贴近，言浅意深，丰富且实用，普遍受到读者喜爱，是现代人立身处世的智慧宝典。
>
> 资料来源：根据百度百科相关资料整理。

非营利组织是十分普遍的机构，以各种方式影响着我们的生活和世界。在欧美各国，非营利组织为穷人提供施舍处；倡导大众戒烟和减肥；为一些人打抱不平，并拥护那些被忽略的人群；支持某一政治候选人；为人们提供实现宗教信仰的机会。在国际上，它们处理关键性的难题，如亚非拉地区的艾滋病和贫困问题。它们为那些想要帮助别人的人和公司 CEO 们提供机会，运用他们的理念和技能去解决社会难题。

在我国，非营利组织也迅速成长，除了以往的社会团体、民办非企业组织外，大量的事业单位正在逐步分化为非营利组织。

一、非营利组织概述

市场营销为非营利组织与其环境之间的联系架起桥梁，使组织能对环境变化和需求及时作出正确反应，在确保组织目标与战略的实现方面起着十分重要的作用。

（一）非营利组织的内涵

社会是由个人和社会组织构成的。对于一个现代社会来说，社会组织可分为三大类，即政府组织、营利组织和非营利组织。这就是所谓的现代社会"三元结构"，而"三元结构"中的非营利组织又称为"第三部门"。

1. 概念

非营利组织（non-profit organization）一般是指不以营利为目的的开展各种志愿性公益活动的非政府、非营利机构的组织，是指那些具有为公众服务的宗旨，不以营利为目的，组织所得不为任何个人牟取私利，组织自身具有合法的免税资格并可为捐赠人减免税的组织。在我国，非营利组织一般包括事业单位和社会团体。非营利组织所涉及的领域主要分布在教育、医疗、文化、科研、体育，以及各类社会团体中。其具体表现形式大致分为三类：第一类是行政部门的服务性单位，第二类是行政主管部门与民间资金相结合组成的单位，第三类是自治性的民间组织。

非营利组织的特征主要表现为：必须依法成立；有必要的财产和经费；有自己的名称、组织机构和场所；不具有营利性，不以获取利润为目的。

2. 分类

在我国，对非营利组织的分类有几种说法，这里表达的是其中的一种，把非营利组织大致分为八类：

(1) 宗教组织，如教堂、教会等。

(2) 社会组织，如服务俱乐部、兄弟会等。

(3) 文化组织，如博物馆、交响乐团、剧团、艺术联盟、动物园等。

(4) 知识组织，如学校、研究机构等。

(5) 保护组织，如同业公会、工会等。

(6) 政治组织，如政党、游说团体等。

(7) 慈善组织，如福利机构、基金会、慈善医院、疗养院等。

(8) 社会理念组织，如和平组织、环境保护协会、种族权利保护协会、消费者权益保护协会、妇女权益保护协会等。

3. 作用

非营利组织在社会中发挥着越来越重要的作用，其作用主要体现在：

(1) 社会服务，为社会成员提供中介服务和直接服务，如出国留学的咨询服务和各种养老院、民办学校。

(2) 社会沟通，在政府与企业、政府与社会之间进行沟通方面起到桥梁的作用。一方面，向政府反映企业、社会的意见、建议，为政府提供信息；另一方面，协助政府做好宣传、指导、监督等方面的工作，如各种行业协会。

(3) 社会评价，对生产、消费品作出公正的评价，如各种调查机构。

(4) 社会裁断，调解社会成员之间的纠纷，如消费者权益保护协会。

(5) 社会监督。非营利组织是政府权力的监督者，通过有组织的活动，唤起公众的公共意识，影响政府的公共决策。非营利组织也是民主价值观的培育者，有利于培养公众正确的参政观。

(二) 非营利组织资源开发

社会三大部门在社会中各有其特定的职能，它们分工合作，使社会处于一个协调和谐的状态。第一部门（营利组织）创造先进的生产力与社会财富，是社会基础。第二部门（政府组织）通过纳税和财政支出处理社会公共事务，维护社会公平与秩序。第三部门（非营利组织）通过征集社会志愿和经营处理特别公共事务，救助弱势群体，增进社会和谐与文明。

非营利组织要实现以上功能，就需要不断进行资源开发。有关资源开发的内容，主要包括以下三个方面：

1. 资金募集

虽然许多非营利组织正在逐渐扩大收费服务和产品的范围，但它们的主要资源仍然来自筹款。私有非营利组织主要有四种资金来源：基金会、政府、企业和个人。因此，筹款（fundraising）是营销理论在非营利领域的重要应用之一，由于竞争日益激烈，这也成为非营利组织面临的一大难题。

非营利组织的顾客分为捐赠者和受益者。资源从捐赠者市场产生，随后被分配给受益者市场。在这种情况下，营销的角色就是创造和维持"满意的交换"。捐赠者捐赠的数量受许多因素影响，诸如从捐赠获得的家庭效用、组织效用、感知到的组织专业性以及非营利组织提供的服务质量，都能够影响捐赠的水平和时限。

每一次筹款活动都开始于一个清晰的目标和一个深思熟虑的战略，应根据筹款活动的类型选择不同的方式。对于年度捐款活动，必须提升志愿者的领导力，然后全体工作人员齐心协力。组织的筹款方案设计应与捐赠类型匹配，而且应当建立具体的目标和问责制，以确保每一个主要成果都有人负责。

2. 志愿管理

随着社会对非营利组织所提供服务的需求越来越大，志愿行为的作用越来越重要。但是由于人的差异，不同的人具有不同的志愿意愿。为了有效地做好非营利组织营销工作，获得足够的资源维持非营利组织的运行，必须对影响公众从事志愿活动的因素进行研究，从而有助于非营利组织有效地向公众传递合适的信息，使用合适媒介接触潜在的志愿者，更有效地劝说人们从事志愿活动并合理分配不同志愿者从事不同的志愿活动。非营利组织要注重"非交易行为"，考虑人们的社会、情感需要。已证实的志愿行为影响因素包括性别与年龄、公众的自我感知。

非营利组织需要雇用大批的志愿人员来承担组织的任务。一个较有发展潜力的组织更受他人青睐，而志愿者判断其组织的好坏，在很大程度上取决于该组织的营销力度，组织需要通过不断的营销来争取和吸收志愿者，以及对志愿者采取何种激励都需要强有力的营销。不能只局限于对志愿者的招募，而是要通过不断征求工作人员和志愿者的意见，倾听他们的呼声，将志愿者管理与战略规划结合在一起，使非营利组织的顾客导向落实到具体的营销战略上，只有这样，组织才能在不断变化的环境中寻求更大的发展。

3. 与私营部门合作

20世纪90年代，非营利组织与企业之间在利益方面的联系越来越多。一方面，企业认识到履行社会责任是企业成功的关键要素,另一方面,非营利组织也需要更多的资金来源。因此,这两方面的因素共同促进了企业社会责任活动的发展。企业出于各种各样的动机,开始实施诸如事业关联营销等其他创新计划,每年向各种不同的非营利组织捐献大量资金。

事业关联营销(cause-related marketing)是企业为了增加销售收入而向一个或多个非营利组织进行捐赠的行为。当企业需要利用的社会事业与非营利组织的慈善目标互相兼容时,这种兼容性会提升企业的形象和品牌的回忆,改善组织信任和消费者的态度。兼容性取决于对事业的涉入度和熟悉度,消费者对于事业的涉入度和熟悉度决定了消费者对兼容性的感知和随后的认知反应,与事业发起者的兼容性感知具有正向的相关关系。

二、非营利组织营销

非营利组织营销是指非营利组织一般为达成非营利交换而对组织和个人需求进行分析,并采取相应的经营沟通对策去达成目的的管理活动。

非营利组织必须树立正确的营销理念,根据外部环境的变化与自身的特点,以满足社会需求为中心,通过争取更多公众的理解、支持与合作去满足市场需求,从而确保组织目标的实现。非营利组织营销来源于做不求回报的善事,是一种有意义的责任感、使命感与成就感的满足。但一片好心并不能代替组织与领导,也不能代替责任、绩效和成果。这些都要求强化管理,而管理来源于组织的使命。

(一)非营利组织的市场导向

市场导向是一种能够促使组织创造并提供卓越价值,进而构建竞争优势的组织文化,包括顾客导向、竞争导向和跨部门协调三个行为要素及长期目标和利润两个决策标准。非营利组织市场导向作为管理哲学与组织文化,包括组织的外部导向、内部整合协调及愿景三个方面。

1. 市场分析

对市场的广义解释就是所面临的环境因素,营销环境的变化既可能给非营利组织的营销带来机会,也可能是对非营利组织的威胁。因此,非营利组织必须时刻关注营销环境的变化,在对环境全面分析的基础上,决定组织的营销战略规划。根据环境对非营利组织影响的程度,非营利组织的环境可分为微观环境与宏观环境。

非营利组织的微观环境是指对非营利组织的营销活动构成直接影响的各种因素和力量,包括非营利组织本身、营销中介、市场、竞争者以及公众等多种因素。

非营利组织的宏观环境由一些影响非营利组织营销活动的巨大的社会力量组成,包括人口环境、经济环境、自然环境、技术环境、政治法律环境和社会文化环境等。

SWOT分析法实质上是一种环境分析方法,主要包括对市场需求、竞争、产品、分销以及宏观环境等多方面信息的收集、提供和分析。非营利组织营销同样要运用此方法来对环境进行有效的分析。

2. 关系营销

非营利组织营销管理建立在关系营销的基础上。非营利组织要实现的是非营利性交换，这更要求非营利组织注重与相关的对方首先建立起良好的非营利关系，即获得对方的认可、喜欢、尊重、拥护和信任等。

营销是辨明预测并满足有效需求的一种管理过程。非营利组织的营销主要是满足"顾客"的要求。事实上，所有非营利组织都拥有各种不同层次的"顾客"，并且在供应者和最终顾客之间存在着诸多的要求层面。对于非营利组织来说，由于营利不是动机，也不是目的，因此"满足顾客要求"即以顾客要求为导向，要求非营利组织应该更多地关注公共产品的提供，并有义务向各方面说明如何有效地交换这种产品。

非营利组织应通过建立客户关系管理系统（CRM），整理划分出客户类别，实施实时、互动的客户关系管理，从总体上掌握顾客需求变化和反馈信息。同时，不断改进和创新供给，以获取可持续发展的动力；不断强化组织与政府、社会公众的良性互动，为组织的成长开拓更为广阔的空间。

忠诚已经变成非营利组织的一个重要战略主题，因为对非营利组织声望的感知与忠诚之间具有正相关关系，而忠诚又与满意正相关，服务质量、信息和便利也与满意正相关，因此，服务质量是非营利组织成功实施关系营销的基石。

（二）非营利组织的营销战略

艾伦·R. 安德里亚森和科特勒在他们的著作《战略管理：非营利组织的视角》里说："营销在非营利组织中的角色就是去影响人们的行为。"与营利组织一样，非营利组织为了能与目标市场达到双赢的目的而采取种种营销战略与战术。然而，非营利组织的营销有许多独树一帜的方面，包括营销目标的设立、目标市场的选择以及相应的营销组合的制定。

1. 目标战略

非营利组织一旦有了营销意向，就必须在战略计划层面定出组织的基本方向。该过程包括组织整体层面和营销活动层面。

从组织整体层面看，必须确定组织的整体使命、目标和具体目的，并且理解组织基本文化的本质。非营利组织的使命具有公益性、帮助性和公平性、美好性等特点。从事非营利活动能给人以成就感、责任感和使命感。比如，宗教组织致力于"美好的感受"，让人们对自身和社会感觉更美好。或者说，它们认为自己做的是一项"希望事业"，即帮助人最终获得一种愉悦和充实的体验。一个组织应该为一个可行的、激励员工的、与众不同的使命而奋斗。每个组织的成立都源于一个使命。

德鲁克认为，最成功的非营利组织投入大量的精力去界定组织的使命，它们不会对良好的愿望泛泛而谈，而是注重组织目标，从而使组织成员，既包括正式员工，也包括志愿者，能够明确自己的工作方向和任务。例如，大自然保护协会是为了保护自然界动植物的多样性。

使命确定后，就要进一步确定做什么事、做给谁和凭什么。这需要通过市场细分确定目标，并对目标进行有效定位，这也被称为 STP 战略。科特勒说：我们认为非营利组织营销者最应该关注三个基本点：谁是他们的目标受众？他们希望这些人采取怎样的行为？应该提出怎样的价值主张来达到目标？

营利组织中的品牌概念同样可以应用于非营利组织、国家和个人的身上。品牌可以展现独特的社会贡献，对目标受众和利益相关方形成承诺，彰显组织的使命和价值观。创建品牌需要了解目标受众，知晓他们对组织及组织竞争者的看法；需要谨慎地为组织拟定品牌名称、选择标志、挑选代言人、制定品牌承诺、策划品牌象征物和品牌标语以及品牌形象。员工的努力也很关键，因为他们必须让品牌产生效果。越来越多的非营利组织和政府机构开始品牌化其活动。

2. 营销组合

（1）供给。非营利组织的营销组合中最重要的因素就是"供给"。其营销的最终目标和一般营利组织一样，是通过提供有吸引力的价值主张影响目标消费者的行为——用诱人的利益和最低的代价换取期望的行为。然而，与营利组织不同的是，非营利组织倡导这些交换主要是为了让目标受众以及整个社会受益，其次才是组织自身的生存和发展需要。非营利组织没有享有巨大发言权的股东，所以无须为营利负责。

大部分组织，无论是营利组织还是非营利组织，如果不能提供在本质上具有吸引力的产品或服务，或者像现有营利组织所说的"提供额外价值"，那么它就不可能长久地生存下去。如果一个组织不能将它的服务与竞争对手的服务显著地区别开来，就算这种竞争不激烈，这个组织也不能很好地生存和发展。再有创意的广告也无法销售本质上很差的产品。

因为非营利组织要面对非常广泛的行为挑战，所以需要对供给下一个广泛的定义。科特勒认为，营销供给是营销者提出的适用于所有目标受众的一种提议，一种包含积极结果与消极结果的可取组合的价值主张，其前提是当且仅当目标受众采取期望的行动。

非营利组织可提供的产品大多趋向于服务或所供应的综合利益。服务是一种活动或利益，它由一方提供给另一方，但并不发生所有权的转移；服务代表着组织或机构的公共形象，是组织或机构与目标群体进行沟通接触的主要表现。非营利组织提供的服务优于营利性企业，因为它关系到消费者的长远利益，甚至国家的长远利益。

非营利营销者希望产生两种交换。首先，组织内部的交换，包括一系列主要的公共机构：募捐者、基金会、公司和志愿者等。其次，各种各样的顾客和目标受众寻求的交换，这种交换会导致一些行为的发生，如戒烟、关爱特殊群体等。

（2）价格。无论是在营利性领域还是在非营利性领域，所有的产品或服务都存在以某种方式支付成本或价格的问题。虽然非营利组织不以营利为目的，但是如果对组织提供的任何产品或服务都不收取费用，非营利组织将很难维持生存和发展。

非营利营销者要寻找影响交换的方法。从目标受众的立场而言，这种交换就是用成本换取利益。成本是消费者心目中感知的进行交换所必须付出的代价，可以是货币成本，也可以是非货币成本，或者两者兼有。非货币成本包括精神痛苦、转变旧习惯和旧观念的付出、时间及精力的付出与社会程序的错位等。

非营利组织在确定货币价格的策略时，要先确定定价的目标，可以是盈余最大化、成本回收、市场规模最大化、社会公平或者使市场缩小。达到这些目标的战略主要有成本导向定价法、价值导向定价法或者竞争导向定价法。

营利组织的主要问题是如何筹措资金。营利性企业的资金来源主要是发行股票和公司债券，而非营利组织没有资本金，也没有利润导向的定价制度，它们必须依靠其他资金来源支持组织或机构的活动。非营利组织的经费大多来自税收和捐赠，因此，募捐是非营利组织一项非常重要的工作。非营利组织有多种不同的资金来源，大体可分为：一是个人捐赠，这是慈善捐款的主要来源。二是基金会捐助。我国现有的基金会主要有中国青少年发展基金会、中国红十字基金会、中国扶贫基金会、中华文学基金会、宋庆龄基金会、援助西藏发展基金会、中国法律援助基金会、中国中小学幼儿教师奖励基金会等。这些基金会支持的范围广泛，大部分捐助了扶贫救灾、希望工程等社会公益性事业。三是企业捐助。企业也可以为非营利组织提供多种形式的捐助，如捐赠现金、产品、债券以及劳务等。四是政府机构、地方政府捐款，支持教育、社会服务及其他一些值得捐助的项目。

（3）渠道。渠道是建立在营销者和消费者之间的一条通道，这条通道把营销者和消费者拉到同一时间和空间，其目的是实现交换。

非营利营销者首先必须决定他们将提供何种品质的服务，是直接还是间接接触消费者。通常，营销者希望有众多的渠道，如互联网和电话系统。其次，营销者还要确定渠道的长度和宽度，招募渠道成员，确定各自的职能。最后，营销者必须与渠道中的每个成员形成良好的协作关系，并且能够控制这些渠道。

非营利组织要善于利用渠道分担成本，尽可能采取发展中介机构的一些有效措施，提供时空上的便利性，使资源能够充分发挥效用。组织或机构要与渠道成员相互协调好，使双方都感到对社会负有共同责任。比如，我国通过电视、广播等传播渠道做公益性广告，引导消费者食碘盐，以增强国民体质，取得了良好的社会效益。

（4）沟通。整合营销沟通的五大手段和策略（人员销售、广告传播、销售促进、直接营销及公共关系）都可以应用到非营利组织营销中。首先应清楚地了解沟通过程，然后决定选择使用哪种工具，以及何时使用、如何使用。

每个机构都应审视其交流方式、需要和机会，并开发具有影响力且节约成本的沟通程序。机构的交流责任并不限于同受众的沟通，它必须同所有外界，如出版社、政府机关、潜在捐赠者进行有效沟通，在其任务履行有赖于法律法规环境的变化时尤其如此。它还必须进行有效的内部沟通，特别是与董事会成员、中层管理者、专业事务人员及聘用的志愿者之间的沟通。

非营利组织直接或间接与公众的每一次接触都是一次发挥影响力的机会。接触可以由组织的专门部门和人员使用各种工具来实施，如付费和免费媒介、包装设计、开展企业宣传、个人推销，甚至赠送购物袋和T恤衫等。为了让项目奏效，沟通过程必须清晰易懂。

非营利组织与目标市场进行沟通的同时，还要争取谋求外界持续不断的支持，通过获得协助，共同达到协调公众的态度并进而影响其行为的目的。非营利组织最易于获得协助的沟通方式便是广告，付费广告或公益广告为了获得宣传效果愿意为公共利益提供相应的技术与服务。同时，赞助社会福利事业等公关活动可以提高组织或机构的知名度，增强其在公众心目中的形象。

非营利组织营销是一种全方位的战略工作，所涉及的范围是非营利组织的各个方面。营销的成败在于组织对各种资源的分析和整合，因此，非营利组织开展积极的、有效的、务实的营销战略完全符合组织发展要求，是非营利组织争取更好发展的必然选择。

延伸阅读二

个人营销

开篇案例 人生的三路向

> 梁漱溟先生是中国著名的思想家、哲学家、教育家、国学大师，主要研究人生问题和社会问题，是现代新儒家的代表人物之一，有"中国最后一位儒家"之称。
>
> 梁漱溟的一生充满了传奇色彩：6岁启蒙读书，只有中学毕业文凭，却被蔡元培请到全国最高学府北京大学教印度哲学；在城市出生成长，然而长期从事乡村建设；一生致力于研究儒家学说和中国传统文化，是著名的新儒家学者，可是却念念不忘佛家生活……一生不断追求两个问题：一是人生问题，即人为什么活着；二是中国问题，即中国向何处去。梁漱溟自称"是一个有思想，又且本着他的思想而行动的人"。他以"三军可夺帅，匹夫不可夺志也"及"为往圣继绝学，为万世开太平"的傲骨和追求成为受人尊敬的一代宗师。
>
> 梁漱溟在其《三种人生态度》一文中，对个人的人生态度作了精辟的分析。他说，人生有三种态度：第一种可以用"逐求"来表示，指人在现实生活中逐求不已，如饮食、名誉、声色、货、利等，一面受趣味引诱，一面受问题刺激，颠倒迷离于苦乐中，与其他生物亦无所异。此乃逐求物质享受，这种人生态度为人对物的问题。第二种可以用"厌离"来表示，为许多宗教之所由生，其中最通透者是佛家。此种人生态度人人皆有，只是程度不同而已。这种人生态度解决人对于自己本身的问题。第三种可以用"郑重"来表示，是教人在世间郑重地生活，将此种人生态度发挥最到家的就是中国的儒家。此种人生态度为人对人的问题。逐求是世俗的路，郑重是道德的路，而厌离则为宗教的路。此三者排列比较，当以逐求态度为较浅；郑重与厌离两种态度相比较，则郑重较难。想从逐求态度转变到郑重态度有可能，但很不容易。一般都是由逐求态度转变到厌离态度，从厌离态度再转变到郑重态度。而真的郑重生活，总是在经过厌离之后。
>
> 资料来源：梁漱溟：《人生的三路向》，长江文艺出版社2020年版。

人都因交换而来，又为交换而去，个人的一生就是要实现交换的一生。生活即交换，营销即交换，营销即生活。个人交换的基本内容是换钱（达成交易）和换情（达成交情）。个人营销的成功是既达成交情，又达成交易，两者可以兼得。个人营销若以交易为第一或唯一，现实但缺乏智慧，为人会重物质、势利和庸俗；若以交情为第一而不是唯一，现实且智慧，为人会重精神、道德和脱俗。个人交换以达成交情为根本。

一、个人营销概述

生活的基本目的是交换，做营销就是做交换。营销即生活。

（一）个人营销内涵

交是一种交融、交流和满足，是生活的常态。在这个交换的世界里，个人要想实现各种交换，需要建立正确的个人营销理念。个人营销理念主要包括市场理念（现实理念）、经营理念和沟通理念。其基本逻辑是：懂市场才可能做好经营，懂经营才可能做好沟通和个人管理。

1. 概念

个人营销是指个人为满足组织或其他个人需要而采取的综合性经营沟通活动，其目的就是要达成一种或多种交换，并努力促成对方满意和忠诚。简而言之，个人营销是通过满足对方的利益来获取自己的利益。

2. 目的

人生的目的就是实现自己期待的交换。期待能赚钱、获得财富，期望能被认可、接受、尊敬、拥护、喜欢，期望得到健康、美丽、幸福，期望得到亲情、友情和爱情等。个人期待的实现就是交换的成功。个人期待（需求）可以归为两类：一类是营利性交换，主要是为了钱和物等，即达成交易；另一类是非营利性交换，主要是为了情和义等，即达成交情。

交情根据情感程度，有深交和浅交之分。浅交的基本特征是认可、接受和喜欢，深交的基本特征是信任、忠诚和深爱。成熟的个人营销理念是：先实现交情，进而才可能实现交易；即使先达成交易，也要随后达成交情；交情和交易可以兼得；不可一心只想着实现交易，急功近利，欲速则不达。

亚当·斯密在《道德情操论》一书里说："我们在这个世界上辛苦劳作，来回奔波是为了什么？所有这些贪婪和欲望，所有这些对财富、权力和名声的追求，其目的到底何在呢？归根结底，是为了得到他人的爱和认同。"

个人成功就是实现了自己某个或某些期待。人们一般认为，做老板了，或成名了，或有了很多钱，才叫成功，其实这只是成功的一面表现。最幸福的成功是得到了爱情、亲情、友情，是得到了别人的尊敬、喜欢、认可、感谢等，这些成功可以与钱、权、名等有关系，也可以没有任何关系。

3. 特点

（1）个性。因为个人营销的主体是个人，所以带有每个人不同的个性。个人的价值观及爱好、脾气等直接影响着其不同的交换理念。有人可能势利心很重，其交换肯定注重营利性交换，甚至把所有交换都看成交易，体现金钱关系；有人可能道德心很强，其交换更注重非营利性交换，淡泊名利，交换中善待别人，真诚无价。

（2）链性。成功的交换往往不是靠单打独斗来实现的，而需要其他组织和人的帮助、推荐。

个人交换的对方可以是组织，也可以是个人。个人想去和组织交换，就应该知道组织也是由个人构成的，所以与组织打交道的过程也就是在和个人打交道，事在人为；个人想和其他个人交换，应该要知道其他个人的个性，知道其他个人身处的组织和对其所具有的影响。交换双方都受组织的影响，也都受其他个人的影响。

人一生如果能得到两情相悦的爱情之链，是一件幸事，可惜许多人一生并没有得到。人一生如果能得到可靠的情感之链（亲情、友情等人际关系），也是一件幸事。两者兼有，幸福欢喜；两者有一，若有所失；两者皆无，孤苦伶仃。

（3）弹性。个人营销的弹性是指个人营销成功与否由个人的素质和实力决定。个性优秀，"链性"牢固，往往处在"我牛"的地位上，在交换中往往是对方主动来找自己；而如果"我熊"，情况则恰恰相反。

我牛可以分为真牛和假牛。真牛可以分为"垄断牛"（垄断了权力或资源）和"非垄断牛"（名气、技术、才华、财力、长相等）；假牛可以分为"吹牛"和"疯牛"。社会上也有一些牛人，要么是"吹牛"，对方因为无知而被蒙骗；要么是"疯牛"，孤芳自赏、自以为是、强词夺理却无人喝彩。

4. 价值

使交往具有价值的不是交往本身，而是交往者各自的价值。没有价值就没有交换，交换创造价值。价值具有生物性、社会性等特点。个人价值的高低由他人决定，个人价值最终决定了个人身价。

颜值、慧值、链值构成个人价值的主体。颜值是指外在的形象及打扮如何；慧值是指个人的情商及智商状况如何；链值是指个人的人际关系及家庭、地域、学历、所在的组织等状况如何。颜值、慧值、链值都可以相互交换，其中，慧值是个人价值的核心要素。

价值中还有一种独特的交换，是个人与自己内心世界的交换。怎么与自己内心的欲望和解，自己向往什么样的精神世界，推崇什么样的思想和生活方式，持久的幸福是物质的还是精神的，超脱的生活意义是什么，等等，对这些价值问题的认知状况决定了自己的人生价值观和幸福程度。

（二）个人营销管理

个人营销需要靠管理去实现，人人都是管理者，可能管理别人，但首先是管理自己，人的一生是自我管理的一生。个人营销管理的实质就是对人的需求（期待）的管理。

1. 管理智慧

如何认识、理解和实现交换是一种思维方式的体现，上升到对普遍性和本质性的认识就成为哲学。思维方式的核心内容是价值观及为人处世之道，也是个人性格的核心内容。

功利社会是现实的一种特征，功利社会的显著标志就是消费主义和金钱至上，功利社会中人们的消费往往也是被引导和被消费的，所谓个性只是消费的个性而已，不是思想的个性，在这样的环境下，人的选择往往也是被诱导而作出的。

个人营销可以为追名逐利而忙忙碌碌，但忙让人茫然、迷茫、盲目，失去己心。由利而延伸出的世相是急躁、攻击、恶意和虚伪。为利而利可能会导致不择手段，最终利欲熏心、利令智昏，不得善终。

悟是要让人从迷惑中解脱出来，迷途知返，不能执迷不悟。悟的理性认识是要形成稳定的思维方式。读万卷书不如行万里路，行万里路不如阅人无数，阅人无数不如名师指路，名师指路不如若有所悟。悟的第一层次是能触类旁通，由此及彼，产生联想。第二层次是醍醐灌顶，豁然开朗，悟得己心。觉悟的心理基本状态表现为静心、善心、素心、诚心等特征。

看清才能看轻，清高而不轻高。看清之后能否看破呢？现实中有两种看破态度：一种看破是看到善的无能为力，恶是一种现实、真实的生活。然后去游戏人生，嘲笑一切，激发、丰富并满足欲望。一切都是瞬间，人生就是追求瞬间的快乐而已，尽管短暂，但却很身体化和具体化。这种人生价值观称为势利价值观，这时的个人交换是一种势利交换。另一种看破是看到了恶的万劫不复，认为人生要清心寡欲、修身养性、超凡脱俗，进入一种平静、淡定、简朴的精神世界。人痛苦的来源恰恰是去追求欲望的满足，只有限欲，甚至灭欲，精神超脱，才能获得长久的幸福。这种价值观称为人文价值观，这时的个人交换是一种人文交换。

2. 人心管理

弗洛伊德的人格结构论说，人格由本我、超我和自我三部分组成。本我遵循快乐原则，追求欲望的满足，躲避痛苦，不讲理性；超我遵循完美原则，包括理想和良心，约束本我，讲求道德生活；自我遵循现实原则，协调个人与社会环境之间的关系，协调本我和超我之间的关系。自我强，本我和超我相对就弱。一个人心里有善与恶、神与兽。所谓君子是扬善抑恶的人，所谓小人是扬恶抑善的人。君子多与神、善相交，全神贯注，聚精会神，神采奕奕。

制度管理主要就是约束人心中恶的一面，但事实上只是暂时管住了人身，却没有管住人心。法治是需要的，但却不是根本的。"人治"是根本的治理，但不是随心所欲的专制人治，"人治"的最高境界是以德治人和以"道"治人。

以"五以伦比"的方法管理和控制人心，即以利诱人、以势压人、以德化人、以礼待人、以理服人。前两者基于人性向恶，是势利的管理；后两者基于人性向善，是伦理的管理。

以理服人是以"道"理服人。根本的道理是指人与自然之间的道理及人与人之间的道理。要正人先要正己，而正己需要"得道"，这方面中国的道家理论和佛家理论最有道理。以理服人才是管理人心的关键。

3. 道德为本

有道德的核心是"得道"。得道之人自然有德，这个道是对自然之道及自然规律的深刻认知，并产生由衷的敬畏。道德管理的关键在于要深信因果，深信善恶之因果。深信因果的人知道"勿以恶小而为之，勿以善小而不为"，相信"积善之家必有余庆，积不善之家必有余殃"。如果不深信因果，只是遵从伦理道德，那么，这样的道德并不可靠，此时的道德心容易被势利心打败。

中国儒家的伦理道德讲人与人之间的道德，是"止于至善"的善道，没有深刻认识人与自然之道。中国道家的道德讲"道法自然"，道是德的本源。理解了道法自然，自然就有了德，这才是成为有道德之人的根本。

老子对道德的关系早有深刻的认识："大道废，有仁义，智慧出，有大伪"，"失道而后德，失德而后仁，失仁而后义，失义而后礼"。

失礼呢？失礼而后法，失法而后亡。要"救亡"，实施道德建设，一定要双管齐下。一方面是要从法（制度）入手，好的制度（民主制度）能让人具有良知，抑制心中的恶，产生良好的行为；坏的制度（专制制度）则会让人不辨善恶，抑制心中的善，产生恶劣的行为。

人生的基础觉悟是对道和德的觉悟，人生开悟先从道德开始。

二、个人营销哲学

个人营销哲学即个人交换哲学，是指对人生交换之道的认知。有什么样的个人营销哲学，就会有什么样的人生结果。

（一）知彼知己

这里的知彼知己是指凡事要讲求天时地利人和，是市场意识的体现。人生理想和对策是建立在认知现实的基础上，市场意识即现实意识，完整的市场意识包括知天知地知人，还包括谢天谢地谢人和畏天畏地畏人。

1. 知天知地知人

知天是指要知自然天气及时势政治、经济、文化等宏观环境因素；知地是指知所处的位置、地形等地理环境因素；知人主要是指知自己和他人之心。

知天知地知人是要了解自己所处的环境和形势，做事要顺势而为。知天是要知大势，即了解所处的宏观环境如何，正所谓大势所趋；知地是要知中势，即了解所处的地理环境和特色，正所谓一方水土养一方人；知人是要知小势，正所谓事在人为。

2. 明心见性

明心见性本是佛语，是指屏弃世俗一切杂念，彻悟因杂念而迷失了的本性（佛性)。明心见性在这里是指明白和看见人心的本性及社会性。明心见性也是指反观自己的内心世界，要用善良、真诚、简朴之心去面对世界。

天时不如地利，地利不如人和。看清人心，品人品心。从营销角度来说，知人是为了让对方产生对自己期待的行动。想让对方行动就要让对方动心，想让对方动心就要知心，知心不但要知对方之心，也要知自己之心。

个性包括气质、性格和能力，其中性格（人格）是个性的核心因素。先天的气质类型无所谓好坏，只是经过了社会化，才产生了性格的好坏。性格直接决定了人对社会的适应程度、参与度和被认可度。认知自己的气质类型特点，在塑造性格时就可以根据社会化的普遍和特殊要求建立起自己良好的性格特征，通过有意识的教育和不断的提醒、训练，改变先天潜在的被社会和人们普遍认为的人性不足之处。由于先天气质的影响，某些良好性格的塑造会遇到困难。最能打动人心的是那些善良、奉献、真诚和感恩的心。

品人用"人心四品"。"四品"包括品类（职业、职务、家庭背景、长相等）、品名（姓名、知名度、有关系的名人等）、品德（孝心、爱心、善心、诚心、脾气等）和品位（特点、价值观、情趣、格调、格局等）。最初的品人往往更看重品类和品名，是物质层面的要求，并因此决定交往的基础，品德和品位也会受到品类和品名的影响，产生"晕轮效应"。品德和品位位于精神层面。品德好的人会让人去尊敬或保护他（她），但人交往中最和谐的境界是在品位上，所谓神交就是品位的到位和对位，但知音难觅。只看重品类和品名，人往往就比较势利，人际关系反而不能稳定和持久。而如果是以品类和品名推出一个人的品德和品位，那更是不成熟的认知了。人都会有品类和品名，有人也有好的品德，但品位的高低才是个人交换能否持久的根本。一般品人可能只注意品类、品名和品德，而忽略了品位，这就为以后的关系不稳定埋下了伏笔。

懂对方比爱对方更奢侈。许多爱着对方的人其实并不懂对方，找到一个知心爱人其实很难！知心一是要知对方的脾气，能包容就尽量去包容。二是知对方的价值观，看价值观是否合拍。包容的是脾气，而不是价值观。两人相处，最和谐的状况就是情投意合，脾气、价值观都合拍，心照不宣。价值观不同就会导致人心各异，不能长久。兴趣爱好、外表吸引只是暂时趣味相投，只有价值观相近才能成为真正的朋友和恋人。

3. 相由心生

相由心生本是佛语，是指一个人看到的事物或者对事物的理解、解释、观感，由他的内心决定。现在也可以解释为一个人的个性、心思与作为，可以通过面部特征表现出来。相由心生在这里是指个人未来的结果是被自己的内心认知决定的。"相"是指结果，而"心生"是指发心，发心是指人用什么心态去做人做事。发心，一是了解他人的发心，二是更要确定自己的发心。

人的发心一般包括两种情况，一是发势利心，二是发人文心。势利心与人文心都存在于人的内心深处，想发什么心，与环境和教育密切相关，与人的生存和发展要求密切相关。爱人、助人、利人，君子爱财取之有道等是人文心的最主要特征；恨人、害人、骗人，为达目的不择手段等是势利心的最主要特征。

人文心是道德心，是人文精神的体现。最能打动人心的是那些爱人、助人、利人之心及感恩之心，这是每个人心中最柔软的部分。以硬碰硬，就会手段强硬、不择手段，结果或一方暂时胜出，或口服心不服，或两败俱伤；以软碰硬，可能有被欺负和吃亏之感，但也会以柔克刚，打动他人心中最柔软的那一面。

(二) 经营一生

赢在经营。经营是筹划和营造，是人生布局，是战略眼光，是思想状况，是选择和配置。人生就是一场经营活动，经营思想体现出个人的品德及格局状况。

1. 选择决定结果

善于经营的人首先是善于选择的人。选择决定结果，选择大于努力，选择不对，努力白费。"男怕入错行，女怕嫁错郎"说的就是选择，选择无处不在，不选择也是一种选择。选择是一种战略思维，要解决两个基本问题：选对方向和选择主动权。

方向出了问题就会"差之毫厘，谬以千里"。选择方向具体要问自己四个问题：成什么，做什么，做给谁，凭什么。选择主动权具体要问自己两个问题：个人的交换模式是什么，个人的竞争优势是什么。方向第一，但方向正确也不一定就能梦想成真。有主动权的实质是：不是我有求于别人，而是别人有求于我。失去了主动权往往不被重视和变得被动，也容易被别人打败。

"成什么"就是要问自己想成为什么样的人，包括理想、使命及价值观。理想指向自己，自己想成为什么样的人；使命指向对方，想去成就对方什么。使命从大处说就是去救人，从小处说就是去助人。你不一定要去救人而显得高尚和崇高，但完全可以通过助人而显得理性和快乐。助人等于助己，利己建立在利人的基础上，当然利人是善意的利人，而不是欺骗的利人。价值观是为了实现使命和理想，是对自己的行为要求。价值观是一个人做人做事的基本准则和是非判断，本质是原则和底线。使命和愿景决定了人生的高度，而价值观决定了人生的地基是否牢靠，是否经得起风吹雨打及时间的考验。

"做什么"主要解决如何做对事。从个人赚钱的角度来说，可以用三个标准衡量：这件事是否能产生良好的现金流？是否能产生良好的资产收益率？是否能持续增长？从做人的角度来说，应该去做有利于国家、组织的善事和自己感兴趣的善事。

"做给谁"就是要找对人。找对人包括两方面，一方面是找对自己的合作伙伴或朋友，另一方面是找对直接要交换的对象。经过细分对方，找到合适的具体对象。机会从细分中来，找工作、找朋友、找恋人等都是如此。

"凭什么"是要确定对方愿意交换的理由，就是自己的个人定位是什么，自己的特色和吸引力是什么。

STP战略同样适用于个人营销，解决做给谁及凭什么的问题。个人定位一要差异化、有特色；二要有价值，有没有价值由对方决定。个人定位要进入对方的心智，并被对方的心智接受。

个人交换模式是如何确定自己的外部链（关系网和利益链）问题，从而产生更大更强的竞争力，在交换中占据主动。

个人竞争优势是指自己要想和相关的组织和个人构成外部链，关键要有别人需要的利益或好处，即个人竞争优势是什么。竞争优势是在自己的内部价值链中寻找优势，这种优势可以是绝对、持续的竞争优势，也可以是相对、短时的竞争优势，没有优势就很难形成外部链。竞争优势就个人而言，主要包括长相、家族、资本实力、权力、人脉资源、独特能力与技术等因素。这些因素中，有些可以成为持续的竞争优势，但有些只能成为短暂的竞争优势，自己对此要有清醒的认识。

个人营销同样要营造"势"，要善于借势，更要善于造势，顺势而为，产生大势所趋、势不可挡的效果。

2. 有效配置

配置是指提供和传递的有效整合。提供包括提供什么素质的人和服务，提供什么价值及其价格期待（期待的收入、报酬）。传递是指个人发展的渠道和物流状况。

人自身的竞争力主要体现在五个方面：质量（指人的内在素质、能力等）、外观（指长相、身材等）、包装（指人的化妆、打扮等）、品牌（指人的名字、知名度状况等）和服务（指人的助人状况、义务等）。面对不同的对方，自己和对方在这五个方面的要求权重都是不一样的。

包装也是现代社会个人交换中非常重要的一个因素。一些不起眼或者普通的人一经包装，立马就产生了不一样的视觉效果。包装分为有形包装（化妆、打扮等）和无形包装（个性、意义等）。有形包装可以让人眼前一亮，产生表面的、短暂的附加值。最具价值的是无形包装，为人设计的无形包装可以表现出这个人突出的个性形象。人可以自我包装，也可以由他人包装，能得到他人的包装往往意味着进入了某个圈子和链里。有形的包装并不稀奇，能放大人的形象、产生更大价值的是无形包装。

个人这个"产品"的价格（收入）该如何确定？想要收入高，自己的价值要高，价值决定价格，价值的高低最终由对方决定。

传递"产品"的过程可以完全由自己完成，即"个人直接渠道"。但由于个人能力及现实环境所限，更需要外方的帮助，需要构成一个人际关系网和利益链。"个人间接渠道"是指个人的人际关系网和利益链的中间人，个人需要中间人（不同的组织和个人）的帮助。"个人物流"可以是指交通工具及住所等的支持状况。

需要特别强调的是，关系网和利益链在这里并不是贬义词，人与人构成的社会本身就是一个关系和利益世界，只不过是更看重人与人之间的功利关系，还是更看重人与人之间的非功利关系，有赖于个人选择。

3. 个人品牌化

个人品牌化是要打造自己的姓名，让自己的姓名品牌化，产生附加值，从而让对方慕名而来，自己名利双收。个人品牌化也是一种造势和借势。个人品牌化的一般过程和组织品牌化是一样的，即包括确定品牌的品类、品名、定位、品质、品位、形象、发展、传播等要素。

品类是打造个人品牌的关键要素，名字是用来代表品类的。定位是对品类特色、差别化的确定。品质是个人的内在质量，包括性格和能力。品位是个人的修养和审美状况，品位与个人财富可以无关，但与个人价值观、格调涵养、审美情趣密切相关。

个人品牌化管理涉及三个方面：知名度管理、美誉度管理和忠诚度管理。期望实现的最高层次管理是忠诚度管理。

（1）知名度管理。知名度不一定非要出大众之名，不少人都只是在一个小范围里知名，反而更有价值和价格。

（2）美誉度管理。人在社会中一般都希望得到好的名声，有口皆碑。但人也有审丑、审恶心理，有些人就通过出丑赢得交情和交易。当然，个人品牌化不是非要出名，而是要在能接触的人群中树立良好的个人形象，成为一个受人欢迎或尊敬的人。

（3）忠诚度管理。忠诚度一般建立在知名度和美誉度基础上，但也不全是。忠诚度可以是靠对方说了算来建立，也可以是由我方通过强权、强势来建立。当然，在正常的背景下，忠诚度由对方的自由选择决定，所以要换位思考或投其所好。理性的忠诚度不一定非要有知名度和美誉度作保证，感情用事和理想化是不可靠的，最可靠的是理性判断和现实化。

（三）有效沟通

目标管理是能够进行有效沟通的先决条件。万事俱备，只欠沟通。沟通是个人营销取得交换的最后一击。如果经营是"锦"，能沟通就是"花"，沟通起着锦上添花的作用。善于沟通会让对方了解和相信交换的必要；而不善于沟通，就会让对方不知、怀疑交换的必要，甚至会讨厌、回避交换，反而破坏了经营的价值和意义。

1. 整合凝聚力量

整合营销沟通是指综合运用人员销售、广告、销售促进、直接营销及公共关系等手段和策略传达一种形象、一个声音。个人交换的沟通大致也可以运用以上手段和策略。沟通主要是沟"交通"，即达成交情和交易。

沟通不但能彰显经营的力量，而且本身也产生力量。个人营销中的沟通需要通过不同的沟通组合，产生整合的力量，这些力量主要包括现实的力量、创意的力量、持续的力量、体验的力量、承诺的力量、技巧的力量、口碑的力量、公关的力量、柔和的力量和人文的力量等。

个人沟通在现实中会有不少经验和技巧，需要个人不断总结和感悟。

2. 攻心为上

沟通的最高境界在于打动人心，而能打动人心的关键在于人文的力量。用顺应自然、善待自然、与人为善、助人为乐的人文关怀和情怀与他人沟通，才能真正打动他人的内心，产生内心真诚的共鸣。个人与对方沟通最基本的原则是：善意、诚实、尊重、不强求。

最有效的沟通不是产生共鸣或者感到欣喜，而是对方愿意，但这也是最难做到的。改变人的个性、价值观、信念和愿望，是个极其艰难的过程。

如何认识和实现交换就是人思维中的最基本问题。哲学或者宗教要解决的基本问题也是交换问题。个人营销首先要处理好个人与自然的关系及交换，其次要处理好个人与社会的关系及交换，最后要处理好个人身与心的关系及交换。

应站在对方角度思考问题，换位思考。深信因果，通过善意的理念和行为，努力先实现非营利交换，达成交情。予人玫瑰，手留余香。

幸福是精神的充实和丰盈，是有意义和持久的快乐。精神越自由，物质要求就越简单。幸福在信仰里，在淡泊名利里，在实现交换里。个人营销的结局由个人营销的格局决定，由自己的使命、愿景、价值观及全局意识、布局意识、沟通意识决定。

得道多助，万象道中来。《道德经》曰："道生之，德畜之，物形之，势成之。"道是在个人行动前首先应该认知的本原、本质、真理和规律。悟道可以顿悟，也可以渐悟。"大器晚成"需要一个悟道的过程，需要一个"得我心"的过程。

附录一 市场营销思维导图

附录二

市场营销 20 个关键词

1. 期待名利

所有组织和个人都期待得到名利,人人都有着一颗名利心,不管是邪恶还是正义,庸俗还是清高,皆如此,只不过各自的侧重点不同而已。

人一出生就要取名,这个名从此就开始伴随着人的成长。名一般包括名字、名气和名声状况,所谓师出有名、远近闻名、名誉有嘉。人不一定期待名气大,但一定期待有个好名声,名声坏了,情况往往就会很糟糕。名不正则言不顺,言不顺则事不成。

利以钱财来分,可以分为营利和非营利两种状况。营利是指获得钱财,非营利是指获得认可、情意、喜欢、尊敬、健康、美丽、权力、名气、名声等。名本身是一种利,名也是为了利。天下熙熙皆为利来,天下攘攘皆为利往。

期待即需求、心动及目的。组织和人都期待实现利益。利益指的是得到好处和满足。组织和人一辈子就是为了争取利益,大到国家利益,中到组织利益,小到个人利益,只不过是用什么心态,侧重于获得什么利,采取什么手段去争取而已。

淡泊名利首先不是不要名利,而是要看淡它。其次,淡泊名利是指淡泊名气、钱财和权力,而不是淡泊名声、情意和健康等。淡泊名利是个人的修养和境界,用淡泊名利的心去得到名利是一种人生智慧。

2. 利益交换

名利的背后其实是交换问题。交换的本质是利益交换。交换存在双方,一方称为我方,另一方称为对方,我方和对方既可以是一个组织或一个人,也可以是多个组织或多个人。我方要想获利,就要给利与让利,因为利他,从而利己。如果只想着自己得利而不顾及他人,这样的获利不会长久,而且还可能会产生利害冲突,遭遇不利。

广义上的成功就是获得预期的结果,实现自己的期望和需求。它可以与名气、钱财和权力完全无关,如得到健康、幸福的家庭等都可称为成功。功利、势利的成功是指获得出名、钱财和权力。

在交换的世界里,组织和个人都在从事各种各样的交换活动,其根本目的是达成交换。在众多交换中期待实现两个基本的交换:一是期待获得交情(情意),二是期待实现交易(钱财)。所有组织和个人都被这两个交换所驱动——为情所动,为钱所动,也都被这两个交换所困扰,万变不离其宗。市场营销管理实质上是期待管理、需求管理和利益管理。

从人本身来说，人有生理层面的需求和精神层面的需求。从社会性来说，人是通过达成交易和交情的社会活动满足自己的生理需求和精神需求。我方交易和交情达成的关键是满足对方的需求，对方需求的社会化内涵是名与利的满足和获得。

交换＝需求（期待）满足＝欲望、愿望满足＝名利满足＝利益满足

交易和交情可以相互交换，但达成交情是最根本、最持久的交换。实现交换中交情第一，交易第二。若把交易放在第一，虽然现实但缺少智慧。

3. 创造价值

我方要实现交换，就要为对方创造价值。

有价值就是有用。交换创造价值。价值认知可以体现在理性上，包括实用、效果、功能、健康等方面；也可以体现在感性上，包括情感、审美、意义、象征等方面。

价值被对方决定。有价值与否，不是我方说了算，而是对方说了算。所以，我方不能妄自尊大，而要树立起以对方为中心的意识。对方意识即我方做事、对方做主的意识，对方意识是市场意识与民主意识的基本特征。商业中买方构成市场，卖方构成行业，在交换中要以买方为中心，为买方创造价值。

价值的实现过程一般包括：识别营销价值；选择、配置营销价值；传播、沟通营销价值。

4. 虚实相间

创造价值的过程中既要有深谋远虑的战略，又要有具体落地的战术。虚实相间既是战略，也是战术。营销中虚实相间指的是在营销中既有理性诉求，又有感性意义，既有事实，又有象征，从而满足对方丰富心理需要的营销策略。实一般是指实用、效果、事实等功能价值，侧重于理性诉求；虚一般是指虚构、意义、意境、象征等情感价值，侧重于感性诉求。如果在实的方面区别不大，那么竞争力主要来自"虚"，有些"虚"不能用理性去解释清楚，但却魅力无穷。

颜值（外在的价值）、慧值（内在的价值）和链值（联在的价值）构成三值营销，价值在"三值"中。反映在感性认知和理性认知里，理性营销强调构成行为的理由与逻辑，感性营销则强调心里的感受和情感。实施虚实相间的品牌塑造，能够产生不可替代的品牌魅力。

5. 有勇有谋

市场营销是通过满足别人的利益来获得自己的利益，表现为有勇有谋的特征。有勇表现为主动性、行动性、坚持性等特征；有谋表现为全面性、长远性、系统性等特征。

有勇有谋的市场营销是"三懂两交"的系统思维。首先是懂市场（市场意识），在此基础上懂经营（经营意识）和懂销售（沟通意识），最终目的是达成交情和交易（两交）。懂市场才能做好经营，懂经营才能做好沟通和管理。

商业思维的核心是交换思维，完整的交换思维主要包括市场思维、经营思维和沟通思维。商业思维是如何赚钱的思维，消费者思维是如何花钱的思维，商业思维以消

费者思维为出发点和落实点。

6. 明理管人

做管理就是明理管人、管人理事，去实现交换。明理指的是明为人处事、实现交换之道理；管人指的是既管别人，也管自己。正人先正己，正己后化人。管理的本质是需求（期待）管理，其职能包括计划、组织、执行、控制和领导等。

管人要能控制人心。法家强调以利诱人、以势压人；儒家强调以德化人、以礼待人；佛家、道家强调以理服人。无与伦比的管人之道是"五以"的综合体现，产生"五以伦比"的管理效果，其中以理服人是关键。这个理一是指懂专业之理，二是指懂做人之理，三是指"做势"之理。专业之理是做事的深度，做人之理是做事的底线，"做势"之理是做事的高度。

管人必须有制度管理，反映在民主法制、组织规章等方面，体现为如何教育、授权、激励、惩罚、协调、控制等。管理即控制，首先控制自己，其次控制他人。

7. 知彼知己

知彼知己不但包括知人，还包括知天知地。天、地、人构成了环境、现实，即构成了市场。要想获得交换的成功，首先必须认识了解具体的现实和环境，了解市场，这样才能有的放矢地采取相应的战略战术，从而达成期待的目的。

中国古人强调做事要讲求天时、地利、人和。天时指的是天气、其他自然状况、时势状况（政治、经济、社会、技术等）、时机状况等因素；地利指的是地理位置、地形地貌、地理文化等因素；人和指的是不同人的心理状况，也包括与不同身份的人的关系状况。

知彼知己的具体分析包括认识我方内部的优势与劣势，认识外部环境的机会和威胁。天时不如地利，地利不如人和，事在人为，关键在于人。懂市场最基本的是懂人，以市场为中心就是以人为中心，以人为本。

8. 明心见性

交换过程是交心的过程，交心首先要知心。一方面，形形色色的人个性各异；另一方面，个性中又有许多共性。

"三知一做"指的是知个性、知社会、知心路和做营销。营销战是一场心理战，心理战是一场认知之战。

个性特征是气质、性格、能力的综合体现，其中性格起着核心的作用。性格的核心是指人的处世原则，包括做人做事的道德状况和格局状况。性格形成既受到先天的个性特征影响，更受到后天的社会环境影响。人是一切社会关系的总和，文化是社会化的核心，价值观又是文化的核心，人心即文化。

分析个性要落实到心理过程（心路）中去。人的心理过程由认知、情绪和意志构成。认知是因，情绪和意志是果。识别人心的关键是识别认知状况，识别认知中的理性认识状况，识别理性认识中的思维方式和思维能力状况，最重要的是识别思维方式状况。

9. 势事如意

事事如意的结果由"势"决定，谋事先要谋势。大势所趋、顺势而为、势不可挡、势如破竹。逆势而为不但会事倍功半，而且可能会颗粒无收，甚至适得其反。

势包括大势、中势和小势，分别对应的是天时、地利与人和。谋势先要知势（了解全局），然后去造势与借势（有效布局）。全局意识和布局意识构成人的势念和格局，格局决定结局。

一个团队的凝聚力关键在于对势的认知是否统一。做人是根本（道德），做事是落实（专业），做势是保证（格局）。从商业上看，做人是交情达成的根本，做势是交易成功的保证，势事如意。

10. 上兵伐谋

谋略首先是战略布局，体现出全局性、长远性及系统性等特征；其次是战术计谋，体现出具体性、短暂性及实效性等特征。

$$谋略＝布局＝策略＝战略＝经营$$

赢在经营，选配定谋略。做经营首先要做好选择，其次要做好配置。做经营有十问，其中，如何做好选择有六问：成什么、做什么、做给谁、凭什么、交换（商业）模式是什么、竞争优势是什么；如何做好配置有四问：什么产品、什么价格、什么渠道、什么物流。

人人都在谋事，如果就事论事，只是碎片化的小计谋。想成就大事，就要谋势。大谋士谋事先谋势，结局之前先做布局。

11. 精挑细选

在认识和分析市场后，需通过市场细分进行精挑细选，找对人和做对事。市场细分是对需求的细分，可以分化出竞争市场、薄弱市场和空白市场。

市场机会来自市场细分。细分的极致是一对一营销和定制营销，一对一可以是一个组织，也可以是一个人。

确定目标市场是要把握优先或精准的目标，确定目标的战略可分为无差异目标战略、差异目标战略和集中目标战略。

12. 奇正相生

凡战者，以正合，以奇胜。好的定位是奇正相生。

营销中的"正"是指顺应需求、本质和规律，营销中的"奇"是指结合"正"的创新，通过创新寻找到市场的空白点或薄弱点，以独特、有价值的定位去满足需求或引导需求，占据人们的心智。奇正相生产生无穷的创新和变化。

奇正相生的定位既要涉及具体产品或服务，又要涉及品牌形象及组织形象。定位内容有实质定位、服务定位与心理定位。定位成功的关键是能否进入对方的心智并占据一个有利的位置。定位战略主要包括独特定位战略、领先定位战略、对立定位战略和重新定位战略等。

13. 链恋风尘

恋恋风尘是感性之恋，是情感的交流，交情的建立。"链恋风尘"既有情感之恋，又有理性之链。

建立链模式更重要的是理性之链的体现，包括价值链、产业链、供应链、技术链、关系链、利益链等。互联网也是链，链接了整个世界。组织由人组成，人依托于组织，从个体到团体再形成链，其关系是相互影响、密不可分的。链模式首先是要结成链。其次是共享链，利益共享、利益共有、利益持久，也共担责任与风险。

在这个互联的世界里，我方不是一个人或一个组织在战斗！单打独斗没有竞争力，团结起来才有力量。链是网，是圈，是脉，人脉即钱脉。战略整合、战略联盟、战略外包已经成为组织发展的共识。链恋风尘，价值共生。

14. 名利双收

品牌若成为知名或强势品牌，对方会慕名而来，我方和对方都能名利双收，实现双赢。营销战略的终极目标是品牌战略。品牌战略承上启下，上承STP战略，下启4P组合策略。

打造强势品牌的秘密来自品牌战略八步的系统实施，包括确定品牌的品类、品名、定位、品质、品位、形象、发展、传播。品类即需求，品类创新即满足或引导需求。用品类思考，用品名表达，品名与品类拴在一起，才构成真正意义上的品牌。

打造强势品牌的基本法则有分化法则、信誉法则、收缩法则、词汇法则、连贯法则、公关法则等。

15. 藏器于身

这里的器是指产品（包括服务、信息、数字化及人等），是营销的依据。藏器于身，待时而动。产品或服务不但要符合期望，志趣相投，更要超越期望，喜出望外。

产品竞争力要素包括质量、外观、包装、服务和品牌。产品质量是竞争力可靠的保障，产品创新是竞争力可持续的保障。产品是品牌的承载体，是品牌魅力的核心。

产品的竞争力还来自产品组合策略、产品生命周期策略及新产品开发策略。

16. 价值定价

价格由价值决定，身价由价值决定，价值由对方决定，对方认知价值决定价格。认知价值可以是理性的，也可以是感性的。感性价值往往是一种感受，无实际成本、无形，但却会让价值倍增，从而让价格倍增。

认知价值定价的关键，在于准确地计算产品所提供的全部市场认知价值（一般认知价值和个别认知价值）。如果过高地估计认知价值，便会出现偏高的价格；如果过低地估计认知价值，则会出现偏低的价格。想提高价格，关键是要提高个别认知价值。

认知价值是全部的利益认知与全部的成本认知之间的差额。差额越大，认知价值越大，给对方的吸引力就越大，无论是产品还是个人都是如此。

17. 渠道成链

渠道指的是交换的路径、环节等因素，包括直接渠道及间接渠道。

渠道成链还包括物流成链。结成链的关键是看和渠道商、物流商的关系如何，是紧密还是松散的关系决定着链的竞争力。

最好的对渠道的管理是让渠道商丧失部分或全部功能，渠道商越轻松，就越依赖，因而越容易被控制。

物流与渠道紧密相连，为的是有效地实现产品的实体转移。渠道是商流，商流和物流可以同时实现，也可以分别实现，分别实现的主要依据来自信用及其制度。

全渠道营销是利用最新的科技和最有效的手段，结合线上线下，把信息流、资金流、物流重新高效组合，利用一切可能的方法去接触目标对象。

18. 攻心为上

攻心是促销与沟通，是交流交心的过程，促销即沟通。沟通是去沟"交通"，其目的是达成交情或交易或者两者兼而有之。

应运用丰富的沟通方式（人员沟通、广告传播、销售促进、直接营销、公共关系等），采取整合的沟通策略，让沟通产生巨大的影响力，以期达成交换的最终目的。互联网让传播与沟通更加直接、丰富和隐蔽，移动传播与沟通（手机、微信、微博、APP、直播等）已经成为现实沟通的常态表现。

整合营销沟通应产生整合的力量，主要包括现实的力量、创意的力量、持续的力量、承诺的力量、公关的力量、体验的力量、口碑的力量、柔和的力量、技巧的力量、人文的力量等。

三点营销是指找到焦点（市场）、亮点（定位）和爆点（促销），通过交心实现交换。

19. 相由心生

这里的相由心生是指发心。发什么心，就会得到什么样的结果。若发势利之心，交换中会利欲熏心，为达目的往往不择手段；若发人文之心（道德），交换中就会与人为善，以人为本。君子爱财，取之有道。

人文之心（人文精神）是利人的价值观和精神表现，自己具有人文情怀，对他人具有人文关怀，人文显和谐。实现交换不但要具有现实主义，有勇有谋，更要有情有义。现实主义成真，有情有义成善，有勇有谋则成美，与对方达成真善美的交换。

20. 得道多助

道是本原、本质、真理与规律，道也是无与空。一阴一阳谓之道。得道多助。

交换之道，"面面俱道"。人与自然之道是天道，要敬畏自然、顺应自然；人与人之道是人道，要与人为善，为他人谋福利。

认知交换的本质是站在哲学的高度去看问题。哲学要解决的基本问题就是面对交的世界，如何处理好各方面的关系问题，包括我与自然、我与他人、我身与我心的关系。

如果说交是阴（无）与阳（有）之间的关系，那么在我与自然中，我是阳，自然是阴；在我与他人（社会）中，我是阳，他人是阴；在我身与我心中，身是阳，心是阴。

理论为无，实践为有；原理为无，案例为有；普遍性为无，特殊性为有。其因果关系是：阴生阳，无生有。

参 考 文 献

1. 〔韩〕W. 钱·金、〔美〕勒妮·莫博涅：《蓝海战略》，吉宓译，商务印书馆 2016 年版。
2. 阿里巴巴集团：《Q&A：马云与员工内部对话》，红旗出版社 2013 年版。
3. 〔美〕艾·里斯、杰克·特劳特：《定位》，谢伟山、苑爱冬译，机械工业出版社 2014 年版。
4. 〔美〕艾·里斯、杰克·特劳特：《商战》，邓德隆、火华强译，机械工业出版社 2020 年版。
5. 〔美〕艾·里斯、杰克·特劳特：《22 条商规》，寿雯译，机械工业出版社 2013 年版。
6. 〔美〕艾·里斯、杰克·特劳特：《营销革命》，邓德隆、火华强译，机械工业出版社 2017 年版。
7. 〔美〕艾·里斯：《聚焦》，寿雯译，机械工业出版社 2014 年版。
8. 〔美〕艾·里斯、劳拉·里斯：《董事会里的战争》，寿雯译，机械工业出版社 2013 年版。
9. 〔美〕艾·里斯、劳拉·里斯：《广告的没落，公关的崛起》，寿雯译，机械工业出版社 2014 年版。
10. 〔美〕艾·里斯、劳拉·里斯：《互联网商规 11 条》，寿雯译，机械工业出版社 2020 年版。
11. 〔美〕艾·里斯、劳拉·里斯：《品牌的起源》，寿雯译，机械工业出版社 2013 年版。
12. 〔美〕艾·里斯、劳拉·里斯：《品牌 22 律》，寿雯译，机械工业出版社 2013 年版。
13. 〔美〕艾·里斯、劳拉·里斯、〔中〕张云：《21 世纪的定位》，寿雯译，机械工业出版社 2019 年版。
14. 〔美〕艾略特·艾登伯格：《4R 营销》，文武等译，企业管理出版社 2003 年版。
15. 〔美〕艾伦·R. 安德里亚森、菲利普·科特勒：《战略营销：非营利组织的视角》，王方华、周洁如译，机械工业出版社 2010 年版。
16. 〔美〕彼得·德鲁克：《创新与企业家精神》，蔡文燕译，机械工业出版社 2018 年版。

17. 〔美〕彼得·德鲁克：《德鲁克管理思想精要》，李维安等译，机械工业出版社 2018 年版。
18. 〔美〕彼得·德鲁克：《管理的实践》，齐若兰译，机械工业出版社 2011 年版。
19. 〔美〕彼得·德鲁克：《管理：使命、责任、实务》，陈驯译，机械工业出版社 2019 年版。
20. 〔美〕彼得·德鲁克：《卓有成效的管理者》，许是祥译，机械工业出版社 2019 年版。
21. 〔美〕大卫·奥格威：《一个广告人的独白》，林桦译，中信出版社 2015 年版。
22. 〔美〕戴尔·卡内基：《人性的弱点》，亦言译，中国友谊出版公司 2017 年版。
23. 〔美〕戴维·乔布尔、约翰·费伊：《市场营销学》，徐瑾等译，东北财经大学出版社 2013 年版。
24. 〔美〕丹尼尔·戈尔曼：《情商》，杨春晓译，中信出版集团 2018 年版。
25. 〔日〕稻盛和夫：《阿米巴经营法》，曹岫云译，中国大百科全书出版社 2016 年版。
26. 〔日〕稻盛和夫：《干法》，曹岫云译，机械工业出版社 2020 年版。
27. 〔日〕稻盛和夫：《活法》，林慧如译，东方出版社 2009 年版。
28. 邓德隆：《2 小时品牌素养》，机械工业出版社 2021 年版。
29. 〔美〕菲利普·科特勒：《菲利普·科特勒传：世界皆营销》，魏世安、贾金红译，机械工业出版社 2019 年版。
30. 〔美〕菲利普·科特勒、加里·阿姆斯特朗等：《市场营销原理（亚洲版）》，李季、赵占波译，机械工业出版社 2013 年版。
31. 〔美〕菲利普·科特勒、加里·阿姆斯特朗：《市场营销原理》（第 16 版），楼尊译，中国人民大学出版社 2015 年版。
32. 〔美〕菲利普·科特勒、凯文·莱恩·凯勒：《营销管理》（第 15 版），何佳讯等译，格致出版社 2016 年版。
33. 〔美〕菲利普·科特勒、凯文·莱恩·凯勒：《营销管理》（第 13 版），王永贵等译，格致出版社 2009 年版。
34. 〔美〕菲利普·科特勒、瓦得马·弗沃德：《要素品牌战略》，李戎译，复旦大学出版社 2010 年版。
35. 冯卫东：《升级定位》，机械工业出版社 2020 年版。
36. 郭国庆：《营销理论发展史》，中国人民大学出版社 2009 版。
37. 郭国庆主编：《市场营销学通论》（第 8 版），中国人民大学出版社 2020 年版。
38. 侯惠夫编著：《重新认识定位》，中国人民大学出版社 2007 年版。
39. 胡超：《极简市场营销》，北京联合出版公司 2021 年版。
40. 〔美〕杰克·特劳特：《大品牌大问题》，耿一诚、许丽萍译，机械工业出版社 2011 年版。
41. 〔美〕杰克·特劳特：《什么是战略》，火华强译，机械工业出版社 2011 年版。

42. 〔美〕杰克·特劳特、史蒂夫·里夫金:《简单的力量》,谢伟山、苑爱冬译,机械工业出版社 2011 年版。
43. 〔美〕杰克·特劳特、史蒂夫·里夫金:《重新定位》,邓德隆、火华强译,机械工业出版社 2017 年版。
44. 〔美〕杰克·特劳特:《特劳特营销十要》,邓德隆、火华强译,机械工业出版社 2017 年版。
45. 〔美〕杰克·特劳特:《显而易见》,邓德隆、火华强译,机械工业出版社 2011 年版。
46. 〔美〕杰克·韦尔奇、苏茜·韦尔奇:《商业的本质》,蒋宗强译,中信出版社 2016 年版。
47. 〔美〕杰克·韦尔奇、苏茜·韦尔奇:《赢》,余江、玉书译,中信出版社 2013 年版。
48. 〔美〕杰拉尔德·L. 曼宁等:《现代销售学》(第 11 版),欧阳小珍、童建农译,机械工业出版社 2011 年版。
49. 〔美〕卡尔·麦克丹尼尔等:《市场营销学(学习手册)》,时启亮等译,格致出版社 2009 年版。
50. 〔美〕凯文·莱恩·凯勒:《战略品牌管理》,吴水龙、何云译,中国人民大学出版社 2014 年版。
51. 〔德〕克劳塞维茨:《战争论》(第 2 版),钮先钟译,广西师范大学出版社 2003 年版。
52. 〔美〕克里斯·安德森:《长尾理论》,乔江涛等译,中信出版社 2012 年版。
53. 〔美〕拉姆·查兰:《CEO 说》,徐中译,机械工业出版社 2012 年版。
54. 李零:《唯一的规则》,三联书店 2010 年版。
55. 梁漱溟:《人生的三路向》,当代中国出版社 2010 年版。
56. 〔日〕柳井正:《经营者养成笔记》,机械工业出版社 2018 年版。
57. 〔美〕罗伯特·西奥迪尼:《影响力(教材版)》,闾佳译,中国人民大学出版社 2011 年版。
58. 〔美〕马丁·林斯特龙:《感官品牌》,赵萌萌译,中国财政经济出版社 2016 年版。
59. 〔美〕马丁·林斯特龙:《品牌洗脑》,赵萌萌译,中信出版社 2013 年版。
60. 〔美〕迈克尔·波特:《竞争论》,高登第、李明轩译,中信出版社 2012 年版。
61. 〔美〕迈克尔·波特:《竞争优势》,陈丽芳译,中信出版社 2014 年版。
62. 茅于轼、岑科:《人文经济学》,暨南大学出版社 2013 年版。
63. 孟韬编著:《市场营销:互联网时代的营销创新》,中国人民大学出版社 2018 年版。
64. 钱旭潮、王龙编著:《市场营销管理》(第 5 版),机械工业出版社 2021 年版。
65. 〔美〕乔纳·伯杰:《疯传》,刘生敏、廖建桥译,电子工业出版社 2014 年版。

66. 〔日〕松下幸之助：《经营沉思录》，猿度清光、路秀明译，南海出版公司 2009 年版。

67. 宋志平：《经营制胜》，机械工业出版社 2021 年版。

68. 唐磊：《新媒体营销精华》，中国水利水电出版社 2020 年版。

69. 〔美〕唐·舒尔茨、海蒂·舒尔茨：《整合营销传播》，何西军等译，中国财政经济出版社 2005 年版。

70. 〔美〕唐·亚科布奇：《营销管理》，田志龙编译，机械工业出版社 2011 年版。

71. 〔美〕威廉·科恩：《德鲁克的自我发展智慧》，祝亚雄等译，机械工业出版社 2020 年版。

72. 魏炜、朱武祥：《发现商业模式》，机械工业出版社 2020 年版。

73. 吴健安、聂元昆主编：《市场营销学》（第 6 版），高等教育出版社 2017 年版。

74. 吴军：《见识》，中信出版社 2018 年版。

75. 吴晓波：《大败局Ⅱ》，浙江人民出版社 2007 年版。

76. 吴晓波：《影响商业的 50 本书》，浙江大学出版社 2020 年版。

77. 〔美〕希尔、琼斯、周长辉：《战略管理（中国版）》，孙忠译，中国市场出版社 2007 年版。

78. 〔美〕肖恩·埃利斯、摩根·布朗：《增长黑客》，张溪梦译，中信出版社 2018 年版。

79. 〔英〕亚当·斯密：《道德情操论》，蒋自强等译，商务印书馆 2015 年版。

80. 杨飞：《流量池》，中信出版社 2017 年版。

81. 叶茂中：《冲突》，机械工业出版社 2019 年版。

82. 叶茂中：《营销的 16 个关键词》，机械工业出版社 2014 年版。

83. 优米网编著：《史玉柱自述：我的营销心得》，文汇出版社 2017 年版。

84. 张维迎：《市场的逻辑》，西北大学出版社 2019 年版。

85. 张云、王刚：《品类战略》，机械工业出版社 2020 年版。

86. 钟旭东编著：《消费者行为学：心理的视角》，北京大学出版社 2020 年版。

87. 周三多等编著：《管理学：原理与方法》，复旦大学出版社 2019 年版。